Rund um den Kyffhäuser

Vom Südharz bis zum Unstruttal

Heinz Noack

ISBN 978-3-86037-365-1

1. Auflage

©2008 Edition Limosa
Agrimedia GmbH
Lüchower Str. 13a
29459 Clenze

Telefon (0 58 44) 97 11 63-0
Telefax (0 58 44) 97 11 63-9
mail@limosa.de
www.limosa.de

Satz und Layout: cw Obotritendruck GmbH Schwerin
Redaktion: Heinz Noack

Gedruckt in Deutschland.
Der Inhalt dieses Buches ist auf säurefreiem, alterungsbeständigem Papier gedruckt,
hergestellt aus chlorfrei gebleichtem Zellstoff aus FSC-zertifiziertem Holz.

Alle in diesem Buch enthaltenen Angaben, Daten, Ergebnisse usw. wurden nach bestem Wissen
erstellt und mit größtmöglicher Sorgfalt überprüft. Dennoch sind inhaltliche Fehler nicht völlig
auszuschließen. Daher erfolgen die Angaben und Hinweise ohne jegliche Verpflichtung oder
Garantie des Verlages, des Herausgebers oder der Autoren. Diese übernehmen deshalb keinerlei
Verantwortung für etwa vorhandene Unrichtigkeiten.

Das Werk einschließlich aller seiner Teile ist urheberrechtlich geschützt. Jede Verwertung
außerhalb der engen Grenzen des Urheberrechtsgesetzes ist ohne Zustimmung des
Verlages unzulässig und strafbar. Das gilt besonders für Vervielfältigungen, Übersetzungen,
Mikroverfilmungen und Einspeicherung und Verarbeitung in elektronischen Systemen.

Heinz Noack

Rund um den *Kyffhäuser*

Vom Südharz bis zum Unstruttal

Willkommen im Kyffhäuserkreis

Willkommen im Herzen Mitteldeutschlands, in einer kulturträchtigen Region mit viel Geschichte, Tradition und Superlativen.

Entdecken Sie die Geheimnisse von Barbarossa und der Kyffhäusersage, tauchen Sie ein in die unberührte Natur des kleinsten Naturschutzgebietes Deutschlands oder des größten Hainbuchenwaldes. Entdecken Sie den mit 176 Metern tiefsten Burgbrunnen der Welt auf dem Kyffhäuser, den mit 4,45 Meter aus dem Lot geratenen schiefsten Kirchturm Europas in Bad Frankenhausen und die älteste barocke Orangerie Deutschlands in Bendeleben.

Auf dem Schlachtberg in der Kurstadt Bad Frankenhausen erwartet Sie das Panorama mit dem größten Rundgemälde Deutschlands von Professor Werner Tübke mit dem Titel »Die frühbürgerliche Revolution«, das regelmäßig auch hochkarätige Sonderausstellungen anbietet.

Oder besuchen Sie die mit über 600 Meter Tiefe älteste befahrbare Kaligrube der Welt in Sondershausen, in der man auch heiraten kann sowie Konzerte und Sportwettkämpfe veranstaltet. Staunen Sie über die größte goldene Kutsche im Schloss der Schwarzburg-Rudolstädter Fürsten oder den mit 44 Meter höchsten Fachwerkturm Europas auf dem Possen bei Sondershausen.

In Rottleben erwartet Sie die einzigartige Anhydrit-Schauhöhle Europas, die 1865 entdeckt wurde, und vielleicht haben Sie auch das Glück, dass Ihnen Topmodel Eva Padberg über den Weg läuft, die hier Zuhause ist.

Es gibt noch viele weitere gute Gründe, die Kyffhäuserregion unbedingt einmal näher kennen zu lernen und unsere sprichwörtliche Gastfreundschaft zu testen. Dann werden Sie auch feststellen, dass Thüringen nicht nur aus gutem Bier und der berühmten Thüringer Bratwurst besteht, sondern auch kulturell und wirtschaftlich eine Menge zu bieten hat.

Freuen Sie sich mit dem vorliegenden Buch auf eine spannende Lektüre, die zum Entdecken einlädt. Ich freue mich schon jetzt auf Ihren Besuch bei uns.

Ihr

Peter Hengstermann
Landrat Kyffhäuserkreis

Gruß aus Nordhausen

Der Landkreis Nordhausen ist der nördlichste in Thüringen. Sein überwiegender Teil liegt im Vorland des Südharzes und ist Thüringens Pforte in das sagenumwobene, romantische Harzgebirge. Er besteht heute aus der Kreisstadt Nordhausen, den Städten Bleicherode, Ellrich und Heringen und 33 Gemeinden, die in unterschiedlichen Verwaltungsstrukturen zusammengefasst sind. Angrenzende Landkreise sind der Kyffhäuserkreis, Mansfeld-Südharz, Wernigerode, Osterode und der Eichsfeldkreis.

Besonderer Anziehungspunkt ist die neue Mitte der tausendjährigen Stadt Nordhausen mit ihren interessanten Sehenswürdigkeiten. Die Altstadt, das historische Rathaus mit dem Roland, das breite Freizeit-, Kultur- und Einkaufsangebot sowie die herrliche Umgebung verleihen der Stadt ihren besonderen Charme und bieten den Besuchern viel Abwechslung.

Am Rande der Stadt wurde im Jahr 1943 das Konzentrationslager Mittelbau-Dora errichtet, in dem 60 000 Häftlinge in unterirdischen Tunnelanlagen des Kohnsteines die V-Raketenwaffen produzieren mussten. Für 20 000 von ihnen war es der Weg in den Tod. In der Gedenkstätte wird mit einer Dauerausstellung und durch Führungen an das Leid der Häftlinge erinnert.

Den kulturhistorisch interessierten Gast erwarten im Landkreis Museen, Kunstausstellungen, Galerien, zwei Schlösser, eine Burg sowie einige Burgruinen. Die Burgruine Hohnstein oberhalb des Luftkurortes Neustadt/Harz ist eine der besterhaltenen im Harz. Ein Burggasthof lädt dort zum Verweilen ein.

Eine große Attraktion stellt die in Nordhausen startende Harzquerbahn (Harzer Schmalspurbahn – HSB) dar. Bei ihrer romantischen Fahrt überqueren dampflokbespannte Züge auf kurvenreicher Strecke Deutschlands nördlichstes Mittelgebirge. Nach Zwischenstopps in Orten wie Ilfeld und Drei Annen Hohne (mit Anschluss an die Brockenbahn) endet die Harzquerbahn in Wernigerode an der Nordseite des Harzgebirges.

Ein neues Highlight ist der UNESCO – Geopark Harz/Braunschweiger Land/Ostfalen. Das Ziel besteht in der touristischen Vermarktung der Bergbaugeschichte sowie geologisch interessanter Objekte und Einrichtungen im Südharz. Dazu gehören unter anderem die Südharzer Karstlandschaft, romantische Felsbildungen, das Steinkohlen-Besucherbergwerk »Rabensteiner Stollen« und das ehemalige Kupfer- und Kobalterzbergwerk »Lange Wand« in Ilfeld.

Markante Punkte sind zum Beispiel die Landmarken Poppenbergturm und Kohnstein. Auch ausgewiesene Georouten bieten interessante Eindrücke.

Eine besondere Attraktion ist der länderübergreifende Karstwanderweg mit seiner in Mitteleuropa einzigartigen Gipskarstlandschaft. Er führt durch den Landkreis Mansfeld-Südharz, verläuft dann im Landkreis Nordhausen auf 56 Kilometer Länge, beginnend bei der »Heimkehle«, einer der größten Karsthöhlen Deutschlands, und erstreckt sich weiter bis in den Landkreis Osterode.

Ihr

Joachim Claus
Landrat Nordhausen

Grußwort aus Sangerhausen

Die Goldene Aue ist eine der reizvollsten Landschaften im Landkreis Mansfeld-Südharz. Auf engstem Raum treffen sich hier historische und geologische Besonderheiten.

Die fruchtbaren Böden im Helmetal gaben der Landschaft ihren Namen, die zwischen Harz und Kyffhäuser liegt. Bereits vor über tausend Jahren gab es die ersten Siedlungen, wie zum Beispiel Berga, das 985 das erste Mal urkundlich erwähnt wurde. Die Landschaft prägen ausgedehnte Felder und Streuobstwiesen, deren Bioprodukte in heutiger Zeit wieder gefragt sind.

Die geologische Besonderheit in diesem Gebiet ist eine Gipskarstlandschaft mit einer einmaligen Flora und Fauna. Alle typischen Erscheinungsformen eines Karstgebietes, wie Erdfälle, Quellkuppen, Höhlen und episodische Gewässer sind hier zu finden. Der Bauerngraben bei Breitungen sowie einige andere Orte des Leinetales bieten reizvolle Belege für die ständigen Veränderungen eines solchen Gebietes. Manch schöne Sage oder Dorflegende geht darauf zurück. Die Heimkehle bei Uftrungen, die größte Gipskarsthöhle in Europa, ist immer ein sehenswertes Ziel.

Der 600 Hektar große Stausee Kelbra ist nicht nur für Camper und Hobbysegler ein gefragtes Erholungsgebiet. Interessant ist für Naturliebhaber auch die einzigartige Möglichkeit, viele Zugvögel, die hier rasten, zu beobachten.

In seiner langen und spannenden Geschichte kann der Landstrich auf drei bedeutende Königspfalzen des 10. bis 12. Jahrhunderts verweisen. In der Zeit, als sich die Macht der ersten deutschen Könige herausbildete und diese von Pfalz zu Pfalz zogen, machte der Königshof oft in Tilleda, Wallhausen oder Allstedt Station. In Wallhausen heirateten Heinrich und Mathilde, das spätere deutsche Königspaar und 912 wurde sogar ihr Sohn Otto der Große hier geboren.

Der Minnesänger Heinrich von Morungen wurde 1150 im Südharz geboren, wie auch der Theologe Thomas Müntzer und Juliane von Stolberg, die Stammmutter des holländischen Königshauses.

Prägend für die Kulturlandschaft und die Menschen war über 800 Jahre lang der Bergbau, dessen sichtbare Zeichen – die Halden – wohl noch vielen Generationen von dieser Tradition künden werden.

Kultur- und Naturtourismus sind eine Chance für unseren Landkreis. Ich sehe noch ein hohes Entwicklungspotential, diese schöne Natur und kulturelle Tradition als Schätze für Einwohner und Besucher gleichermaßen zu fördern und auch zu behüten.

Allen Leserinnen und Lesern wünsche ich viel Spaß beim Kennen lernen dieses charmanten Teils unseres Landkreises. Das Buch macht Sie hoffentlich neugierig, uns entdecken zu wollen. Diese Kulturlandschaft im Süden von Sachsen-Anhalt mit enger Verbindung nach Thüringen ist es allemal wert. Viel Spaß bei der Lektüre.

Ihr

Dirk Schatz
Landrat Mansfeld-Südharz

Zu diesem Buch

»Eine schöne, interessante Landschaft«, diese Worte hört man oft von Besuchern in der Region rund um den Kyffhäuser. Wie ein ungeschliffener Diamant zeigt sie ihre Schätze, eine schöne und abwechslungsreiche Natur- und Kulturlandschaft, bisher oftmals nur den Eingeweihten. Ein im Aufbau befindlicher sanfter Tourismus zeigt, dass man sich im Kyffhäuser, der Goldenen Aue, im Südharz, Hainleite, Schmücke bis hinunter in das Unstruttal keineswegs vor den großen Urlauberzentren in Deutschland verstecken muss.

Auch wenn heute eine Landesgrenze die vorgestellten Landschaften trennt, haben sie doch eine tief verwurzelte gemeinsame Geschichte. So heiratete in Wallhausen der spätere erste Deutsche König Heinrich I. Viele weitere Herrscher hielten Hof in den Pfalzen Nordhausen, Tilleda, Wallhausen und Allstedt.

Kern der Region ist das sagenumwobene Kyffhäusergebirge mit seiner reichen Naturausstattung, der Reichsburg Kyffhausen und dem Kaiser-Wilhelm-Denkmal. Die Stadt Bad Frankenhausen am Südhang des Gebirges wartet mit einem der größten Rundbilder und dem derzeit schiefsten Kirchturm der Welt auf. Eine Stadt mit reicher Geschichte, in der mit ihrer heilkräftigen Sole auch viel für die Gesundheit getan wird. In unmittelbarer Nähe liegt die Barbarossahöhle, eine der schönsten Höhlen Deutschlands. Die Ranke-Stadt Wiehe bleibt nicht nur ihren jüngsten Besuchern durch den Besuch einer der größten Modelleisenbahnanlagen in Erinnerung.

Die Musik- und Bergstadt Sondershausen besitzt mit ihrem Schlossmuseum ein wahres Kleinod. Weithin bekannt ist das Loh-Orchester. Ob jung oder alt, man sollte einen Ausflug in das Erlebnisbergwerk »Glück Auf« nicht verpassen.

Eine Spurensuche in der einstigen Freien Reichsstadt Nordhausen lohnt sich. Hier kann man Theaterkunst erleben und einem der wenigen hölzernen Rolande, mit Krone und Schwert, begegnen. Das Museum »Alte Münze« in der Europastadt Stolberg ist als historische Prägestätte nicht nur ein regionalgeschichtliches, sondern auch ein unschätzbares technisches Denkmal. Ebenso einmalig lockt das größte eiserne Doppelkreuz der Welt, das Josephskreuz auf dem Großen Auerberg.

Fast unerschlossen für den Tourismus ist noch die filigrane »Gipskarstlandschaft Südharz« mit ihren weiten Buchenwäldern und Karsterscheinungen. Viele Wanderwege laden zum Kennen lernen ein. So bilden Kultur, Natur und Geschichte in Questenberg eine Einheit, wo seit uralten Zeiten das Questenfest stattfindet, das seinesgleichen sucht. Wunderschöne kleine Dörfer in bezaubernden Landschaften verführen – zum Verweilen oder gar zum Wiederkommen. Fast jeder, der einmal hier war, gerät ins Schwärmen und verspricht ein Wiedersehen.

Die Berg- und Rosenstadt Sangerhausen bietet gleich mehrere Besonderheiten: So gibt es hier mit dem Europa-Rosarium die größte Rosensammlung der Welt, das Spengler-Museum mit seinem Mammutskelett, einmalige Baudenkmale und mit dem Bergbaumuseum Röhrigschacht in Wettelrode eine letzte lebendige Erinnerung an das »Rote Gold« vom Südharz.

Erstmals wird in einem Buch ein großräumiger Überblick dieser Region, über Land und Leute, vermittelt. Wer einmal hier war, merkt aber bald, dass es noch so viel zu sehen und erleben gibt.

Es konnte nicht alles in dieses Buch aufgenommen werden. Für Einheimische, Ausflügler und Touristen gibt es viel in der Landschaft und den Orten zu entdecken. Es soll neugierig und Lust auf mehr machen.

Ein herzliches Dankeschön an alle Städte, Dörfer, Unternehmen, Vereine und Personen, die sich in dieses Buch eingebracht haben.

Inhalt

Unterwegs im Kyffhäuserland

Wo auf hohen Bergen der Kyffhäuser steht 12
Digitale Kartenwerke 17
Der Naturpark Kyffhäuser 18
Die Rothenburg im Kyffhäusergebirge 24
Luftsport am Kyffhäuser 26
Bad Frankenhausen –
moderne Kurstadt am Fuße des Kyffhäusers 28
Kur-Café Trautmann am Anger 31
Hotel Residenz Bad Frankenhausen 32
Sole-Heil-Bad Frankenhausen –
der sympathische Kurort am Kyffhäuser 34
Ein Museum mit Charme –
das Regionalmuseum Bad Frankenhausen 35
Der schiefste Kirchturm Deutschlands und der Welt 36
Die Gemeinde Rottleben im Kyffhäuserland 38
Bergleute entdeckten die Barbarossahöhle 39
Der Kyffhäuserweg im Naturpark Kyffhäuser 40
Sehenswertes Barockdorf Bendeleben 42
Die Gemeinde Steinthaleben 44
Im GeoPark Kyffhäuser 47
Kelbra ist mehr als einen Besuch wert 48
Zu Besuch bei den Knopfmachern 50
Kelbraer Gewerbetreibende 52
Pension Weidemühle – gastronomisch und tierisch gut! 53
Erholen am Fuße des Kyffhäusers 53
Falk Getschmann hat einen Kyffhäuser zu Hause 53
Wo schon Könige ihren Hof hielten 54
Von der Morgengabe zum Freilichtmuseum 56
Kirschtilla lockt jedes Jahr Tausende an 58
Festspiele mit königlichem Glanz 59
Agrar GmbH Kelbra 59

Auf Entdeckungstour in der Goldenen Aue

Vogelbeobachtung in der Goldenen Aue 60
Nordhausen – moderne Stadt mit historischem Charakter 62
Theater und Orchester mit langjähriger Tradition 66
Sportverein LV Altstadt'98 Nordhausen e.V. 68
Wohnen mit Service 70
Hotel-Restaurant-Rasthof »Zur Hoffnung« 70
Einkaufszentren in Nordthüringen –
große Vielfalt und starke Marken 71
Headliner – Jugendkultur in Nordhausen e.V. 72
Auleben in der »Goldenen Aue« 74
Seine Heimat darstellen, präsentieren, fördern –
Menschen eine Freude machen 76
Görsbach – inmitten der Goldenen Aue 78
Alte Steine am Wegesrand haben oft eine Geschichte 80

Kaffeemühle Hamma 83
Auf Schienen unterwegs 83
Altes Brauchtum in der Goldenen Aue und am Südharz 84
Autohaus GRUND in Berga 87
Steinmetzmeisterbetrieb Kleffel 87
Berga – eine Siedlung am Berge 88
Bennungen – ein Ort mitten in der Goldenen Aue 90
Aus dem Bennunger Vereinsleben 92
Zur Kirmes tagt das Dorfgericht 94
Dem Holzberuf mit Leib und Seele verschrieben 95
Der »Schieferhof« in Wallhausen 95
Der Pilzhof Wallhausen 95
Roßla – die größte Gemeinde in der Goldenen Aue 96
Mehrgenerationenhaus Schloss Roßla 98
Wallhausen – ein Ort mit großer Geschichte 100
Renaissance trifft Modern 102
Hackpfüffel – ein kleiner Ort mit großem Park 104
Brücken – eine Gemeinde in der Goldenen Aue 106
In Martinsrieth dreht sich alles um Martin 108
Uralter Fastnachtsbrauch in Martinsrieth 110
Zu Besuch in der Obermühle 111
Die Gemeinde Edersleben 112
Riethnordhausen –
an der Kleinen Helme in der Goldenen Aue 114

Rund um Sangerhausen

Zu Gast beim Mammut 116
Gustav Adolf Spengler – ein Sangerhäuser Original 117
In der Berg- und Rosenstadt Sangerhausen 118
Wohnungsbaugenossenschaft Sangerhausen e.G. 122
Rosen-Hotel in Sangerhausen 122
Buchhandlung »Das Gute Buch« 122
FEAG – der Spezialist für Industrie-Schaltanlagen-Systeme 123
Chancen geben – CJD Sangerhausen 124
Ein ganzes Haus voller Sonnenschein 124
Gezielte Förderung von klein auf 125
Lernen für ein Leben in sozialer Integration 126
Schullust statt Schulfrust 127
Interessante Stunden 128
Rosenumzüge und Rosenfeste in Sangerhausen 129
Stätten der Pflege und Gemütlichkeit
Seniorenzentrum »Goldene Aue«
Seniorenzentrum »Kyffhäuserblick« 130
Rotes Gold vom Südharz 132
Sparkasse Mansfeld-Südharz 133
Kundenmagnet der Berg- und Rosenstadt Sangerhausen 134
Gepflegte Gastlichkeit zwischen Harz und Kyffhäuser 135
Ab ins Grüne – der Gutshof Othal lädt ein 136
Oberröblinger Erdbeer- und Spargelhof 138
PGH Dachdecker Sangerhausen 138
»Zum Steintaler« – Bowlingbahn & Gastronomie 138
THW – Technische Hilfe Weltweit 139
Orgeldreieck Sangerhausen-Pölsfeld-Sotterhausen 139

Sehenswertes in Hainleite und Schmücke

Musik- und Bergstadt Sondershausen 140
Galerie am Schlossberg in Sondershausen 152
AGRO Holzhandel – Andreas Groppe 153
Bowling- & Kegelcentrum Sondershausen 153
Im Erlebnisbergwerk »Glückauf« Sondershausen 154
Auf dem Possen kann man sich gut erholen 156
Spiel, Spaß, Sport und Erholung
im Ferienpark »Feuerkuppe« 158
Herzlich Willkommen in Greußen 160
Archäologisches Freilichtmuseum Funkenburg 162
Bleicherode – aufstrebende Kleinstadt
zwischen Harz und Hainleite 164
Schlosspark Ebeleben 166
In Oldisleben und Sachsenburg 168
Markus-Gemeinschaft e.V. in Hauteroda 170
Im Kunsthof Friedrichsrode 172
Die Klosterruine Sankt Wigbert in Göllingen 173

Abstecher ins Thyratal

Das Josephskreuz auf dem Großen Auerberg 174
In der Gemeinde Breitenstein 176
Herzlich Willkommen im Luftkurort Stolberg (Harz) 178
Hotel Stolberger Hof & Café Hohenzollern 180
Mit Kiepenfrau oder Köhlerliesel auf Tour 180
Hotel »Zum Bürgergarten« lädt ein 180
Peitschenknallen und Volkstänze 181
Das Feriendorf »Forsthaus Auerberg« 181
Triangel – Volkslieder aus Stolberg 181
Der Modellbahnhof im Bahnhofsgebäude 181
Uftrungen – eine schöne Gemeinde im Südharz 182
Ein Besuch in der Heimkehle 184

Der Südharz ist einmalig

Der Adel ließ sich Burgen bauen 186
Das Biosphärenreservat
Karstlandschaft Südharz in Sachsen-Anhalt 190
Der Karstwanderweg – ein Markenzeichen im Südharz 194
Breitungen – eine versteckte Perle im Südharz 196
Der Siebengemeindewald 198
Hainrode im Südharz 200
Besenbinderfest und Viehauftrieb 202
Garten- und Landschaftsbau Friedhelm Harnisch 202
Gut Brand für gute Kohlen 203
Questenberg – die Perle in der Karstlandschaft 204
Das Questenfest – einmalig in Deutschland 206
Greifvögel – Herrscher der Lüfte 209
Blühenden Schönheiten auf der Spur 210
Harzer Erlebnishof Grillenberg 211

Rohnetal und Umgebung

Die Stadt Allstedt 212
Burg und Schloss Allstedt 214
Romanische Dorfkirchen
abseits der Straße der Romanik 215
Allstedter Vereine 216
Liedersdorf – ein kleines Bauerndorf am
Rande der Goldenen Aue 218
Zu Gast in Mittelhausen und Einsdorf 220
Unterwegs in Einzingen und Nienstedt 222
Katharinenrieth – von den Flamen gegründet 224
Seit 15 Jahren als Spezialunternehmen
für den Bergbau am Markt 226

Zu Gast im Unstruttal

Herzlich willkommen in Artern 228
Wiehe – Ranke- und Modellbahnstadt 230
Donndorf – eine »europäische« Gemeinde 234
Unstrut-Stadt Roßleben 236
»In Buttendorf esses nur eimol scheene!« 238

Bildquellennachweis 240
Ein herzliches Dankeschön 240

Die redaktionellen Beiträge, ohne Autorenangabe, wurden vom Autor des Buches aus vielen Quellen recherchiert oder aus unmittelbarer Information verfasst. Die Fotos stammen vom Autor selbst, soweit nicht andere Fotografen genannt sind.

Weitere redaktionelle Beiträge, die von Protagonisten als Selbstdarstellungen in diesem Buch zu verstehen sind, werden durch ein Adresskästchen am Ende der betreffenden Artikel verdeutlicht. In den Protagonistenbeiträgen stammen auch die Fotos vom Autor, sofern nicht gesondert benannt.

Kyffhäuser

Auf Tour rings um den Kyffhäuser

Es hat schon etwas Besonderes an sich, das Kyffhäuserland mit dem kleinsten Mittelgebirge Deutschlands. Im Zentrum erhebt sich das Kaiser-Wilhelm-Denkmal, das in den über 100 Jahren seines Bestehens 20 Millionen Besucher zählte. Gut ausgeschilderte Wanderwege laden zu Entdeckungen in eine herrliche Landschaft ein. Burgruinen, Steinbrüche, naturnahe Wälder, Städte und Dörfer mit interessanter Geschichte und modernem Flair sowie vielen Freizeitangeboten runden das Bild ab.

Die Städte Bleicherode, Sondershausen, Nordhausen, Bad Frankenhausen und Sangerhausen bieten viele touristische Ziele. Sie zu erkunden lohnt sich auf jeden Fall. Wer einmal die weltgrößte Rosensammlung in Sangerhausen gesehen hat, kommt immer wieder gern zurück. Ebenso sehenswert ist die Altstadt von Bleicherode. Die Städte Sondershausen und Nordhausen halten für ihre Gäste Kunst- und Kulturerlebnisse bereit. Wer Entspannung sucht, ist in der Kurstadt Bad Frankenhausen gut aufgehoben.

Die Südharzer Karstlandschaft ist noch ein Geheimtipp für Touristen. Steile Gipsfelsen, plötzlich verschwindende Bäche und Seen in einer filigranen Landschaft wechseln mit vielen kleinen Dörfern ab. Diese Kulturlandschaft ist durch den »Karstwanderweg« erschlossen.

Das Kyffhäuserland ist über die neue Bundesautobahn A 38 erreichbar. Wer schon auf der Hinfahrt etwas mehr Landschaft genießen möchte, sollte sich für die Bundesstraßen B 4, B 85 oder B 86 entscheiden. Mitten durch die Goldene Aue führt die Hauptstrecke Halle-Kassel der Deutschen Bahn AG. In Allstedt, Nordhausen und Udersleben gibt es außerdem Sonderlandeplätze für Flugzeuge.

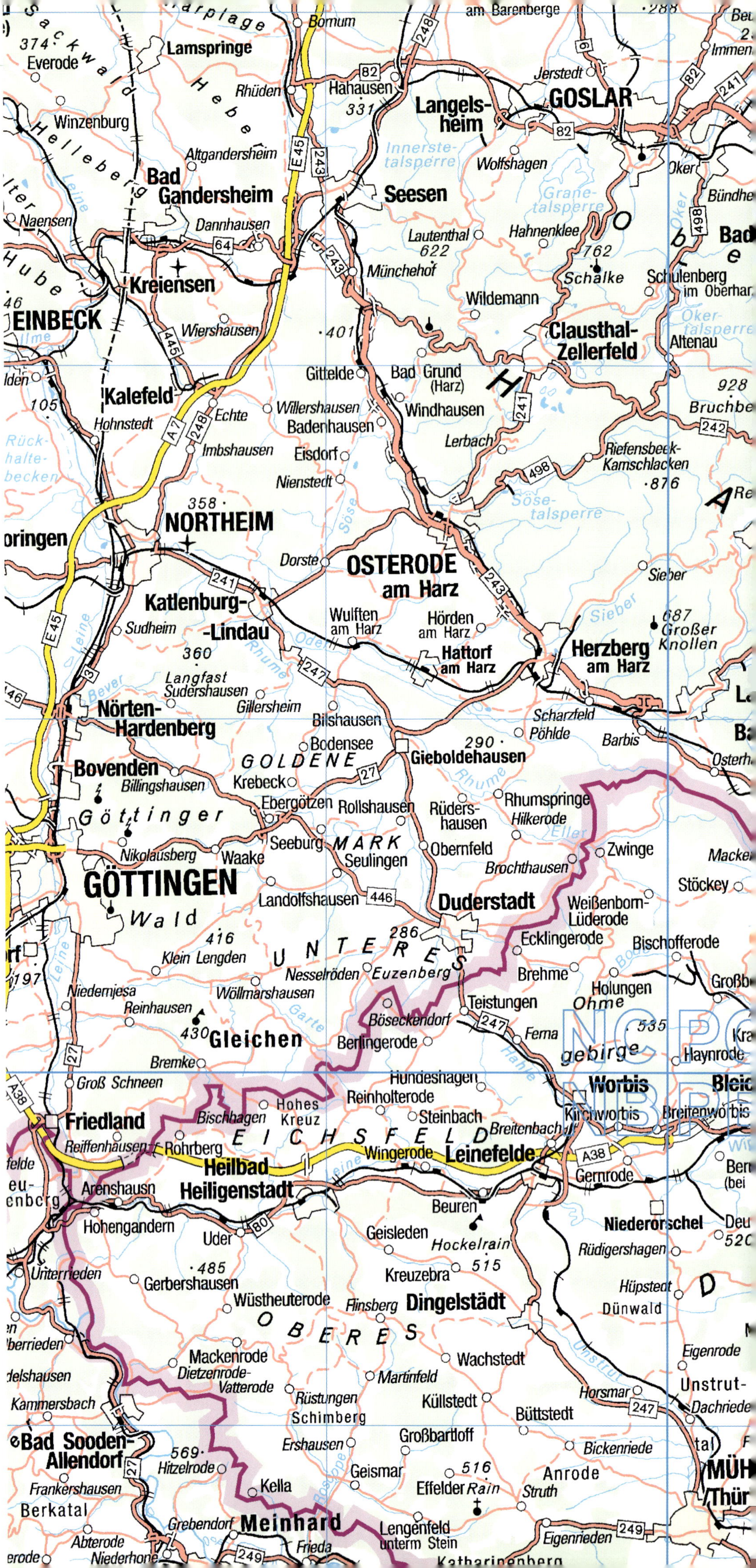

Unterwegs im Kyffhäuserland

Wo auf hohen Bergen der Kyffhäuser steht

Blick von Osten auf das Kyffhäusergebirge

Zu Besuch bei Kaiser Rotbart

Von Kelbra am Fuße des Kyffhäusergebirges bis zum Denkmal hinauf dauert die Fahrt auf der Bundesstraße B 85 nur ein paar Minuten. Mit ihren 36 Kurven hat diese Strecke einen besonderen Reiz. Die Zufahrt von Bad Frankenhausen ist nicht ganz so kurvenreich. Von Sittendorf, Tilleda oder Steinthaleben kann man auch auf gut ausgeschilderten Wegen zu Burg und Denkmal wandern. Von Tilleda aus dauert der Fußmarsch nur eine gute halbe Stunde.

Große Teile der Nordseite des Kyffhäusergebirges sind von schönen alten Buchenwäldern bedeckt. Imposant ist auch die Steilheit auf dieser Seite. Rund 300 Meter beträgt der Höhenunterschied. Die Südseite fällt dagegen allmählich ab. Am Süd- und Westrand überwiegen die unbewaldeten Hänge. Hier dominiert der Gipskarst mit seinen vielfältigen Erscheinungsformen wie Dolinen, Erdfällen und Höhlen.

Barbarossasage und Kyffhäusermythos

Eng verbunden mit dem Kyffhäuser ist die Barbarossasage. So soll jener legendäre Kaiser verzaubert in einem tief im Berg verborgenen Schloss sitzen und schlafen. Alle hundert Jahre erwacht er und schickt einen Zwerg hinauf, um zu schauen ob die Raben noch um die alte Burgwarte von Kyffhausen fliegen. Wenn er zurückkehrt und berichtet, dass sie noch fliegen, wird der Kaiser traurig und schlummert weiter.

Wer Barbarossa einmal sehen wollte, wurde vom Burgfräulein Ute tief in das Bergesinnere geführt. Die Gäste erhielten wertvolle Geschenke, mal war es ein Eimer Wein oder das Tafelgeschirr für die Hochzeit. Nach ihrer Rückkehr erschien ihnen die ganze Umgebung verändert und niemand kannte sie mehr. Die Zeit war inzwischen hunderte Jahre vorausgeeilt.

Bereits im späten Mittelalter gaben sich Personen in den Ruinen als Kaiser Barbarossa aus. Einen Höhepunkt erlebte diese Sage im 19. Jahrhundert. Man verknüpfte damals ihren Inhalt mit den aktuellen politischen Forderungen nach einem einheitlichen Reich, wie es zu Regierungszeiten von Kaiser Friedrich I. existiert hatte. Nach der Wiederbegründung des Deutschen Kaiserreiches im Jahre 1871 erreichte der Kyffhäuser-Mythos seinen Höhepunkt.

Barbarossadenkmal im Burghof

Unterwegs im Kyffhäuserland

Die Reichsburg Kyffhausen

Archäologische Funde reichen Jahrtausende zurück

Auf einem steilen Sporn an der Ostseite des Gebirges liegt der Kyffhäuserburgberg mit den Ruinen der Reichsburg Kyffhausen. Die Anlage gliedert sich in Ober-, Mittel- und Unterburg. Mit einer Gesamtlänge von rund 600 Metern und einer maximalen Breite von etwa 60 Metern bildet sie eine der größten mittelalterlichen Burganlagen Deutschlands.

Archäologische Grabungen haben ergeben, dass dieser Bergsporn schon seit Jahrtausenden von Menschen besiedelt ist. Die ältesten Funde reichen bis in die Bronzezeit zurück. Nicht genau bekannt ist, wann die erste Burg errichtet wurde. Fachleute vermuten, dass es hier schon im 10. Jahrhundert, zur Zeit der in unmittelbarer Nähe liegenden damaligen Pfalzen Nordhausen, Wallhausen und Tilleda, bereits eine Burg gab. Das gesamte Gebiet war zu dieser Zeit Reichsbesitz.

Zerstört und wieder aufgebaut

Im Jahre 1118 wurde die Burg durch den sächsischen Herzog Lothar von Supplinburg zerstört. Es war die Zeit der Sachsenaufstände, die gegen Kaiser Heinrich V. gerichtet waren. Es erfolgte ein Wiederaufbau. Kaiser Barbarossa weilte 1174 auf der Pfalz in Tilleda. Ob er jemals auch Kyffhausen einen Besuch abstattete, ist nicht überliefert.

Die Höhenburgen erlebten ihre Blütezeit im 12. und 13. Jahrhundert. Militärisch gut zu verteidigen, repräsentierten sie wirkungsvoll die kaiserliche Macht. Sie standen völlig frei auf der Kuppe. Der umgebende Wald war aus strategischen Gründen abgeholzt. Der Anblick muss sehr beeindruckend gewesen sein. Die gewaltigen Mauern aus dem roten Karbonsandstein gaben einen herrlichen Kontrast zum blauen Himmel und den grünen Berghängen. Der Farbe Rot kam in diesem Fall auch eine symbolische Bedeutung zu, sie zeigte den Kaiser als Bauherren an.

Verfallen und ausgegraben

Ende des 13. Jahrhunderts verlor die Anlage an Bedeutung. Die Grafen von Rothenburg übernahmen die Burg, ihnen folgten die Beichlinger im Amt der königlichen Burggrafen. Im Jahre 1378 verpfändete der Thüringer Landgraf sie an die Schwarzburger Grafen. 1407 wurden diese damit belehnt und die einstige Reichsburg blieb bis zum Jahre 1918 Eigentum der Fürsten zu Schwarzburg-Rudolstadt. Danach kam sie an den Freistaat Thüringen. Heute gehört sie der Gemeinde Steinthaleben.

Im Laufe der Jahrhunderte wurden im Gelände der Burg aus dem Felsen Mühlsteine geschlagen. Dabei kam es zur Zerstörung großer Teile der Mittel- und Oberburg, die mit dem Bau des Kaiser-Wilhelm-Denkmals fortgesetzt wurden.

Die Reichsburg Kyffhausen gehört zu den größten mittelalterlichen Burganlagen Deutschlands.

Wegweiser im Burggelände

In den 1930er Jahren wurden die Mauerreste der Unter- und die Oberburg im Rahmen von archäologischen Ausgrabungen freigelegt und teilweise ergänzt. Leiter der Grabungen war Gotthard Neumann vom damaligen Germanischen Museum der Universität Jena. Kriegsbedingt wurden die Grabungsbefunde in der Folgezeit nicht ausgewertet. Die wissenschaftliche Bauforschung übernahm der in Mitteldeutschland bekannte Burgenforscher Hermann Wäscher. Von ihm stammt auch das im Museum ausgestellte Modell der dreiteiligen Burg Kyffhausen.

Umfangreiche Sanierungsarbeiten an den Ruinen erfolgten in den 1990er Jahren. Heute befindet sich die gesamte Anlage in einem sehr guten Zustand.

Modell der Burganlage im Museum

Sie vermittelt eindrucksvoll ein Bild der einstigen Größe. Schautafeln weisen die Besucher auf die Sehenswürdigkeiten und ihre Bedeutung hin.

Blick auf die Unterburg

Die Unterburg

Einen Rundgang beginnt man am besten in der Unterburg. Schon deren bis zu zehn Meter hohe Außenmauer lässt die einstige Wehrhaftigkeit deutlich werden. Durch ein romanisches Kammertor gelangt man in das Innere. Dort erwartet den Besucher ein sehr romantisches, als Park gestaltetes Gelände. Ein Ort, der zum Träumen einlädt. Die Kulisse bietet auch einen prächtigen Hintergrund für Musikaufführungen und Theaterveranstaltungen.

Die Kapelle »Zum Heiligen Kreuz« ist ein sehr beliebtes Fotomotiv. Sie wurde im Jahre 1433 geweiht, als die Burg bereits eine Ruine war. Bis zur Reformation war sie ein Wallfahrtsort. Auch Bestattungen wurden hier vorgenommen.
Johann Wolfgang von Goethe war von ihr bei seinem Besuch mit dem Großherzog Carl August von Sachsen-Weimar im Jahre 1776 so begeistert, dass er die Ansicht in einer Skizze festhielt.

Die Mittelburg

Lediglich kleine Mauerreste in der wilden Felsenschlucht der Steinbrüche weisen noch auf sie hin. Am Wegrand kann man sehr gut die im Karbonsandstein eingeschlossenen versteinerten Baumstämme erkennen. Einige dieser rund 300 Millionen Jahre alten Stücke sind auch im Denkmalgelände ausgestellt.

Palas- und Kapellenruine in der Unterburg

Reste der Mittelburg

An der Stützmauer der großen Ringterrasse des Denkmals vorbei geht es weiter zum Kassenhäuschen am Haupteinlass zum Denkmal und zur Oberburg.

Unterwegs im Kyffhäuserland

Der imposante Barbarossaturm in der Oberburg

Das Burgmuseum aus den 1930er Jahren

Die Oberburg

Gut erhalten ist der weithin sichtbare Bergfried der Oberburg, der so genannte Barbarossa-Turm. Ursprünglich rund dreißig, ragt er noch 17 Meter in den Himmel. Er hat bis zu drei Meter dicke Mauern. Der ursprüngliche Zugang erfolgte in rund zehn Metern Höhe über eine Freitreppe. Aufwändig saniert, ist seine Standsicherheit für die nächsten Jahrhunderte gewährleistet. Ein Dach schützt ihn erstmals wieder seit dem Mittelalter. Über eine neu angelegte Treppe gelangt man in das Innere des Bauwerkes. Für den Ausgang sägte man am Fuße eine Öffnung in die Mauer.

Eine weitere Attraktion in der Oberburg ist das romanische Kammertor, das so genannte Erfurter Tor. Es überstand unbeschadet den Denkmalbau, dem rund zwei Drittel dieser Anlage zum Opfer gefallen sind.

Die Oberburg ist nach den jüngsten Forschungen der älteste Teil der gesamten Burganlage. Sie wurde in der ersten Hälfte des 10. Jahrhunderts angelegt.

Der tiefste Burgbrunnen der Welt

Das Buckelmauerwerk aus Bossenquadern am Barbarossaturm

Burgbrunnen und Museum

Einmalig ist der Burgbrunnen. Mit 176 Metern Tiefe ist er der tiefste mittelalterliche Burgbrunnen der Welt. Verglichen mit dem Denkmalturm beträgt seine Tiefe rund dessen dreifache Höhe. Er soll im 12. Jahrhundert errichtet worden sein. Die Arbeiten haben Fachleute in mühseliger Handarbeit ausgeführt. Er diente zur Wasserversorgung der Burgbewohner. Es wurde kein Grundwasser erreicht, sondern Schichtenwasser auf einer geologischen Störung. Die Wasserqualität entspricht auch heute noch der von Trinkwasser.

Der Brunnen wurde während der archäologischen Ausgrabungen wieder freigelegt. Insgesamt waren 4500 Kubikmeter Schutt darin enthalten. Schautafeln geben ausreichende Erklärungen. Ein Scheinwerfer leuchtet die gesamte Tiefe bis auf den Wasserspiegel aus. Wer will, kann auch per Video an einer Brunnenbefahrung teilnehmen. Originell ist der Brunnengeist, ihn muss man erlebt haben.

Im Burgmuseum sind Funde von den Ausgrabungen sowie Modelle und zahlreiche Tafeln mit Erläuterungen ausgestellt. Im Mittelpunkt stehen die einstige Reichsburg und die damit verknüpfte Barbarossasage.

Blick aus dem Barbarossaturm auf das Denkmal

Unterwegs im Kyffhäuserland

Das Kaiser-Wilhelm-Denkmal

Highlight der Kyffhäuserregion

Das Highlight auf dem Kyffhäuser ist das Kaiser-Wilhelm-Denkmal. Im Jahre 1896 eingeweiht und für die Öffentlichkeit zugänglich geworden, zog es vom ersten Tag an unzählige Besucher und Bewunderer in seinen Bann. Davon hat es auch in den bisher vergangenen 112 Jahren nichts eingebüßt. Nach dem Völkerschlachtdenkmal in Leipzig ist es das zweitgrößte Denkmal in Deutschland. Im Rekordbesuchsjahr 1990 kamen rund 500 000 Besucher auf den Kyffhäuser. 2005 begrüßte man den 20 Millionsten Besucher seit der Eröffnung.

Das Denkmal hat eine Höhe von 81 Metern, davon der mit der Kaiserkrone bekrönte Turm allein 57 Meter. Von seiner Kuppel aus hat man einen prächtigen Panoramablick, wenn man zuvor die 247 Stufen emporgestiegen ist. Bei gutem Wetter reicht die Sicht vom Brocken bis zu den Höhenzügen des Thüringer Waldes.

Mit dem Baustil wollte der Architekt Bruno Schmitz eine Verbindung zwischen dem mittelalterlichen Burgenbau und der Neuzeit herstellen. Das Denkmal symbolisiert die nationale Bedeutung des neuen Deutschen Kaiserreichs mit dem Preußischen Monarchen an der Spitze. So trohnt der Reichsgründer Kaiser Wilhelm I., dargestellt als Feldherr mit Pickelhaube und dekoriert mit dem Großkreuz des Eisernen Kreuzes, hoch zu Ross und reitet gegen Osten. Zu seinen Füßen sitzen rechts ein germanischer Krieger, die Wehrkraft verkörpernd und links eine Frau mit Stift und Eichenlaubkranz, die Geschichte symbolisierend. Das gesamte Standbild hat eine Höhe von fast elf Metern und besteht aus Kupferplatten. Geschaffen hat es der Bildhauer Emil Hundrieser. Unter dem Standbild, im Burghof, ist Friedrich I. (Barbarossa) dargestellt. Die Figur ist rund 6,5 Meter hoch und wurde aus Sandstein gemeißelt. Wer genau hinschaut sieht, dass der Kaiser nicht schläft, sondern sogar mit einem Auge blinzelt. Auf dem Haupt trägt er die alte Kaiserkrone. Das Denkmal stammt von dem Bildhauer Nikolaus Geiger.

Reiterstandbild Kaiser Wilhelm I. mit Nebenfiguren

Das Kaiser-Wilhelm-Denkmal ist das zweithöchste Denkmal Deutschlands.

Aus der Baugeschichte

Im März 1888, kurz nach dem Tode Kaiser Wilhelm I., wurden in einem Aufruf alle Kriegervereine aufgefordert, dem Verstorbenen ein Denkmal auf dem Kyffhäuser zu errichten. Einer der Initiatoren war Alfred Westphal, Schriftführer des Deutschen Kriegerbundes.

Die Schirmherrschaft übernahm Fürst Georg von Schwarzburg-Rudolstadt, Eigentümer der Reichsburg Kyffhausen. Aus einem Preisausschreiben zur Gestaltung des Denkmals ging der Berliner Architekt Bruno Schmitz als Sieger hervor. Im Oktober 1890 begannen die Bauarbeiten. Die Bauausführung lag überwiegend in den Händen des Frankenhäuser Baumeisters Carl Reichenbach. Zeitweise waren bis zu 400 Arbeiter auf dem Bau beschäftigt.

Am 10. Mai 1892 erfolgte nach der Fertigstellung der großen Ringterrasse die feierliche Grundsteinlegung für den Denkmalsturm. Im Jahre 1895 waren der Turmbau vollendet und ein Jahr später die wichtigsten Arbeiten abgeschlossen.

Die Einweihungsfeier

Am 18. Juni 1896 fand in Anwesenheit Kaiser Wilhelm II. die feierliche Einweihung statt. Alle deutschen Bundesfürsten waren erschienen, insgesamt beteiligten sich daran rund 30 000 Personen. In allen Orten rings um den Kyffhäuser waren Volksfeste organisiert worden. Man hatte sich auf eine sehr große Zahl von Besuchern eingestellt. Dem machte das Wetter aber einen Strich durch

Detail am Kapitell

Die Kriegsfurie am Denkmalfuß

Relief zur Erinnerung an den Architekten Bruno Schmitz

Bronzerelief in der Denkmalhalle

die Rechnung. Heftige Gewitter ließen die Gäste fluchtartig den Heimweg antreten.

Alle Arbeiter erhielten eine vom Kaiser gestiftete Erinnerungsmedaille. Carl Reichenbach wurde mit der Verdienstmedaille des Fürsten von Schwarzburg-Rudolstadt und dem Roten Adlerorden geehrt. Auch durfte er den Titel Baumeister tragen.

Weitere Pläne

Nach Vollendung des Denkmals trug der Architekt Bruno Schmitz einen weiteren Plan vor. Er wollte den Kyffhäuser zum Austragungsort der »Deutschen Nationalfeste« gestalten. Im Bereich des südlich vom Denkmal liegenden Tals sollte ein 400 000 Zuschauer fassendes Stadion, angelehnt an das Vorbild eines römischen Amphitheaters, entstehen. Diese Pläne scheiterten aber am Einspruch des Fürsten von Schwarzburg-Rudolstadt.

Turmabschluss mit stilisierter Reichskrone

Unterwegs im Kyffhäuserland

Kaiser-Wilhelm-Denkmal bei Nacht

Blick aus der Kuppel über die Goldene Aue in Richtung Brocken

Der Kyffhäuser heute

Sportstätte Kyffhäuser

Einmal jährlich dröhnen im Herbst schnelle Autos am Nordhang. An zwei Tagen wird dann das Tourenwagen-Bergrennen ausgetragen. Die Rennstrecke ist rund vier Kilometer lang und hat 36 Kurven. Ein weiterer Höhepunkt ist der seit 1979 jeweils im April ausgetragene Kyffhäuser-Berglauf. Es gibt einen Marathon, einen Halbmarathon sowie einen 14- und einen 6-Kilometer-Lauf.

Seit dem Jahre 2000 findet im Mai der Turmtreppenlauf statt. Dabei geht es auch die 247 Stufen im Denkmalsturm hinauf bis in die Kuppel.

An den Wochenenden versuchen sich auch zahlreiche Motorradfahrer während der normalen Verkehrszeiten als Rennfahrer am Berg. Es kommt dabei oft zu schweren Behinderungen und Unfällen, die nicht selten tödlich enden.

Initiative gegen den Holzeinschlag

Im Februar des Jahres 2008 bildete sich in Bad Frankenhausen eine Bürgerinitiative »Kyffhäuser-Wald«. Sie wendet sich gegen die vermehrten und großflächigen Kahlschläge im Kyffhäusergebirge. Es wurden Unterschriften gesammelt und diese zusammen mit Kinderzeichnungen an den Ministerpräsidenten des Freistaates Thüringen, Dieter Althaus, übergeben.

Digitale Kartenwerke

Den Harz in 3D überfliegen oder komplett in die Tasche stecken

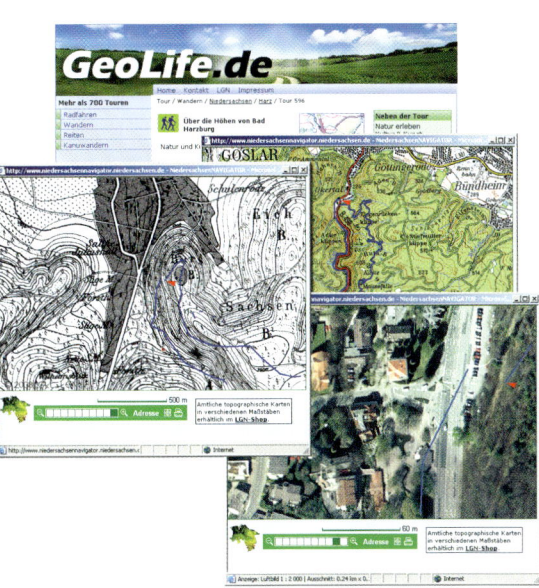

Längst haben auch in der Freizeit multimediale und innovative Dienste Einzug gehalten. Sich per GPS auf dem Fahrrad über Feld- und Waldwege führen lassen, ist heute schon für viele eine Selbstverständlichkeit.

Die DVD Top50 Niedersachsen/Bremen

Auf Topographischen Karten im Maßstab 1:50000 blattschnittfrei scrollen oder über den Ortsnamen die Karte zielgenau positionieren. Eigene thematische Karten zu zeichnen ist ebenso einfach, wie ein Höhenprofil zu erzeugen oder zum interaktiven 3D-Flug über die Landschaft zu starten. Eine integrierte umfangreiche GPS-Software erlaubt zudem die Kommunikation mit handelsüblichen GPS-Geräten. Mit einem zusätzlichen GPS-Viewer können die Karten sogar auf dem PDA mitgeführt werden.

Wander- und Radwanderkarten der LGN

Durch die amtliche topographische Kartengrundlage bieten die Freizeitkarten eine Fülle an Details.

Kunst, Kirchen und Kultur oder Sport, Spiel und Spannung – ausführliche Anregungen zur Freizeitplanung stehen im Begleitheft der Karte, immer mit den Kontaktadressen.

Das Freizeitportal GeoLife.de

Hunderte fertig ausgearbeitete Rad- und Wandertouren, verknüpft mit dem Niedersachsen-NAVIGATOR auf Luftbildern und amtlichen Karten in unterschiedlichen Maßstäben. Die historischen Karten (ab 1877) erlauben sogar eine virtuelle Zeitreise mit der jeweils aufgerufenen Tour. Alle Touren können auf die Top50 geladen oder auf Outdoor-GPS-Geräte übertragen werden.

> Landesvermessung + Geobasisinformation (LGN)
> Podbielskistraße 331 · 30659 Hannover
> Tel. (05 11) 64 60 95 55
> shop@lgn.niedersachsen.de
> www.lgn.de · www.geolife.de

Blick von der Arnsburg in den Wipperdurchbruch. (Foto: Lars Pruss)

Der Naturpark Kyffhäuser

Im kleinsten Mittelgebirge Deutschlands

»Wenn Glanzpunkte thüringischer Hügellandschaften vom Kyffhäuser über die Diamantene Aue, die östliche Windleite und die östliche Hainleite bis an den Rand des Thüringer Beckens in einem Großschutzgebiet zusammengefügt werden könnten, ... dann erhielte man ... ein Aushängeschild der vielseitigen Werte thüringischer Hügellandschaften«, schrieb der bekannte Botaniker Hermann Meusel im Jahre 1994 an die Naturparkverwaltung Kyffhäuser.
Diese Anregung von hoher fachlicher Stelle wurde angenommen!

Das kleine, nur 75 Quadratkilometer große, aber markante Kyffhäusergebirge mit seinem Denkmal ist der Namenspate für den Naturpark Kyffhäuser. Er umfasst in seinen 305 Quadratkilometern Fläche eine vielfältige und abwechslungsreiche Natur- und Kulturlandschaft. Unterschiedliche geologische Voraussetzungen und Nutzungen durch den Menschen haben auf der Fläche des Naturparks zur Ausprägung unterschiedlicher Landschaften geführt.

Wanderhinweis (Foto: Lutz Koch)

Unterwegs im Kyffhäuserland

Landschaften im Naturpark Kyffhäuser

Ein Bereich der Goldenen Aue im Norden des Naturparks ist ein Vogelschutzgebiet von europäischer Bedeutung. Beeindruckend ist die Beobachtung der Kraniche, aber auch anderer Vogelarten, wie Fischadler oder Weißstorch. Manchmal entdeckt man auf einer Radtour auch die Heckrinder und Koniks, die gleich neben der Wasserfläche des Stausees weiden. Sie tragen dadurch dazu bei, die hier vorkommenden Salzwiesen zu erhalten.

Diese zu schützen ist auch ein Anliegen im Esperstedter Ried, am besten zu erradeln von Bad Frankenhausen in Richtung Thüringer Pforte. Vorher hat man sich natürlich im Regionalmuseum im Schloss in Bad Frankenhausen »schlau« gemacht, was einen dort erwartet.

Zurück zur Talsperre Kelbra, die fast direkt an die steile Nordwand des Kyffhäusergebirges grenzt. Am Fuße des kleinsten deutschen Mittelgebirges zieht sich ein Obstwiesengürtel entlang. Besonders im Mai bildet er einen auffallend schönen Übergang von der Goldenen Aue zum dichten Laubwald des Gebirges.

Charakteristisch für den südlichen Bereich des Kyffhäusergebirges sind seine leuchtend weißen Gipshänge. Hier findet man aufgrund des besonderen Gesteins und des trockenen Klimas eine einzigartige Pflanzen- und Tierwelt vor.

Bedingt durch den Regenschatten des in Sichtweite befindlichen Harzes im Norden und dem Thüringer Wald im Süden, sind die Niederschläge um etwa ein Drittel geringer als im übrigen Deutschland. Dass dadurch die Sonne hier öfter scheint, hebt nicht nur die gute Laune, sondern bewirkt auch die farbige Blütenpracht - insbesondere im Frühling und Frühsommer - der Trockenrasen. Westlich des Kyffhäusergebirges liegt ein Höhenzug aus Mittlerem Buntsandstein, die Windleite. Charakteristisch sind hier vielfältige Buchen- und Eichenwälder mit reizvollen Taleinschnitten. Nach Norden hin nimmt die landwirtschaftliche Nutzung zu. Kleinflächig sind hier Kalkmagerrasen und Obstwiesen anzutreffen.

Der größere Höhenzug, im Süden des Naturparks verlaufend, ist die Hainleite. Sie zeichnet sich durch ihre schönen Buchenwälder aus und eine abwechslungsreiche Krautschicht mit unter anderem Waldgerste, Perlgras, Märzenbecher und Türkenbundlilie.

Einen besonders reizvollen Teil der Hainleite hat die Wipper geschaffen: den Wipperdurchbruch. Hier - zwischen den Ortschaften Seega und Günserode - in diesem engen Tal hat die Wipper in Millionen Jahren den Muschelkalk »zerschnitten« und Steilfelsen freigelegt. Eine wunderschöne Aussicht darauf hat man am »GeoBlick« auf der Arnsburg bei Seega.

Es gibt also viel zu erwandern. Mit Sicherheit hat diese Landschaft Friedrich Zöllner im Jahre 1840 in der Mühle Weineck dazu angeregt, ein bekanntes Lied zu komponieren. Im östlichen Teil des Naturparks, in der ehemaligen Klostermühle des Dorfes Oldisleben, entstand die Melodie zum Lied »Das Wandern ist des Müllers Lust«.

Süße Kirschen (Foto: Lutz Koch)

Unterwegs im Kyffhäuserland

Hummel (Foto: Lutz Koch)

Ein Blumenstrauß an Kultur

Hier ist man übrigens dem Bilzingsleber Urmenschen ganz nahe. Er ist zwar seit etwa 400 000 Jahren bereits tot, aber ein Besuch des »Homo erectus« in der Grabungsstätte bei Bilzingsleben ist lohnend.

Auch interessant - nicht nur für Insider – ist die einstige Klosterkirche Sankt Wigberti, erbaut in der Zeit von 1000 bis 1250. Der Westturm ist mit seiner acht mal acht Meter großen bemerkenswerten Krypta vollständig erhalten. Er präsentiert sich in für Deutschland einmaliger maurisch-byzantinischer Bauweise dem Besucher.

Von hier ist es nicht weit bis nach Bendeleben, wo man auf einem GeoPfad durch den sehenswerten Ort geführt wird. Es erwarten die Besucher hier unter anderem ein romantischer 21 Hektar großer Landschaftsgarten und eine im Barockstil erbaute Orangerie. Der zu den zehn schiefsten Kirchtürmen Deutschlands gezählte Sankt Pancratii mit 1,13 Meter Abweichung vom Lot, ist vergessen, wenn man erst in Bad Frankenhausen vor der Oberkirche steht! Hier sind es satte 4,45 Meter! Sollte man ihn nicht entdecken, könnte es sein, dass er zwischenzeitlich in das Gipskarstloch gefallen ist, auf dem er (noch) steht.

Ansonsten ist in der seit 1927 als »Bad« anerkannten Kurstadt alles gerade. Das trifft auch auf das im Renaissancestil erbaute Schloss zu, welches Schwarzburger Fürsten bewohnten und heute das interessant gestaltete Regional-Museum beheimatet. Wer auf dem GeoPfad durch die Stadt gewandert ist, hat vielleicht noch Lust auf einen kleinen Anstieg zum Panorama-Museum. Die »Blutrinne« sollte man aber vorsichtshalber meiden, vielleicht warten hier noch einige der Soldaten der fürstlichen Truppen, die 1525 hier die aufständischen Bauern auf ihrer Flucht niedermetzelten.

In dem Museum, im Volksmund gern »Elefantenklo« genannt, erwartet die Besucher eines der weltweit größten Panorama-Gemälde mit einer Größe von 123 mal 14 Meter.

Das Kyffhäuser Denkmal ist auch Wahrzeichen des Naturparks. (Foto: Heiko Kolbe)

Unterwegs im Kyffhäuserland

Queller: Eigentlich an Nord- und Ostsee, - hier im Esperstedter Ried (Foto: Thomas Stephan)

Karstbuchenwald (Foto: Lutz Koch)

Wenn man in Sondershausen das Schloss oder das Erlebnisbergwerk besucht hat, ist man anschließend bestimmt noch zu »Possen« aufgelegt. Dann sollte man doch mal nach dem Possenturm schauen. Er befindet sich unweit in der Hainleite und gilt als der älteste Aussichtsturm Europas, der in Fachwerk errichtet wurde. Er wurde 1781 innerhalb von elf Monaten erbaut und misst eine Höhe von über 42 Meter. 214 Stufen wollen erstiegen sein, bis man die Aussichtsplattform erreicht hat.

Steppenpflanzen auf Gips (Foto: Lutz Koch)

Danach hat man die richtige Kondition, um vom Turm des Kaiser-Wilhelm-Denkmals den Blick zum Brocken im nahen Harz zu genießen. Immerhin muss man dazu von der Ringterrasse aus wieder 366 Stufen absolvieren.
Von der im 11. Jahrhundert errichteten Unterburg sind noch heute sehenswerte Reste erhalten. Im Zentrum der ehemaligen Reichsburg Kyffhausen, einer der größten und stärksten mittelalterlichen Burganlagen Deutschlands mit 600 Meter Länge und 60 Meter Breite, erhebt sich heute das imposante, 81 Meter hohe Denkmal. Es wurde mit dem Reiterstandbild von Kaiser Wilhelm I. und der in Stein gehauenen Barbarossafigur von 1890 bis 1896 erbaut.«

Frühlingsadonisröschen (Foto: Jürgen Thomas)

Blick zur Ochsenburg (Foto: Lutz Koch)

Etwas von der Natur »erfahren«

Eine der angenehmsten Möglichkeiten sich fit zu halten und dabei abzuschalten ist das Radwandern. Wer sich dabei im Naturpark Kyffhäuser auf dem Rad bewegt, durchfährt nicht nur eine durch Burgen, Schlösser, Parkanlagen, Denkmäler und Museen kulturell interessante Gegend. Es ist zugleich eine schöne und sehr abwechslungsreiche Landschaft.

So führt die »Familientour« die erste Hälfte entlang am »Zechsteingürtel« des Kyffhäusergebirges. Dies ist eine karg erscheinende Landschaft, die voller Naturwunder ist. Ihre Magerrasen sind hier voller seltener Tier- und Pflanzenarten, so dass dieser etwa 3000 Hektar große Bereich zu den artenreichsten Gebieten Thüringens gezählt wird. Hier sind Steppenpflanzen, die in Südosteuropa und Südsibirien beheimatet sind und Trockenheit und Wärme liebende Pflanzen des Mittelmeerraumes zu entdecken.

Das Achteckhaus am Schloss in Sondershausen (Foto: Lars Pruss)

Unterwegs im Kyffhäuserland

Auffällig blüht im April das Frühlings-Adonisröschen an den lichten Karsthängen des Zechsteingürtels. Ebenfalls zu den Steppenpflanzen gehören die Federgräser. Ihre bis zu einem halben Meter langen Grannen wiegen sich im Frühsommer auffällig im Wind. Vielleicht werden sie deshalb im Volksmund auch Kyffhäusergras genannt, weil es in Mitteleuropa nur hier größere Vorkommen dieser seltenen Grasart gibt. Zwergsteppenkresse, Steppenfahnenwicke und Steppengreiskraut signalisieren über ihre Namen ihre Herkunft.

Vorsicht! Steppenroller können im Herbst und Winter den Weg kreuzen, denn der Feldmannstreu bricht seine Blüte ab und versucht vom Wind getrieben rollend seine Samen zu verbreiten.

Aus dem warmen Mittelmeerraum stammen die Zwergsträucher Edel- und Berg-Gamander sowie das Gemeine Nadelröschen.

Die besonderen klimatischen Bedingungen sind auch die Voraussetzung für das Vorkommen seltener Tierarten. Die hier erst kürzlich entdeckte Südliche Zylinderwindelschnecke hat ihre Heimat südlich der Alpen, die Kyffhäuser-Zikade fand man sogar erst jüngst in Griechenland.

Der Radwandertag ist ein fester Bestandteil im Terminkalender der Kyffhäuserregion. (Foto: Lutz Koch)

Naturpark Kyffhäuser

Naturparkverwaltung Kyffhäuser
Barbarossa-Straße 39a · 06567 Rottleben
Tel. (03 46 71) 51 40
poststelle.kyffhaeuser@br-np.thueringen.de
www.naturpark-kyffhaeuser.de

Unterwegs im Kyffhäuserland

Luftbild von der Rothenburg

Die Rothenburg im Kyffhäusergebirge

Der schönste Blick in die Goldene Aue

Modell der Rothenburg im Regionalmuseum Bad Frankenhausen

Der schönste Blick in die Goldene Aue

Einen schönen Standort haben sich die Bauherren der Rothenburg vor rund 900 Jahren ausgesucht. Ein Bergsporn am nördlichen Rand des Kyffhäusergebirges, in 394 Meter Höhe über dem Meeresspiegel gelegen, lässt weit in die Goldene Aue, in das Thyratal und den Südharz hinein blicken. Wie zum Greifen nahe, liegt die Stadt Kelbra. Auch die Thyratalbrücke der neuen Bundesautobahn A 38 kann man von hier aus gut erkennen. Im Westen grüßt Nordhausen, im Norden der Brocken und im Osten Sangerhausen. Ihren Namen hat die Burg möglicherweise nach dem roten Sandstein erhalten, aus dem sie gebaut ist.

Sehenswerter Palas und Bergfried

Den Besucher erwartet heute der Anblick einer stark in Mitleidenschaft gezogenen Burgruine, die bereits einige Sanierungen und Veränderungen erlebt hat. Sehenswert ist der große Palas auf der Ostseite. Er wurde um 1250 gebaut. Ein Blickfang sind die in den 1930er Jahren erneuerten Fenster aus Muschelkalk im Obergeschoss. Vor dem Palas, mitten im Burghof, weist der Rest einer Brunneneinfassung auf eine einstige Zisterne hin. Einen Burgbrunnen gab es hier nicht. Im Norden schließt sich ein kleines Gebäude mit gut erhaltenen Kreuzgewölben an. Dabei handelt es sich um die einstige Kapelle.

Imposant ist der zu einem Aussichtsturm gestaltete Bergfried. Er wurde ebenfalls in den 1930er Jahren wieder aufgebaut. Auf einer Außentreppe kann man noch einige Stufen emporsteigen. Der Turm hat eine Mauerstärke von 2,70 Meter.
Von den übrigen Bauwerken ist nicht mehr viel erhalten geblieben. Ein sehr beliebtes Fotomotiv ist der Blick durch den Bogen der Nordmauer in den Burghof hinein.

In der einstigen Kapelle

Blick zum Bergfried

Aus der Geschichte der Burg und ihrer Besitzer

Als ersten Namensträger nennen die Urkunden 1103 einen Christian von Rothenburg. Nach 1200 gelangt die Burg an die Grafen von Beichlingen. Im Sommer des Jahres 1212 soll sie von kaiserlichen Truppen belagert worden sein. Mit einer schweren Wurfmaschine, einer so genannten Blide, soll man damals die Besatzung zur Aufgabe gezwungen haben. Die Grafen von Beichlingen waren im 13. Jahrhundert die mächtigsten Territorialherren im nördlichen Thüringen. Gegen Ende des 14. Jahrhunderts wechselte der Besitz an die Schwarzburger Grafen. Diese setzten hier Burgvögte ein. Die Rothenburg verlor ihre strategische Bedeutung, wurde aufgegeben und verfiel. Nach 1700 soll die Ruine dem berüchtigten Räuberhauptmann Loth aus Frankenhausen, Hundsnase genannt, als Schatzkammer für seine 99 000 Taler gedient haben.

1918 wurde das Land Thüringen neuer Eigentümer, 1935 der damalige Reichskriegerbund. Im Rahmen von Instandsetzungsarbeiten erfolgten erste Bauforschungen. 1936 wurden auf dem Gelände vor der Ruine eine Gaststätte und ein Heim gebaut. Deren Nutzung erfolgte später durch die SS. 1949 wurde ein Erholungsheim für die Angehörigen des Ministeriums des Innern eingerichtet, welches später das Ministerium für Nationale Verteidigung übernahm. Nach der Wende ging es an die Bundeswehr über. Seit dem Jahr 2008 ist die gesamte Anlage in Privatbesitz und laut Ausschilderung öffentlich zugänglich.

Der Minnesänger Christian von Luppin

Zu den Zeiten der Beichlinger Grafen lebte auf der Rothenburg der Minnesänger Christian von Luppin, hier geboren um 1260. Von jenem sind in der so genannten Manesse-Handschrift eine Bildtafel und Lieder überliefert. Darin ist er als Turnierreiter abgebildet. Seine Lieder sollen hier bis um 1320 erklungen sein.

Die Rothenburg von der Goldenen Aue aus

Der Rothenburger Einsiedler

Im Sommer des Jahres 1839 legte der Kelbraer Kaufmann Friedrich Wilhelm Beyer den Grundstock für eine Gastronomie auf der alten Burg. An den Geschmack der Zeit nach Romantik angelehnt, richtete er hier eine Klause ein. Entsprechend gewandet gab sich Beyer den Gästen gegenüber als Eremit aus. Der Zuspruch soll in den Sommermonaten enorm gewesen. Die Winter verbrachte Beyer wieder in Kelbra als normaler Bürger. 1868 wurden seine Verträge nicht mehr verlängert. Nicht zuletzt waren die häufigen Veranstaltungen mit Studenten eine der Ursachen dafür. Eine Gedenktafel in der Stadt Kelbra erinnert an diesen Mann.

Der Bismarckturm

Seit über 100 Jahren blicken elf Kunststeinadler von dem jüngsten Bauwerk in die Runde. Über ihnen, in einer großen Schale aus Stahlblech, ließ der Verband der Vereine Deutscher Studenten jedes Jahr im August ein Feuer entzünden, das weithin sichtbar war. Damit drückten die Studentenschaften, zumindest in den ersten Jahren, ihre Verbundenheit zu dem früheren Reichskanzler Otto von Bismarck aus.

Im Burghof

Inschrift in der Kapelle

Ursprünglich war ein anderer Standort geplant, aber das Fürstenhaus Schwarzburg-Rudolstadt wollte es lieber auf der Rothenburg haben. So wurde das von dem Dresdner Architekten Wilhelm Kreis entworfene monumentale Denkmal mitten in die Burgruine hineingesetzt. Seine Fertigstellung erfolgte 1906. Bis zum Kriegsende 1945 befand sich in der Rundhalle noch eine Bronzestatue. Besonders die letzten Jahrzehnte haben deutlich ihre Spuren an dem Bauwerk hinterlassen.

Der Püstrich von der Rothenburg

In der Dauerausstellung des Schlossmuseums von Sondershausen befindet sich eine kniende männliche Figur aus Bronze, der so genannte Püstrich. Sie ist 57 Zentimeter hoch und wurde bereits im 16. Jahrhundert in der Rothenburgruine gefunden. Die damaligen Grafen von Schwarzburg-Rudolstadt nahmen sie nach dem Erwerb in ihr Kuriositätenkabinett auf.

Nach wie vor ist man sich nicht schlüssig, welchen Zweck diese Figur einst erfüllt hat. Möglicherweise war sie der Träger von einem Taufbecken.

Restauriertes spätromanisches Fenster im Palas

Der Bismarckturm

25

Unterwegs im Kyffhäuserland

Luftsport am Kyffhäuser

Aeroclub »Hans Grade« Bad Frankenhausen

Von »Trudelcity« aus starten und landen

Südlich des Kyffhäusergebirges, in der Nähe des kleinen Ortes Udersleben, betreibt der Aeroclub »Hans Grade« Bad Frankenhausen einen vereinseigenen Sonderlandeplatz. Es können Motorflugzeuge bis 5,7 Tonnen Verkehrsmasse, Segelflieger, Ultraleichtflugzeuge, Ballonfahrer, Fallschirm- und Gleitschirmsportler starten und landen.
Während der Flugsaison von April bis Oktober herrscht hier ständig Betrieb. Da zahlreiche Mitglieder auch das ganze Wochenende dort verbringen, wurde ein kleiner Ort mit dem Namen »Trudelcity« gegründet. Die vereinseigenen und privaten Flugzeuge sind in einer großen Halle untergebracht. Daneben gibt es noch eine Werkstatt und Kantine, die »Trudelklause«.
Einmal jährlich im Sommer, immer am 1. Wochenende im August, findet das traditionelle Flugplatzfest statt. Inzwischen ist es eine der größten Flugschauen Thüringens. Da können die zahlreichen Gäste alle Luftsportarten aus nächster Nähe und life erleben. Besonders wirkungsvoll sind die Kunstflugeinlagen der Segelflugzeuge und Motormaschinen.
Ein Highlight für die Besucher und besonders für die Jugendlichen sind die angebotenen Schnupperflüge. Wer möchte nicht einmal das legendäre Kaiser-Wilhelm-Denkmal auf dem Kyffhäuser von oben sehen, oder über Bad Frankenhausen und der Goldenen Aue schweben? Ein solches Erlebnis muss man ganz einfach genießen und noch lange nachwirken lassen. Möglich ist das sowohl in dem viersitzigen Motorflugzeug »Wilga«, aber auch allein mit dem Piloten im Motorsegler oder einem Segelflugzeug. Da kann man auch mal ein Foto vom Blick auf den heimatlichen Ort oder der schönen Landschaft schießen. Derartige Wünsche erfüllen die Piloten gern. Für besonders Mutige gibt es auch den Fallschirmtandemsprung aus luftiger Höhe. Vorher, oder besser hinterher, kann man sich dann in der Kantine wieder stärken.
Der Verein hat gegenwärtig über 100 Mitglieder aller Altersklassen. Davon sind fast die Hälfte aktive Piloten. Für die jüngeren Flieger gibt es auch eine eigene Jugendgruppe. Neuanfänger finden hier beste Ausbildungsbedingungen vor. Ihnen stehen acht Fluglehrer zur Seite, die eine umfassende Ausbildung in Theorie und Praxis übernehmen. Zehn vereinseigene Segelflugzeuge, vom Bocian und Pirat bis zum Orion, der Motorsegler »Falke« sowie das Motorflugzeug »Wilga« lassen auch in der fliegerischen Ausbildung keine Wünsche offen. Eine Ausbildung bis zum ersten Alleinflug innerhalb einer Saison ist durchaus möglich. Teilnehmen kann man ab dem 14. Lebensjahr.

Motorsegler »Falke« und Motorflugzeug Wilga zum Flugfest

Doppeldecker AN 2 zum Flugfest

Landung eines Fallschirmspringers zum Flugfest

Udersleben und »Trudelcity«

*Segelflugzeug über Bad Frankenhausen
(Foto: Aeroclub »Hans Grade«)*

*Motorflugzeug Wilga mit drei Segelflugzeugen im Schlepp
(Foto: Aeroclub »Hans Grade«)*

100 Jahre »Luftfahrt« am Kyffhäuser

Es begann 1908 mit einem Lehrstuhl für Luftfahrzeugbau am Kyffhäuser-Technikum der Stadt Frankenhausen. Der »Ikarus-Verein« wurde gegründet und im Jahre 1911 weilte der Flugpionier Hans Grade mit seiner »Libelle« in Frankenhausen. Er begeisterte mit seinen Flügen eine riesige Menschenmenge. 1922 entwickelte man am Kyffhäuser-Technikum das erste Flugzeug. Es wurde »Heinerle« genannt. 1932 erfolgte die Einweihung eines neu angelegten Flugplatzes auf der Hainleite. Die Studenten aus Bad Frankenhausen bekamen hier Flugunterricht auf Motor- und Segelflugzeugen. Mit Ausbruch des Zweiten Weltkrieges übernahm die Luftwaffe die Anlage und bildete dort Flugschüler aus.

Nach Kriegsende wurde alles aufgelassen, die Halle demontiert und die Flugzeuge weggebracht. Erst 1953 gab es einen Neuanfang auf der Hainleite. Eine neue Halle entstand und drei Flugzeuge wurden eingestellt. In den folgenden Jahren kamen weitere Segelflugzeuge und eine neue Winde dazu. Bis plötzlich 1971 das Fluggelände durch die damalige Nationale Volksarmee requiriert wurde. Aus dem bisherigen Sportflugplatz wurde ein Panzerübungsplatz.

Die Proteste der Flugsportler hatten Erfolg. In der Nähe von Udersleben legte man einen neuen Sportflugplatz an. Eine Start- und Landebahn von 1300 Meter Länge wurde gebaut und eine Halle für die Segelflugzeuge errichtet. Das ging bis 1979, da kam das endgültige Aus. Die Technik wurde verlegt und das Gelände der Landwirtschaft zur Nutzung überlassen. Ein neuer Protest blieb wirkungslos.

Zum Flugfest in »Trudelcity« (Foto: Aeroclub »Hans Grade«)

Erst nach der Wende gab es wieder grünes Licht. 39 Flugsportler gründeten den Aeroclub »Hans Grade« Bad Frankenhausen. Unterstützung bekamen sie dabei von den Flugsportpaten aus Witzenhausen. Aus den Beständen der sich auflösenden staatlichen Gesellschaft für Sport und Technik gab es Segelflugzeuge. Am 3. August 1990 erfolgte die Wiedereröffnung des Flugplatzes mit fünf Segelflugzeugen. 1992 kam die Motormaschine »Wilga« hinzu. Damit ging für die Vereinsmitglieder ein Traum in Erfüllung. Sie war die erste vereinseigene Motormaschine auf dem Platz.

Im gleichen Jahr fanden erstmals die Thüringer Meisterschaften im Segelflug statt. Es folgte das 14. Baby-Treffen für Gesamtdeutschland. Im Oktober 1996 trat der Segelflugsportverein Sömmerda dem Aeroclub bei. Zum 21. Baby-Treffen im Jahre 2000 kamen 15 Teilnehmer aus ganz Deutschland und Holland nach Udersleben. Das Flugplatzfest brach alle bisherigen Besucherrekorde und der Klub erntete großes Lob für die Organisation. Im August 2006 fand hier die »Deutsche Meisterschaft im Segelkunstflug« statt.

Die vom Verein betriebene »Trudelklause« ist öffentlich und bietet hausgebackenen Kuchen sowie viele leckere Thüringer Spezialitäten.

*Flugfest – Landeanflug des Motorflugzeuges Wilga
(Foto: Aeroclub »Hans Grade«)*

Vorsitzender Horst Dreischärf mit Motorsegler »Falke«

Aeroclub »Hans Grade« Bad Frankenhausen e.V.
Geschäftsstelle:
Am Flugplatz OT Udersleben
06567 Bad Frankenhausen
Tel. (03 46 71) 7 60 20
Fax (03 46 71) 7 60 44
info@aeroclub-frankenhausen.de
www.aeroclub-frankenhausen.de

Unterwegs im Kyffhäuserland

Bad Frankenhausen – moderne Kurstadt am Fuße des Kyffhäusers

Über 1000-jährige Stadtgeschichte

Die Kyffhäuser-Information auf der Ostseite des Angers

Am südlichen Rand des Kyffhäusergebirges, in der Diamantenen Aue, liegt die Kurstadt Bad Frankenhausen mit ihrem staatlich anerkannten Soleheilbad. Sie hat zusammen mit den Ortsteilen Udersleben, Seehausen und Esperstedt rund 10 000 Einwohner. Mitten durch die Stadt führt die Bundesstraße B 85. Weiträumig ist Bad Frankenhausen über die Bundesautobahnen A 4, A 7, A 9, A 38 und A 71 erreichbar.
Die Stadt unterhält Partnerschaftsbeziehungen zu Bad Sooden-Allendorf in Hessen.

Von den Franken gegründet
Der fruchtbare Boden ließ den Menschen schon vor rund 10 000 Jahren in dieser Region Fuß fassen. Die Gründung des Ortes Frankenhausen wird den Franken zugeschrieben. Aus zwei Siedlungskernen entwickelte sich die heutige Stadt. Große Bedeutung hatten von Anfang an die Solequellen. Hier wurde Salz gewonnen, ein damals wie heute begehrter und lebenswichtiger Stoff.
Die erste urkundliche Nennung erfolgte im Jahre 998. Kaiser Otto III. übereignete damals dem Kloster Memleben zwei Salzsiedestellen in Frankenhausen. Im Jahre 1215 stiftete Friedrich von Beichlingen ein Zisterzienserinnenkloster. Laut Chronik erfolgte 1282 die Erwähnung als Stadt. 1339 kam Frankenhausen durch Kauf von den Grafen von Beichlingen an die Grafen von Schwarzburg.

Salz – Quelle für Reichtum und Macht
Das Salzsieden, der Verkauf und Handel prägten die Stadt über Jahrhunderte. Der Handel brachte Reichtum und Fortschritt auf allen Gebieten. Täglich wurden über 400 Zentner Salz in 117 Siedehäusern gewonnen. Die Besitzer des Solgutes, die Pfänner, standen der Zunft der Salzsieder vor. Sie stellten oft die Bürgermeister und beeinflussten das Stadtgeschehen maßgeblich. Die Frankenhäuser Saline gehörte zu den bedeutendsten mittelalterlichen Salinen im damaligen thüringischen und hessischen Raum. Der Frankenhäuser Ratskämmerer und Pfannherr Johann Thölde verfasste 1603 die »Halographia«, eine Übersicht über die damals bekannten Salzwerke und die Beschreibung der Salzgewinnung. Dieses Werk ist das erste Buch in Deutschland, das die Technik der Siedesalzgewinnung beschreibt.

Blick auf die Kurstadt Bad Frankenhausen am Südhang des Kyffhäusers

Altes Fachwerkhaus in der Klosterstraße 10

Untergang des Bauernheeres
Im Mai des Jahres 1525 kam es bei Frankenhausen zur entscheidenden Schlacht im Großen Deutschen Bauernkrieg. Diese wurden von den Bauern und ihren Verbündeten verloren. Über 6000 von ihnen kamen dabei zu Tode. Der Weg von der Stadt zum Schlachtberg hinauf heißt noch heute die Blutrinne. Ein Denkmal am Schlachtberg erinnert daran. Der Bauernführer Thomas Müntzer wurde nach der Schlacht gefangen genommen und später hingerichtet.

Das Rathaus

Unterwegs im Kyffhäuserland

Blick auf den Anger

Auf dem Marktplatz

Knöpfe aus Perlmutter

Aus dem Jahr 1701 stammt der erste Nachweis für die Herstellung von Knöpfen. Nach 1800 wurden bereits Knöpfe aus den unterschiedlichsten Materialien hergestellt. In zahlreichen, zunächst kleinen, Familienbetrieben wurden im vorigen Jahrhundert bis in unsere Zeit Knöpfe aus Perlmutter gefertigt. Die Knopfindustrie war in der DDR-Zeit der größte Arbeitgeber in der Stadt.

200 Jahre Kurbetrieb

Im 19. Jahrhundert nutzte man die Salzquellen mehr und mehr für Heilzwecke. Nachdem von dem Arzt Wilhelm Gottlieb Manniske 1799 das erste Krankenhaus gegründet wurde, stellte die Pfännerschaft auf sein Anraten 1808 die ersten Badewannen auf. 1818 reisten die ersten Badegäste in das neu eröffnete Kurbad. Um 1820 weilte Ottilie von Goethe, die Schwiegertochter von Johann Wolfgang von Goethe, mit ihrer Schwester und dem zweijährigen Sohn Wolfgang zu einem mehrwöchigen Kuraufenthalt hier. Sie lobte die Heilwirkung der Sole. 1876 wurde durch das Wirken von Minna Hankel und großzügigen Geldgebern die erste Kinderheilanstalt eröffnet.

Im Jahre 1927 bekam Frankenhausen den Titel »Bad« verliehen und 1938 eröffnete man hier das erste Solefreibad in Thüringen.

Schausieden im Kurpark

Nach 1950 entwickelte sich die Stadt zu einem anerkannten Badeort und dem größten Kinderkurort in der DDR. Bis 1989 gab es drei Kurheime, ein Sanatorium und zwei Kindersanatorien. Jährlich wurden etwa 5000 Erwachsenenkuren, 3000 Kinderkuren und bis zu 2000 Urlauber des Freien Deutschen Gewerkschaftsbundes (FDGB) betreut.

In der Kräme

Der Hausmannsturm

Die Stadt dehnt sich aus

Die Eisenbahn eröffnete 1894 die Linie nach Bretleben und 1898 die nach Sondershausen. 1896 wurde das Kyffhäuser-Technikum gegründet. Damit kamen zunehmend junge Menschen und Touristen in die Stadt und ihre Umgebung. Ländliche Struktur und Ambiente waren längst durch den Charme einer kleinen Kurstadt abgelöst.

Außerhalb des alten Stadtkerns entstanden im 20. Jahrhundert neue Straßen und Wohngebiete. 1972 wurde Bad Frankenhausen Garnisonsstadt. Am Stadtrand siedelte sich Gewerbe an.

In der Stadt gibt es zwei Grundschulen, eine Regelschule und ein Gymnasium, Kindergärten und ein Krankenhaus, welches den Namen des ersten Kurarztes »Dr. Manniske« trägt.

Unterwegs im Kyffhäuserland

Erfurter Straße

Torhausruine: Hier wurde 1525 Thomas Müntzer gefangen genommen.

Sehenswürdigkeiten laden ein

Der größte Platz in der Stadt ist der Anger. Rings herum stehen repräsentative Häuser aus mehreren Jahrhunderten. Auffallende Gebäude sind der Thüringer Hof und die ehemalige Angerapotheke, erbaut 1493. In diesem sehr schönen, unter Denkmalschutz stehenden Haus, befinden sich heute die Touristinformation und der Tourismusverband Kyffhäuser e.V.

Unmittelbar am Anger liegen der botanische Garten und der Kurpark. Sie bilden Oasen zur Entspannung. Im Kurpark wurde im Zuge der 1000-Jahrfeier 1998 ein nachempfundenes Siedehaus errichtet. Der Besucher kann an den Wochenenden beim Schausieden zusehen und gewinnt so einen Eindruck vom früheren Haupterwerb der Bürger. Früher erstreckte sich hier das alte Salinengelände, auf dem sich 117 Siedehütten drängten. Ab 1799 errichtete man drei Gradierwerke. Diese waren bis in die Mitte des 19. Jahrhunderts in Betrieb, dann hatte man hochprozentigere Quellen erbohrt. Im Quellgrund sprudelt die Elisabethquelle.

Vom Anger gelangt man durch die Kräme zum Markt. Wie der Name besagt, befanden sich hier zahlreiche Geschäfte der Krämer. In einer Seitengasse der Kräme, der Münze, befindet sich das alte, 1799 von Manniske gegründete, Krankenhaus. Das Rathaus am Markt wurde nach einem Stadtbrand im Jahre 1834 neu errichtet.

Über den Jungfernstieg erreicht man das Schloss, das den südlichsten Teil der mittelalterlichen Stadt bildete. Auf den Resten einer romanischen

Blumenanlagen im Kurpark

Zahlreiche Wasserspiele schmücken die Straßen der Innenstadt.

Das Stadtbild von Bad Frankenhausen prägen viele alte Fachwerkhäuser.

Burganlage wurde hier 1533 ein Renaissancebau errichtet. Bis 1918 verblieb es im Besitz der Fürsten von Schwarzburg-Rudolstadt. Heute befindet sich darin das Regionalmuseum mit naturkundlichen und kulturhistorischen Ausstellungen über die Kyffhäuserlandschaft.

In der Nähe der Oberkirche fällt ein festungsartiges, ursprünglich fränkisches Bauwerk, der Hausmannsturm, auf. Die kleine Burg übte eine Schutzfunktion für das Salzwerk aus. Die Burgvögte erhielten dafür den Ertrag eines Salzsiedehauses. Gleichzeitig übten die Vögte auch die Gerichtsbarkeit aus. Ab 1/00 ging die Burg in städtischen Besitz über und wurde für einen Hausmann instand gesetzt, der weiterhin auf das Salzwerk zu achten hatte. Heute befindet sich das Objekt in der Obhut des Motorsportclubs e.V. im ADAC und wird mit viel Engagement von diesem erhalten und bewirtschaftet. Besichtigungen sind mit Vorabsprache möglich.

Auf dem Schlachtberg erhebt sich das weithin sichtbare Panorama-Museum. Erbaut im Jahre 1973, wurde hier 1989 das von Werner Tübke geschaffene Rundgemälde zum Thema Bauernkrieg der Öffentlichkeit übergeben. Mit einer Höhe von 14 und einer Länge von 123 Metern ist es das größte Rundbild der Welt.

Der Tourist und Kurpatient kann in Stadt und Region eine interessante Geschichte und Kultur und zahlreiche einmalige Naturschönheiten entdecken. Die Vereine der Stadt helfen dabei, manche Attraktion zu schaffen und bereichern damit die kulturelle Erlebniswelt der Kyffhäuserlandschaft.

Wohn- und Arbeitsstätte des Arztes August Wilhelm Gottlieb Manniske

Viele Feste gestalten den Jahreslauf der Kurstadt

Vom 11. November jeden Jahres an bis zum Aschermittwoch regieren die Narren. In dieser Zeit hat der Faschingsverein »Wipperveilchen« die Stadt fest in der Hand.

Im April findet mit tausenden Teilnehmern der jährliche Kyffhäuser-Berglauf im Naturpark Kyffhäuser statt.

Die Stadt Bad Frankenhausen schmückt sich auch mit dem Beinamen »Fliederstadt«. Besonders an den Südhängen des Kyffhäusergebirges ist der Fliederstrauch weit verbreitet. Wo sich einst Weinanbauhänge erstreckten, zeigt sich heute der Flieder in seiner bläulichen, violetten und weißen Blüten-

Pavillon im Kurpark

Stadtplan an der Kyffhäuser-Information

pracht. Für Einheimische und Besucher wurde er das Symbol der schönsten Jahreszeit. Das jährliche Fliederfest ist ein Frühlingsfest, das mit einem Umzug durch die Stadt und mit der Wahl einer Fliederkönigin jedes Jahr am zweiten Wochenende im Mai durchgeführt wird.

Im September findet der historische Bauernmarkt statt. Das ist ein großes Kurstadt-Spektakel mit buntem Marktgeschehen, vielen kulturellen Veranstaltungen sowie zahlreichen Schaustellern. Der Umzug in historischen Kostümen durch die Stadt gehört ebenso zur Tradition wie der Rundgang der »Hausmänner«, die den Markt am Vorabend des Feststages einläuten. Krönender Abschluss ist ein großes Feuerwerk auf dem Hausmannsturm.

Die Elisabeth-Quelle

Kur-Café Trautmann am Anger

Handgemachte Backwaren

Im Kur-Café Trautmann am Anger gibt es leckere Torten und Kuchen.

Seit dem Jahre 2000 lädt das Kur-Café am Anger in Bad Frankenhausen zum Besuch ein. Die Inhaberin Karola Trautmann und ihr fünfköpfiges Team geben sich alle erdenkliche Mühe, um ihre Gäste zu verwöhnen. Außer dem gemütlichen Gastraum mit 80 Sitzplätzen ist in der warmen Jahreszeit ein Straßencafe mit weiteren 50 Plätzen in der verkehrsberuhigten Zone geöffnet.

Dabei hat der Gast die Auswahl zwischen rund einem Dutzend Kuchensorten, zahlreichem Kleingebäck wie Blätterteig und Pfannkuchen sowie zwölf Sorten Torte, darunter solche Spezialitäten des Hauses wie Schwarzwälder Kirschtorte und Schmandtorte. Je nach Saison gibt es auch frische Obstkuchen. Ganzjährig kann man sich hier mit Eisspezialitäten verwöhnen lassen. Wer möchte, kann sich im Ladengeschäft Kuchen und Torte auswählen und eingepackt mit nach Hause nehmen.

Alle Backwaren stellt Bäcker- und Konditormeister Uwe Trautmann in Handarbeit selbst her. Zu den Konditorwaren kommen noch Brot und Brötchen für das Ladengeschäft. Zur Tradition des vierzigjährigen Familienbetriebes gehört dabei die Verwendung von Natursauerteig. Ihren Stammsitz haben die Trautmanns in der in Artern in zweiter Generation geführten Familienbäckerei. Die beiden Söhne Alexander und Florian werden als Konditor beziehungsweise Bäcker die Familientradition fortsetzen.

Mit im Angebot sind auch Frühstück und durchgehend warme Thüringische Speisen.

Das Kur-Café Trautmann am Anger

Kur-Café am Anger · Karola Trautmann
Anger 20 · 06567 Bad Frankenhausen
Tel. (03 46 71) 7 78 70

Hotel Residenz Bad Frankenhausen

Blick auf des Hotel Residenz in Bad Frankehausen

Ausgangspunkt für Urlaub und Ausflüge

Entdecken Sie die 1000-jährige Salzstadt Bad Frankenhausen von ihrer vielleicht schönsten Seite. Am sonnigen Südhang des Kyffhäusergebirges über den Dächern des Kurstädtchens mit seinen sehenswerten kleinen Gassen und alten Häuschen gelegen, thront das Hotel Residenz auf dem Felsplateau der früheren Frankenburg über dem Tal der Diamantenen Aue. Unmittelbar zwischen zwei jahrhundertealten eindrucksvollen und weithin sichtbaren Wahrzeichen der Stadt, findet sich das 1993/1994 neu erbaute Hotel. Zur einen Seite des Hotels erhebt sich der schiefe Kirchturm der Oberkirche »Unser Lieben Frauen am Berge« – dem derzeit schiefsten Kirchturm der Welt mit etwa 4,45 Meter Neigung aus dem Lot und damit deutlich schiefer als der Turm von Pisa. Zur anderen Seite befindet sich mit dem trutzigen

Am nördlichen Stadtrand von Bad Frankenhausen liegt das Hotel Residenz.

Unterwegs im Kyffhäuserland

Die Kaisersuite im Hotel Residenz
(Foto: Hotel Residenz)

Das hoteleigene Sole-Hallenbad
(Foto: Hotel Residenz)

Hausmannsturm aus dem 13. Jahrhundert ein letztes Überbleibsel der ehemaligen Wehranlage der alten Oberburg. Die freie Lage oberhalb der Kurstadt garantiert einen herrlichen Panoramablick vom Hotel über das Tal. So bietet sich rund herum ein Blick ins Grüne, frei von Stress, Hektik und Straßenlärm. Trotzdem ist das Zentrum von Bad Frankenhausen mit seinen Einkaufsmöglichkeiten, kleinen Gässchen, Cafés und dem Kurpark in nur wenigen Minuten zu Fuß erreichbar.

So ist das Hotel Residenz idealer Ausgangspunkt für einen Kurzurlaub oder Touren und Ausflüge in das reizvolle Umland mit seiner Vielzahl an landschaftlichen und kulturellen Sehenswürdigkeiten. Das einzigartige Panoramamuseum gleich hinter dem Hotel ist mit einem gemütlichen Spaziergang bequem zu erreichen. So ist die Gegend rund um den Kyffhäuser auch für viele Wanderer ein abwechslungsreiches und naturbelassenes Ausflugsziel. Das Hotel liegt direkt an den Wanderwegen und ist vom Deutschen Wanderverband als Qualitätsgastgeber »Wanderbares Deutschland« zertifiziert.

Jedoch nicht nur die vielen Möglichkeiten zu Aktivitäten in der Natur machen das Hotel Residenz so besonders, auch das Entspannen und die Ruhe und Gesundheit sollen nicht zu kurz kommen. Bad Frankenhausen ist bekannt für die Heilkräfte seiner zahlreichen Solequellen. Dafür muss man nicht einmal das Hotel verlassen. In der hoteleigenen Venustherme im Erdgeschoß ist das Hallenbad mit Bad Frankenhäuser Sole angereichert. Darüber hinaus gewährleisten der im Hallenbad integrierte Whirlpool, die Finnische Sauna oder das Dampfbad Entspannung pur. Stress und Hektik verschwinden, sobald die Atmosphäre aus Ruhe, Wärme und Entspannung genossen wird. Das Angebot im hoteleigenen Wellnessbereich umfasst eine Vielzahl unterschiedlicher Behandlungsmethoden von Massagen, Peelings über Kosmetik- und Beautybehandlungen bis hin zu ausgewählten Behandlungsmethoden nach den Richtlinien der traditionellen chinesischen Medizin und ayurvedischen Gesichtspunkten. In vier Behandlungsräumen, einem Fußpflegeraum und eigenem Toningstudio können die Anwendungen nach den speziellen Behandlungsmethoden aus dem Hause »Gertraud Gruber« direkt im Hotel genutzt werden. Eine Vielzahl verschiedener Arrangements stehen zur Auswahl.

Genießen und Wohlfühlen steht auch für die anderen Hotelbereiche. Im Restaurant mit Panoramaterrasse und herrlichem Blick über das Tal und die Stadt werden die Gäste kulinarisch im stilvollen Ambiente verwöhnt. Neben vielen regionalen Spezialitäten werden hier auch internationale Gerichte sowie leichte und gesunde Kost serviert. Dies beginnt bereits beim umfangreichen Frühstücksbuffet mit Vitalecke und geht bis zu regelmäßig wechselnden frischen saisonalen Angeboten im Restaurant. Das beliebte und schon traditionelle Sonntagslunchbuffet rundet das Angebot ab. Oder man lässt den erlebnisreichen Tag bei einem leckeren Cocktail an der gemütlichen Hotelbar ausklingen. Ob Hochzeit, Geburtstag, Jubiläum, Betriebsfeier oder auch Seminare und Tagungen, Veranstaltungen werden nach den Vorstellungen und Wünschen der Gäste organisiert. Hierfür stehen im Hotel mit den Salons Beatrix und Barbarossa vier multifunktionale Veranstaltungsräume für bis zu 70 Personen zur Verfügung, ganz nach dem Motto »In Ruhe Ziele erreichen«. Rundherum Wohlfühlen auch in 54 Doppel-, 8 Einzelzimmern oder den 22 Juniorsuiten sowie der luxuriösen Kaisersuite. Alle Zimmer sind elegant ausgestattet und verfügen über Bad oder Dusche und WC, Fön, Kabel-TV, Radio, Telefon und Minibar. Kurzurlaub, Kuraufenthalt oder Geschäftsreise – in den geschmackvoll eingerichteten Zimmern kann man sich wie zu Hause fühlen.

Ob zum Tanken neuer Energie oder zum Genießen der herrlichen Umgebung des Kyffhäusers, der frischen Luft in noch unverbrauchter Natur – das Hotel Residenz bietet den idealen Ausgangspunkt für Wanderungen, Ausflüge und Erlebnisse. Direkt am Haus stehen kostenfreie Parkplätze zur Verfügung.

Blick von der Oberkirche zum Hotel Residenz

Ein Doppelzimmer im Hotel Residenz
(Foto: Hotel Residenz)

Das hoteleigene Restaurant (Foto Hotel Residenz)

Hotel Residenz
Am Schlachtberg 3
06567 Bad Frankenhausen
Tel. (03 46 71) 7 50
Fax (03 46 71) 7 53 00
info@residenz-frankenhausen.de
www.residenz-frankenhausen.de

Unterwegs im Kyffhäuserland

Sole-Heil-Bad Frankenhausen – der sympathische Kurort am Kyffhäuser

Viele Therapie- und Wellnessangebote

Blick in den Quellgrund

duschen und einer kleinen Bar im Innenbereich, einer Erdsauna, Blockhaussauna, Tauchbecken, Schwallduschen und Barfußtherapiepfad im Saunagarten bietet alles, was der Saunagänger erwartet. Die Grottentherapie ist Entspannung pur! Es besteht das Angebot, einen Tag von Sonnenaufbis Sonnenuntergang zu erleben, umrahmt von einschmeichelnder Musik, Lichteffekten sowie Sole- und Duftvernebelung.

Im Badebereich befinden sich über fünfzig Liegestühle zum Ruhen beziehungsweise Entspannen. Die an das Solebecken (außen) angrenzende Liegewiese ist mit Liegestühlen und Bänken versehen. Alle Gäste der Kyffhäuser-Therme können gemütlich in der Badebar oder Cafeteria verweilen. Erreichbar ist beides aus dem Empfangsbereich oder über die Außenterrasse.

Die Saunalandschaft (Foto: Kurgesellschaft)

Wie es der Name schon andeutet, hatten die Franken bei der Entstehung Bad Frankenhausens ein Wörtchen mitzureden. Angezogen von den Solequellen und dem milden Klima an den Südhängen des Kyffhäusergebirges siedelten sie sich im 7. Jahrhundert an und begannen mit der Salzgewinnung. Drei Jahrhunderte später wurden Frankenhausen und sein Salzwerk erstmalig urkundlich erwähnt. Damit hat Bad Frankenhausen Grund zum Feiern. Eine tausendjährige Geschichte rund um den natürlichen Bodenschatz hat der Stadt wechselnde Herrschaften und Blütezeiten beschert, von denen historische Bau- und Kulturdenkmäler noch heute zeugen.

Die Heilwirkung der Sole wurde fast zufällig vor 200 Jahren von einem Frankenhäuser Arzt entdeckt. Dem fiel auf, dass sich die Arbeiter, die täglich bei der Salzgewinnung in Berührung mit der Sole standen, überdurchschnittlicher Gesundheit erfreuten. Sechs Badekabinen wurden zunächst errichtet und die verabreichten Bäder zeigten die günstigen Heilwirkungen. Mit dem Bau eines Badehauses in unmittelbarer Nähe der Quelle wurde Mitte des 19. Jahrhunderts der Grundstein des Kurortes Bad Frankenhausen gelegt.

Heute hält Bad Frankenhausen für Kinder und Erwachsene ein umfassendes Anwendungsprogramm bereit. Die fluoridhaltige, magnesium- und kalziumreiche Sole wird besonders bei Atemwegs- und Hauterkrankungen sowie bei Erkrankungen des Stütz- und Bewegungsapparates angewandt.

Die zwei Kurmittelhäuser der Kur-GmbH halten ein umfassendes Therapieangebot und attraktive Wellnessangebote bereit. Die Kyffhäuser-Therme bietet Solebecken innen und außen sowie ein 25 Meter Soleschwimmbecken. Die Konzentration der Sole liegt bei 3,5 Prozent. Die Temperaturen zwischen 30 bis 35 Grad Celsius laden zum Verweilen ein. Wildwasserkanal, Sprudelliegen, Massagedüsen und Schwallduschen lassen den Aufenthalt zum Erlebnis werden. Eine wunderschöne Saunalandschaft mit Biosauna, Finnischer Sauna, Dampfkammer, Tauchbecken, Erlebnis-

Die Kyffhäusertherme (Foto: Kurgesellschaft)

In der Kyffhäusertherme (Foto: Kurgesellschaft)

Kur-Gesellschaft mbH
Bad Frankenhausen
August-Bebel-Platz 9
06567 Bad Frankenhausen
Tel. (03 46 71) 51 23
Fax (03 46 71) 5 12 59
kur@bad-frankenhausen.de
www.kyffhaeuser-therme.de

Unterwegs im Kyffhäuserland

Ein Museum mit Charme – das Regionalmuseum Bad Frankenhausen

Ausgangspunkt für Entdeckungen

Im ehemaligen Stadtschloss der Grafen und späteren Fürsten von Schwarzburg-Rudolstadt ist ein kultur- und naturhistorisches Museum eingerichtet. In der Dauerausstellung kann man sich, als Ausgangspunkt für künftige Entdeckungen, einen guten Einblick in die einzigartige Natur- und Kulturlandschaft der Kyffhäuserregion verschaffen.

Die geologische Abteilung informiert mit anschaulichen Modellen über die für das Kyffhäusergebirge wichtigen erdgeschichtlichen Entwicklungsetappen. Weitere Schwerpunkte sind die Entstehung der Salzlagerstätten, der Bergbau und die Besonderheiten des Sulfatkarstes.

In der naturkundlichen Abteilung sind die charakteristischen Biotopformen der Kyffhäuserregion, wie Halbtrocken- und Trockenrasen sowie die Buchen-Eichen-Mischwälder dargestellt. In vielen Dioramen wird die einzigartige Flora der Karsthänge gezeigt. Dazu kommt eine Ausstellung zu den Themen Binnensalzpflanzen und Streuobstwiesen.

Die ur- und frühgeschichtliche Ausstellung umfasst die Zeitabschnitte von der Steinzeit bis zum Mittelalter. Zu den Kostbarkeiten der archäologischen Sammlung gehören ein bronzenes Vollgriffschwert und viele Depotfunde mit Halsringen, Armringen und Drahtspiralen. Ebenso wertvoll ist eine rund 7000 Jahre alte Tonrassel aus der Kulturstufe der Linienbandkeramik. Sie ist vermutlich das älteste bisher in Mitteleuropa gefundene Musikinstrument. Im Schaft des pokalförmig gestalteten Gefäßes befinden sich Kiesel, die beim Schütteln einen Klang erzeugen.

Der zeitgeschichtlich jüngste Abschnitt ist in der Regionalausstellung dargestellt. Die Franken, Ottonen und Staufer haben in der Region zahlreiche Spuren hinterlassen. Vom 14. Jahrhundert bis 1918 residierten hier die Schwarzburger Grafen und späteren Fürsten. In einem Zinnfigurendiorama ist die Entscheidungsschlacht des Bauernkrieges am 15. Mai 1525 bei Frankenhausen, in der die Bauern durch die fürstlichen Truppen vernichtend geschlagen worden sind, dargestellt. Der Geschichte der Knopfherstellung ist eine eigene Ausstellung gewidmet. Seit der Erwähnung

In der Ausstellung zur Knopfherstellung

Wandteppich und Pflug in der Ausstellung zum Bauernkrieg

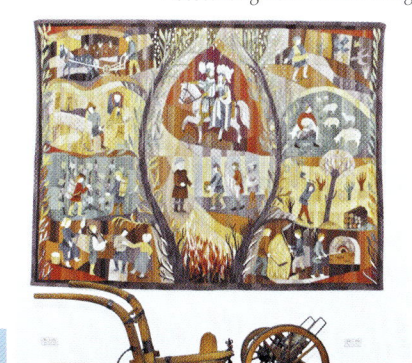

des Knopfhandwerks im Jahre 1701 wurden bis in die jüngste Vergangenheit aus allen möglichen Materialien, aber überwiegend aus Perlmutter, Knöpfe angefertigt. Ein einmaliger Paternoster zeigt eine Auswahl von rund 10 000 Knöpfen, Schließen und Schnallen.

Die Ausstellung »Salz macht Leben« gibt Einblicke in die Entwicklung vom pfännerschaftlichen Siedebetrieb des 16. Jahrhunderts bis zum heutigen Kurwesen in der Stadt.

In der eigenen Schriftenreihe »Beiträge zur Kyffhäuserlandschaft« informiert das Museum in unregelmäßigen Abständen.

Es ist täglich, außer montags, von 10 bis 17 Uhr geöffnet. Führungen außerhalb der Öffnungszeit sind nach Voranmeldung möglich.

Zahlreiche Sonderausstellungen zu verschiedenen Themen ergänzen die Dauerausstellung.

In der geologischen Abteilung

Diorama mit typischer Kyffhäuservegetation

Im ehemaligen Schloss befinden sich die Ausstellungen des Heimatmuseums.

Unterwegs im Kyffhäuserland

Der schiefste Kirchturm Deutschlands und der Welt

Drei Kirchen prägen die Silhouette der Kurstadt Bad Frankenhausen

Die Sankt Petri-Kirche – das älteste Gotteshaus der Stadt

In der Frankenhäuser Altstadt gelegen, ist die Sankt Petri-Kirche für Besucher nur schwer zu finden. Mitten im Grün verborgen steht hier eine sehr kleine, im Kern vorromanische Kirche. Sie ist der Rest eines früher wesentlich größeren Baues. Die kleine halbrunde Apsis auf der Ostseite stammt aus dem 10. Jahrhundert, der sich anschließende Chorraum wird in das 11. oder 12. Jahrhundert datiert.

Die Geschichte der kleinen Kirche berichtet von vielen Zerstörungen, anschließendem Wiederaufbau und mehreren Restaurierungen. Eine Wiedereinweihung erfolgte im Jahre 1938. Im Jahre 1954 begann ein erneuter Wiederaufbau, dem 1960 die dritte Wiedereinweihung folgte. Nach 1966 kamen ein neuer Altar und eine kleine Orgel dazu. Fast wäre es danach wieder zu einem Tiefschlaf gekommen. In den Jahren 2000 bis 2001 erfolgten die letzten Sanierungsarbeiten. Kunstgeschichtlich wertvoll ist die Apsis mit ihren Ausmalungen.

Die Altstadt kam erst durch Eingemeindung im Jahre 1890 zur Stadt Frankenhausen. Für Besucher wird die Kirche geöffnet. Ein Hinweisschild gibt die dazu notwendigen Auskünfte. Noch besser ist eine Voranmeldung im Pfarramt Kantor-Bischof-Platz 8.

Die Unterkirche – einstige Klosterkirche

Unweit vom Markt befindet sich die Unterkirche. 1215 stiftete Friedrich von Beichlingen ein Zisterzienserinnenkloster mit Marienkirche, das während des Bauernkrieges 1525 gestürmt und weitgehend zerstört wurde. Nur wenige erhaltene Mauerreste zwischen dem Gymnasium und der Kirche erinnern noch daran. Im Jahre 1598 wurde eine neue Kirche geweiht, die allerdings 1689 abbrannte. So errichtete man in den Jahren 1691 bis 1703 einen barocken Neubau als Nachfolger der alten Klosterkirche.

Mauerreste des einstigen Zisterziensernonnenklosters

Blick auf den Turm der Oberkirche »Unser Lieben Frauen«

Der Kantor Georg Friedrich Bischoff führte in der Unterkirche 1804 das erste deutsche Musikfest unter Mitwirkung des Konzertmeisters Ludwig Spohr durch, weitere Musikfeste folgten 1810, 1811 und 1814. Mit den alljährlichen »Sommermusiken« setzt sich seit 1974 diese Musiktradition fort.

Das etwas düstere Äußere überstrahlt die schlichte barocke Schönheit des Innenraumes. Mit ihren drei Emporen fasst sie rund 2000 Besucher. An die ehemaligen Landesherren erinnern auf der Südseite im Chor die Fürstenloge mit dem Schwarzburger Wappen sowie dem Monogramm des Fürsten Albert Anton.

Die heutige Orgel stammt von dem berühmten Orgelbaumeister Julius Strobel. Jener war im Jahre 1843 aus Paulinzella nach Frankenhausen gekommen und hatte dort eine eigene Orgelbaufirma gegründet. Von ihm wurden viele Orgeln in der Region erneuert. Die Kirche kann besichtigt werden. Auskunft erteilt das Pfarramt Kantor-Bischof-Platz 8.

Blick in das Innere der Unterkirche

36

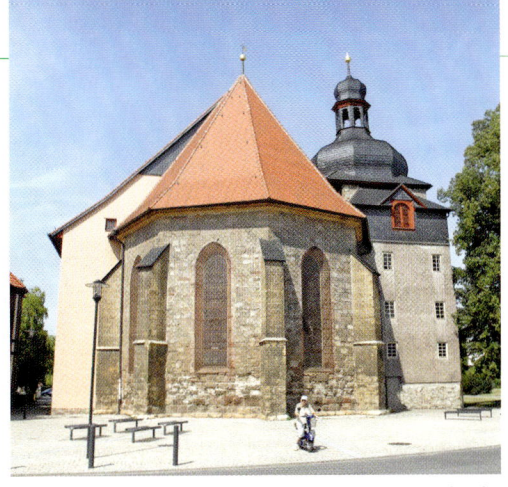

Unterwegs im Kyffhäuserland

Die barocke Unterkirche in der Nähe des Marktplatzes

Die vorromanische Sankt Petri-Kirche in der Altstadt von Bad Frankenhausen

Die Oberkirche
»Unser Lieben Frauen am Berge«

Kaum ein Bauwerk innerhalb der Stadt ist so bekannt geworden wie die Oberkirche. Dem Besucher bietet sich heute ein sehr eindrucksvolles Bild. Von jedem Standort aus hat der Kirchturm eine andere Neigung. So gilt der 56 Meter hohe Turm heute als der schiefste Kirchturm in ganz Deutschland. Im Laufe der Jahrzehnte neigte er sich, bedingt durch Auslaugungen im Untergrund, um 4,45 Meter aus dem Lot. Starke Anker sichern den Turm in seiner gegenwärtigen Lage. Das Ziel ist eine Sicherung des Bauwerkes und die Erhaltung für die Zukunft.

Hinweistafel an der Oberkirche

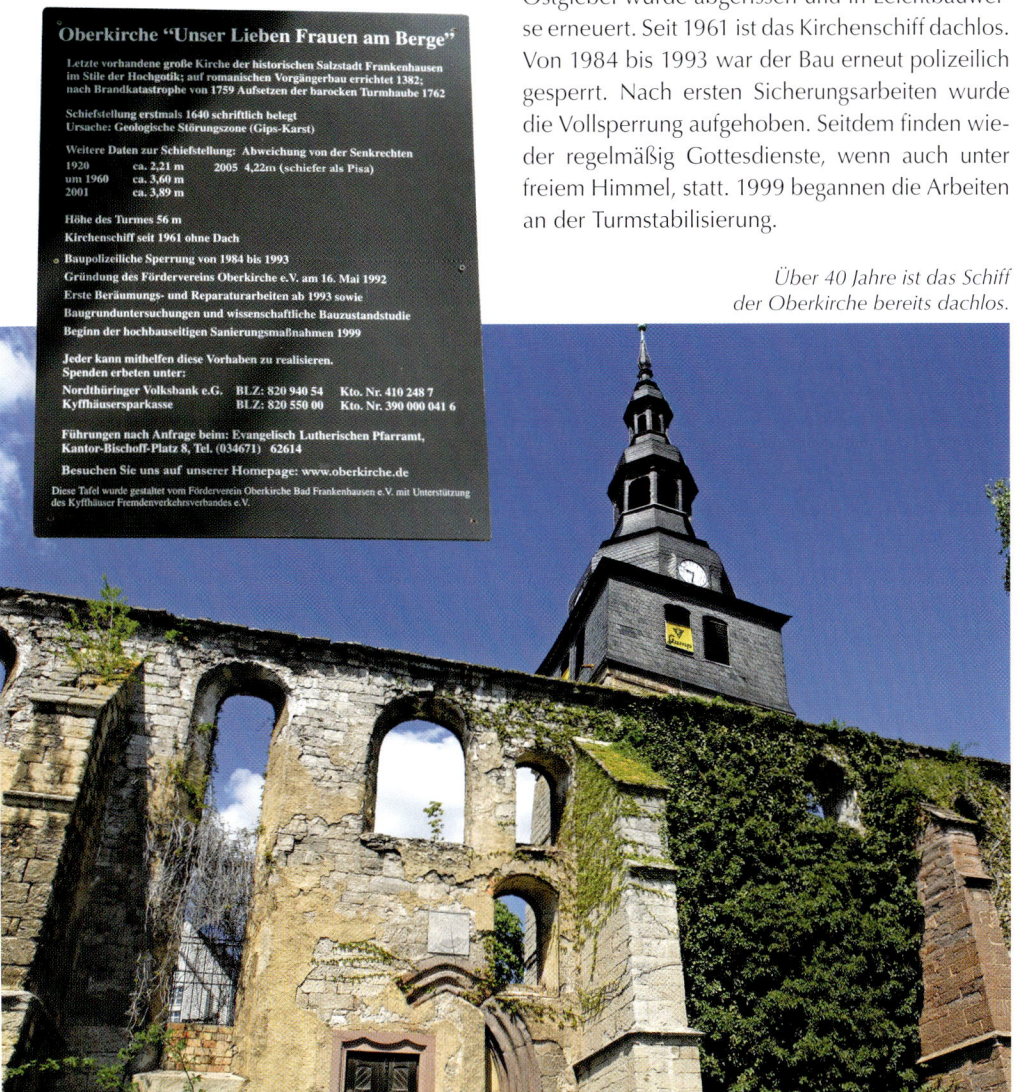

Im Vorfeld der jetzigen Baumaßnahmen wurde der Baugrund mit modernsten Methoden untersucht. Im Bauwerk richtete man Überwachungssysteme ein. So wird ein angebrachtes Pendellot zur Messung der lotrechten Neigung ständig kontrolliert. Dazu kommen noch eine Schlauchwaage und Rissmonitore.

Die Neigungen begannen nach einem Erdfall im Gelände um das Jahr 1908. Schon 1911 errichtete man zwei Stützmauern. Die Neigung setzte sich aber immer weiter fort. In den 1920er und 30er Jahren erfolgten Baugrunduntersuchungen. 1925 gab es eine erste baupolizeiliche Sperrung, Abrissvorschläge wurden unterbreitet. In der Zeit von 1935 bis 1936 bekam der Turm die ersten Ringanker und wurde mit dem Langhaus verankert. Der Ostgiebel wurde abgerissen und in Leichtbauweise erneuert. Seit 1961 ist das Kirchenschiff dachlos. Von 1984 bis 1993 war der Bau erneut polizeilich gesperrt. Nach ersten Sicherungsarbeiten wurde die Vollsperrung aufgehoben. Seitdem finden wieder regelmäßig Gottesdienste, wenn auch unter freiem Himmel, statt. 1999 begannen die Arbeiten an der Turmstabilisierung.

Über 40 Jahre ist das Schiff der Oberkirche bereits dachlos.

4,45 Meter weicht der Turm der Oberkirche im Jahre 2008 vom Lot ab.

Erbaut wurde diese hochgotische Kirche im Jahre 1382 durch die Bruderschaft des »Leichnam Christi«. Dabei handelt es sich um eine Art christlicher Gilde der Salzsieder. Heutiger Eigentümer ist die Evangelisch-Lutherische Kirchengemeinde Bad Frankenhausen. Die Initiativen zur Rettung des Turmes gehen von dem im Jahre 1992 gegründeten Förderverein Oberkirche Bad Frankenhausen e.V. aus. Die Vereinsmitglieder sind ständig bemüht, die nicht unerheblichen Kosten durch Spenden und Fördermittel der Denkmalpflege und Zuwendungen der Stadt zu decken. Alle geplanten Baumaßnahmen können nur auf diesem Weg realisiert werden. In einem deutschlandweiten Aufruf wird um Spenden für dieses Bauwerk gebeten.

Bedingt durch die Baustelleneinrichtung ist eine Besichtigung derzeitig nur von außen möglich. Weitere Angaben gibt es unter www.oberkirchturm.de.

Ostfenster in der Apsis der Sankt Petri-Kirche

Unterwegs im Kyffhäuserland

Die Gemeinde Rottleben im Kyffhäuserland

Reizvolle Landschaft lädt zum Wandern ein

Blick zur Falkenburg und Lohmühle

Blick auf Rottleben (Fotos: Anke Schreyer Rottleben)

Die Sankt Johannes-Kirche

Rinnebach

Zwischen dem Kyffhäusergebirge im Norden und der Hainleite im Süden liegt im fruchtbaren Tal der Diamantenen Aue die Gemeinde Rottleben. In unmittelbarer Nachbarschaft befindet sich die Kurstadt Bad Frankenhausen. Im Ort leben zur Zeit rund 700 Einwohner.

Im Jahre 1125 erfolgte die erste urkundliche Nennung. Die Natur stattete Rottleben mit einer reizvollen Auenlandschaft und flachwelligen Hügeln aus. Steile Höhenzüge, romantische Schluchten und majestätischer Hochwald laden von hier aus zu erlebnisreichen Wanderungen in das geschichtsträchtige und naturschöne Kyffhäusergebirge ein. Dabei geht es an der 1319 erstmals erwähnten Sankt Johannes-Kirche vorbei bis zu den romantisch angelegten Mühlen. In der Nähe liegt die kleine Wipper, ein vor rund 600 Jahren von Mönchen künstlich angelegter Wasserlauf. Seit Jahrzehnten steht die Landschaft mit ihrer reichen, oft einmaligen Flora und seltenen Tiergemeinschaften unter Landschafts- beziehungsweise Naturschutz.

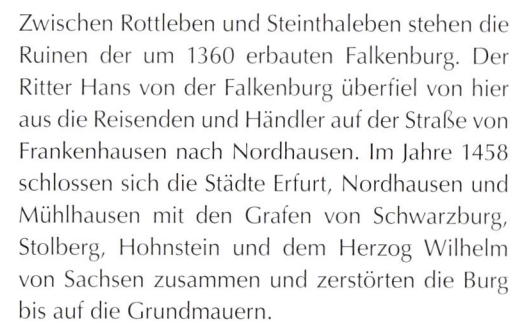

Zwischen Rottleben und Steinthaleben stehen die Ruinen der um 1360 erbauten Falkenburg. Der Ritter Hans von der Falkenburg überfiel von hier aus die Reisenden und Händler auf der Straße von Frankenhausen nach Nordhausen. Im Jahre 1458 schlossen sich die Städte Erfurt, Nordhausen und Mühlhausen mit den Grafen von Schwarzburg, Stolberg, Hohnstein und dem Herzog Wilhelm von Sachsen zusammen und zerstörten die Burg bis auf die Grundmauern.

Rottleben verfügt über eine Grundschule, einen Kindergarten, mehrere Gaststätten und eine Verkaufsstelle mit Fleischerei. Es gibt auch ein kleines Neubaugebiet. Mit zahlreichen Übernachtungsmöglichkeiten entwickelt sich der Ort zu einem Touristenschwerpunkt. Die fruchtbaren Böden werden heute vorwiegend landwirtschaftlich genutzt.

Die Einwohner von Rottleben beteiligen sich sehr aktiv in vielen Vereinen. Dazu gehören der Frauenchor, der Kleingartenverein »Barbarossagrund«, der Geflügelzuchtverein, die Senioren-Selbstgruppe, der Tanz- und Sportverein »Die Querschläger«, der Sportverein »Einheit« und der Motorsportclub »Barbarossa«. Weit über die Ortgrenze hinaus bekannt sind die Veranstaltungen vom Wippertaler Karnevals-Klub »Rot-Blau« Rottleben/Bendeleben.

Gemeinde Rottleben
Bürgermeisterin Barbara Nestler
Bahnhofstraße 2 · 06567 Rottleben
Tel. (03 46 71) 6 20 15
r.nestler-rottleben@t-online.de

Bergleute entdeckten die Barbarossahöhle

Gerberei mit Tanzsaalblick (Fotos Anke Schreyer Rottleben)

Schweizer Landschaft

Kaiser Rotbarts Stuhl, Tisch und Krone

Die Barbarossahöhle – einfach sagenhaft!

Im Naturpark Kyffhäuser, nahe der Gemeinde Rottleben, liegt die sagenumwobene Barbarossahöhle – eines der außergewöhnlichsten Naturdenkmäler Europas. Als Anhydrithöhle ist sie eine absolute geologische Rarität – schließlich gibt es weltweit nur noch eine weitere Schauhöhle dieser Art: die Kungur Eishöhle im Ural.

Die 15 000 Quadratmeter große Höhle wurde am 20. Dezember 1865 rein zufällig von Bergleuten bei der Suche nach Kupferschiefer entdeckt und schon kurz darauf als Schauhöhle für Besucher zugänglich gemacht.

Die seltene Schönheit und besondere Eigenart der Höhle im Vergleich zu anderen Karsthöhlen liegt in der Natur des Gesteins begründet, in dem sie sich entwickelte. Grundwasser bahnte sich einen Weg durch das Innere des Gebirges und löste im Verlauf von Jahrtausenden nicht den allgegenwärtigen Kalkstein, sondern den seltenen, hier vorkommenden, Anhydritstein auf. Sozusagen »aus dem Berg heraus« entstanden dabei von Natur aus riesige unterirdische Hohlräume ohne jegliche natürliche Eingänge.

Der eigentümliche Reiz der unterirdischen Zauberwelt der Barbarossahöhle liegt im eigenwillig schönen, vielschichtigen, nahezu ungeheuren Farbenspiel weißen bis grauen Gesteins. Es sind insbesondere die verschiedenen Maserungen und Zeichnungen, wie zum Beispiel »Gipsperlen«, »Schlangengips« und »Alabasteraugen«, die dem Gestein ein wahrhaft exotisches Aussehen verleihen. Außerordentlich faszinierend sind auch die kristallklaren, blaugrün schimmernden Seen mit ihren eindrucksvollen Deckenspiegelungen.

Berühmt geworden ist die Barbarossahöhle vor allem aber durch die bizarren Deckengebilde, die an zum Trocknen aufgehängte Felle und Häute erinnern. Das Anhydritgestein (Kalziumsulfat) saugt die hohe Luftfeuchtigkeit auf und wandelt sich dabei in Gips um. Bei diesem Prozess nimmt das Volumen des Gesteins um etwa 60 Prozent zu. Infolge dessen schält sich der vergipsende Anhydrit in Form großer Späne oder gewölbter Platten von den Decken und Wänden der Höhle ab. Diese »Gipslappen« wachsen je nach Bewetterung in hundert Jahren ungefähr drei bis fünf Zentimeter und können gegenwärtig in keiner weiteren Schauhöhle der Welt besichtigt werden.

Ausschlaggebend für den Namen der Höhle war die Sage vom wiederkehrenden Stauferkaiser Friedrich I., Barbarossa, die seit dem 14. Jahrhundert auf das Kyffhäusergebirge bezogen wird. Demnach ist Barbarossa nicht gestorben, sondern er schläft in einem unterirdischen Schloss im Kyffhäuser. Dort sitzt er an einem Tisch von Marmorstein, durch den im Laufe der Jahrhunderte sein roter Bart hindurch gewachsen sein soll. Bis der Bart dreimal um den Tisch herum gewachsen ist, wird bestimmt noch einige Zeit vergehen, aber dann steigt Barbarossa aus der Höhle und wird der Erde für immer Frieden und Eintracht bringen…

Höhlenbesucher am Grottensee

Barbarossahöhle Rottleben
An den Mühlen 6 · 06567 Rottleben
Tel. (03 46 71) 5 45 13 · Fax (03 46 71) 5 45 14
service@hoehle.de · www.hoehle.de

Unterwegs im Kyffhäuserland

Der Kyffhäuserweg im Naturpark Kyffhäuser

Herzlich Willkommen auf dem Kyffhäuserweg

Der Kyffhäuserweg lädt ein, eines der kleinsten Mittelgebirge Deutschlands – das Kyffhäusergebirge – kennen zu lernen. Auf 37 Wanderkilometern bieten sich zahllose landschaftliche und kulturelle Reize. Hier kann man die Naturschönheiten des Naturparks Kyffhäuser, von der steppenartigen Pflanzenwelt im Südkyffhäuser bis zum Schatten spendenden Buchenwald am Nordrand des Gebirges, ganz individuell erkunden.

Kulturhistorische Höhepunkte, wie die Königspfalz in Tilleda, das Panorama-Museum bei Bad Frankenhausen und das Kaiser-Wilhelm-Denkmal bieten außergewöhnliche Ausflugsorte. Ebenso die vom Verein »GeoPark Kyffhäuser« e.V. geschaffenen geologischen Angebote, wie die GeoBlicke, wo Tafeln die Sicht in die Ferne erläutern. Eine besondere Form, die Region kennen zu lernen, bietet das HörErlebnis Kyffhäuser, das den gesamten Kyffhäuserweg begleitet. An verschiedenen Stationen sind auf den Hinweistafeln Telefonnummern vermerkt, die man mit dem Handy zum Ortstarif wählen kann, um einer kurzen Geschichte aus der Region zu lauschen. Mit (03 61) 3 02 61 53 und nach Aufforderung mit der jeweiligen Stationsnummer ist man schon mittendrin. Es gibt übrigens insgesamt 60 solcher Stationen.

Vom begeisterten Wanderer, den die sportliche Herausforderung der 37 Kilometer reizt, bis zum Spaziergänger, der sich Zeit für die Besonderheiten am Wegesrand nimmt und auch mal ein Stück mit dem Bus fährt, kommt hier jeder auf seine Kosten. Wir haben dazu den Weg in drei mögliche Tagesetappen eingeteilt.

Unterwegs im Kyffhäuserland

GeoPfade sind Teil des Kyffhäuserweges.

Das namensgebende Kyffhäuserdenkmal thront über dem Qualitätswanderweg.
(Fotos: Naturparkverwaltung Kyffhäuser)

Etappe 1 – Die bizarren Gipsfelsen des Südkyffhäusers

Die erste Etappe des Kyffhäuserweges verläuft durch eine bizarre Gipskarstlandschaft von der Kurstadt Bad Frankenhausen zur Barbarossahöhle. Der GeoPfad »Südkyffhäuser« führt auf steinigen Wegen durch knorrige Wälder und steppenartige Magerrasen mit bunten Blüten und Schmetterlingen. In der Naturparkstation kommen besonders Kinder auf dem Steinpendel, in der Sprunggrube oder am Backofen auf ihre Kosten. Sie befindet sich direkt am Weg und ist frei zugänglich. Die längere Tour beträgt 13 und die kürzere 6,5 Kilometer.

Etappe 2 – Der dichte Kyffhäuserwald mit seinen versteckten Burgen

Die zweite Etappe entführt in den Kyffhäuserwald. Dort kann man seine versteckten Burgen und die weithin sichtbaren Wahrzeichen, den Fernsehturm auf dem höchsten Berg und das Kaiser-Wilhelm-Denkmal, entdecken.
Die offene Landschaft um den Ort Steinthaleben lässt man beim Anstieg zu den Wahrzeichen hinter sich. In abwechslungsreichen Wäldern begegnen dem Wanderer außerdem ein GeoBlick, wo man bei schönem Wetter den Brocken erblicken kann und der Walderlebnispfad, der aktiv mit allen Sinnen den Wald erleben lässt. Die Länge dieser Etappe beträgt 12,5 Kilometer. Man sollte drei Stunden dafür einplanen.

Gipsfelsen prägen das Bild des Südkyffhäusers.

Etappe 3 – Blühende Obstwiesen auf geschichtsträchtigem Grund

Auf der dritten Etappe des Kyffhäuserweges geleiten die Obstwiesen zu geschichtsträchtigen Plätzen. Nach dem Probieren der süßen Obstspezialitäten kann man in das mittelalterliche Leben auf der Königspfalz Tilleda oder in die gemalte Zeit des Bauernkrieges auf dem großen Rundgemälde im Panorama-Museum Bad Frankenhausen eintauchen. Der GeoPfad Tilleda, der von Kaisern, Obstsorten und Mühlsteinen erzählt, ist Beginn dieser Etappe. Der Gesteinsgarten auf dem Rathsfeld schafft Einblicke in die Vielzahl der Gesteinsarten des Kyffhäusergebirges. Der Obstsortenweg und der Sortengarten in der Nähe des Rundgemäldes sind ebenfalls auf diesem Wegabschnitt zu erleben. Diese Tour ist rund 16 Kilometer lang und dauert sechs Stunden.

Das Siegel »Qualitätsweg Wanderbares Deutschland« wird nur an ganz besondere Wege vergeben. Was macht gerade den Kyffhäuserweg so besonders?

Landschaftliche Vielfalt – Der Kyffhäuserweg führt über bizarre Gipsfelsen, durch den dichten Kyffhäuserwald mit seinen romantischen Burgruinen hin zu blühenden Obstwiesen.

Herrliche Ausblicke – Die zahlreichen Ausblicke über Auelandschaften, über sanft ansteigende Höhenzüge und darin eingebettete Dörfer zeichnen diesen Weg aus. Bei guter Sicht erblickt man vom Kaiser-Wilhelm-Denkmal aus sogar den Brocken.

Kulturhistorische Höhepunkte – Die Ruinenkulisse der Burg Kyffhausen oder die ausgegrabene Pfalz

Ritterspiele in historischen Gewändern in der Königspfalz Tilleda.

in Tilleda versetzen den Besucher über 1000 Jahre zurück ins tiefe Mittelalter. Im Panorama-Museum wiederum leuchtet zu jeder vollen Stunde ein Riesengemälde mit Figuren des 16. Jahrhunderts auf.

Bestens gekennzeichnet – Das Kyffhäuserweg-Symbol zeichnet den gesamten Rundweg aus. Man kann sich also nicht verlaufen.

Naturnahe Wege – Idyllisch eingebettet in die jeweilige Landschaft führt ein Großteil der Wegstrecke auf naturnahen Wegen durch das Kyffhäusergebirge.

Verknüpft mit überregionalen Wanderwegen – Der Kyffhäuserweg knüpft an verschiedene überregionale Wanderwege an. Von Korbach in Hessen führt beispielsweise der Barbarossaweg über 332 Kilometer bis zum Kyffhäuser. Aus dem Harz kommend, kann man auf dem 85 Kilometer langen Kaiserweg nach Tilleda wandern. Auch der Hauptwanderweg Eisenach-Wernigerode verläuft über das Kyffhäusergebirge.

Unterwegs im Kyffhäuserland

Sehenswertes Barockdorf Bendeleben

Interessantes Ausflugsziel

In einem Talkessel zwischen Kyffhäusergebirge, Hainleite und Windleite liegt die Gemeinde Bendeleben. Eine lange Geschichte hat den Ort bis in die Jetztzeit geprägt. Viele Baulichkeiten aus den vergangenen Jahrhunderten sind erhalten geblieben. Besonders die unter dem Freiherrn von Uckermann entstandenen barocken Gebäude und der Schlosspark gehören zu den herausragenden Sehenswürdigkeiten in der Region. Mit großzügiger staatlicher Förderung, Unterstützung durch die Deutsche Stiftung Denkmalschutz, die EU und die Gemeinde sowie privater Spender wurden umfangreiche Instandsetzungsarbeiten durchgeführt. Die sehr große Sankt Pancratii-Kirche überragt weithin sichtbar alle Gebäude im Ort. Der hohe fünfgeschossige Turm mit einer schönen geschweiften Haube begann sich gleich nach seiner Vollendung im Jahre 1623 zu neigen. Heute weicht die Spitze bereits 1,13 Meter vom Lot ab. Nach einer überlieferten Sage soll sich damals der Baumeister vor Verzweiflung vom Turm gestürzt haben. Sehenswert ist auch das Innere der Kirche. Die umlaufende Empore zeigt Szenen aus dem Leben Christi.

Das Uckermannsche Schloss

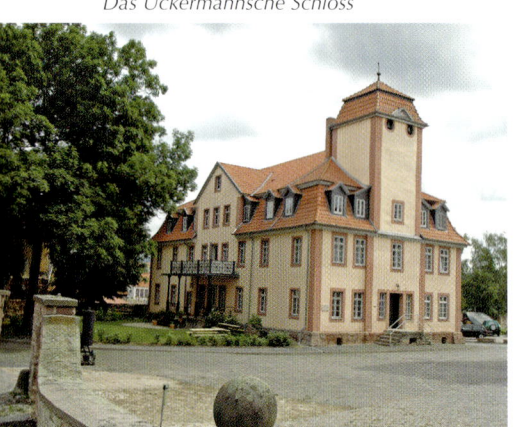

Einer der sieben Teiche im Schlosspark

Wanderschilderbaum vor dem Schlosspark

An der Südwestseite ist die Fürstenloge zu sehen, reich verziert mit plastischem Schmuck und der Darstellung des jüngsten Gerichts. Ein Kleinod ist ebenso das Epitaph der von Bendeleben.

Im Jahre 1763 erwarb Freiherr Johann Jacob von Uckermann das alte Rittergut. Von 1763 bis 1768 ließ er auf dem Gelände ein neues Schloss und Wirtschaftsbauten errichten. Von der großzügig geplanten Anlage sind viele Bereiche heute noch im Originalzustand erhalten. Nach der Wende kam das Gut in den Besitz des Grafen Thomas von Arnim. Es begannen umfangreiche Sanierungsarbeiten an den Gebäuden.

Wiedererstanden ist auch die in der ganzen Region einzigartige barocke Orangerie. Das gesamte Ensemble wurde zwischen 1768 und 1774 errichtet, ein Bauwerk von 73,5 Meter Länge. In der Mitte steht das Hauptgebäude mit einem im Stile des Ro-

Das neue Schloss

Die wiederhergestellte Parkmauer

koko gestalteten Festsaales. Über dem Eingang befindet sich eine prächtige Rocaillekartusche. Links und rechts an das Hauptgebäude schließen sich Gewächshäuser an. Hier wurden, wie ein alter Reisebericht vor über 200 Jahren beschreibt, bereits viele Obstarten gezogen. Ebenso pflanzte man Weinreben und ausländische Gewächse. Über den gläsernen Dächern wölbten sich große holzverschalte Hohlspiegel, die das Licht einfingen und auch vor Schäden durch Hagelschlag schützten. Ursprünglich gehörte noch eine Terrasse mit einem Fontänenbecken zum Ensemble. Zwei steinerne Sphinxe flankierten früher eine Treppe, die in den einstigen tiefer liegenden Lustgarten führte.

Die kunst- und baugeschichtliche Bedeutung des Ensembles blieb lange Zeit unbeachtet. Ausbleibende Sicherungsmaßnahmen schädigten die Bausubstanz beträchtlich. Von 1998 bis 2008 wurde es wieder hergerichtet und zeigt sich in neuer Schönheit. Im Jahre 2006 gab es dafür auf der Europäischen Denkmalmesse in Leipzig eine Goldmedaille.

Ebenso sehenswert ist der Schlosspark. Um 1765 lässt ihn Freiherr von Uckermann in dem rund 120 Morgen großen Hirschgarten des Rittergutes anlegen. Er orientierte sich dabei an englischen Vorbildern, mit ihrer freien, natürlichen Gestaltung. So gibt es im Park keine geraden Wege, sondern Schlangenwege und manche andere angenehme, unerwartete Irregularität. Weiter zeigt sich dieser Stil an der geschickten Anordnung von Einzelbäumen, Baumgruppen und Wiesen im Wechsel mit Wasserflächen. Eine außergewöhnliche Raumaufteilung, die durch den Wechsel von Licht und Schatten noch verstärkt wird. Der aufmerksame Betrachter findet mühelos Gartenelemente, die zum formalen Parkstil der Barockzeit gehören, so die vierreihige, früher streng geschnittene Lindenallee, die wiederhergestellte drei Meter hohe Umfassungsmauer, Rondell und Römisches Bad, aber auch die ursprüngliche Sichtachse des Parks, die durch den Bau des neuen Schlosses unterbrochen ist. Der Bendeleber Park ist einige Jahre vor dem Wörlitzer Park angelegt und somit einer der ältesten noch erhaltenen Landschaftsparks in Deutschland. Auch hat ihn kein namhafter Herrscher oder bedeutender Gartengestalter angelegt, sondern ein »bürgerlicher« Adliger.

Von botanischem Interesse sind die Baumarten Nordmannstanne, Gelbkiefer, Elsbeere, Holzapfel, Holzbirne, Sumpfzypresse und die mächtige Blutbuche. Sieben Teiche bieten einer artenreichen Tierwelt optimalen Lebensraum. Der Eigentümer des Schlossparks ist die Gemeinde Bendeleben. In dem neuen Schloss ist ein Altenpflegeheim eingerichtet.

Am westlichen Ortsrand liegt der Naturgarten Bendeleben von Wilfried und Christine Neumerkel. Hier sind auf einem begrenzten Areal viele Gartenträume Realität geworden. Das Herzstück bildet der Steppenhügel, dort wachsen »Sonnenkinder« aus aller Welt. Umgeben ist er von naturnah gestalteten Biotopen. Im Heilkräutergarten stehen mehr als zweihundert unterschiedliche Heilpflanzen. Der Hexengarten beherbergt Pflanzen, die als Zauber-, Liebes- oder Hexenkräuter gelten. Im Indianerland sind nordamerikanische Pflanzen zu finden, darunter die in Bendeleben gezüchtete Futterpflanze Silphie. Das »Alpinum« zeigt weiß blühende Variationen von Pflanzenarten, die sonst andersfarbig blühen. Der Färberpflanzengarten enthält die wichtigsten Pflanzen zum Erzeugen von Farbtönen. Auf Voranmeldung finden Führungen statt.

Der Festsaal in der Orangerie

Das Römische Bad im Schlosspark

Alte Blutbuche im Schlosspark

Auf dem Rondell im Schlosspark

Die wiederhergestellte Orangerie

Die Sankt Pancratii-Kirche mit dem schiefen Turm

Steinthaleben liegt am Rand des Kyffhäusergebirges.

Die Gemeinde Steinthaleben

Kleiner Ort mit viel Charme

Still und verträumt liegt die kleine Gemeinde Steinthaleben in einem Tal am südwestlichen Rand des Kyffhäusergebirges, eingerahmt von einer wunderbaren Landschaft. Innerhalb der Gemarkungsfläche von dreißig Quadratkilometern befindet sich der größte Teil des Kyffhäusergebirges mit der Reichsburg Kyffhausen, der Rothenburg, dem Fernsehturm Kulpenberg und dem einstigen Schloss Rathsfeld. Durch ihre Lage im Regenschatten des Harzes und des Thüringer Waldes gehört die Region um Steinthaleben zu den niederschlagsärmsten in Deutschland.

Der Ort hat eine reiche Geschichte. Aus der Umgebung stammen zahlreiche ur- und frühgeschichtliche Funde. Die erste Erwähnung erfolgte im Jahre 1093 als »Dalheim«. Zur Landwirtschaft kam im 16. Jahrhundert der Bergbau auf Kupferschiefer dazu. Viele Halden und Pingen zeugen noch heute davon. Bedeutend muss auch der Weinanbau gewesen sein. Im Jahre 1205 wurde durch Papst Innocenz im Ort ein Weinhof für das Kloster Walkenried bestätigt. Alte Flurnamen wie Weinberg, Mönchenberg und Keltertal halten die Erinnerung daran wach.

Zu den Denkmalen im Ort gehört das ehemalige Pfarrhaus, rund 400 Jahre alt. Es ist das älteste Wohnhaus in Steinthaleben. Die jetzige barocke Dorfkirche stammt aus dem Jahre 1735. Nach Voranmeldung ist eine Besichtigung möglich. Sehenswert sind auch die Zwillingslinden am alten Friedhof. Mit einem Stammumfang von fast fünf und einer Höhe von über zwanzig Meter gehört eine davon zu den größten Linden in Thüringen.

Für den Wanderer sind viele schöne Wege zur Barbarossahöhle, zur Reichsburg Kyffhausen mit dem Kaiser-Wilhelm-Denkmal, zum Fernsehturm Kulpenberg und nach Bad Frankenhausen ausgeschildert. Sie führen durch den Naturpark Kyffhäuser mit seiner vielfältigen Pflanzen- und Tierwelt sowie reizvollen Naturlandschaft. Für die Mountainbiker gibt es anspruchsvolle Strecken.

Eine enge Partnerschaft besteht seit 1991 zur Gemeinde Flein im Landkreis Heilbronn in Baden-Württemberg. Jährlich gibt es gegenseitige Besuche. Zur Erinnerung wurde im Ort die »Fleiner Linde« gepflanzt.

Höhepunkte im jährlichen Veranstaltungskalender sind die einzelnen Vereinsfeste und die Ausstellungen, darunter die Ende Oktober stattfindende Kirmes. Ein gemeinsames Vereinsheim betreiben der Rassegeflügelzüchterverein Steinthaleben e.V., Vorsitzender Wilfried Thiel Tel. (03 46 71) 5 02 38 und der Kleingartenverein »Sonnenblick e.V.«, Vorsitzender Werner Thiel Tel. (03 46 71) 7 63 51, am Weinberg. Hier sind auch private Feiern möglich. Jährlich einmal, in der Regel im Herbst, lädt der ortsansässige Fossilien-, Mineralien- und Bergbauverein Steinthaleben e.V. zu einer großen Mineralienausstellung ein. Gezeigt werden dort neben regionalen auch Sammlerstücke aus aller Welt. Die Vorsitzende ist Maritta Müller, Tel. (03 46 71) 7 63 09.

Das »Haus der kleinen Füße«

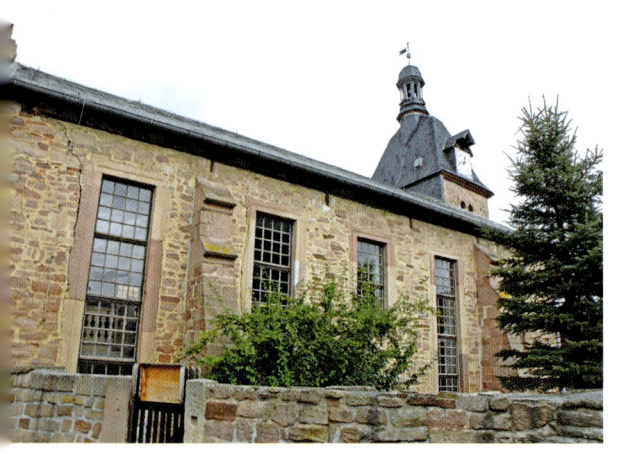

Die barocke Dorfkirche

Thaleber Fossilienwelt

Unterwegs im Kyffhäuserland

Handwerk, Gastlichkeit und Kulinarisches in Steinthaleben

Mit der Ausstellung »Fossilien rund um den Kyffhäuser« zieht der Mineralienhändler Matthias Borchardt Interessenten aus ganz Deutschland nach Steinthaleben. Er bietet Fossilien und Mineralien aus der ganzen Welt, die keinen Schutz- oder Handelsbeschränkungen unterliegen, zum Kauf oder Tausch an. Im Sommer jedes Jahres findet eine große Hof-Börse statt. Weitere Informationen können über www.fossilienwelt-online.de oder telefonisch unter (03 46 71) 52 99 98 abgerufen werden.

Von Ostern bis Ende Oktober hat am Fuße der alten Reichsburg Kyffhausen und des Kaiser-Wilhelm-Denkmals das Familienunternehmen »Burghof Kyffhäuser Denkmalwirtschaft« durchgängig geöffnet. In einem schönen historischen Gebäudekomplex stehen ein Biergarten mit 200 Sitzplätzen, ein großer Saal bis 700 Personen sowie der Wappensaal und die Jagdstube bereit. Übernachtungen sind auch möglich.

Das Kyffhäuserhotel

Burghof Kyffhäuser Denkmalwirtschaft am Fuße der alten Reichsburg Kyffhausen

Die hauseigene Thüringer Küche und Bäckerei bieten ein reichhaltiges Speisen- und Kuchenangebot und sorgen für hohe Gastlichkeit.
Vom Parkplatz am Burghof aus sind bequem viele Wander- und Ausflugsziele in der Umgebung zu erreichen. Weitere Angebote kann man unter www.burghof-kyffhaeuser.de erfahren oder telefonisch unter (03 46 51) 4 52 22 erfragen.

Das von der Familie Breul geführte Kyffhäuserhotel liegt an der Zufahrtsstraße zum Kyffhäuserdenkmal. Den Gästen stehen liebevoll eingerichtete Zimmer für Übernachtungen zur Verfügung. Im Restaurant mit 67 Plätzen erwarten den Gast ganzjährig hausgemachte Thüringer Spezialitäten. Im Café kann man die einzigartige Kaffeekannensammlung bestaunen und dabei hausgemachte Torten und Eisspezialitäten genießen. Im Sommer werden alle Speisen auch auf der Außenterrasse serviert. Für Feierlichkeiten stehen das gemütliche Panoramazimmer mit 50 Plätzen oder das Jagdzimmer mit offenem Kamin zur Verfügung. Beliebt ist auch der Bikertreff. Nähere Informationen gibt es unter www.kyffhaeuserhotel.de oder (03 46 51) 39 30.

Die nach der Wende neu gebaute Gaststätte »Am Fernsehturm« wird von Christine und Jürgen Störmer betrieben. In der gemütlichen Gaststube, unmittelbar am Fernsehturm Kulpenberg gelegen, finden 60 Gäste Platz. Geöffnet ist ganzjährig an jedem Tag von 10 bis 18 Uhr.
Spezialität des Hauses ist die Deutsche Küche, von der Wirtin selbst zubereitet. Da gibt es Bauernfrühstück, Rouladen, Wild- und Fischgerichte. Auch das Kuchenbacken hat sie in eigener Regie. Die Gaststätte kann außer über die Bundesstraße B 85 auch über verschiedene, ausgeschilderte Wanderwege erreicht werden. Anmeldungen werden unter Tel. (03 46 51) 28 46 entgegen genommen.

Gaststätte »Am Fernsehturm« auf dem Kulpenberg

Seit dem Jahre 2006 führt Familie Henfling das Gasthaus »Zum Rathsfeld« mitten im Kyffhäuserwald als Familienbetrieb. Es liegt direkt am Abzweig von der Bundesstraße B 85 nach Steinthaleben.

Das Gasthaus »Rathsfeld«

Der Gastraum bietet Platz für 30 Personen, im großen Saal sind weitere 80 Plätze vorhanden, gut geeignet für Reisegruppen und Familienfeste. Auf der Speisekarte des ganztägig (außer montags) geöffneten Hauses stehen viele Wildgerichte. Dazu kommen noch Ukrainischer Borstsch, Pelmeni und Grezka als russische Spezialitäten.

In der Umgebung laden ausgeschilderte Wanderwege zu einem Ausflug in die Natur ein. Ebenso lohnt sich ein Besuch am Wildgatter und im Steingarten. Nähere Auskünfte gibt es unter Tel. (03 46 71) 52 99 99.

Unterwegs im Kyffhäuserland

Im Hofladen der Fleischerei Bullin

Dorfgemeinschaftshaus und Gaststätte »Grüner See«

Dachdeckermeister- und Solarfachbetrieb Maly

Für seine Fleisch- und Wurstspezialitäten nach überlieferter original Thüringer Hausschlachterart ist die Landfleischerei Bullin in Steinthaleben, Damm 95, weit über den Kyffhäuserkreis hinaus bekannt. Das täglich frisch geschlachtete Rind- und Schweinefleisch stammt nur von Tieren aus eigener Haltung beziehungsweise Aufzucht. Im ganztägig, außer montags, geöffneten Hofladen gibt es außer Thüringer Hausmacherwurst und anderen geräucherten Spezialitäten auch die echten Thüringer Rostbratwürstchen zu kaufen. Eine Filiale besteht in Bad Frankenhausen in der Rudolf-Breitscheid-Straße. Hier gibt es auch einen Mittagstisch nach dem Motto »Futtern wie bei Muttern«.

Ebenso beliebt ist »Siegrid's Eiskaffe und Bistro« am Johannisplatz 156. Die Inhaberin Beatrice Kotte bietet neben Eis aus eigener Herstellung auch einen Kaffeetisch mit hausbackenem Kuchen an. Außer montags und dienstags haben Kaffee und Bistro mit Speiseangebot jeden Tag ab 13 Uhr geöffnet. »Siegrid's Eiskaffe und Bistro« ist ein seit 30 Jahren, jetzt in zweiter Generation, geführter Familienbetrieb. Rund 40 Sitzplätze stehen in zwei modern eingerichteten Galsträumen zur Verfügung. Gern werden auch nach Vorabsprache Familienfeiern und andere Feste ausgerichtet. Anmelden kann man sich unter Tel. (03 46 71) 6 22 85.

Die Gaststätte »Grüner See« mit 40 Plätzen liegt direkt neben dem neu gebauten Dorfgemeinschaftshaus. Sie hat täglich ab 17 Uhr geöffnet. In der warmen Jahreszeit lädt ein großer Biergarten zum Verweilen ein.

Schon seit fast dreißig Jahren gibt es in Steinthaleben den Dachdeckermeister- und Solarfachbetrieb Maly GmbH. Das Unternehmen bietet hochwertige Dacharbeiten in allen Ausführungen an. Zu den Referenzobjekten in der Region gehören das Gut in Bendeleben und der Kirchturm in Ichstedt. Mit im Programm ist die Montage von Solaranlagen enthalten. Nähere Informationen gibt es unter www.dachdecker-maly.de.

Seit dem Jahr 2004 besteht die Fleischerei Andreas Wendorff. Hier werden von Fleischermeister Andreas Wendorff und 17 weiteren Beschäftigten Fleisch- und Wurstwaren nach Hausmacherart aus eigener Schlachtung hergestellt. Zu kaufen gibt es diese im Ladengeschäft Sperlingsberg 45. Weitere Filialen existieren in Kelbra und Sondershausen. Dazu kommen noch zwei mobile Verkaufswagen. Zum Unternehmen gehört auch ein Partyservice, erreichbar unter Tel. (03 46 71) 6 44 63.

Siegrid's Eiskaffe und Bistro

Fleischerei Wendorff

Gemeinde Steinthaleben
Bürgermeister
Bernd Nawrodt
Torstraße 165
06567 Steinthaleben

*GeoBlick von der Hakenburg
in die Thüringer Pforte
(Fotos: Naturparkverwaltung Kyffhäuser)*

Im GeoPark Kyffhäuser

Geologie und mehr erleben

*Kyffhäuser HörErlebnis
beim Blick auf die Rothenburg*

Geologie – eine verstaubte Wissenschaft? Keineswegs! Im GeoPark Kyffhäuser wird Geologie lebendig. Hier gibt es so viele verschiedene Gesteine und Landschaften wie sonst selten in Deutschland. Der 800 Quadratkilometer große Park erstreckt sich von der Goldenen Aue über die Fläche des Naturparks Kyffhäuser (Seite 18 – 23) bis zur Fundstelle des 400 000 Jahre alten Urmenschen in Bilzingsleben.
Jeder Stein im GeoPark Kyffhäuser hat seine eigene Geschichte: Der rote Sandstein zum Beispiel war zu Urzeiten feiner Sand in einer riesigen Flussmündung. Im Mittelalter diente er zum Bau vieler Burgen.

Deren romantische Ruinen machen heute den besonderen Reiz des GeoParks aus. So verschieden die Steine im Untergrund, so vielfältig sind die Pflanzen, die darauf wachsen. So gedeihen beispielsweise auf den trockenen, heißen Gipskuppen am Südkyffhäuser mediterrane Kräuter, die sich mit ätherischen Ölen vor Austrocknung schützen.
Diese steinernen, kulturgeschichtlichen und botanischen Besonderheiten des GeoParks macht der »GeoPark Kyffhäuser« e.V. durch verschiedene Angebote erlebbar.

Einen Überblick über die Landschaft und deren geologische Entstehungsgeschichte gewähren die GeoBlicke. Hier kann man nicht nur verweilen und den Blick in die Landschaft genießen, sondern auch erfahren, was man in der Ferne sieht. Wie heißt diese Brücke da unten und welche Burg sieht man da hinten? Die GeoBlicke bieten also eine Möglichkeit, Fernsicht und Nahsicht auf den GeoPark Kyffhäuser zu verbinden.

Einen Klassiker der Begegnung mit dem GeoPark Kyffhäuser stellen die GeoPfade dar. Das zugehörige handliche Büchlein schlägt mit seinen elf GeoPfaden verschiedene Wanderrouten und Radtouren vor, die allesamt vor Ort ausgezeichnet sind. Detaillierte Karten und kurzweilige Beschreibungen zu den Stationen sind mit zahlreichen Bildern kombiniert. Die Entscheidung fällt schwer: Weißes Gold kosten, alte Mühlsteine entdecken oder doch lieber durch die Heimat des 400 000 Jahre alten Urmenschen Homo erectus radeln?

Wer die Wahl hat, hat die Qual: Elf GeoPfade sind im GeoPark Kyffhäuser zu entdecken.

Für Gesteinsspezialisten oder solche die es werden wollen, sind die GeoTope ein ideales Ausflugsziel. An steilen Felshängen und vor alten Steinbrüchen lässt sich erahnen, mit welcher Kraft die Erde hier vor Jahrmillionen arbeitete.

Mit dem HörErlebnis Kyffhäuser wird die Landschaft durch das Handy lebendig. Im gesamten GeoPark und darüber hinaus sind kleine orangefarbene Tafeln aufgestellt, die eine Nummer enthalten. Ein Anruf dauert je eine Minute und kostet soviel wie ein regulärer Anruf ins deutsche Festnetz.

Broschüren und Flyer zu den Angeboten des GeoParks Kyffhäuser sind in den örtlichen Tourist-Informationen erhältlich. Auch das Internet hält unter www.geopark-kyffhaeuser.com Informationen bereit.

Julia Hornickel

Der ehemalige Steinbruch im Borntal gewährt Einblicke in magmatisches Tiefengestein.

Unterwegs im Kyffhäuserland

Sitz der Verwaltungsgemeinschaft »Goldene Aue«

Kelbra ist mehr als einen Besuch wert

Die Sankt Georgii-Kirche ist baugeschichtlich sehr wertvoll.

Das Gebäude der Schmidtschen-Stiftung in der Thomas-Müntzer-Straße

Die Zukunft liegt im Tourismus

Die kleine Stadt Kelbra liegt an einer der schönsten Stellen in der Goldenen Aue, zwischen dem Kyffhäusergebirge und der Helme. Im Süden ist sie umgeben von alten Obstbergen, die sich bis an die Buchenwälder des Gebirges hochziehen. Im Norden und im Osten grenzen die fruchtbaren Böden der Helmeniederung an.
Kelbra ist gut über die A 38 erreichbar und bietet für die Touristen viel Abwechslung. Im Sommer locken ein großer Badestrand an der Talsperre Kelbra, sowie ein Segelhafen und großer Campingplatz. Den Frühling mit seinen blühenden Kirschbäumen und Schlehenhecken und den am Rande des Stausees brütenden Vogelarten muss man einfach genießen. Im Herbst lädt der Altweibersommer zu langen Spaziergängen im naturnahen Kyffhäusergebirge und der Windleite ein. Viele Kilometer gut ausgeschilderte und gepflegte Wanderwege lassen jede Tour zu einem Erlebnis werden: egal ob entlang der einstigen Preußischen Grenze mit ihren jahrhundertealten Grenzsteinen oder zu den Ruinen der Rothenburg und Numburg.
In der Stadt gibt es das Goethe-Gymnasium, eine Grundschule und zwei Kindereinrichtungen.

Aus der Geschichte

Die erste urkundliche Nennung des Namens Kelbra erfolgte in einer Urkunde aus dem Jahre 1093. Seit der Mitte des 13. Jahrhunderts ist das Stadtrecht überliefert. 1251 stifteten die Grafen von Beichlingen ein Zisterzienserinnenkloster. Davon ist noch die Sankt Georgii-Kirche mit ihrer uralten Linde auf dem Hof erhalten. Große Teile der Stadt fielen dem Brand von 1607 zum Opfer. Von 1916 bis 1966 hatte Kelbra sogar einen Bahnhof. In dieser Zeit verkehrte hier die Kyffhäuser-Kleinbahn.

Blick in die Jochstraße

Unterwegs im Kyffhäuserland

Die Promenade lädt zu Spaziergängen ein.

Sehenswürdigkeiten laden ein

Die Stadt war von einer hohen Mauer mit Wehrtürmen umgeben. Reste davon kann man noch an vielen Stellen finden. Drei Tore sicherten die Zugänge. Mit eingebunden waren die großen befestigten Adelshöfe und die Wasserburg Kelbra. Von ihr sind noch der imposante Bergfried und Mauerreste des Palais sowie große Kelleranlagen erhalten. Die Sankt Georgii-Kirche besitzt neben ihrem romanischen Turm einen großen Flügelaltar aus dem Jahre 1619 und ein kunstvolles Taufbecken im Renaissancestil.

Ein Blickfang ist auch das Rathaus aus dem Jahre 1777. Hier haben heute Bürgermeister und Verwaltung ihren Sitz. In den Jahren 2003 und 2004 wurde es grundhaft saniert.

Im 1895 eingemeindeten Altendorf steht die romanische Sankt Martini-Kirche. Nach totalem Verfall wurde sie 1994 aufwändig wiederhergestellt. Heute finden darin neben Kulturveranstaltungen auch standesamtliche Trauungen statt.

Eine schöne Promenade mit der Reuterlinde, die 1880 vom Brauereibesitzer Eduard Joch angelegt wurde, führt aus der Stadt in Richtung Kyffhäusergebirge. Ihm zu Ehren hat die Stadt Kelbra am Anfang der Promenade ein Denkmal errichtet und die Hauptstraße nach Sondershausen nach seiner Familie benannt. Eine Allee aus rund 400 Lindenbäumen weist den Weg in Richtung Rothenburg. Seit einigen Jahren gibt es in der ehemaligen Oberpfarre ein Heimatmuseum mit Ausstellungen zur Stadtgeschichte. Betreut wird es von den Mitgliedern des Förderkreises für Heimatgeschichte.

Kultur und Vereine

Kelbra unterhält Städtepartnerschaften mit Bad Salzdetfurth im Landkreis Hildesheim, mit Frampton Cotterell in Südengland und Radun im Kreis Oppava in der Tschechischen Republik.

Mehr als zwanzig Vereine bemühen sich um den sozialen Zusammenhalt und die Gestaltung der Stadt für Einwohner und Gäste. Darunter die Freiwillige Feuerwehr, zwei Kleingartenvereine, ein Partnerschafts- und Fremdenverkehrsverein, der Kulturbund und das Kyffhäuserland-Orchester Kelbra. Dazu kommen noch der Angelverein, die Rassekaninchenzüchter und die Kyffhäuserkameradschaft. Der Sportverein 1920 vereint viele Mitglieder.

Ortsteil Sittendorf

Östlich von Kelbra liegt etwas abseits der großen Straßen zwischen dem Heiderücken und dem Kyffhäusergebirge der kleine Ortsteil Sittendorf. Seine erste urkundliche Nennung erfolgte im Jahre 1128. Die Landwirtschaft prägt den Ort bis in die Jetztzeit.

Im Rahmen des Dorferneuerungsprogramms haben die Einwohner Landesfördermittel zur Verschönerung ihrer privaten Grundstücke und für den Ausbau bisher unbefestigter Dorfstraßen gut genutzt.

Sehenswert ist der spätromanische Kirchturm der Sankt Laurentius-Kirche. Im Ort besteht ein sehr aktiver Sportverein und die freiwillige Feuerwehr.

Blick auf den Ortsteil Sittendorf

Die Sankt Laurentius-Kirche in Sittendorf ist romanischen Ursprungs.

Die Fassade des Altbaues vom Goethe-Gymnasium in der Frankenhäuserstraße

Das Rathaus ist eines der schönsten achwerkhäuser in der Stadt Kelbra.

Der Dorfplatz von Thürungen mit dem Lindenstein

Ortsteil Thürungen

Schon seit Jahrhunderten hat der Name Thürungen einen besonderen Klang, erste Erwähnung 1005. Hier war das weithin bekannte Gemüseanbauzentrum der Goldenen Aue. Täglich zogen die Gemüsebauern auf die Märkte der Region und boten ihre Waren an. Noch heute ist das Thüringer Obst und Gemüse sehr gefragt.

Kulturträger im Ort sind die Mitglieder der Freiwilligen Feuerwehr. Sie halfen auch bei der Organisation der Tausendjahrfeier im Jahre 2005 mit überregionalem Erfolg.

Sehenswert ist der so genannte Lindenstein. Dabei handelt es sich vermutlich um einen mittelalterlichen Gerichtsstein.

Stadt Kelbra
Bürgermeister Reinhard Teschke
Lange Straße 8
06537 Kelbra
Tel. (03 46 51) 38 30
Fax (03 46 51) 3 83 22
info@kelbra.de
www.vwg-goldene-aue.de

Unterwegs im Kyffhäuserland

Zu Besuch bei den Knopfmachern

Im jüngsten Heimatmuseum des Kyffhäuserlandes und der Goldenen Aue

Ausstellung im Eingangsbereich

Das Heimatmuseum in der Thomas-Müntzer-Straße 9 in Kelbra gehört zu den jüngsten musealen Einrichtungen im Kyffhäuserland und der Goldenen Aue. Allein schon das Gebäude ist ein Museum für sich. Nach dem großen Stadtbrand im Jahre 1607 wieder aufgebaut, hatten hier die Pfarrer der Stadt Kelbra bis 1910 ihren Dienstsitz. Im Sprachgebrauch wird das Haus auch Oberpfarre genannt.

Nach dem Umzug der Pfarrer zogen Mieter in das Haus ein. Die Bausubstanz wurde kaum erhalten und so stand es seit Mitte der 1990er Jahre leer. Die Stadt Kelbra ließ es aufwändig sanieren und es entstand ein baugeschichtliches Kleinod. Zwei tiefe Gewölbekeller verwahrten einst die Vorräte der Bewohner, heute werden sie zu Veranstaltungen genutzt. Im Haus gibt es sieben Treppen. Zu den schönsten und repräsentativsten Räumen gehört das einstige Studierzimmer der Pfarrer. Hier sind heute der Empfang und die Touristeninformation untergebracht. Wiederhergestellt und entsprechend eingerichtet wurde auch die Schwarzküche.

Die wieder hergerichtete Schwarzküche

Seit dem Jahre 1999 ist der Kelbraer Förderverein für Geschichte bemüht, das Museum mit Ausstellungen zu gestalten. Im Mai 2000 erfolgte die Übergabe der ersten fünf Räume an die Stadt Kelbra. Sie zeigen im Foyer Gegenstände aus dem Alltag der Bürger. Vier Räume beherbergen die Ausstellungen zur Knopfmachergeschichte. Diese sind teilweise Leihgaben der früheren privaten Knopffabriken Langer und Bornkessel. Die in Kelbra gezeigte Ausstellung zur Perlmutterknopfherstellung ist die vollständigste ihrer Art in ganz Deutschland. Das Kyffhäuserland war bis zum Zweiten Weltkrieg führend in der Herstellung dieser Knöpfe. So gibt es aus den Anfängen einen noch funktionsfähigen »Tritt« zu sehen. Er stand früher in vielen Häusern in der Stube und darauf bohrte man aus den Muschelschalen die Rondelle für die Knöpfe aus. Der Antrieb erfolgte durch »Treten«, daher auch der Name »Tritt«. Mit zunehmender Mechanisierung verbesserten sich die Produktionsbedingungen. Fabriken wurden eingerichtet und Maschinen konstruiert. Diese Entwicklung ist nur in Kelbra vollständig dargestellt.

In weiteren Ausstellungsbereichen zeigt die Freiwillige Feuerwehr Kelbra alte Gerätschaften zur Brandbekämpfung, ein kleiner Abschnitt ist der Archäologie gewidmet. Die Schumacherwerkstatt hat eine eigene Geschichte, die man sich unbedingt anhören sollte. Im Foyer des Obergeschosses erinnern viele Fotos und eine alte Fahne an den im Jahre 1923 in der Stadt gegründeten Mandolinenverein. Daneben geben Schulbänke, eine Tafel und viele kleine Stücke einen Einblick in das Schulwesen von früher. Komplett ist die alte Schneiderwerkstatt, hier könnte der Schneidermeister sofort weiter arbeiten. Allein die schönen alten Kleidungsstücke sind schon einen Besuch wert. Auch die Bäckerei Kautzleben hat vieles vom Inventar nach der Geschäftsaufgabe dem Heimatverein übergeben. Jüngste Errungenschaften sind die Ausstellung über den Bergbau in der Region sowie die Mineraliensammlung aus dem Kyffhäuserland und weiteren Regionen Deutschlands.

Die Oberpfarre mit dem Kelbraer Heimatmuseum

Unterwegs im Kyffhäuserland

Blick in eine Kelbraer Knopfmacherstube

In Kelbra gefertigte Knöpfe

Von der Muschelschale zum Perlmutterknopf

Der 1793 in Frankenhausen geborene Nadlergeselle Johann Friedrich Zierfuß kam auf seiner Wanderschaft nach Wien in Österreich. Dort lernte er, wie aus Muschelschalen Perlmutterknöpfe gefertigt werden. Mit diesem Wissen kehrte er in das Kyffhäuserland zurück und gründete in Kelbra um 1836 eine Werkstatt zur Herstellung von Perlmutterknöpfen. Dieses Handwerk gelangte zu großer Bedeutung.

Das Ausgangsmaterial sind Muschelschalen und Schneckengehäuse vorwiegend aus den wärmeren Regionen der Erde. Genutzt wird dabei deren glänzende innere Schicht. Benannt wurden die Muschelschalen nach Herkunftsgebiet und Qualität. Zur besten Ware zählte die »Makassar«, sie stammte aus Indonesien und lieferte ein fast weißes Perlmutt.

Der Weg bis zum Knopf ist aufwändig. Zunächst wurden aus den Schalen die Rondelle in verschiedenen Größen ausgebohrt. Die auf der Rückseite vorhandene Kruste schliff man ab und sortierte sie nach Stärke. Durch Drehen bekamen sie ihre endgültige Form. Standardformen waren die Rand- und Schüsselknöpfe mit zwei und vier Löchern.

Rohmaterial für die Knopfherstellung

Bei Ösenknöpfen wurde auf der Rückseite eine Naturöse mit Querloch eingeschliffen. Danach mussten diese Rohlinge gescheuert werden. Das geschah in kleinen Holzfässern mit Wasser und Bimsmehl. Anschließend wurden die Knöpfe noch poliert. Das erfolgte in einer Trommel mit Zusatz an Stearin, Politur, kleinen Holzstiften, Sägespänen, Poliergrieß und vielen anderen Hilfsmitteln.

Waren die Knöpfe fertig poliert, sortierte man sie der Größe nach und nähte sie in verschiedenen Qualitätsstufen auf farbige Pappen. So kamen sie auch in den Handel. Die Knopfmacher rechneten die Menge in Gros (144 Stück). Die Größe wurde nach englischen Linien, eine Linie gleich 0,635 Millimeter, angeben.

Nach dem Zweiten Weltkrieg kamen fast ausschließlich Kunststoffe für die Knopfherstellung zur Anwendung. Die Produktion wurde im Jahre 1991 endgültig eingestellt.

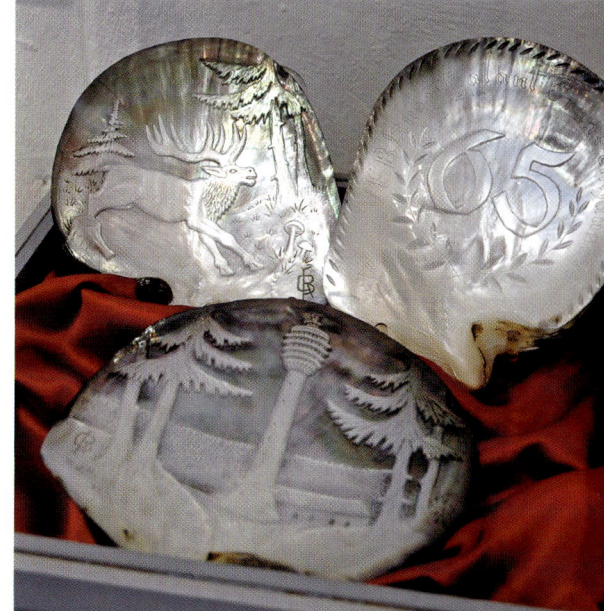

Eine Ausbohrmaschine für Rondelle

Kunstvoll geschliffene Muschelschalen

Kelbraer Gewerbetreibende

Interessante Angebote

Das Geschäftshaus in der Langen Straße

Köstlichkeiten warten auf Kunden

Ein ganzes Haus voll mit Köstlichkeiten hat Aline Debels für ihre Kunden im Wein- und Geschenkkontor in der Lange Straße 7 in Kelbra eingerichtet. Im Jahre 2006 begann für die gelernte Restaurantfachfrau und Beraterin für deutsche Weine damit der Schritt in die Selbständigkeit. Aus der Liebe zum Wein wurde ihre Geschäftsidee geboren.

Das Angebot in den schön gestalteten Verkaufsräumen umfasst ausgesuchte Weine aus der Saale-Unstrut-Region und der ganzen Welt. Da findet man neben einem Chateau Charmail Gru Bourgeois Superieur auch einen Bardolino. Hinzu kommen weitere lukullische Köstlichkeiten wie Pralinen, Gebäcke aller Art, französische Marmeladen und vieles anderes mehr. Duftende Tees aus der ganzen Welt lassen das nostalgische Interieur erst richtig zum Genuss werden.

Zu besonderen Höhepunkten gibt es auch Elsässer Flammkuchen, zubereitet nach Originalrezepten und über Holzfeuer gebacken.

Im Aufbau begriffen ist auch ein Internetshop für Saale-Unstrut-Weine.

Wein- und Geschenkkontor · Aline Debels
Lange Straße 7 · 06537 Kelbra
Tel. (03 46 51) 4 54 64 · Fax (03 46 51) 4 52 40
debels@t-online.de

Maßkleidung für jeden Anlass

Mit einem Hochzeitskleid begann für Franziska Krause aus Kelbra vor 18 Jahren die Selbständigkeit. Diesen Schritt hat die gelernte Herrenmaßschneiderin nie bereut. Aus dem Nähstübchen in der Lange Straße 7 wurde so im Laufe der Zeit durch ihren Fleiß ein eigenes Atelier mit umfangreichem Angebot.

Mit viel Kreativität geht Franziska Krause auf jeden ihrer Kunden ein, dessen Wünsche natürlich ganz oben stehen. Dabei spielt es keine Rolle, ob es sich um eine Neuanfertigung oder eine Änderung handelt. Ihr Leistungsangebot umfasst die ganze Palette von der Festbekleidung über die Straßenbekleidung bis hin zu Kostümen. Hier hält sie auch ein umfangreiches Angebot zum Ausleihen bereit. Auch nachempfundene historische Gewänder können bei ihr bestellt werden.

An weiteren Leistungen bietet das Nähstübchen noch Gardinennähen, Änderungen aller Art und einen Bekleidungsreinigungsservice an.

Nähstube Franziska Krause
Lange Straße 7 · 06537 Kelbra
Tel. (03 46 51) 9 82 30 · Mobil (01 60) 94 61 09 80
flinke_nadel@gmx.de · www.naehstube-kelbra.de

Geschenke, Zeitschriften und Bestellservice

Eigentlich kann man das Geschäft von Roswitha Wairowski in der Lange Straße 7 als ein »Haus der Dienste« bezeichnen. Mit ihrer Geschäftsidee von Geschenkhandel, Bestellservice und Postagentur unter einem Dach hat sie seit Jahren Erfolg. Eine breite Palette an Geschenkartikeln, darunter auch stadttypisches von Kelbra und natürlich vom nahen Kyffhäuser, lässt jeden Geschmack fündig werden. Egal ob für Jubiläen oder kleine Überraschungen, es ist für jeden Anlass etwas da. Dazu kommen die Angebote aus den Katalogen der großen Versandhäuser wie Otto, Neckermann, Quelle und Bader. Bis auf die Auswahl nimmt Roswitha Wairowski dabei ihren Kunden sämtliche Arbeit ab. Ein umfangreiches Angebot an Zeitungen und Zeitschriften hält alles bereit, was sich die Leser wünschen.

Ganz neu ist der Annahmeservice für Uhren- und Schmuckreparatur. Roswitha Wairowski ist seit dem 11. November 1996 im Geschäft.

Zeitungen, Geschenke &
Bestellservice Kelbra GmbH
Roswitha Wairowski
Lange Straße 7 · 06537 Kelbra
Tel. (03 46 51) 5 25 52

Unterwegs im Kyffhäuserland

Pension Weidemühle – gastronomisch und tierisch gut!

Viel Gastlichkeit in uralter Mühle

Am Stadtrand von Kelbra, direkt an der Helme gelegen, erwartet die Weidemühle ihre Gäste. Eine gepflegte, familiengeführte Pension in einer uralten Mühle, verkehrsgünstig und ruhig gelegen.
Für die Gäste stehen 19 Zimmer mit insgesamt vierzig Betten bereit, alle modern ausgestattet. Ein kleiner Tiergarten rundet das Ensemble ab.
Die »Müllerstube« bietet Platz für 45 Personen im stilvollen historischen Ambiente. Auf dem Speiseplan stehen leckere Gerichte und Getränke auch aus Omas Zeiten. Für große Festlichkeiten oder Konferenzen steht der Festsaal »Kyffhäuserblick« mit hundert Plätzen zur Verfügung. Alle Veranstaltungen können auch mit der hauseigenen Live-Band und Diskothek verschönert werden.

Pension Weidemühle
Familie Patzschke
Nordhäuser Straße 3
06537 Kelbra
Tel. (03 46 51) 37 40
Fax (03 46 51) 3 74 99
weidemuehle@t-online.de
www.pension-weidemuehle.de

Falk Getschmann hat einen Kyffhäuser zu Hause

Ein Privatsammler aus Roßla

Wer die Gelegenheit hat, einmal eine Ausstellung von dem Roßlaer Falk Getschmann über das Kaiser-Wilhelm-Denkmal auf dem Kyffhäuser zu sehen, sollte das unbedingt tun. Der gebürtige Tilledaer hat die wohl umfangreichste Privatsammlung zu diesem Thema zusammengetragen. Das umfasst Modelle und Andenken aller Art vom Aschenbecher bis zum Kuchenteller. Ebenso gehören Bücher, Broschüren und eine umfangreiche Sammlung von Postkarten dazu. Besonders stolz ist er auf die originalen Eintrittskarten zur Einweihungsfeier am 18. Juni 1896 und einen getrockneten Blumenstrauß aus dem Kaiserzelt in Roßla.
Eine erste Ausstellung erfolgte im Sommer des Jubiläumsjahres 2006 im Heimatmuseum »s'ohle Huss« in Roßla. Eine zweite fand im Frühjahr 2008 im Spengler-Museum in Sangerhausen statt.

Erholen am Fuße des Kyffhäusers

Moderne Jugendherberge

Die Kyffhäuser Jugendherberge Kelbra, am nördlichen Rand des sagenumwobenen Kyffhäusergebirges und direkt an der Landesgrenze zwischen Sachsen-Anhalt und Thüringen gelegen, ist ein idealer Ausgangspunkt für Ausflüge rund um das Gebirge und in den nahe gelegenen Harz.
Das Haus wurde erst 2002 eröffnet und bietet allen Komfort einer modernen Jugendherberge. Mit hell und freundlich eingerichteten Zwei- bis Sechsbettzimmern mit Dusche und Waschgelegenheit, Aufenthalts- und Seminarräumen sowie einer Cafeteria mit großer Sommerterrasse und weitem Blick in das Tal der Goldenen Aue lädt sie die unterschiedlichsten Gästegruppen zum Verweilen ein. Die Jugendherberge ist bestens für Schulklassen, Familien, Vereine und Wandergruppen geeignet. Neben einem Fußballplatz stehen für sportliche Aktivitäten auch ein Volleyballfeld, Tischtennisplatten und ein Billardtisch zur Verfügung. Die kleineren Gäste können sich auf dem herbergseigenen Spielplatz so richtig austoben.
Kultur- und naturverbundene Gäste werden von den zahlreichen Sehenswürdigkeiten wie dem Kaiser-Wilhelm–Denkmal auf dem Gelände der ehemaligen Reichsburg Kyffhausen, der Barbarossahöhle, dem Panoramamuseum, der Königspfalz Tilleda, der Höhle Heimkehle oder den Museen in Kelbra oder Stolberg begeistert sein. Viele der Wander- und Radwege, die um das kleine Gebirge führen, kommen direkt an der Herberge vorbei.

Die Kyffhäuser Jugendherberge Kelbra liegt im Ortsteil Sittendorf

Kyffhäuser Jugendherberge Kelbra
Herbergsleiter Steffen Trempelmann
Forsthaus 90a
06537 Kelbra / OT Sittendorf
Tel. (03 46 51) 3 58 90
Fax (03 46 51) 5 58 91
jh.kelbra@djh-sachsen-anhalt.de
www.jugendherberge.de/jh/kelbra

Die Zimmer sind modern eingerichtet

In der Cafeteria

Unterwegs im Kyffhäuserland

Wo schon Könige ihren Hof hielten

Tilleda ist über 1200 Jahre alt

Aus der Geschichte

Mit der Erwähnung einer Siedlung Dullide im so genannten Breviarium des Lullus, rückte der heutige Ort Tilleda am Nordrand des Kyffhäusergebirges in das Licht der Geschichte. Die auch als »Karls-Tafel« bezeichnete Auflistung wird von Historikern in die Zeit zwischen 775, dem Todesjahr des Erzbischofs Lul von Hersfeld und 814, dem Sterbejahr Kaiser Karls des Großen, datiert. Im Jahre 972 überlässt Kaiser Otto II. seiner Braut Theophano den kaiserlichen Hof Dullede als Mitgift. Das ist die erste urkundliche Nennung der Königspfalz auf dem Pfingstberg am Ortsrand. Tilleda wurde unter dem staufischen Königtum planmäßig zu einem großen Ort mit schematischem Grundriss ausgebaut. Eine Weiterentwicklung zur Stadt, wie bei den Pfalzen Nordhausen und Allstedt, erfolgte nicht. Nach 1200 verabschiedete sich die Pfalz aus der Geschichte Deutschlands und Tilleda versank in weitestgehender Bedeutungslosigkeit.

Das älteste erhaltene Bauwerk im Ort ist der spätromanische Turm der Sankt Salvator-Kirche. Auf den Kirchhof gelangte man durch ein Tor, das sich bis in die heutige Zeit erhalten hat. Weitere Tore sicherten die Zugänge in den Ort. Von ihnen sind keine Spuren mehr vorhanden. Große Brände, hauptsächlich im 17. und 18. Jahrhundert, zerstörten immer wieder den Ort.

Die Gemeinde mit ihren rund 900 Einwohnern liegt an der Landesstraße L 220, die am Nordrand des Kyffhäusergebirges entlangführt und die Bundesstraßen B 85 und B 86 verbindet. Die Gemarkung umfasst ein Gebiet von 14,7 Quadratkilometern. Tilleda gehört zur Verwaltungsgemeinschaft »Goldene Aue« mit Sitz in der benachbarten Stadt Kelbra.

Im Ort ist Kleingewerbe ansässig. Darunter die Bäckerei Bokrant, welche die beliebte Brotsorte »Pfalzkruste« mit Natursauerteig herstellt. Die Thüringer Rostbratwürstchen der Fleischerei Makrinius sind weit über die Grenzen der Goldenen Aue hinaus bekannt. Zur Versorgung der Bürger tragen drei Gaststätten, ein kleiner Hofladen mit Produkten aus der Region, eine Kraftfahrzeugwerkstatt und ein Einzelunternehmer mit Holzarbeiten im Angebot bei.

Das Gemeindezentrum in der Schulstraße

Die romanische Kirche Sankt Salvator

Blühende Streuobstwiesen im Frühjahr

Unterwegs im Kyffhäuserland

Im Gasthaus »Zur Goldenen Gabel« kehrte Johann Wolfgang von Goethe ein.

Johann Wolfgang von Goethe besuchte von hier aus den Kyffhäuser

Eine farbige Tafel am Gasthaus »Zur Goldenen Gabel« erinnert an den Aufenthalt des großen deutschen Dichters Johann Wolfgang von Goethe. Am Abend des 30. Mai 1776 traf der damals noch junge Mann als Begleiter des Herzogs Carl August von Sachsen-Weimar in Tilleda ein. Sie nahmen Quartier in der Goldenen Gabel und besuchten am nächsten Morgen zu Fuß den Kyffhäuserberg mit den Ruinen der einstigen Reichsburg Kyffhausen. Dabei kam es zu einem Zwischenfall, der noch lange die Behörden beschäftigte. Ein Jägerbursche namens Schilling stellte die Besucher zur Rede, da sie ohne seine Erlaubnis den Berg betreten hätten. Erst nach einem längeren Disput gab sich ihm der Herzog zu erkennen. Goethe fertigte in der Unterburg eine Skizze mit der Ansicht der Kapellenruine an. Den Grund für seinen einmaligen Besuch hat er seinen Tagebüchern leider nicht anvertraut.

Tilledaer Mühlsteine waren überall begehrt

Berühmt wurde Tilleda auch durch seine Mühlsteine. In großen, inzwischen längst von der Natur zurückeroberten Steinbrüchen, wurden hier aus dem anstehenden roten Karbonsandstein Mühlsteine, auch als Mahlsteine bezeichnet, in

Das Kriegerdenkmal am Goethe-Platz

Das ehemalige Gutshaus in der Thälmann-Straße

Blick von der Königspfalz auf Tilleda

Gartengestaltung bei Familie Hamelink in der Thälmann-Straße

allen Größen gehauen. Der Karbonsandstein eignete sich aufgrund seiner Härte und Zusammensetzung vorzüglich für Mahlsteine. Die Arbeit war schwer. Sie wurden per Hand aus dem bergfeuchten Stein geschlagen und mit dem Fuhrwerk zu den Kunden gebracht. Über lange Zeit versorgten die Tilledaer Handwerker viele Mühlen in ganz Deutschland damit. Erst die Entwicklung eines billigeren, industriell gefertigten Kunstmahlsteines machte dem ein Ende. Letzte Erinnerung an diese Zeit sind die vielen im Ort in den Häusern verbauten fehlerhaften Steine.

Kultur und Brauchtum

Die Umgebung Tilledas ist durch ein dichtes Netz gut ausgeschilderter Wanderwege erschlossen. Von hier aus führt auch einer der kürzesten Wanderwege zur Burg Kyffhausen und dem Kaiser-Wilhelm-Denkmal auf dem Kyffhäuser. Das Freilichtmuseum Königspfalz Tilleda gehört zur Straße der Romanik. Auch der Barbarossaweg berührt den Ort. Sehenswert ist auch die Ruine der Wolwedamühle. Besonders einladend ist die Region im späten Frühjahr, wenn zehntausende Obstbäume blühen.

Das kulturelle Leben der Gemeinde prägen eine Reihe von Vereinen. Weit über seine Grenzen hinaus bekannt sind der Fanfarenzug mit seinem Vorsitzenden Gerald Schröter und der Tilledaer Karnevalsklub mit dem Präsidenten Uwe Maul. Jährlich findet ein großer Festumzug mit benachbarten Vereinen in Tilleda statt. Weitere Vereine sind der Sportverein mit dem Vorsitzenden Lothar Henske und der Schützenverein mit dem Vorsitzenden Klaus Hamelink. Frank Meyer ist der Vorsitzende des Landschafts- und Streuobstpflegevereins »Kyffhäusernordrand« e.V. Alle Vereine unterhalten vielfältige Beziehungen zu Partnervereinen in der Region.

Regelmäßig finden in den Sommermonaten Konzerte in der Kirche auf der Papenius-Orgel statt.

Gemeinde Tilleda
Bürgermeister Manfred Tettenborn
Schulstraße 4 · 06537 Tilleda
Tel. (03 46 51) 29 20 · Fax (03 46 51) 7 00 38
www.vwg-goldene-aue.de

Die Königspfalz Tilleda liegt am südwestlichen Ortsrand auf einem Sporn.

Von der Morgengabe zum Freilichtmuseum

Pfalz Tilleda ist einzigartig in Deutschland – Straße der Romanik in Sachsen-Anhalt

Kinder lernen mit dem Bogen umzugehen

Aus der Pfalzgeschichte

Durch eine byzantinische Prinzessin rückte die Königspfalz Tilleda am Nordrand des Kyffhäusergebirges in das Licht der Geschichte: König Otto II. schenkte sie im Jahre 972 seiner Braut Theophano als Morgengabe. In der Folgezeit wurde die Anlage von mehreren deutschen Herrschern aufgesucht, so zum Beispiel 1174 von Kaiser Friedrich I. (Barbarossa). 1194 kam als letzter königlicher Besucher Heinrich VI., der sich hier mit seinem Rivalen, dem Gegenkaiser Heinrich dem Löwen, aussöhnte. Hof- oder Gerichtstage wurden in Tilleda nicht abgehalten. Mit dem ausgehenden 12. Jahrhundert ging auch die Pfalzzeit zu Ende. Die »Wanderkönige« verlagerten ihre bis dahin zeitweiligen Residenzen in die Städte.

Wiederentdeckt wurde sie von dem Lehrer und Heimatforscher Karl Meyer im 19. Jahrhundert. Er deutete die Mauerreste und Hügel auf dem Pfingstberg als den Standort der Pfalz. Aber erst dem Archäologen Professor Paul Grimm blieb es vorbehalten, den endgültigen Beweis zu erbringen. Er grub mit vielen Helfern von 1935 bis 1979, mit einer kriegsbedingten längeren Unterbrechung, die gesamte Anlage aus. Heute präsentiert sich in Tilleda auf einer Gesamtfläche von 5,6 Hektar die bisher einzige vollständig ausgegrabene mittelalterliche Königspfalz in Deutschland.

Die Grundmauern der Pfalzkirche in der Hauptburg

Feuerstelle der rekonstruierten Fußbodenheizung in der Hauptburg

Das Freilichtmuseum Königspfalz Tilleda

Nach Abschluss der archäologischen Grabungen begann man in den 1980er Jahren mit der Umgestaltung des Geländes in ein Freilichtmuseum. Nachempfundene Häuser wurden auf alten Grundrissen aufgebaut, eine Weberei eingerichtet und Befestigungsanlagen nachgestaltet. Dieser Prozess ist noch im vollen Gange. Deshalb gibt es auch in jedem Jahr immer wieder etwas Neues zu entdecken. So entstand in den letzten Jahren nach den Plänen des betreuenden Archäologen Michael Dapper die Ruinenlandschaft in der Hauptburg. Sie war dem König mit seinem ranghohen Gefolge vorbehalten. Allein schon die Kapelle, in der möglicherweise auch der König weilte, ist beeindruckend. Zu größeren Veranstaltungen wird auch die Wirkungsweise der nachgebauten Fußbodenheizung in einem der Gebäude

Unterwegs im Kyffhäuserland

Blick in einem Ausstellungsraum

Das teilweise wieder aufgebaute Zangentor bildete den Hauptzugang.

Leben auf der Pfalz

Hindernisse auf der Wallkrone

Lernort Pfalz – ein Schmied bei der Arbeit

Besuchergruppe in der Pfalzkirche

praktisch vorgeführt. Die Hauptburg, von der man einen prächtigen Blick auf den Ort Tilleda und den Heiderücken hat, schließt ein hoher Wall mit Kammertor und Wehrturm ab. Von diesem Turm aus kann man das gesamte Museumsgelände überblicken.

Im Vorburggelände wurden ein Grubenhaus und ein Bauernhaus im Mittelalterstil errichtet. Dazu kommen noch die Tuchmacherei mit ihren großen Webstühlen und die Wachhäuser. In diesen laden eine Reihe von kleinen Ausstellungen über die Geschichte der Pfalz, zum Leben der Könige und anderes ein.

Sehr beeindruckend ist das teilweise wiederhergestellte dreißig Meter lange Zangentor am ursprünglichen Haupteingang. Heute führt der Führungsweg direkt zwischen den hohen Mauern und unter dem Wehrturm hindurch. Eine zwei Meter starke Mauer, die im Grundriss wieder sichtbar ist, trennte die Pfalz von dem Hinterland ab.

Wer will, kann alles selbst erkunden. Aber auch fachliche Führungen sind möglich. Wenn man Glück hat, kann man sogar die Handwerker beim weiteren Aufbau beobachten.

Lernort Pfalz

Viel Wert wird auf eine spielerische Wissensvermittlung für Kinder und Jugendliche gelegt. So ist eine Geschichts-Rallye im Angebot, in welcher verschiedene Aufgaben zu lösen sind. Dazu muss man sich vorher auf den Informationstafeln im Gelände und in den einzelnen Ausstellungen die Antworten suchen. Auch ein Film über die Pfalz liegt dazu bereit.

Wer will, kann hier an Ort und Stelle auch »Archäologie live« erleben. Auf einem vorbereiteten Ausgrabungsgelände können Schüler sich als Ausgräber betätigen. Überdeckte Mauern und Holzteile warten mit vielen kleinen Funden auf ihre Freilegung.

Die große Tuchmacherhalle lädt zum Selbstweben ein. Hier kann, entsprechend gewandet, einmal nachempfunden werden, was es im Mittelalter hieß, eine Stoffbahn zu weben. Kleine Stoffstücke oder Bänder können auch selbst hergestellt werden. Wer will, kann auch das Spinnen mit einer Handspindel ausprobieren.

Ebenso spannend ist das Selbsttöpfern von Spielzeugfiguren. Nach mittelalterlichen Vorbildern können aus Ton einfache Figuren hergestellt werden. Am offenen Feuer getrocknet halten sie sogar eine ganze Weile.

So richtig zur Sache geht es auf der Baustelle. Hier wird mit der Knotenschnur der Grundriss für ein neues Haus ausgemessen. Dabei sind vor allem geometrische Kenntnisse gefragt. Geübt werden auch der Umgang mit einer Lotwaage, dem Transportschlitten und dem großen Mörtelmischer. Eine mittelalterliche Flechtwerkwand steht zum Weiterbauen bereit.

Nach der Arbeit wird gespielt. So war es sicher auch im Mittelalter. Einem Wettlauf mit dem Rammbock stehen Kegeln, Tauziehen, Stelzenlauf und andere Spiele gegenüber. Für den knurrenden Magen kann man sich Brot backen oder Würstchen braten.

Unterwegs im Kyffhäuserland

Kirschtilla lockt jedes Jahr Tausende an

Kirschkuchenfest am Nordrand des Kyffhäusers

Nur Kirschen aus Tilleda kommen in den Kuchen.

Bäckerei Bokrant bringt Nachschub

Mitglieder der »Lustigen Zehn« beim Binden eines Erntekranzes. Sie haben das Kirschkuchenfest aus der Taufe gehoben.

Spätestens in der letzten Juniwoche gehen in Tilleda viele hoffnungsvolle Blicke in Richtung der Kirschbäume. Das traditionelle Kirschkuchenfest steht vor der Tür. Und von der Qualität der Kirschernte hängt es ab, wie viel Sorten Kuchen es gibt und vor allem, wie er schmeckt. Auf Zusatzstoffe verzichten die Tilledaer Hausfrauen ganz bewusst.

Die Idee, ein solches Fest zu feiern, wurde Mitte der neunziger Jahre spontan geboren. Wie so oft hing auch damals eine reiche Kirschernte an den Zweigen. Aber der Absatz war ins Stocken geraten. Da hoben die »Lustigen Zehn« das »Kirschkuchenfest« aus der Taufe. Die zehn Frauen aus Tilleda kramten ihre ganz individuellen Rezepte aus den Schubladen und es entstand im Laufe der Jahre ein nahezu unschlagbares Angebot an Kirschkuchensorten. Den zwei Kuchensorten aus dem ersten Jahr stehen heute mindestens vierzig zur Auswahl gegenüber. Ob mit Schmant, Sulf oder Sahne, als Torte oder auf dem Blech gebacken, die Phantasie kennt hier kaum noch Grenzen. Das es gut schmeckt, zeigen die oftmals weit über tausend Besucher, die auch ein bisschen Gedränge gern in Kauf nehmen.

In der Regel findet das Fest immer am ersten Sonntag im Juli auf dem Hofgelände des ortsansässigen Landschafts- und Streuobstpflegevereins statt. Neben den vielen Kuchensorten gibt es auch weitere einheimische Leckereien. So werden typische Streuobstwiesenprodukte wie Früchte, Fruchtsäfte, Obstweine, Obstler, Marmeladen, Honig und natürlich erntefrische Kirschen angeboten. Dazu kommen noch Handwerksprodukte wie Korbwaren und Leitern. Gern zeigen die Handwerker auch, wie Weidenkörbe oder Holzleitern unverändert seit Jahrhunderten in Handarbeit hergestellt werden.

Nach soviel Schlemmerei bietet sich ein Spaziergang durch die angrenzenden Streuobstwiesen und den Sortengarten geradezu an. Den Besuchern, die etwas mehr über die wertvollen Biotope erfahren möchten, seien die regelmäßigen Führungen empfohlen, die durch Mitglieder des Streuobstpflegevereins durchgeführt werden.

Hier kann man viele alte Obstbaumarten sehen und viel Wissenswertes erfahren. Ein einzigartiges Bild zeigt sich auch zur Obstblüte. Rund 50 000 Obstbäume auf etwa 450 Hektar Fläche gibt es allein in der Gemarkung Tilleda.

An Musik und Unterhaltung mangelt es ebenfalls nicht. So gab es früher im Ort immer einen Kirschkönig. Das war der Bauer mit der besten Kirschernte. Den wählen die Tilledaer heute nicht mehr. Aber dafür wird das Vereinsmaskottchen, die Kirschtilla, an diesem Tag lebendig. In ein schmuckes Kostüm gekleidet, unterhält die Tilla dann auf ihre Weise die Gäste. Im Alltag ist sie das Markenzeichen für den kleinen Laden mit seinen regionalen Produkten. Weitere Informationen unter www.kirschtilla.de.

Viele Besucher kommen an diesem Tag in das Streuobstzentrum.

Festspiele mit königlichem Glanz

Seit 2001 gibt es in Tilleda jährlich ein Ritterlager

Das Stelldichein vieler gekrönter Häupter und Ritter sowie Händler und Handwerker übt zum jährlichen Ritterlager auf dem Pfingstberg eine große Anziehungskraft aus.

Geboten wird ein auf historischen Grundlagen beruhendes Rollenspiel. Gegen den König - lautete im Jahre 2006 das Motto. Mit 160 Akteuren besetzt, war es das bisher größte Ritterlager der Neuzeit. Auf einem mittelalterlichen Markt boten Handwerker ihre Ware feil. Selbst ein Badezuber in der öffentlichen Badstube fehlte nicht. Mittelalterliche Musikanten kommen dabei mit ihrem Programm genauso gut an, wie Ritterkämpfe oder Gerichtsverhandlungen.

Für die Ritter und ihr Gefolge wird auch kulinarisch etwas Besonderes geboten. So gibt es unter anderem Gerstenbrei aus Graupen und Milch angerührt, mit Salz, Pfeffer und Butter. Oder auch Braunkohl, der mit Äpfeln, Rosinen und Ingwer abgeschmeckt wird. Neugierigen Besuchern, die den Rittersleuten in die Kessel schauen, wird gern erklärt, wie sich damals ein mehrgängiges Menü zusammensetzte. Auch sind die Tischsitten weniger barbarisch, als man landläufig vermittelt bekommt.

Einzug einer Gesandtschaft

Aufzug der Wachmannschaft

Packende Zweikämpfe beeindrucken das Publikum

Die Veranstaltung findet am zweiten Juliwochenende statt. Zelt an Zelt steht dann im Vorburgbereich, die zum Besichtigen einladen. Während die Ritter mit ihren Knappen dem Waffenhandwerk frönen, geben die Handwerker und Händler gern Proben ihres Könnens. Da kann man auch mal einem Schmied über die Schulter schauen und miterleben, wie ein Messer entsteht.

In einer Zeltstadt verwandelt sich das Pfalzgelände zum jährlichen Ritterlager.

Agrar GmbH Kelbra

Landwirtschaft am Fuße des Kyffhäusers

Bestellarbeiten am Fuße des Kyffhäusers

Hofladen in der Joch-Straße

Viehhaltung

Kelbra und seine Umgebung, das ist eine Kulturlandschaft mit Ökosystemen, die einer fachgerechten Landwirtschaft bedürfen. Die Landwirtschaftsbetriebe in Kelbra sind sich der Verantwortung ihrer Tätigkeit unter den sensiblen Bodenbedingungen im Regenschattengebiet des Harzes bewusst und etablieren ein abwechslungsreiches Produktionsspektrum. Die Feldwirtschaft konzentriert sich mit 2 400 Hektar Anbaufläche hauptsächlich auf die Marktfrüchte Getreide, Raps und Zuckerrüben. Sie versorgt den Rinderbestand mit Silo- und Körnermais sowie Gras von den Grünländereien, die ebenfalls intensiv für die Silage- und Heuproduktion genutzt werden. Die Tiergesundheit und die Leistungsbereitschaft der Milchkühe hängen letztendlich von ausreichender Bereitstellung hochwertigen Futters ab.

Der Produktionszweig Legehennenhaltung ergänzt mit der Frischeiproduktion sinnvoll das Angebot landwirtschaftlicher Erzeugnisse. Sie erfolgt unter modernen technologischen Bedingungen. Das heutige Vermarktungssystem mit seinem Komplettangebot für den ländlichen Raum hat seinen Ursprung im Verkauf von Eiern aus eigener Erzeugung. Der Agrarhandel am Hauptsitz des Unternehmens und das Bauernlädchen in der Joch-Straße in Kelbra sowie der ambulante Handel führen diese Artikel. Sie bemühen sich, die Kundenwünsche weitestgehend zu berücksichtigen und vorwiegend regionale Produkte anzubieten.

Mit der Bereitstellung geeigneter Gebäude für den Aufbau gewerblicher und privater Existenzen sowie der Erhaltung von Arbeitsplätzen nimmt die Landwirtschaft einen bedeutenden Stellenwert im Territorium ein.

Agrar GmbH & Co. KG Kelbra
Tilledaer Straße 19
06537 Kelbra
Tel. (03 46 51) 4 50 30
Fax (03 46 51) 45 03 19

Agrar GmbH & Co.KG Kelbra
Agrar - Verwaltungs GmbH

Auf Entdeckungstour in der Goldenen Aue

Vogelbeobachtung in der Goldenen Aue

300 Vogelarten am Helmestausee bei Kelbra

Fischadler (Fotos: Naturparkverwaltung Kyffhäuser)

Kiebitze, Lachmöwen, Alpenstrandläufer ... auf dem abgelassenen Stausee

Im Norden des Naturparks Kyffhäuser erstreckt sich die Goldene Aue. Hier liegt zwischen Kelbra, Berga und Auleben der ursprünglich zum Hochwasserschutz gebaute Helmestausee. Nicht nur die rund 600 Hektar große Wasserfläche, sondern auch ausgedehnte Schilf- und Wiesenflächen bieten optimale Bedingungen für über 300 verschiedene Vogelarten. Dieses Gebiet ist ein international bedeutsames Brut- und Rastgebiet für die verschiedensten Vogelarten und wurde zum Europäischen Vogelschutzgebiet erklärt.

Der Stausee ist dafür vorgesehen, vor allem die im zeitigen Frühjahr aus dem Harz in die Helme fließenden Schmelzwasser aufzuhalten. Dazu wird er jedes Jahr im Herbst abgelassen. So werden weite Schlamm- und Schlickflächen frei, welche tausende Vögel anziehen. In dieser Zeit fallen die großen Schwärme der Kiebitze durch ihre geschickten Flugkünste und seltsamen Rufe auf. Sie machen, meist zusammen mit Lachmöwen und zahlreichen Watvögeln, Rast am Helmestausee. Dazu ist ein breites Spektrum fast aller im Binnenland vorkommenden Watvogelarten hier anzutreffen.

Noch beeindruckender ist im Herbst der Kranichzug. An die 20 000 Kraniche rasten hier von Mitte Oktober für ein bis zwei Monate, bevor sie ins Winterquartier nach Spanien weiterziehen. Tagsüber sind sie auf den Feldern und Wiesen zur Futtersuche unterwegs, nachts schlafen sie auf den Schlickflächen des abgelassenen Stausees. Der abendliche Einflug der großen Kranichformationen und ihr trompetender Ruf ist immer wieder ein beeindruckendes Naturschauspiel. In dieser Zeit können auch Silberreiher, Graureiher, zahlreiche Entenarten und mit etwas Glück auch Fisch- und Seeadler beobachtet werden.

Von April bis Oktober, wenn der Stausee mit Wasser gefüllt ist, tummeln sich dann verschiedene Enten- und Taucherarten auf dem Wasser. Das imposante Balzverhalten der Haubentaucher kann man vom Frühjahr bis September beobachten. Ihre Jungtiere nehmen die Haubentaucher gern in ihr Rückengefieder beim Tauchgang mit. Neben dem Haubentaucher imponieren auch Zwerg- und Schwarzhalstaucher. Tausende von Enten nutzen die große Wasserfläche. Die Stockente ist die häufigste Entenart. Jedoch beim näheren Hinschauen kann man auch andere entdecken, wie Reiher- und Tafelenten, Löffel- und Spießenten, Schnatter- und Krickenten, letztere besonders im Oktober.

Die sich westlich vom Helmestausee anschließenden Wiesen sind thüringenweit die bedeutendsten für Wiesenbrüter. Hier kommen Arten vor, die vom Aussterben bedroht sind, wie der Wachtelkönig und die Bekassine. Aber auch Kiebitz, Wiesenpieper, Braunkelchen und Schafstelze brüten hier. Manchmal sieht man auch einen Weißstorch über die Wiesen schreiten. Im nahen Ort Görsbach brütet alljährlich eine Storchenfamilie auf dem Schornstein der alten Bäckerei. Ganz in Ufernähe, meist an einem Weidenzweig über dem Wasser hängend, ist das Nest einer Beutelmeise zu entdecken.

Vogelbeobachtungsturm

Auf Entdeckungstour in der Goldenen Aue

Mobile Vogelbeobachtungsstation

Geführte Vogelbeobachtung

Beutelmeise

Vielfältige Beobachtungsmöglichkeiten

Das ganze Jahr über kann man spannende Vogelbeobachtungen in der Goldenen Aue machen. Hierzu stehen verschiedene Vogelbeobachtungseinrichtungen zur Verfügung, die ganzjährig geöffnet sind. Der Vogelturm am Hauptdamm an der Ostseite des Helmestausees, westlich der Stadt Kelbra, bietet einen herrlichen Blick über das Wasser und in die Goldene Aue. Er ist mit Nist- und Bruthilfen für Amphibien, Reptilien, Säugetiere und Vögel ausgestattet. Eine Außentreppe führt auf die Beobachtungsplattform. Informationstafeln erläutern die einzelnen hier vorkommenden Arten.

Direkt am Wasser, ganz in der Nähe des Campingplatzes, befindet sich ein Vogelbeobachtungsturm in Holzbauweise. Auch hier ist der Blick über das Wasser faszinierend. Eine große Tafel im Inneren erklärt die häufigsten Vogelarten.

Auf dem Vogelbeobachtungsturm

Haubentaucher mit Jungen

Am Südufer des Helmestausees befindet sich die mobile Vogelbeobachtungsstation. Ein Personentransportanhänger wurde hierzu umgebaut. Im Inneren gibt es Bänke und Pulte zum bequemen Beobachten. Tafeln, Bücher und eine Litfasssäule informieren über die wichtigsten Arten und geben Bestimmungshilfen.

Auf der anderen Seite des Kyffhäusergebirges, im Esperstedter Ried, liegen ausgedehnte Salzwiesen mit Flutmulden. Auch hier kann man spannende Vogelbeobachtungen machen. Vom direkt am Fahrradweg gelegenen Vogelbeobachtungsturm aus hat man eine herrliche Sicht.

Die Vogelbeobachtungsmöglichkeiten werden durch angebotene Führungen der Naturparkverwaltung Kyffhäuser und des Biosphärenreservates Karstlandschaft Südharz ergänzt. Besonders in den Monaten Oktober und November werden fast jedes Wochenende Führungen angeboten.

Kraniche (Fotos: Naturparkverwaltung Kyffhäuser)

Silberreiher, Graureiher, zahlreiche Enten und Blässhühner, im Hintergrund Kraniche

Der Vogelturm

Nähere Informationen können erfragt werden bei der Naturparkverwaltung Kyffhäuser, Tel. (03 46 71) 51 40 und bei der Biosphärenreservatsverwaltung Karstlandschaft Südharz, Tel. (03 46 51) 29 88 90.

Claudia Wicht

Junger Weißstorch

61

Auf Entdeckungstour in der Goldenen Aue

Nordhausen – moderne Stadt mit historischem Charakter

Kulturelles und wirtschaftliches Zentrum Nordthüringens

Noch heute stößt der Besucher immer wieder auf Teile der alten Stadtbefestigung, so beispielsweise den »Zwinger« – ein unterirdisches Bollwerk – oder Reste von Wehrtürmen. Auf dem Historischen Rundweg entlang der alten Stadtmauer kann man am Primariusgraben, dem Königshof und Finkenburgwall die Plätze erkunden, wo einst König Heinrich I. eine Burg baute und seine Gemahlin ein Damenstift gründete. Von hier gelangt man in die liebevoll restaurierte Altstadt mit zahlreichen Cafes und Restaurants, dem Altstadtmuseum »Flohburg«, dem Dom »Zum Heiligen Kreuz« und der evangelischen Hauptkirche der Stadt, der Blasii-Kirche, mit ihren beiden schiefen Türmen. Nach kurzem Fußweg erreicht man das alte Rathaus, erbaut Anfang des 17. Jahrhunderts im deutschen Renaissance-Stil mit seinem hölzernen Roland, dem Nordhäuser Wahrzeichen.

Nordhäuser Altstadt, Barfüßerstraße

Nordhausen – die tausendjährige Stadt mit mehr als 44 000 Einwohnern – ist das Thüringer Tor zum Harz und heute eine moderne Stadt sowie wirtschaftliches und kulturelles Zentrum Nordthüringens.
Der Sachsenherzog und spätere König Heinrich I. lässt um 910 in Nordhausen eine Burg errichten. Hier bringt Heinrichs Frau Mathilde 913 ihre Tochter Gerberga und zwischen 919 und 922 einen Sohn zur Welt. Am 16. September 929 lässt König Heinrich I. in Quedlinburg eine Urkunde ausstellen, mit der er seiner Gemahlin Mathilde auch Nordhausen als Witwengut anweist. Schon 927 hatte er ihr den Zins von Woffleben und Gudersleben geschenkt. Dies sind die ersten sicheren urkundlichen Erwähnungen des Namens der späteren Stadt Nordhausen, die schon ahnen lassen, was Nordhausen später sein wird: Treffpunkt des »Jetset des Mittelalters«.

Kunsthaus Meyenburg

Rathaus (Fotos: Pressestelle, Stadt Nordhausen)

Auf Entdeckungstour in der Goldenen Aue

Der Roland

Der Roland in Nordhausen stellt schon seit jeher eine Verkörperung für Freiheit, Macht und Gerichtsbarkeit dar. Seit 2007 gehört Nordhausen zu dem Netzwerk »Roland-Orte«, dem 15 deutsche Städte angehören.

Die Existenz des Nordhäuser Wahrzeichens ist erstmals 1411 durch ein Wasserzeichen sowie einen Eintrag ins Ratsbuch »vom eckhause am steinwege ein ruland...« belegt. In der heutigen Form existiert der Roland bereits seit 1717. Diese Jahreszahl ist auf seinem Gürtel vermerkt. Den Zweiten Weltkrieg hat er wie durch ein Wunder überstanden. Ihm zu Ehren wird seit 1955 alljährlich ein großes Fest begangen: das Rolandsfest. Unser Roland, der außerdem der älteste noch erhaltene hölzerne Roland ist, wurde 1993 restauriert und steht heute im Neuen Rathaus. Seinen Platz am Alten Rathaus hat eine originalgetreue Nachbildung eingenommen.

Das ehemalige Landesgartenschaugelände auf dem Petersberg ist jetzt Bürgerpark.

Rolandkopie am Rathaus: Das Original steht im Neuen Rathaus.

Badehaus (Fotos: Pressestelle, Stadt Nordhausen)

Landesgartenschau 2004 gab der Stadt eine neue Mitte

Mit der im Jahr 2004 ausgerichteten Landesgartenschau bekam die Stadt, die im Zweiten Weltkrieg nahezu vollständig in Schutt und Asche fiel, ein neues Gesicht und nicht nur sprichwörtlich eine neue Mitte. Der Historische Stadtrundgang und die Wasserachse verbinden den Petersberg mit seinen Terrassengärten, den vielen Spielstationen, dem Hochseilgarten und Kletterfelsen mit der Innenstadt. Das entstandene Gartengelände ist heute Bürgerpark und Austragungsort vieler Großveranstaltungen, wie Osterfest, Lichterfest oder den Sommerkino-Aufführungen und wechselnden saisonalen Bepflanzungen.

Die neue Mitte ist aber auch die neu gestaltete Rautenstraße in der Nordhäuser Innenstadt, die mit dem Thüringer Architekturpreis und dem Innovationspreis der Thüringer Wohnungswirtschaft ausgezeichnet wurde. Der Preis wurde damit begründet, dass es der Städtischen Wohnungsbaugesellschaft besonders gelungen sei, die drei frei stehenden Plattenbauten auf der Ostseite der Rautenstraße »in attraktive Stadtvillen verwandelt und in besonderer Weise in das Grünkonzept des benachbarten Petersberges einbezogen zu haben.« Fortführend sind im Stadtzentrum weitere Wohnquartiere inklusive der Freianlagen in unmittelbarer Nähe zum Petersberg saniert worden. Das Zentrum hat davon nachhaltig profitiert, das graue Image von einst ist einer farbenfrohen Vielfalt gewichen. Die Leute wohnen gern mitten in der Stadt. Nicht zuletzt auch darum, weil die neue Mitte ein Innenstadtkonzept dokumentiert, das die Historie der Stadt mit üppigem Grün verbindet.

Hochseilgarten und Kletterfelsen auf dem Petersberg

Kunst und Kultur

Doch auch die herrliche Umgebung und das breite Freizeitangebot sowie die Vielfalt an Kunst und Kultur verleihen der Stadt ihren liebenswerten Charme. Eine besondere Attraktion sind die Harzer Schmalspurbahnen mit ihren Dampflokomotiven, die hier die kurvenreiche Fahrt in den Harz bis zum sagenumwobenen Brocken beginnen. Aber auch die verborgenen Sehenswürdigkeiten der Goldenen Aue, der Hainleite und das Kyffhäusergebirge sind rasch zu erreichende Ziele.

Geprägt und bereichert wird das kulturelle Leben in der Stadt durch das Theater. Auch das moderne Badehaus und der Filmpalast »Neue Zeit« mit seinen vier Kinosälen ziehen jedes Jahr viele Besucher an. Wer offenen Auges durch Nordhausen schlendert, begegnet überall Zeugen einer einzigartigen Geschichte. Der Tabak und die Kornbrennerei haben die Stadt bekannt gemacht. In der Traditionsbrennerei kann man die Geschichte und Technologie des Kornbrennens kennen lernen. 1857 von Joseph Seidel gegründet und von 1907 bis 1908 von seinem Sohn am heutigen Standort in der Grimmelallee neu errichtet, ist sie das Symbol des Nordhäuser Branntweingewerbes.

Traditionsbrennerei in der Grimmelallee

Museum Tabakspeicher, Bäckerstraße

*Festumzug zum Rolandsfest
(Fotos: Pressestelle, Stadt Nordhausen)*

Das Gebäude des heutigen Museums »Tabakspeicher« entstand im 18. Jahrhundert und wurde von der Firma »Zigarren- und Kautabakfabriken Walther & Sevin GmbH« als Lager für Tabak genutzt. Seit 1994 ist der Speicher ein Museum für Handwerk, Gewerbe, Industrie und Archäologie. 2000 wurde die angrenzende Scheune errichtet. In den beiden Fachwerkgebäuden werden auf Tausend Quadratmetern die wirtschaftlichen Wurzeln Nordhausens dargestellt. Zugleich ist es – insbesondere mit Blick auf Kinder und Jugendliche – ein Museum zum Anfassen und Mitmachen.

Das Kunsthaus Meyenburg ist ein Zentrum für Kunst und Kultur. Es bietet einen Überblick des Kunstschaffens des 19. und 20. Jahrhunderts. Wechselnde Ausstellungen ziehen immer wieder tausende Besucher in ihren Bann. Die 1907 im historischen Stil erbaute Villa des Kunsthauses Meyenburg ist Sitz der Ilsetraut-Glock-Grabe-Stiftung und der städtischen Kunstsammlung sowie der Nordhäuser Jugendkunstschule. In der Villa mit ihrem Aussichtsturm und dem angrenzenden historischen Park finden regelmäßig kulturelle Veranstaltungen und Konzerte statt.

Das dritte städtische Museum, die »Flohburg«, befindet sich in der Nordhäuser Altstadt und beherbergt seit der Restaurierung im Jahr 2000 wechselnde Ausstellungen zur Stadtgeschichte. Der gotische Fachwerkbau mit einer Kelleranlage aus romanischer Zeit wurde erstmals 1330 urkundlich als Stadthaus erwähnt.

Die Erinnerung an das dunkelste Kapitel der Stadt wird in der KZ-Gedenkstätte Mittelbau-Dora in

Theaterplatz und Theater Nordhausen

Ausstellungen im Museumsneubau und im Lern- und Dokumentationszentrum wach gehalten. Von 60 000 Häftlingen des KZ Mittelbau-Dora kamen 20 000 ums Leben. Hier wurde im Stollensystem des Kohnsteins von KZ-Häftlingen eine Raketenfabrik errichtet und ab 1944 die von Goebbels propagierten Vergeltungswaffen (V-Waffen) hergestellt. Am 11. April 1945 befreiten Einheiten der III. US-Armee das Lager. Teile des Stollensystems sind erschlossen worden und ebenso wie der Appellplatz, das Krematorium oder die Feuerwache zur Besichtigung freigegeben.

Auf Entdeckungstour in der Goldenen Aue

Wirtschaft

Die Rolandstadt ist das wirtschaftliche Zentrum der Region. Generationen haben die dafür notwendigen Grundlagen geschaffen. Im Mittelalter erlangte die Stadt Weltruf in der Herstellung von Tabakwaren und Spirituosen, im 19. Jahrhundert kam der Maschinenbau hinzu. Und auch heute werden hier international wettbewerbsfähige Produkte mit modernster Technologie hergestellt. Zulieferbetriebe fertigen Autoventile höchster Präzision, Brennereien liefern hochwertige Spirituosen in alle Welt. Ingenieure entwickeln neue Prototypen für Motoren oder bauen hochkomplexe Spezialmaschinen, gewaltige Stahlbrücken und vieles mehr. Aber auch neue Produkte sind mit neuen Firmen dazugekommen, so beispielsweise die Kartonagen-, Rotorflügel- und Kurbelwellenproduktion. Zukunftsweisend sind auch die Forschungsaktivitäten in der Biotechnologie: Hier gibt es modernstes Know-how in Bereichen wie Abwasserreinigung, Gülleaufbereitung, Altlastensanierung oder Biogasanlagen.

Nicht zuletzt entwickelten sich auch Handwerk, Dienstleistungen und Einzelhandel in einem beachtlichen Tempo. Neu erbaute und sanierte Kaufhäuser, wie die Südharz-Galerie, die Atrium-Passage oder das City-Center sichern heute die Lebensqualität der Einwohner und Gäste der Stadt auf hohem Niveau. Ein neues Kaufhaus am Pferdemarkt ist geplant und wird in den nächsten Jahren die Nordhäuser Innenstadt mit der Altstadt, ihren Fachgeschäften, Boutiquen und Cafés, verbinden und aufwerten.

Mit dem gut ausgestatteten Südharz-Krankenhaus erlangte Nordhausen in der medizinischen Versorgung überregionale Bedeutung. Mit über 800 Betten in 26 Fachabteilungen ist das »Akademische Lehrkrankenhaus der Friedrich-Schiller-Universität Jena« das größte Klinikum Nordthüringens. Jährlich werden durch die über 1800 Mitarbeiter mehr als 23 000 Patienten stationär versorgt. Die sehr gute Ausstattung des Klinikums ist Voraussetzung für eine überregionale medizinische Versorgung auf höchstem Niveau. Es gehören darüber hinaus ein ambulanter Pflegedienst und ein großer Heimbereich mit 269 Betten zum Klinikum, in dem körperlich und geistig behinderte Menschen versorgt werden. 1999 erhielt das Südharz-Krankenhaus Nordhausen den ersten Preis für das umweltfreundlichste Krankenhaus im Bundesvergleich.

Nordhausen ist außerdem bedeutender Verkehrsknotenpunkt überregionaler Straßen- und Schienenanbindungen in der Region. Die neue Autobahn A 38 verbindet Nordhausen mit dem Mitteldeutschen Industrieraum und dem Ruhrgebiet. Mit drei Anschlussstellen ist die Erreichbarkeit auch der industriellen Gewerbeflächen im Süden der Stadt gesichert und auch das geplante 100 Hektar große Industriegebiet liegt genau an der Autobahnauffahrt Nordhausen-Ost.

Bischof Dr. Joachim Warnke vor dem Dom zum Heiligen Kreuz

Sankt Blasii-Kirche (Fotos: Pressestelle, Stadt Nordhausen)

Rautenstraße mit Blick auf Petriturm auf dem Petersberg

Altstadtmuseum Flohburg, Barfüßerstraße

Bildung und Lebensqualität für jedes Alter

Kind sein in Nordhausen ist schön: Die Eltern können unter Kindergärten mit verschiedenen Lerninhalten wählen, es gibt Schulen aller Art und viele Freizeit- und Bildungsangebote für Jugendliche. Nicht umsonst wurde Nordhausen zur »kinderfreundlichsten Stadt Thüringens« gekürt.

Die Fachhochschule Nordhausen mit den modernen Bachelor-Studiengängen, wie Regenerative Energietechnik, Technische Informatik, Umwelt- und Recyclingtechnik, Betriebswirtschaftslehre, Gesundheits- und Sozialwesen, Public Management und Sozialmanagement oder den Master-Studiengängen Public Management & Governance und Wirtschaftsingenieurwesen zieht motivierte Jugendliche auch von weit her an. Im Jahr 2007 studierten hier 1600 junge Leute. Darüber hinaus bereitet ein Studienkolleg Menschen aus der ganzen Welt auf das Studium vor.

Auch für die Senioren wird viel getan: Es gibt Wohnanlagen und Heime, in denen Pflegebedürftige etwa zur Urlaubszeit auch vorübergehend liebevolle Versorgung finden.

Stadtinformation Nordhausen
Markt 1 · 99734 Nordhausen
Tel. (0 36 31) 69 67 97
Fax (0 36 31) 69 67 99
stadtinfo@nordhausen.de
www.nordhausen.de

Nordhausen am Harz
| die neue Mitte |

Auf Entdeckungstour in der Goldenen Aue

Theater und Orchester mit langjähriger Tradition

Oper, Operette, Musical, Ballett und Konzerte

Thuringia cantat, diese nahezu sprichwörtliche Liebe der Thüringer zur Musik zeigt sich auch bei der im Norden des heutigen Freistaates gelegenen Stadt Sondershausen. Neben der Nachbarstadt Nordhausen und den beiden Landkreisen Kyffhäuserkreis und Landkreis Nordhausen gehört Sondershausen zu den Gesellschaftern der Theater Nordhausen/Loh-Orchester Sondershausen GmbH, der wichtigsten Kulturinstitution Nordthüringens.

Das Loh-Orchester Sondershausen verdankt seine Entwicklung den Fürsten von Schwarzburg-Sondershausen, die in dieser Stadt residierten, und lässt sich bis in das Jahr 1637 nachweisen. In diesen gut 350 Jahren ununterbrochener Konzerttradition gab es immer wieder herausragende Erfolge zu verzeichnen, wie beispielsweise die Wirkungszeit von Johann Balthasar Freislich (1718 bis 1731), die bewunderten Leistungen des von Johann Simon Hermstedt geleiteten Hautboistenkorps sowie die bahnbrechenden Interpretationen vor allem Lisztscher Werke in der zweiten Hälfte des 19. Jahrhunderts. Damit sorgte das Orchester in ganz Deutschland für Aufsehen. Franz Liszt (1811 bis 1886) konzertierte häufig in Sondershausen und zollte der Hofkapelle hohes Lob. Sie war mit der gelungenen Interpretation seiner neuartigen und schwierigen Werke weit über die Grenzen Thüringens hinaus bekannt.

Loh-Orchester Sondershausen (Foto: Tilmann Graner)

Operette »Die Csárdásfürstin« (Foto: Roland Obst)

Nach dem Ersten Weltkrieg wurde das Orchester dem Land Thüringen unterstellt und die Hofkapelle erhielt den Namen »Staatliches Lohorchester«, nach seiner Spielstätte im fürstlichen Park. Anfang der neunziger Jahre, gleich nach der politischen Wende, fusionierte das Loh-Orchester Sondershausen mit den damaligen Bühnen der Stadt Nordhausen zu einer gemeinsamen GmbH.

Die Theater Nordhausen/Loh-Orchester Sondershausen GmbH mit ihren rund 200 Mitarbeitern bietet einen auf die Region ausgerichteten, attraktiven Spielplan. Er bedient das Interesse von großer Oper über Ballett, klassische und zeitgenössische Musik in Sinfoniekonzerten bis hin zu Operette und Musical, nicht zu vergessen die speziellen Angebote für Kinder und Jugendliche.

Ballett »Midnight Tango« (Foto: Tilmann Graner)

Oper »Orpheus und Eurydike« in der Sankt Blasii-Kirche (Foto: Tilmann Graner)

Theater Nordhausen (Foto: Helga Ehrhardt)

Operette »Die Csárdásfürstin« (Foto: Roland Obst)

Das Loh-Orchester wird für seine Aufführungen von Opern, Operetten, Musicals und Balletten von den Theaterbesuchern hoch geschätzt. Außerdem gibt das Orchester drei regelmäßige Konzertreihen: je Spielzeit sieben Sinfoniekonzerte, drei Schlosskonzerte und vier Loh-Konzerte. Bereichert wird das musikalische Angebot durch Neujahrskonzerte, Konzerte zum Jahreswechsel und Operngalen. Auch Faschingskonzerte sind bereits zur Tradition geworden. Spielstätten sind sowohl das Theater Nordhausen mit 488 Plätzen als auch das Haus der Kunst in Sondershausen, das 381 Sitzplätze anbietet, sowie verschiedene Räumlichkeiten im Schloss Sondershausen.

Mit mehr als 93 000 Besuchern je Spielzeit seit Beginn der Intendanz von Lars Tietje im Sommer 2004 blickt das Theater auf die höchsten Zuschauerzahlen seit Gründung der GmbH zurück – Tendenz steigend. Mit Inszenierungen wie »Tosca« (2005), »Der Freischütz« (2006), »Turandot« (2007) und »La Bohème« (2008) ist bewiesen, dass die Nordhäuser durchaus in der Lage sind, auf hohem Niveau große Oper zu spielen. Mit den Musicals »Jesus Christ Superstar« (2005), »Anything Goes« (2006) und zuletzt »Chess« (2007) und »Kleiner Lord Remi« (2008), aber auch mit der Benatzky-Operetten-Ausgrabung »Die drei Musketiere« (2006) und der Operette »Die Csárdásfürstin« sind für Nordhausen neue Maßstäbe im unterhaltenden Musiktheater gesetzt worden.

Im Sommer 2006 hat die Theater- und Orchester-GmbH mit Mozarts »Die Hochzeit des Figaro« die Schlossfestspiele Sondershausen begründet, die 2007 mit der Operette »Die Fledermaus« von Johann Strauß erfolgreich fortgesetzt werden konnten. 2008 erlebte die historische Kulisse des Schlosshofes der Musikstadt Sondershausen Rossinis Oper »Aschenbrödel«.

Im Mittelpunkt Deutschlands gelegen, gehören zum Publikum der Theater Nordhausen/Loh-Orchester Sondershausen GmbH nicht nur Besucher aus Thüringen, sondern ebenso aus den benachbarten Bundesländern Sachsen-Anhalt und Niedersachsen und sogar aus noch entfernteren Regionen.

Theater und Orchester haben in der Region eine gute Tradition. Dass dies auch weiterhin so bleiben soll, dafür engagieren sich neben den Mitgliedern von Ensemble und Orchester auch Fördervereine, Bürger und Kommunalpolitiker, wie beispielsweise Sondershausens Bürgermeister Joachim Kreyer und Nordhausens Oberbürgermeisterin Barbara Rinke: »Ohne Kultur ist kein Staat zu machen, ohne Theater keine Stadt. Das galt bisher und hat auch für die neue Spielzeit nichts von seiner Brisanz eingebüßt.«

Musical »Kleiner Lord Remi« (Foto: Roland Obst)

Loh-Orchester Sondershausen (Foto: Tilmann Graner)

Theater Nordhausen/Loh-Orchester
Sondershausen GmbH
Käthe-Kollwitz-Straße 15 · 99734 Nordhausen
Tel. Besucherservice: (0 36 31) 98 34 52
Fax (03 46 31) 6 26 01 47
info@theater-nordhausen.de
www.theater-nordhausen.de
www.loh-orchester-sondershausen.de

Auf Entdeckungstour in der Goldenen Aue

Sportverein LV Altstadt'98 Nordhausen e.V.

Anerkannter Sportverein des LSB. »Integration durch Sport«

Eine Heimstatt für Sportler in Nordhausen

Aus der Vereinsgeschichte

Der 6. Juli 1998 ist ein historischer Tag der Vereinsgeschichte des LV Altstadt'98 e.V. In der Gaststätte »Alt Nordhausen« trafen sich damals 27 Sportfreunde und Geschäftsleute und hoben den Verein aus der Taufe. Für die Sportkleidung der Aktiven wurden die Stadtfarben gelb-schwarz und als Vereinsemblem das historische Torhäuschen gewählt. Vorsitzender wurde Dieter Jürgens. Bis zum Jahre 2008 stieg die Mitgliederzahl bis auf fast 438 an. Seit dem Jahre 2004 besteht die Geschäftsstelle im Altendorf 27.

Der Slogan: »Die Altstadt lebt und wir sind ein Teil der Altstadt – JUNG UND DYNAMISCH« prägte fortan das Geschehen des Vereins.

Stützpunktverein des LSB-Thüringen e.V. »Integration durch Sport«, Träger der Förderpreise des Landessportbundes

Dieter Jürgens, Gründungsvorsitzender des LV Altstadt'98 Nordhausen e.V.

Nordhäuser bei Olympia

Im Jahre 1936 nahm der Nordhäuser 800-Meter-Läufer Ewald Mertens an den Olympischen Spielen in Berlin teil. Zu DDR-Zeiten gewann die Sportfreundin Johanna Klier 1976 in Montreal Gold und vier Jahre später in Moskau die Silbermedaille über 100-Meter-Hürden. Die Turnerin Gitta Escher erkämpfte Montreal eine Bronzemedaille. Der Leichtathlet Volker Beck gewann in Moskau die Goldmedaille im 400-Meter-Hürdenlauf und eine Silbermedaille in der 400-Meter-Staffel. Weitere Olympioniken waren die Sportfreunde Peter Frenkel und Bernhard Germershausen. In Peking ging 2008 die in Nordhausen geborene Sportfreundin Ariane Friedrich mit an den Start.

Der Sportfreund Ewald Mertens war zu DDR-Zeiten Cheftrainer beim Sportclub Turbine Erfurt beziehungsweise beim Chemie-Club in Halle. Höhepunkt seiner Karriere war der Einsatz als Verbandstrainer des Deutschen Verbandes für Leichtathletik der DDR. Volker Beck ist Mittelstreckentrainer des Leichtathletikverbandes der BRD in Frankfurt/Main. Johanna Klier ist als Mitarbeiterin der Thüringer Sportjugend beim Landessportbund (LSB) Thüringen in Erfurt.

Den Jüngsten ist der Startschuss bei den jährlichen Sportfesten vorbehalten: auf zur Stadionrunde. (Fotos: LV Altstadt'98 e.V.)

Die Erfolge der Neuzeit

Ein erfolgreicher Sportler des Vereins ist Steven Richter. 2005 erreichte er im Blockmehrkampf Sprint/Sprung als Zweiter die bisher beste Platzierung eines Altstadt-Athleten in der deutschen Bestenliste. Er entwickelte sich kontinuierlich weiter und nahm 2007 an den Deutschen Jugendmeisterschaften in Ulm als 110-Meter-Hürdenläufer teil. Ferner schraubte er seine Bestmarke im Stabhochsprung auf 4,12 Meter.

Zwei junge Athletinnen setzten die Nordhäuser Gehertradition, begründet durch den Olympiasieger Peter Frenkel 1972 in München im 20-Kilometer-Gehen, fort. Ulrike Hennig wurde allein 14 mal Mitteldeutsche- und Landesmeisterin im Straßen- und Bahngehen. Madlen Franke erreichte 2007 bei den Deutschen Jugendmeisterschaften in Ulm einen hervorragenden sechsten Platz im 5000-Meter-Bahngehen.

2005 wurde Claudia Karnstedt als erfolgreichste Sportlerin des Kreises Nordhausen ausgezeichnet. Heute trainiert sie beim TUS Jena und ist eine der besten 400-Meter-Hürdenläuferinnen Deutschlands.

Die Stabhochspringer auf dem Weg nach oben.

Auf Entdeckungstour in der Goldenen Aue

Auch in der Männerklasse war der Verein sehr erfolgreich. So gewann 2006 Markus Bohnert über 200 Meter und Kai Rammelt 2007 über 100 Meter jeweils den Landesmeistertitel.

Das sind nur ein paar Beispiele aus der erfolgreichen Bilanz der Altstadt-Leichtathleten.

Das Markenzeichen des Vereins – meisterliche Leistungen der Leichtathleten. Der Landesmeister von Thüringen im Sprint: Markus Bohnert in Aktion.

Das war einmalig: Die Sportfreundinnen Arne-Ulrike Karnstedt 2001 und Tochter Claudia 2006 wurden Sportlerinnen des jeweiligen Jahres im Kreis Nordhausen.

Größten Anklang finden die jährlichen Weihnachtsfeiern der Jüngsten, auch die Eltern & Großeltern sind dabei.

Die Präsidentin des Thüringer Landtages Dagmar Schipanski erhält aus der Hand des Vorsitzenden Dieter Jürgens den ersten Buchband des Vereins.

Kooperation – wichtige Säule im LV Altstadt'98

Der LV Altstadt'98 hat sich in den zehn Jahren seines Bestehens durch die engagierte Arbeit der Mitglieder zu einem der größten Sportvereine in der Region um Nordhausen entwickelt. Besonderes Augenmerk wird dabei auf die sportliche Förderung von Kindern und Jugendlichen gelegt. Die sportliche Erfolgsserie, besonders im Nachwuchsbereich der Leichtathleten bis zum Erwachsenenbereich der Männer sowie die Erfolge der Oberligamannschaften im Radball sind Ausdruck der Durchsetzung des Netzwerkes des Vereins. So tragen auch die Bemühungen, feste Kooperationsverbindungen zu den Kindereinrichtungen und Schulen aufzubauen, reichlich Früchte. Mit dem Gymnasium »Wilhelm von Humboldt« und der Staatlichen Grundschule »Bertolt Brecht« bestehen die bisher längsten Verbindungen. In Übungsstunden werden durch Trainer des Vereins den Kindern und Jugendlichen die verschiedenen Sportarten näher gebracht.

Um auch den Jüngsten die Möglichkeit der sportlichen Betätigung zu geben, baute der LV Altstadt'98 Beziehungen zu den Kindergärten »Domschlösschen« und »Kleine Strolche« auf. Beide Kindergärten erhielten durch den Landessportbund Thüringen die Auszeichnung »Bewegungsfreundliche Kindereinrichtung« und die beiden Schulen als »Bewegungsfreundliche Schulen«.

Als einziger Verein des Landkreises wurde der LV Altstadt'98 mit dem Förderpreis 2004 des LSB geehrt.

Weitere Kooperationspartner sind die Staatliche Grund- und Regelschule »Käthe Kollwitz« und das Förderzentrum »Pestalozzi«. Mit im Boot sind das Wohnheim der AWO am Geiersberg und das Studienkolleg der Fachhochschule Nordhausen. Allen Kooperationspartnern werden vom Verein Trainingszeiten, Trainer, Übungsleiter und finanzielle Unterstützung angeboten. Absoluter Höhepunkt ist das jährlich Anfang September stattfindende gemeinsame Sportfest auf dem Hohekreuz-Sportplatz.

Neue Mitglieder und Interessenten sind im Verein immer willkommen. Ebenso natürlich auch Förderer und Sponsoren.

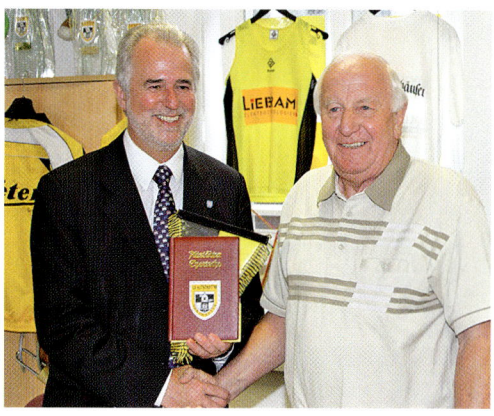

Der Sportminister Jürgen Reinholz des Freistaates Thüringen erhält aus der Hand des Vorsitzenden den ersten Buchband des Vereins.

*Zum Tag der offenen Tür in der Geschäftsstelle im Altendorf 27.
(Fotos: LV Altstadt'98 e.V.)*

Über 72 Helfer sind derzeitig ehrenamtlich als Trainer und Übungsleiter tätig. Zwei Schaukästen im Stadtgebiet, dazu Aushänge bei den Kooperationspartnern und nicht zuletzt die regelmäßige Ausgabe der Vereinszeitung »Altstädter Sportecho« informieren die Mitglieder und Interessenten.

Das Zitat von Wilhelm von Humboldt: »Im Grunde sind es immer die Verbindungen mit Menschen, die dem Leben seinen Wert geben« ist Sinnbild und Motiv des Handelns der Vereinsmitglieder.

LV Altstadt'98 Nordhausen e.V.
10 Jahre
1998 – 2008

LV Altstadt'98 e.V.
Altendorf 27 · 99734 Nordhausen
Tel. und Fax (0 36 31) 60 40 41
Sprechzeiten: Dienstag 9 bis 18 Uhr
kontakt@lv-altstadt98.de · www.lv-altstadt98.de

Auf Entdeckungstour in der Goldenen Aue

Wohnen mit Service

WBG eG Südharz in Nordhausen

Die Geschäftsstelle in der Bochumer Straße 3-5. (Fotos: WBG Nordhausen)

Wohnen in Ilfeld, Walter-Rathenau Straße

Wohnen in Nordhausen, Morgenröte

Als größte Wohnungsbaugenossenschaft (WBG) der Region verfügt die WBG eG Südharz über rund 7000 Wohnungen mit attraktiven Grundrissen und differenziertem Ausstattungsgrad in Nordhausen, Ilfeld, Niedersachswerfen, Bleicherode und Heringen. Die meisten der Ein- bis Vierraumwohnungen befinden sich in zentralen Lagen und sind bereits modernisiert.

Durch das Wohnungswartsystem hat jeder Mieter einen direkten Ansprechpartner der WBG in seinem Wohngebiet, der bei allen Fragen mit Rat und Tat zur Seite steht. Zusätzlich berät ein Sozialarbeiter bei finanziellen Problemen im Rahmen der Mietzahlung oder bei Störungen des Hausfriedens.

Mit der »WBG-Card« können die Mitglieder von Preisvorteilen bei regionalen Einzelhändlern und Dienstleistern profitieren. Durch Ansiedlung der Fachhochschule Nordhausen sowie anderer Bildungsträger wurden inzwischen über 600 Studenten, Auszubildende und Schüler bei der WBG heimisch. Damit auch die älteren Mitglieder ihren Lebensabend bei der Genossenschaft verbringen können entstand 2007 an einem der besten Standorte in Nordhausen eine Seniorenresidenz für 120 Pflegebedürftige. Dies ist der erste Neubau der WBG seit 1990. Weiterhin wird ab 2009 in unmittelbarer Nachbarschaft eine Anlage mit über 50 Wohnungen unter dem Motto »Betreutes Wohnen bei der WBG eG Südharz« realisiert.

Die WBG versteht ihre Philosophie »Wohnen mit Service« als Auftrag, allen Bevölkerungsgruppen ein zu Hause zu bieten sowie ein verlässlicher Partner rund ums Wohnen zu sein.

WohnungsBauGenossenschaft eG Südharz
Bochumer Straße 3/5
99734 Nordhausen
Tel. (0 36 31) 69 70
Fax (0 36 31) 98 30 72
info@wbg-suedharz.de
www.wbg-suedharz.de

Wohnen mit Service!

WBG WohnungsBau Genossenschaft eG SÜDHARZ

Hotel-Restaurant-Rasthof »Zur Hoffnung«

Komfort und Gastlichkeit unter einem Dach

Hotel – Restaurant – Rasthof »Zur Hoffnung«

Gediegenen Komfort und individuelle Gastlichkeit bietet Marion Hentze im Hotel und Restaurant »Zur Hoffnung« in Werther, rund drei Kilometer von der Kreisstadt Nordhausen entfernt. Das Unternehmen ist seit über hundert Jahren im Familienbesitz.

Der Hotelbereich verfügt über 21 Einzel-, vierzehn Doppelzimmer und zwei Suiten, darunter zwei rollstuhlgerechte Doppelzimmer. Alle Zimmer sind bequem mit dem Fahrstuhl zu erreichen und mit Dusche/WC, Selbstwahltelefon, TV und Schallschutzfenstern ausgestattet.

Das Restaurant mit 150 Plätzen ist jeden Tag geöffnet. Traditionell gibt es hier gut bürgerliche Deutsche Küche. Dazu gehören das berühmte Thüringer Rostbrätel mit Bratkartoffeln sowie Eisbein und Grillhaxe.

Im großen Saal mit 250 Sitzplätzen finden regelmäßige Tanzveranstaltungen und die Prunksitzungen der Karnevalisten statt. Am zweiten Wochenende im Oktober wird zum großen Kirmestanz eingeladen.

Für besondere Anlässe, wie Betriebs- und Familienfeiern, wird der Saal entsprechend der Gästezahl verkleinert. Dazu kommt ein liebevoll zusammengestelltes Buffet. Für Tagungen und Seminare stehen weitere Räumlichkeiten, mit modernster Technik ausgestattet, zur Verfügung.

Im Haus gibt es einen Fitnessbereich mit Sauna und Trainingsgeräten sowie Solarium und Whirlpool. Zwei Kegelbahnen ermöglichen weitere Aktivitäten.

Das Hotel liegt direkt an der Bundesstraße B 80 und der Abfahrt Werther der Bundesautobahn A 38.

Im Restaurant

Hotel-Restaurant-Rasthof »Zur Hoffnung«
Marion Hentze
Neuer Weg 34 · 99735 Werther/Nordhausen
Tel. (0 36 31) 60 12 16 · Fax (0 36 31) 60 08 26
hotel-zur-hoffnung@t-online.de
www.hotel-zur-hoffnung.de

Einkaufszentren in Nordthüringen – große Vielfalt und starke Marken

SÜDHARZ GALERIE in Nordhausen

(Fotos: SÜDHARZ GALERIE)

An einem Ort, an dem früher eine Malzfabrik und ein Betriebsgebäude der IFA Motorenwerke standen, ist im Jahre 1995 eine moderne Einkaufsgalerie entstanden. Bereits in den Monaten nach ihrer Eröffnung hat sich die SÜDHARZ GALERIE zu einem beliebten Einkaufsziel für die Bevölkerung der Stadt und des Umlandes entwickelt. Insgesamt leben im Einzugsgebiet rund 300 000 Personen. Der Bekanntheitsgrad bei der Bevölkerung liegt bei nahezu 100 Prozent. Die zentrale Lage im Herzen von Nordhausen, die Nähe zum Bahnhof sowie den Bus- und Straßenbahnhaltestellen machen die SÜDHARZ GALERIE zu einem attraktiven Standort. Darüber hinaus verfügt die Galerie über ein angeschlossenes dreigeschossiges Parkhaus mit 580 Stellplätzen. Das Parkhaus, in dem die erste Stunde kostenfrei geparkt werden kann, ist über die Bundesstraßen B 4, B 80 und B 243 angebunden und über das Parkleitsystem ausgeschildert. Parken können Sie täglich, außer sonntags, ab 6.30 Uhr.

Mode, Schmuck, Multimedia, Geschenkartikel, Spielwaren und Lebensmittel – in zwei Gebäudeteilen, auf einer Gesamtfläche von 23.300 Quadratmetern bietet die SÜDHARZ GALERIE ihren Kunden beste Einkaufsmöglichkeiten. Neben einem Elektrofachmarkt, dem SB-Warenhaus »Herkules« und zahlreichen Mode- und Schuhfachgeschäften sind auch ein Drogeriefachmarkt, ein Reisebüro, eine Parfümerie, eine Confiserie und ein Floristikfachgeschäft vertreten. Weiterhin sind ein großflächiges C&A Bekleidungshaus und eine Vielzahl von Markenartikeln integriert. Das Eiscafé, ein Coffeeshop und der Foodcourt mit seinem internationalen Angebot sorgen dafür, dass der Einkaufsbummel für die ganze Familie zum Erlebnis wird.

Als Geschenktipp empfehlen wir einen Center-Gutschein der SÜDHARZ GALERIE – diesen kann der Beschenkte in allen Geschäften der Galerie einlösen. Erhältlich ist dieser von Montag bis Freitag von 9 bis 17 Uhr im Büro des Centermanagements. Außerhalb dieser Öffnungszeiten und samstags kann man den Gutschein im Geschäft von Street One erwerben. Weitere Informationen zu den einzelnen Geschäften und Veranstaltungen in der Galerie findet man auf der Internetseite: www.suedharz-galerie.de.

Geschäftsöffnung:
Montag – Samstag von 9 bis 20 Uhr

HERKULES · Bäckerei Helbing · Tea & More
Confiserie JB · Bäckerei Siebrecht · vodafone
REIMANN Wurstliebhaber · Staudenmayer´s
Tchibo · ROSSMANN Drogerie · mobilcom
ATRIUM Parfümerie · FUJI BILDERCENTER
T-Punkt · jOLLyPOINT · Weltbild Plus
PFRENZINGER Uhren und Schmuck
Bijou Brigitte · Klein und Fein · mister*lady
Creation Ria · Pimkie · Modehaus Vockeroth
engbers · Söchtings · Herzog & Bräuer
Ernsting's family · Chelsea · Promarkt
edc by Esprit · 99-2 jeanshaus · Boys & Girls
Street One · KBK by Königseder · X-bags
SCHUHE von Arabell · BETTEN PARI
Gärtnerei Schmidt · ABC SCHUHCENTER
Deichmann Schuhe · Mäc Geiz · sport - treff
APOLLO OPTIK · Floristik´99 · Friseur KLIER
REISELAND · ALIBABA · SHANG HAI Bistro
Bäckerei Siebrecht · Eiscafé LA PIAZZA
COFFEESHOP arabica · s.Oliver · C&A

SÜDHARZ GALERIE
Landgrabenstraße 6a
99734 Nordhausen
Tel. (0 36 31) 9 09 40
Fax (0 36 31) 90 94 20
shg@rosco-net.de
www.suedharz-galerie

Auf Entdeckungstour in der Goldenen Aue

Headliner – Jugendkultur in Nordhausen e.V.

Plattform für junge Bands

Der Verein »Headliner – Jugendkultur in Nordhausen« e.V. wurde im Juni 2004 von einigen Musikern und einem Sozialpädagogen gegründet und versteht sich als Plattform für junge Bands. Zu dieser Zeit war die Nordhäuser Bandszene durch den Mangel an Probemöglichkeiten auf ein Minimum geschrumpft. Die noch existierenden Bands waren auf Kellerräume, Garagen und ähnliches angewiesen. Auftrittmöglichkeiten gab es kaum noch. Der neu gegründete Verein hatte es sich zur Aufgabe gemacht, diesen Bands Probemöglichkeiten zu schaffen. Die Mitglieder wollten aber auch den neuen Bands Hilfestellung geben, von der Suche nach einem geeigneten Proberaum bis hin zum ersten Auftritt.

Norma von Cube (Fotos: Headliner – Nordhausen)

Summer Open 2006

Stovepipe beim Summer Open 2005

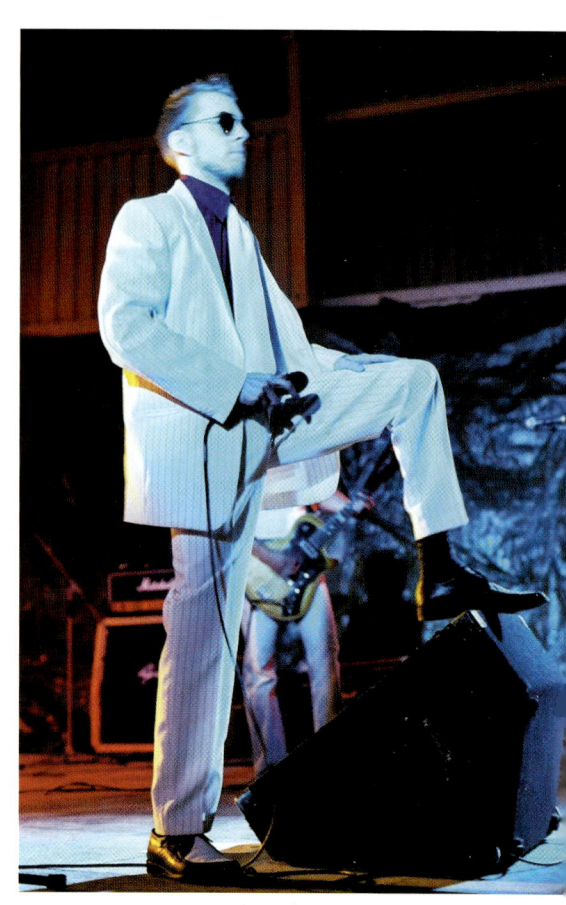

Pfote, der König des Rock'n Roll

Nach verschiedenen Übergangslösungen in leer stehenden Gebäuden innerhalb der Stadt konnte 2006 endlich eine passende Immobilie bereitgestellt werden. Hier waren genügend Platz und Proberäume vorhanden, um zunächst einmal alle Bands zufrieden zu stellen. Die Nordhäuser Bandszene hatte sich seit der Vereinsgründung beträchtlich vermehrt. Das hatte nicht nur mit den angebotenen Probemöglichkeiten zu tun, sondern auch mit den regelmäßig durchgeführten und recht gut besuchten Nachwuchsband-Konzerten des Vereins. So hat sich inzwischen der einmal jährlich durchgeführte Bandausscheid »Nordhausen sucht die Superband« genauso zu einem Highlight entwickelt, wie das jährliche Open Air »Summer Open«, bei dem neben den einheimischen Bands auch immer wieder Headliner von außerhalb gewonnen werden konnten. Durch die guten Besucherzahlen ist die Bandszene auch für andere Veranstalter durchaus attraktiv geworden. So gibt es inzwischen im Umkreis von Nordhausen recht viele Veranstaltungen, bei denen die jungen Musiker ihr Können beweisen. Hierbei sind die Musikstile der jungen Musiker sehr unterschiedlich. Viele der Bands haben inzwischen eigene Demo-CDs produziert und einige haben sogar Plattenverträge. Der Verein hat selbst einen Sampler mit allen vereinsnahen Bands aus Nordhausen produziert, welche über die Internetpräsentation des Headliner e.V. bestellt werden kann, außerdem ist es hier auch möglich, die verschiedenen Bands zu buchen.

Nordhausen sucht die Superband 2005

Auf Entdeckungstour in der Goldenen Aue

Das Jugendkulturzentrum »Rockhaus«

Das Jugendkulturzentrum, welches am 9. September 2006 eröffnet wurde, befindet sich in einem dreietagigen ehemaligen Bürogebäude in der Rothenburgstraße und verfügt über 26 Räume in verschiedenen Größen. In diesen Räumen proben zur Zeit über dreißig Nachwuchsbands aus der Region Nordhausen. Weiterhin sind im Jugendkulturzentrum einige andere Nordhäuser Initiativen und Kulturgruppen ansässig, wie der Hellfire e.V. oder die Discjockey (DJ) Vereinigung »Tieftonkombinat«.

Die jüngsten Fans (Fotos: Headliner – Nordhausen)

Zielgruppen für das Jugendkulturzentrum sind natürlich in erster Linie musikalisch aktive Jugendliche. Sie umfassen sowohl Nachwuchsbands als auch Einzelkünstler oder DJs. Dazu kommen im offenen Jugendbereich auch die bisher passiven Jugendlichen. Sie werden durch den Kontakt mit den musizierenden oder künstlerisch darstellenden Jugendgruppen angeregt, selbst künstlerisch aktiv zu werden. Täglich außer montags ist ab 15 Uhr geöffnet und jeder Jugendliche der Lust hat, in einer der Bands mitzuwirken, ist willkommen.

In den Bands gibt es Musiker im Alter von 14 bis 30 Jahren. Das unmittelbare und tägliche Einzugsgebiet sind Stadt und Landkreis Nordhausen im Umkreis von rund zwanzig Kilometern.

Siegerehrung bei »Nordhausen sucht die Superband«

Sequoyah

Blick in das Publikum

Nico von Auld Corn Brigade

Micha von Calling Card

Eric von Doublikat

Die Jury bei »Nordhausen sucht die Superband«

Headliner – Jugendkultur in Nordhausen e.V.
Vorsitzender Lars Liebig
Rothenburgstraße 10 · 99734 Nordhausen
Mobil (01 78) 6 35 50 21
bandinitiative-ndh@web.de
www.headliner-ndh.de

Die Flying Balconys und ihr Publikum

73

Die Taternlinde an der Solquelle

Auleben in der »Goldenen Aue«

Europadorf mit 1200-jähriger Geschichte

»Ich ging nach dem Harze mit überaus schnellen Schritten, und wohl war mir, als sei es zur Hochzeit. Ich hielt mich nicht auf dem Wege, sondern immer feldein durch Tal und Wald, und bald kam ich an einen hohen Berg (Kyffhäuser). Als ich oben war, sah ich die Goldene Aue vor mir und überschaute Thüringen weit und breit, also, dass kein Berg in der Nähe umher mir die Aussicht wehrte. Gegenüber lag der Harz mit seinen dunklen Bergen, und ich sah unzählige Schlösser, Klöster und Ortschaften...« So sah der romantische Dichter Novalis in seiner Geschichte des »Heinrich von Ofterdingen« die Landschaft am Fuße des Kyffhäusers, die Goldene Aue.

Auleben liegt im Südosten des Landkreises Nordhausen. Die Gemeinde schmiegt sich beschaulich an die Windleite und zieht sich mit den »Füßen« bis in die Goldene Aue hinein. Die Gemarkung umfasst 1945 Hektar. Sie zählt damit zu den größten im Landkreis. Der Anteil landwirtschaftlicher Nutzfläche beträgt 1151 Hektar, etwa 256 Hektar sind Wald. Rund 1100 Einwohner haben hier ihren Wohnsitz, die Dorfstruktur ist über 1200 Jahre alt. Dies trug neben der historisch bedeutenden Entwicklung des Dorfes und der einmaligen Flora und Fauna dazu bei, das der Ort im Jahre 1993 zum »Europadorf« ernannt wurde.

Reiche Naturausstattung

Die Gemarkung liegt im Naturpark Kyffhäuser. Der Stausee Kelbra und sein Umfeld – ein von der UNESCO anerkanntes international bedeutendes Feuchtgebiet – die Salzwiesen, die Gipskarstlandschaft der Badraer Schweiz, die Auelandschaft, die sanfthügelige Windleite und die Ausläufer des Kyffhäusergebirges bieten eine abwechslungsreiche Landschaft. Hier erlebt man auf engstem Raum die vielfältigsten historischen und geologischen Besonderheiten sowie eine außergewöhnliche Fauna und Flora. Diese Konzentration von Besonderheiten, Erscheinungsbildern und -formen auf nur wenigen Quadratkilometern

Das Schloss (Foto: Förderverein Goldene Aue)

Fläche, findet man sonst nirgendwo in Deutschland und Europa. Die Reize der Fauna und Flora um Auleben sind einmalig. Die Gipshügel bieten unzähligen Naturfreunden eine Vielfalt an hier vorkommenden kalk- und wärmeliebenden Pflanzen, wie die Küchenschelle und das Andonisröschen. Unweit davon findet man etwas ganz anderes, nämlich Salzgraswiesen mit Salzpflanzen. Daran schließt sich gleich wieder eine typische Feuchtgebietsvegetation an. Verbunden mit diesen unterschiedlichen Vegetationserscheinungen tritt eine sehr artenreiche Vielfalt von Tieren und Kleinstlebewesen auf. Viele Pflanzen- und Tierarten, die eigentlich in anderen Gebieten, etwa am Schwarzen Meer oder an der Meeresküste beheimatet sind, haben hier eine »Vorpostenstellung« bezogen.

Die Straße der Einheit in Auleben

Auf Entdeckungstour in der Goldenen Aue

Der Alte Rüxleber Hof

Ein Ort zum Schauen und Wandern

Die Geschichte weist nach, dass sich die Via Regia, eine Straße in der Römerzeit, hier entlang zog. Andere Funde zeigen, dass schon in der frühen Bronzezeit Menschen hier gesiedelt haben. Das größte Hügelgräberfeld Nordthüringens mit über 250 Grabstellen, östlich von Auleben gelegen, ist ein Relikt aus dieser Zeit.

Die Ortslage ist ein historisches Kleinod. Die in Jahrhunderten gewachsene Struktur mit ihren Bauern-, Hintersättler- und Bergarbeiterhäusern, ebenso die Ritter- und Herrenhäuser und das Schloss verleihen dem Ort einen einmaligen Charakter. Sehenswert ist der geschlossene historische Ortskern mit Fachwerkgebäuden und den herrschaftlichen Familiensitzen. Dazu gehören der Alte Kornspeicher, die Kirche, der Alte und der Neue Rüxleber Hof, der Bilaische Hof, der Hof derer von Eberstein, der Hof der Schlichtewegs, der Hof derer von Schlotheim, der Hof der Schneidewinds, der Hof derer von Wintzigerode und das Humboldtsche Schloss.

Der Bismarck-Turm

Blick über die Goldene Aue zum Südharz

Dem preußischen Politiker, Schulreformer, Sprachforscher und Philosophen Wilhelm von Humboldt verdankt das Auleber Schloss seinen Namen. Durch die Heirat mit Caroline von Dacheröden im Jahre 1791 wurde die Familie Humboldt zum Eigentümer des 1518 erbauten Schlosses. Das Gebäude ist ein massiver zweigeschossiger Bau mit Fachwerkaufsatz und Treppenturm, der seit 1982 unter Denkmalschutz steht. Eindrucksvoll ist der Schlosskeller. Er besteht aus vier Tonnen- und einem Kreuzgewölbe. Die nutzbare Fläche, allein unter dem Kreuzgewölbe, beträgt 180 Quadratmeter.

1896 wurde die Familie Schlieckmann neuer Eigentümer. Nach der Enteignung des Gutes im Rahmen der Bodenreform nach dem Zweiten Weltkrieg diente das Objekt von 1949 bis 1987 als Schule. Heute wird das Schloss öffentlich genutzt und kann besichtigt werden. Sehr viel Interesse finden dabei das Humboldtzimmer und die zwei Heimatstuben. Ein enger Kontakt besteht zur weltweit agierenden Humboldt-Gesellschaft mit Sitz in Mannheim und ihrer Präsidentin Frau Prof. Dr. phil. Gudrun Höhl. Im Humboldt-Zimmer befindet sich eine Vitrine mit vielen wertvollen Büchern, dem Lebenswerk des Aulebers und Religionspädagogen Herrn Prof. Dr. Wolfgang Dietrich. Er lebt heute in Marbach. Beide Personen sind Ehrenbürger der Gemeinde und besuchen Auleben mehrmals im Jahr.

Museum Rüxleber Hof

In einer Ausstellung wird auch an den deutschen Dichter, Schriftsteller, Philosophen und Pädagogen der Spätaufklärung Johann Karl Wezel erinnert. Er wurde in Sonderhausen geboren und weilte mehrfach in Auleben.

Gern bestiegen wird der auf einer Höhe der Windleite gelegene acht Meter hohe Bismarckturm. Über 41 Sandsteinstufen erreicht man die Plattform. Von hier hat man einen herrlichen Blick über die Goldene Aue, bis weit in den Harz hinein und bei günstigen Sichtverhältnissen sogar bis zum Brocken.

Europadorf Auleben
Steinerstock 9
99765 Auleben
Tel. (03 63 33) 7 02 52
Fax (03 63 33) 7 78 90
www.auleben.de
gemeinde.@auleben.de

Auf Entdeckungstour in der Goldenen Aue

Seine Heimat darstellen, präsentieren, fördern – Menschen eine Freude machen

Der Förderverein »Goldene Aue« e.V.

Der Förderverein »Goldene Aue« e.V. ist im Bereich der Goldenen Aue im Landkreis Nordhausen tätig. Er befasst sich schwerpunktmäßig mit den so genannten freiwilligen Aufgaben beziehungsweise weichen Standortfaktoren. Im Jahre 1991 unter dem Namen Naherholung-Touristikverein »Alter Stolberg« gegründet, zwischenzeitlich in Tourismusverein »Goldene Aue« umbenannt, trägt er seit 2001 den Namen Förderverein »Goldene Aue« e.V.

Große Potentiale

Obwohl das Gebiet in der Nähe touristischer Großziele, wie dem Kyffhäuserdenkmal, der Burgruine Rothenburg, der Barbarossahöhle, der Heimkehle oder dem Harz liegt, war der Tourismus hier bis zur politischen Wende 1989 eine zu vernachlässigende Größe. Personen, die fachlich an Flora, Fauna und Geologie interessiert waren, zog es schon immer in das Gebiet. Deren Besuche stellten jedoch keinen typischen Tourismus dar. Es ist eine Region, die vom Massentourismus verschont geblieben ist, aber für Interessengruppen sehr viel zu bieten hat. Das vorhandene, touristische Potential muss nur kontinuierlich und zielgerichtet erschlossen werden. Der Naturpark, eine gepflegte Umwelt, eine in ihrer Synergie einmalige Fauna, Flora und Geologie, eine große Geschichte, wertvolle historische Zeugnisse sowie eine ausgeprägte Kulturlandschaft bieten gute Voraussetzungen für kurz- und längerfristigen Erholungs- und Erlebnisurlaub.

Das Anliegen des Vereins ist es, die Region kontinuierlich und zielgerichtet, unter Einbeziehung der einheimischen Bevölkerung, für den Tourismus weiter zu erschließen. Besonderer Wert wird dabei auf praktikable Vorschläge gelegt, die Vorhandenes besser nutzen und zur Ausschöpfung von »schlummernden« Kapazitäten anregen. Wichtig ist neben der Werbung für die Region nach Außen auch die Beratung, Unterstützung und Betreuung der Menschen, die hier leben und an der Entwicklung teilhaben wollen. Es werden Prospekte, Pauschalprogramme, Wege- und Objektbeschreibungen herausgegeben, an Tourismusmessen und Präsentationen teilgenommen, sich an der Erarbeitung von Wanderkarten und Broschüren beteiligt. Es wird eng mit Presse, Funk und Fernsehen zusammengearbeitet. Verschiedene CDs und DVDs stehen zur Verfügung.

Blick über die Goldene Aue zum Südharz (Foto: Förderverein »Goldene Aue« e.V.)

Wanderwegebeschilderung (Foto: Förderverein »Goldene Aue« e.V.)

Eröffnung des Nordic-Walking-Parks Foto: Förderverein »Goldene Aue« e.V.

Viele Angebote

Führungen in den Orten und in der Natur werden angeboten und vermittelt. Viel Zeit wird in die Vorbereitung und Durchführung von Vorträgen investiert. Dies sind auch Veranstaltungen, bei denen andere Vereine oder Verbände sowie Kindertageseinrichtungen, Schulen und Heime besucht werden. Das Publikum ist dabei sehr dankbar. Viele Anregungen können für die weitere Tätigkeit aus solchen Zusammenkünften mitgenommen werden. Die Ausschilderung und Markierung der Wander-, Rad- und Reitwege ist laufend zu kontrollieren. Bei der Auswahl der Wegeführungen wird sehr darauf geachtet, dass es »Korridore« für die Besucher gibt, aber dass auch die »Ruhezonen« für die Pflanzen- und Tierwelt gewährleistet bleiben. Die Vielfältigkeit der Natur, wie Feuchtgebiet, Trockenrasengesellschaften in der Gipskarstlandschaft, Salzwiesen und die dazugehörenden geologischen Erscheinungen – und das alles auf engstem Raum, nur wenige hundert Meter voneinander entfernt – bieten ein breites Angebotsspektrum. Dies dem Naturfreund nahe zubringen, ist eine schöne und wichtige Aufgabe. Dabei arbeitet der Verein sehr eng mit anderen Partnern zusammen.

Immer mehr Aufmerksamkeit erfährt der »Nordic-Walking-Park Goldene Aue«. Zwei kleinere Strecken stehen bereits zur Verfügung. Die Wege sind entsprechend ausgestattet. Qualifiziertes Personal steht auf Anfrage zur Verfügung. Eine weitere Strecke mit einer Länge von 13 Kilometern ist in Vorbereitung.

Blick über die Talsperre Kelbra zum Kyffhäusergebirge (Foto: Förderverein »Goldene Aue« e.V.)

Das Humboldt-Zimmer im Schloss Auleben

Viel Wert wird auf Angebote zur Kulturgeschichte gelegt. Informationen zur Besiedlung in der Frühbronzezeit, zur Siedlungsgeschichte der Goldenen Aue, zu Heringen mit seinem weithin sichtbaren Schloss, zu den Rittergütern, zur Familie von Humboldt, die in Auleben über hundert Jahre gewirkt hat oder zur Entwicklung der heutigen »Kulturlandschaft Goldene Aue« liegen vor und können abgefragt werden.

Es werden Führungen gemacht sowie Ausstellungen, Untersuchungen, Forschungen und Projekte begleitet. Wichtig ist die Unterstützung der traditionellen Feste und Veranstaltungen in den Orten, wie zum Beispiel: Osterfeuer, Heimat-, Schützen- und Sportfeste sowie Karneval, Maibaumsetzen, Kartoffelscheibenessen, Waldfeste und Flurbefahrungen.

Nicht zu vergessen ist das leibliche Wohl. Der Fundus an traditionellen und regionstypischen Rezepten ist riesengroß. Sie dürfen nicht verloren gehen. Die Gäste sind von der Vielfalt und dem Geschmack der Kuchen, Marmeladen, Würste, Salate ... und den Varianten der Zubereitung immer wieder begeistert.

Das Schloss in Heringen (Foto: Förderverein »Goldene Aue« e.V.)

Präsentation des Fördervereins auf einer Tourismusmesse (Foto: Förderverein »Goldene Aue« e.V.)

Windehausen – Hauptstraße mit Blick zur Kirche

In der Goldenen Aue wächst und gedeiht alles, was der Mensch zu einer gesunden und ausgewogenen Ernährung braucht. Dies gilt es, allen wieder bewusst zu machen.

GOLDENE AUE

Förderverein »Goldene Aue« e.V.
Steinerstock 9 · 99765 Europadorf Auleben
Tel. (03 63 33) 7 75 80 · Fax (03 63 33) 7 75 81

Büro Heringen
Straße der Einheit 43 · 99765 Heringen
Tel. (03 63 33) 6 72 44 · Fax (03 63 33) 6 72 44

www.tourismus-goldeneaue.de
tourismus.goldene-aue@t-online.de
koordinator@hotmail.com

*Die Görsbacher Störche
(Foto: Gemeinde Görsbach)*

Görsbach – inmitten der Goldenen Aue

Von den Flamen gegründet

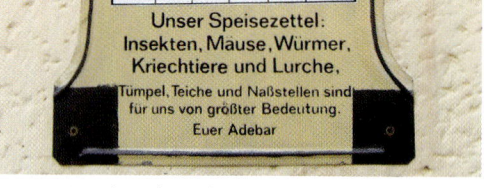

Storchenübersicht (Foto: Gemeinde Görsbach)

Aus der Geschichte

Die Gemeinde Görsbach liegt im Osten des Landkreises Nordhausen, im nördlichen Teil von Thüringen, aber mitten im Herzen Deutschlands. Die erste urkundliche Erwähnung als Gerhelmesbach erfolgte im Jahre 773. Damit ist Görsbach das älteste Dorf in der Goldenen Aue. Der Ort hat rund 1200 Einwohner und die Gemarkung eine Gesamtfläche von 904 Hektar. Das traditionelle Bauerndorf prägt das Ortsbild. Lückenlos aneinander gereihte traufständige zweigeschossige Fachwerkhäuser und massiv gebaute Wohnhäuser mit Hof, Stall, Scheune und Garten dahinter, ergeben ein enges Haufendorf.

Auf die flämischen Kolonisten, welche vor über 800 Jahren im Auftrag des Zisterzienserklosters Walkenried die Helmeaue urbar machten, weisen noch heute Flurnamen und alte Bräuche hin. Seit dem Mittelalter waren die drei Zufahrten in den Ort durch wuchtige Tortürme gesichert. An sie erinnern noch einige Bilder und die Darstellungen im heutigen Gemeindesiegel. Zu den Zeugnissen der Vergangenheit, die heute noch zu sehen sind, zählen der »Schulzenstein«, ein Denkmal der Rechtsprechung, am Albrecht-Dürer-Platz und das so genannte Wahl an der Aumühle, ein aufgeschütteter Burghügel. Von besonderem Interesse sind die denkmalgeschützten Gebäude. Dazu gehören das aufwändig sanierte Dorfgemeinschaftshaus »Zur Schenke«, ein großer Fachwerkbau im Renaissancestil, weitere gut erhaltene Fachwerkhäuser und die teilsanierte neogotische Kirche Sankt Mauritius aus dem Jahre 1878 mit ihrem wertvollen Schnitzaltar aus dem 15. Jahrhundert. Der Turm stammt noch aus dem 12. Jahrhundert. Dieser heute etwas schief stehende Turm war der Anlass, dass im Jahre 1992 die Stadt Kaisersesch in Rheinland–Pfalz die Partnergemeinde von Görsbach wurde. Auch Kaisersesch hat einen schiefen Kirchturm.

Die Trauerhalle auf dem Friedhof

*Fachwerkhaus am Schulplatz
(Foto: Gemeinde Görsbach)*

Auf Entdeckungstour in der Goldenen Aue

*Urkunde Landeswettbewerb
»Unser Dorf hat Zukunft« 2006*

*Die Störche werden beringt.
(Foto: Gemeinde Görsbach)*

Blick in die Heimatstube

Moderne Infrastruktur

Görsbach gehört zur Verwaltungsgemeinschaft »Goldene Aue« mit Sitz in Heringen. Von der Landstraße L 3080, die mitten durch den Ort führt, gelangt man in wenigen Minuten zur Kreisstadt Nordhausen beziehungsweise zur nächsten Abfahrt der Bundesautobahn A 38. Da Görsbach auch eine Bahnstation an der Strecke Halle-Kassel sowie eine Busanbindung besitzt, ist die Gemeinde auch für Nichtmotorisierte erreichbar. Für den Fahrradtourismus ist mit dem neuen Radweg auf der Alten Leipziger Straße am Nordrand des Dorfes, welche von 1816 bis 1866 die Grenze zwischen Preußen und hannoverschem Staatsgebiet darstellte, einer Verbindung zwischen Nordhausen und Berga, der erste Schritt einer touristischen Verknüpfung gelungen.

Im Ort gibt es mehrere Gaststätten, verschiedene Einkaufsmöglichkeiten und Einrichtungen der medizinischen Versorgung. Zugleich ist die Gemeinde auch Schulstandort und verfügt über eine Kindertagesstätte mit ausreichender Kapazität für alle Kinder ab dem ersten Lebensjahr.

Das Dorfgemeinschaftshaus beherbergt das Gemeindeamt, eine Agentur der Sparkasse, den Friseur-, Fußpflege- und Kosmetiksalon, eine Rechtsanwaltskanzlei, das Heimatmuseum, die Bücherei und Fremdenzimmer. Zahlreiche Gewerbetreibende sind hier ansässig, so aus dem Bau-, Elektro-, Metall-, Tischler-, Bäcker-, Kraftfahrzeug-, Heizungsbau- und Sattlerhandwerk. Des weiteren gibt es eine Zweigstelle der Nordthüringer Volksbank, eine Postagentur und eine Werbe-Agentur. Aus der früheren landwirtschaftlichen Produktionsgenossenschaft hat sich ein moderner Agrarbetrieb entwickelt.

Ein Gewerbegebiet, unmittelbar an der Landstraße L 3080 mit Anbindung zur Autobahn A 38 gelegen, kann von Investoren genutzt werden. Görsbach ist auch an der Erschließung eines benachbarten einhundert Hektar großen Industriegebietes beteiligt.

Durch den Umbau von Scheunen zu Wohnhäusern und Sanierung von Gebäuden ist ein Zuwachs an Wohnraum erreicht worden. Das neu erschlossene Wohngebiet »Hinter dem Kirchhofe« – mit rund vierzig Baugrundstücken – ist zu etwa zwei Dritteln belegt. Die neuen schmucken Häuser sind mit den vielen jungen Familien eine große Bereicherung für den Ort. Der Grundstückspreis beläuft sich auf 33,30 Euro pro Quadratmeter voll erschlossenen Baugrund. Für weitere Interessenten stehen noch Flächen zur Verfügung. So bietet sich das historische Dorf, das sich harmonisch in die Landschaft einfügt, als dauerhafter Wohnort für Menschen an, die sich in ländlicher Gegend heimisch fühlen.

Seit 1994 nimmt der Ort regelmäßig am Wettbewerb »Unser Dorf soll schöner werden« beziehungsweise »Unser Dorf hat Zukunft« teil und erreichte mehrere Kreissiege oder belegte vordere Plätze.

Kultur und Vereine

Im weiten Umkreis bekannt sind die jährlich stattfindenden Dorffeste. Dazu zählen besonders die Veranstaltungen der Kirchengemeinde, des Görsbacher Karnevalvereins, des Sportvereins, der Feuerwehr, des Schützenvereins, des Kleingartenvereins, der Vertriebenen, der Landfrauen, der Landsenioren, der Senioren, des Rassegeflügelvereins und der Kirmesburschen. Die Kirmes wird immer am ersten Sonntag im November gefeiert. Weiterhin werden auch Traditionen gepflegt, die nicht häufig zu finden sind, zum Beispiel das Görsbacher Kartoffelscheibenessen, das Oster- und Kirmesfeuer sowie der alljährliche Weihnachtsmarkt. Görsbach hat ein rege genutztes Jugend-, Sport- und Freizeitzentrum, ein neu gebautes Schützenhaus und ein vorbildliches Feuerwehrgerätehaus aufzuweisen.

Für Naturfreunde ist vor allem das internationale Feuchtraumbiotop zwischen Görsbach und Auleben von Interesse, zu dem ein bedeutendes Vogelschutzgebiet gehört. Eine Storchenniststätte, die nördlichste im Freistaat Thüringen, befindet sich mitten im Dorf. Jährlich bevölkert von April bis September ein Storchenpaar mit seinen Jungen das Nest auf dem alten Schornstein einer ehemaligen Bäckerei.

*Das Dorfgemeinschaftshaus »Zur Schenke«
(Foto: Gemeinde Görsbach)*

Gemeinde Görsbach
Bürgermeister Siegfried Junker
Beethovenstraße 235 · 99765 Görsbach
Tel. (03 63 33) 7 02 53 · Fax (03 63 33) 7 01 53
gemeinde.goersbach@freenet.de
www.tourismus-goldeneaue.de
www.storchenresidenz.de

Auf Entdeckungstour in der Goldenen Aue

Alte Steine am Wegesrand haben oft eine Geschichte

Kleindenkmale prägen die Kulturlandschaften

Schwarzburger Gabel und Stolberger Kreis bei Kelbra

Vielerorts stehen auf freier Fläche oder verborgen im Unterholz Kreuzsteine, Meilensteine, alte Grenzsteine und Gerichts- oder Bauernsteine. Sie gehören zur Gruppe der oftmals schon jahrhundertealten Kleindenkmale.

Einst trennten sie Königreiche

Am häufigsten sind die Grenzsteine zu entdecken. Sie tragen vielfach Inschriften oder bildliche Darstellungen. So auch jene an der einstigen Grenze zwischen Kursachsen und Kurhannover am Nordrand der Goldenen Aue zwischen Nordhausen und Berga sowie das Thyratal aufwärts. Aufgestellt wurden sie 1735. Auf rund 40 Kilometer Länge standen insgesamt 252 Grenzsteine. Sie tragen auf Hannoverscher Seite das Ross und auf Sächsischer Seite das Löwenwappen sowie eine fortlaufende Nummer und die Jahreszahl 1735. Zum Zeitpunkt des Vertragsabschlusses waren beide Parteien durch Personalunion mit europäischen Königreichen verbunden. Kurfürst Friedrich August II. von Sachsen war zugleich König von Polen und Kurfürst Georg II. von Hannover hatte gleichzeitig die Krone Großbritanniens inne.

Grenzstein zwischen Kursachsen und Kurhannover bei Rottleberode

Grenzstein zwischen Preußen und Schwarzburg-Rudolstadt bei Kelbra

Grenzstein zwischen Preußen und Großherzogtum Sachsen bei Allstedt

Zu einer älteren Gruppe Grenzsteine gehört der »Lange Stein« zwischen Berga und Bösenrode. Der Sage nach soll er einem Riesen aus dem Schuh gefallen sein. Er trägt die Schwarzburger Gabel und einen Kreis. Diese Symbole stehen für die Grafschaft Schwarzburg beziehungsweise Stolberg. Die Seite mit beiden Symbolen weist auf ihr Gemeinschaftsamt hin.

Am Hüfler bei Kelbra grenzte einst das Königreich Preußen an das Fürstentum Schwarzburg-Rudolstadt. Die Steine tragen hier auf Preußischer Seite die Zeichen K.P. und auf Schwarzburger Seite S.S. Einige Grenzmarken sind sogar doppelt versteint, hier steht zusätzlich ein älterer mit dem Stolberger Kreis und der Schwarzburger Gabel. Noch heute sind viele Schmugglergeschichten von dieser Grenze bekannt.

Von den einstigen 772 Grenz- und 18 Sektionssteinen auf der Grenze zwischen dem Königreich Preußen und dem Amt Allstedt des Großherzogtums Sachsen sind noch 117 Grenz- und acht Sektionssteine erhalten. Dieser Grenzabschnitt befindet sich in der Nähe von Allstedt und ist rund 38 Kilometer lang. Die Steine tragen die Inschriften KP und GS.

Grenzstein von 1763 bei Schloss Neuhaus (Fotos: Steffi Rohland)

Entlang des Sachsgrabens zwischen Wallhausen und Sangerhausen stehen Grenzsteine mit Kurschwertern und Rautenkranz auf der Sangerhäuser und einem W auf der Wallhäuser Seite.

Auf Entdeckungstour in der Goldenen Aue

Lateinisches Kreuz in Auleben

Steinkreuzgruppe in Allstedt (Fotos: Steffi Rohland)

**An den Kreuzen sollte
für das Seelenheil gebetet werden**

Bei den Steinkreuzen handelt es sich in der Regel um mittelalterliche Sühnekreuze. Sie erinnern an den Tod eines Menschen, hervorgerufen durch einen Unfall oder Mord. Man stellte sie in der Nähe des Tatortes, aber immer an oft begangenen Wegen, auf. Der Vorübergehende sollte bei ihrem Anblick für das Seelenheil des Toten beten und gemahnt werden, kein Verbrechen zu begehen.

Eine tragisches Ereignis verknüpft sich mit dem Asseburger Kreuz an der Helme zwischen Wallhausen und Brücken. Nach einer Familienfeier verunfallten hier im August 1696 die Brüder Johann und Friedrich Ludwig von der Asseburg und kamen dabei ums Leben. Das Kreuz ist der Form nach ein seltenes Antoniuskreuz.

Es herrschte Unfrieden im Jahre 1437 im Südharz. Bischof Burkhard III. zu Halberstadt fiel in die Goldene Aue ein, plünderte, brandschatzte und trieb den Bauern das Vieh weg. Auf dem Rückweg in den Harz geriet er im Alten Stolberg in einen Hinterhalt und verlor sein Heer mitsamt dem Tross. Im November 1937, zum 500. Jubiläum dieser Schlacht, wurde am Totenweg im Alten Stolberg ein Kreuz mit der Inschrift »1437-1937« aufgestellt. 1968 fand man bei Rottleberode einen mittelalterlichen Kreuzstein und stellte ihn im Ort auf.

Malteserkreuz in Donndorf

Das Totenwegkreuz

Zwischen Bennungen und Hohlstedt steht das Jägerkreuz. Nach einer Sage kam hier ein Jäger ums Leben. In Hohlstedt gibt es zwei weitere Kreuze, darunter das Schwedenkreuz am Eingang in das Kälbertal.

In Oberröblingen/Helme steht am Sportplatz das Schäferkreuz. Nach Überlieferungen soll an dieser Stelle ein Schäfer vom Blitz erschlagen worden sein. Es handelt sich um ein schönes Malteserkreuz. Im Schaft befinden sich vier Näpfchen. In diesen wurde durch Reiben Gesteinspulver gewonnen.

In Holdenstedt, am Westrand der Goldenen Aue, steht ein sehr großes Steinkreuz. Schon vor langer Zeit wurde ein Arm abgeschlagen.

Am Hornfeld in der Stadt Allstedt ist eine Gruppe von Steinkreuzen erhalten. Oft vernimmt man um Mitternacht an diesem Ort ein großes Geschrei. Es soll von den Toten herrühren, die hier begraben liegen, heißt es in einer alten Sage. Die

Das Asseburger Kreuz von Wallhausen

Kreuze sind rund 500 Jahre alt. Interessant ist die Formenvielfalt. Das links stehende Kreuz ist ein so genanntes Radkreuz. Das mittlere Kreuz trägt einen weit ausladenden oberen Arm. An der Seite sind Wetzrillen in den Stein eingearbeitet. Das rechte Kreuz hat die Form eines Antoniuskreuzes, ebenfalls mit einem Näpfchen auf dem Scheitel. Vor den stehenden Kreuzen liegt noch der Schaft eines weiteren Steinkreuzes.

Auf Entdeckungstour in der Goldenen Aue

An den blauen Steinen wurden Täter übergeben

Diese Kleindenkmale kennzeichneten ursprünglich Flurorte, an denen man entlaufene Gefangene übergab oder Täter, beispielsweise bei Tötungsdelikten, einem höheren Gericht zuführte. Solche sehr seltenen Steine haben sich noch in Brücken und Oberröblingen/Helme erhalten.

Blauer Stein von Brücken (Fotos: Steffi Rohland)

Auf den Bauernsteinen sprach man Recht

Auf einem Bauern- oder Gerichtsstein wurde früher Recht gesprochen. In der Regel behandelte ein Dorfgericht aber nur kleine Vergehen wie Verstöße gegen die Feldordnung, Saufgelage mit Prügeleien sowie geringfügige Diebstähle. Das Urteil bestand im Auferlegen eines Bußgeldes oder im Prangerstehen.

Der Ortsteil Thürungen, zwischen Berga und Kelbra gelegen, besitzt mit dem Lindenstein noch einen solchen alten Gerichtsstein.

In Oberröblingen steht vor dem Ratskeller der »Flamenstein«. Im Flämischen Recht hatte die Kirche als Rechtsort eine große Bedeutung. So wurde unter anderem bei allen Eigentumsveränderungen der »Flämische Kirchgang« abgehalten. Diese Rechtsordnung galt bis zu ihrer Aufhebung durch den Preußischen König im Jahre 1850.

»Hemdenknopf« von Holdenstedt

Schulzenstein in Görsbach

In Holdenstedt gibt es ebenfalls einen alten Bauernstein. Man nennt ihn hier nach seiner Form scherzhaft »Hemdenknopf«. Das hat seinen Ursprung in einer alten Sage. Nach dieser zog einst der Riese Haupansen aus dem Spreewald kommend auf der alten Heerstraße in den Harz. Um die Mittagszeit kam er nach Holdenstedt. Müde und schwitzend setzte er sich hin, um zu rasten. Er zog seine Schuhe aus und stöhnte: »Das war aber eine warme Reise.« Daraus entstand im Volksmund später der Name »Die warme Riese«. Nachdem er sich ausgeruht hatte, zog er weiter. Später fand man an der Ratsstätte einen versteinerten Hemdenknopf, welchen Haupansen verloren hatte. Man brachte den Stein in den Ort und stellte ihn auf. Der »Manschettenknopf«, ebenfalls ein Bauernstein, liegt an der Kirche von Blankenheim.

Auf der Suche nach Nägeln

Die Nagelsteine zählen mit zu den letzten Geheimnissen. An fünf Stellen im ehemaligen Landkreis Sangerhausen gibt es noch Nagelsteine. Dabei handelt es sich um Braunkohlenquarzite unterschiedlicher Größe, in deren Poren eiserne Nägel eingeschlagen sind. Einer befindet sich im Europa-Rosarium, einer in Beyernaumburg, ein dritter in Einzingen, ein vierter in Nienstedt und der fünfte steht in Sangerhausen.

Dem Geheimnis solcher Steine, die europaweit verbreitet sind, waren schon Generationen von Forschern auf der Spur. Allgemein wird das Mittelalter als Entstehungszeit angenommen.

Nagelstein von Beyernaumburg

Restaurierter Meilenstein bei Windehausen

Halbmeilenstein bei Werther

Meilensteine zeigten die Entfernung an

Zwischen Nordhausen und Blankenheim stehen entlang der früheren Bundesstraße B 80 im Abstand einer Preußischen Viertelmeile noch einige Meilensteine. Die Halb- und Viertelmeilensteine sind glockenförmig gestaltet und tragen die Inschrift: ½ MEILE beziehungsweise ¼ MEILE. Bei den Meilensteinen im Abstand von 7,53248 Kilometern handelt es sich um drei Meter hohe Obelisken mit beiderseitigen Sitzbänken. Auf der Straßenseite ist ein Preußischer Adler angebracht, drei Seiten tragen Richtungs- und Entfernungsangaben. Die Straßenbenutzung war zu dieser Zeit gebührenpflichtig.

Auf Entdeckungstour in der Goldenen Aue

Auf Schienen unterwegs

Nordhausen und den Südharz erfahren – historisch oder innovativ

Die »Grüne Bahn« – ein Oldtimer für Sonderfahrten

Fahren Sie gern Straßenbahn? In Nordhausen kann man das mit Muße tun, auf einem der kleinsten Straßenbahnnetze Deutschlands. Die Linie 1 von Süd nach Nord zwischen Bahnhofsplatz und Südharz-Krankenhaus misst 3,2 Kilometer und hat auf dieser Strecke eine Steigung von 9,3 Prozent zu bewältigen. Die Linie 2 verbindet auf 4,6 Kilometer Nordhausen-Ost und die Parkallee im westlichen Teil der Stadt.

Seit Mai 2004 fahren Straßenbahnen vom Typ »Combino Duo« auf der 11,4 Kilometer langen »Grünen Linie 10« von Nordhausen in das Südharzstädtchen Ilfeld. Innovative Technik und ein 8-Zylinder-Dieselmotor machen es möglich: Mit Hilfe eines umschaltbaren Antriebsaggregates können die »Duos« vom elektrischen oberleitungsgebundenen Nordhäuser Schienennetz auf die oberleitungsfreie Eisenbahnstrecke der Harzer Schmalspurbahnen wechseln.

»Combino Duo« auf der »Grünen Linie 10« von Nordhausen nach Ilfeld (Fotos: Verkehrsbetriebe Nordhausen)

Wer lieber in der Stadt bleibt, kann in den historischen Bahnen das Nordhäuser Schienennetz kennen lernen. Ein »richtiger« Oldtimer ist die 1934 in Wismar gebaute historische Bahn, die über viele Jahrzehnte im Linienbetrieb fuhr. Angemietet werden können auch die Gothaer Straßenbahn aus dem Jahr 1959 und das Schienen-Bistro (Baujahr 1961). Die Verkehrsbetriebe besitzen zudem eine umfangreiche Busflotte. Unter anderem kann der weinrote Reisebus mit dem Nordhäuser Roland als Erkennungsmerkmal für Tagesfahrten, Klassenfahrten, mehrtägige Reisen oder Transferleistungen gebucht werden. Die Busfahrer bringen die Ausflügler sicher und komfortabel in beschauliche Städte und bezaubernde Landschaften. Wer die Eindrücke mit allen Sinnen aufnimmt, kann bestätigen: Der Südharz und Nordhausen sind eine Reise wert.

Der Reisebus mit dem Nordhäuser Roland

Verkehrsbetriebe Nordhausen

Verkehrsbetriebe Nordhausen GmbH
Robert-Blum-Straße 1 · 99734 Nordhausen
Tel. (0 36 31) 63 90 · Fax (0 36 31) 63 91 04
info@stadtwerke-nordhausen.de
www.stadtwerke-nordhausen.de

Kaffeemühle Hamma

Kaffee und Pension

Ein gemütliches Kaffee lädt in der ehemaligen Wassermühle am Ortsrand von Hamma zum Verweilen ein. Ein ganz in Fachwerk gestalteter Gastraum mit 40 Plätzen um einen Kaminofen, liebevoll dekorierte Wände und Tische, dazu antikes Mobiliar lassen schon den Besuch zu einem Erlebnis werden. Dazu werden die Gäste mit selbstgebackenen Torten und Kuchen sowie Kaffeespezialitäten verwöhnt. Die angebotenen Produkte kommen vorrangig aus der Region, Kaffee und Tee aus dem Fair Trade Handel. Bei gutem Wetter ist zusätzlich ein Kaffeegarten mit weiteren 40 Plätzen geöffnet.

Im Gastraum

Das Kaffee ist an jedem Wochenende, samstags und sonntags, von 14 bis 18 Uhr geöffnet, sowie nach Vereinbarung zu besonderen Anlässen. Seit Sommer 2008 stehen außerdem noch zwei Ferienwohnungen mit je vier Betten zur Verfügung. Die Kaffeemühle ist neu in der Gastronomielandschaft der Goldenen Aue. In rund zweijähriger Vorbereitungs- und Bauzeit entstand sie aus einer dem Verfall preisgegebenen früheren Wassermühle. In unzähligen Arbeitsstunden wurde das Gebäude denkmalgerecht saniert und ausgebaut. Unterstützung gab es dabei durch Fördermittel zur Stärkung der Region.

Hamma Kaffeemühle (Foto: Oeller, Kaffeemühle Hamma)

Kaffeemühle Hamma · Annette Oeller
Hauptstraße 27 · 99765 Hamma
Tel. (03 63 33) 73 53 73
Fax (03 63 33) 73 53 74
a.oeller.architektin@t-online.de
www.kaffeemuehle-hamma.de

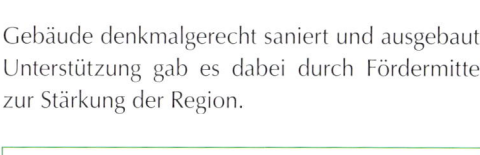

Auf Entdeckungstour in der Goldenen Aue

Altes Brauchtum in der Goldenen Aue und am Südharz

Traditionen bleiben erhalten

Karnevalsumzug in Tilleda

Traditionelle Feldarbeit in Bennungen

Im Allgemeinen ist Lichtmess (2. Februar) heute noch als »Wettertag« bekannt. So lautet eine Bauernregel: »Wenn`s an Lichtmess stürmt und schneit, ist der Frühling nicht mehr weit. Ist es aber klar und hell, kommt der Lenz wohl nicht so schnell.« Im Leben der Bauern und Handwerker hatte dieser Tag noch eine weitere Bedeutung. Die Dienstleute wurden entlohnt und bekamen ein paar freie Tage. Die Knechte und Mägde besuchten ihre Angehörigen und feierten das Wiedersehen mit Umzügen und Festessen. Für die Bauern begann die Feldarbeit.

Während heute vielerorts zu Fastnacht in Karnevalveranstaltungen eine »Weiberfastnacht« angeboten wird, hatte dieser Tag früher eine ganz andere Bedeutung. Karneval gibt es in der Goldenen Aue erst seit einigen Jahrzehnten. Aber zu Fastnacht fanden hier Umzüge in Verkleidungen statt, die sich bis in die heutige Zeit erhalten haben.

Mit dem Erbsbär sammelten die jungen Burschen Würste, Eier, Kuchen und Geld ein, was anschließend gemeinsam in der Dorfschenke verzehrt wurde. Nachmittags war dann Tanz.
Fastnacht gehört wie der 1. April zu den Scherztagen. So schickte man die Kinder los, »Zwirnsamen« oder eine »Kräppelform« zu holen.

Vor Ostern sammeln die Kinder, überwiegend die Jungen, trockenes Holz für ein Osterfeuer. Große Haufen werden errichtet und am Ostersonnabend oder -sonntag in den zeitigen Abendstunden angebrannt. Früher holten sich die Bauern am anderen Morgen die Asche und düngten damit ihre Felder. Sie sollte den Boden besonders fruchtbar machen. Die Haufen wurden von den Jungen bewacht, damit sie niemand früher anzündete. Wenn das Feuer brannte, schwärzte man sich die Hände und strich sie dem einen oder anderen heimlich ins Gesicht oder auf die Kleidungsstücke. Heute haben die Osterfeuer vielfach Volksfestcharakter, mit Grillwürstchen und Ausschank.

Am Sonnabend vor Ostern, auch als heiliger Abend bezeichnet, wurde in vielen Orten das Osterwasser getragen. Dem Wasser soll heilende Kraft inne wohnen, vor allem aber soll es jung erhalten und hübsch machen. Einige Bedingungen waren allerdings dabei zu erfüllen: einmal musste das Wasser in der Osternacht Punkt zwölf Uhr geschöpft werden und zwar an einem fließenden Wasser mit dem Strom. Zum anderen, was sicher das Schwierigste war, durfte weder auf dem Weg zum Wasser, noch beim Schöpfen oder Nachhausegehen gesprochen werden, sonst verwandelte es sich in »Plapperwasser«.

Vielerorts blieben die Mädchen bis kurz vor Mitternacht zusammen und gingen dann gemeinsam das Osterwasser schöpfen. Oft versuchten nun die jungen Burschen sie mit allerlei Tricks auf dem Nachhauseweg zum Sprechen zu bringen. Klappte es, war alles umsonst.
Es gab aber noch eine andere Art des Osterwassertragens: Bevor die Osterfeuer angebrannt wurden, schöpften die jungen Burschen in Berga Wasser aus der Thyra. Dann klopften sie an den Häusern wo junge Mädchen wohnten, und nach dem Öffnen der Tür ergoss sich ein Wasserschwall in den Hausflur.

Erbsbärumzug in Tilleda

Schäfer mit seiner Herde

Ostereier bemalen im Ohlen Hus in Roßla

Maibaum in Riestedt

Eine beliebte Beschäftigung ist nach dem Ostereiersuchen das Eierkullern. Dabei lässt man die Eier einen Abhang hinunterrollen. Sieger ist derjenige, dessen Ei ohne Beschädigungen am weitesten rollt. In Hohlstedt gab es dafür einen Kullerberg. Die Bergaer Kinder gingen zum Messberg und auch in Sotterhausen wurde dieser Brauch gepflegt.

Auch einige Wetterregeln sind überliefert: Ist das Wetter am Sonntag vor Ostern schön, soll das für den Sommer ein gutes Zeichen sein. Wenn am Karfreitag Regen war, folgt ein trockenes, aber fruchtbares Jahr. Wenn es Ostern regnet, ist die Erde den ganzen Sommer durstig.

Das Fest der Walpurgis, der Maikönigin, wird in der letzten Nacht der dunklen Jahreszeit, also vom 30. April auf den 1. Mai, gefeiert. In dieser Nacht öffnen sich die Türen zur »Anderswelt«. Im Volksglauben ist überliefert, dass in dieser Nacht Schätze aus der Erde steigen und Brunnen statt Wasser Wein geben. Die Wünschelruten dazu wurden aus Weiden geschnitten. Von der Göttin Walpurga soll in jener Nacht Tau auf die Felder gesandt und diese damit befruchtet werden. So war reichlicher Tau in der Walpurgisnacht sehr beliebt. Begleitet wurde die Walpurgisnacht vielerorts von Musik und Tanz.

Die Walpurgisfeiern haben in den letzten Jahren rasant zugenommen. Als Hexen und Teufel verkleidet, führen Karnevalvereine und Gesanggruppen unterhaltsame Programme auf.

Am 1. Mai folgt das Maibaumsetzen. Dieser schöne Brauch hat sich nach der Wende nur noch in einzelnen Gemeinden erhalten. Traditionell gibt es auch hier noch am Vorabend den »Maientanz«. Einer der größten Maibäume wird in jedem Jahr in Bösenrode auf dem Festplatz aufgerichtet. In Roßla wählt man seit mehreren Jahren eine Maikönigin, welche in der Regel für zwei Jahre an der Seite des Bürgermeisters die Gemeinde Roßla repräsentiert.

Die Ostereier galten als Symbol der Fruchtbarkeit und waren ursprünglich Opfergaben. In Hohlstedt wurden Osternester gebaut, damit der Osterhase seine bunten Eier hineinlegen kann. Die Verbindung von Ostern und Osterhase ist vielschichtig: Hühner legen bekanntermaßen keine bunten Eier, also musste diese ein anderes Tier bringen. Da die Hasen im Frühjahr oft zur Futtersuche in die Gärten kommen, wurde ihnen das Ablegen dieser besonderen Eier angedichtet. Traditionell werden die Ostereier am Ostersonntag von den Kindern gesucht. Versteckt werden sie an allen möglichen und unmöglichen Stellen, bei gutem Wetter geht es dabei natürlich ins Freie. Das Bemalen wird schon von Kindesbeinen an in den Kindertagesstätten geübt.

Erntekrone aus der Goldenen Aue

Zu Pfingsten werden in vielen Dörfern von den jungen Männern die Pfingstmaien ausgetragen. Dafür wird gern ein kleines Trinkgeld entgegen genommen. Am Abend findet Tanz statt.

Den Abschluss der Getreideernte beging man früher mit dem Erntekranz. Auf der letzten Fuhre, die in den Ort rollte, ließ der jeweilige Landwirt einen mit bunten Bändern geschmückten Kranz aus Getreide aufsetzen. Diese alte Tradition wurde nach der Wende wieder aufgegriffen. In einem Wettbewerb wird der schönste Erntekranz ermittelt. Daran beteiligen sich viele Vereine.

Osterfeuer in Sangerhausen

Maiköniginnen in Roßla

Auf Entdeckungstour in der Goldenen Aue

Zum Martinsumzug in Hayn

Am 10. und 11. November steht das Martinsfest in vielen Orten auf dem Programm. Es finden Martinsumzüge mit Fackeln und Laternen statt, die Zeremonie der Teilung des Mantels wird gespielt und zum Abschluss gibt es die Martinshörnchen. Früher war dieses Fest kaum bekannt. An diesem Tag wurden vielerorts die ersten Gänse, die Martinsgänse, geschlachtet.

Mit dem Weihnachtsfest beginnen auch die Heiligen zwölf Nächte. Den Tagen und Nächten von Weihnachten bis Epiphanias, also vom 24. Dezember bis zum 6. Januar, maßen unsere Vorfahren große Bedeutung bei. Man achtete auf seine Träume, denn was man in den zwölf Nächten träumt, soll der Reihe nach in den kommenden zwölf Monaten in Erfüllung gehen.

Während dieser Zeit sollte auch im Haus Ruhe herrschen und kein Handwerk verrichtet werden. Selbst auf das Essen wurde geachtet: Wer in dieser Zeit Hülsenfrüchte, wie Linsen, Bohnen oder Erbsen aß, bekam Schwären.

In der Silvesternacht wurde auch gern flüssiges Blei in ein mit Wasser gefülltes Gefäß gegossen. Aus den Figuren konnte man allerlei heraus lesen. Punkt zwölf Uhr sollen auch die Tiere im Stall reden können.

Heutzutage wird der Jahreswechsel mit Freunden oder Verwandten, zu Hause oder in Gesellschaft in einer Gaststätte gefeiert. Wie eh und je gehört Heringssalat an diesem Abend auf den Tisch: Denn wer Hering am Silvesterabend isst, hat das ganze Jahr Geld. Punkt zwölf wird mit Sekt angestoßen und ein »Prost Neujahr« oder »ein gesundes neues Jahr« gewünscht. Danach werden Raketen und Böller gezündet.

Silvester- und Neujahrssingen ist kaum noch verbreitet. An diesen Tagen gingen die Lehrer mit den Schülern von Haus zu Haus. Heute sind es nur noch wenige Kinder, die diese Tradition aufrechterhalten. Für die kurzen Lieder oder Gedichte erhalten sie Süßigkeiten oder ein kleines Geldstück.

Silvestersingen in Grillenberg

Hausgemachtes Dörrobst

Reiche Kartoffelernte

Auf Entdeckungstour in der Goldenen Aue

Autohaus GRUND in Berga

Kundenzufriedenheit hat oberste Priorität

Der Verkaufs- und Werkstattbereich

Zweirad, Quad- und Gartentechnik

Im Jahre 1986 trat Karl-Heinz Grund nach erfolgreicher Ausbildung zum Kraftfahrzeugmeister in die Fußtapfen seines Vaters, machte sich selbständig und führte als Simson-Vertragshändler eine Meisterwerkstatt.

Nach der Wiedervereinigung Deutschlands wurde am 1. September 1990 das Autohaus GRUND gegründet. Das Autohaus GRUND spezialisierte sich zunächst auf den Handel und die Reparatur von Automobilen der Marken Subaru und Opel. Im Laufe der Zeit kam ein Händlervertrag mit der Marke Daewoo, heute Chevrolet, hinzu. Im Jahre 1996 entstand im Gewerbegebiet Berga, direkt an der Bundesstraße B 85 der Neubau der Autohaus GRUND GmbH. 2000 entstand der neue Geschäftsbereich »Zweirad, Forst- und Gartentechnik«, mit einem großen Angebot an Motorrädern und Quads. Um den Kunden das umfangreicher gewordene Sortiment besser präsentieren zu können, wurde hier im Oktober 2002 ein neuer Ausstellungsraum eröffnet.

Als eines der ersten Autohäuser in der Region setzte das Autohaus GRUND im Jahre 2002 auf den Einbau von Autogasanlagen. Mittlerweile wurden so bereits mehr als 200 Fahrzeuge auf Autogas umgerüstet. Eine entsprechende Autogas-Tankstelle befindet sich ebenfalls auf dem Firmengrundstück.

Die Kundenzufriedenheit hat oberste Priorität. Deshalb sind die 21 Mitarbeiter des Autohauses und der Zweirad, Forst- und Gartentechnik stets bemüht, alle Kundenwünsche zu erfüllen und ihre Probleme zu lösen.

Susanne, Karl-Heinz, Sebastian und Saskia Grund

Autohaus GRUND GmbH
Sangerhäuser Straße 29
06536 Berga
Tel. (03 46 51) 41 50
Fax (03 46 51) 4 15 33
info@autogrund.de · www.autogrund.de

Steinmetzmeisterbetrieb Kleffel

Familienbetrieb seit 1927

Bereits in vierter Generation besteht der Steinmetzmeisterbetrieb Kleffel in der Goldenen Aue. Im Jahre 1927 durch Paul Kleffel in Bennungen gegründet, setzen heute Steinmetzmeister Werner Kleffel und Steinmetz- und Steinbildhauermeister Michael Kleffel die Familientradition erfolgreich fort.

Steinmetz- und Steinbildhauermeister Michael Kleffel (Foto: Kleffel)

Der Betrieb Kleffel verfügt in seinen Werkstätten in Roßla und Sangerhausen über einen modernen Maschinenpark zur Natursteinbearbeitung. Wichtigster Teil der Arbeit ist jedoch, wie in dem bereits seit Jahrhunderten bestehenden Beruf, die handwerkliche Fertigung. Dazu gehören die Schriftgestaltung und die Restaurierung beziehungsweise Neuanfertigung von Denkmalen. Die gesamte Produktionspalette umfasst auch die Herstellung von Grabmalen, die Sanierung an Natursteinbauteilen und Steinfußböden, Natursteininnenausbau sowie Treppen, Fensterbänke und dergleichen. Sogar Skulpturen werden auf Kundenwunsch ganz individuell gefertigt.

Michael Kleffel ist auch öffentlich bestellter und vereidigter Sachverständiger im Steinmetz- und Bildhauerhandwerk. Außerdem absolvierte er eine Ausbildung zum Staatlich geprüften Restaurator.

Steinmetzmeister Werner Kleffel zum Kobermännchenfest (Foto: Kleffel)

Schriftrestaurierung (Foto: Steffi Rohland)

Ihre Spuren haben die Kleffels inzwischen in ganz Sachsen-Anhalt hinterlassen. Zu den handwerklich großen Herausforderungen zählten die Neuanfertigung der Wappentafel für die Francke`schen Stiftungen in Halle mit einer Höhe von rund zwei Metern und weiteren Natursteindenkmalen im Gelände. Auch die sanierten Preußischen Meilensteine zwischen Nordhausen und Halle entlang der früheren B 80 zeugen vom Können der Kleffels.

Werner Kleffel · Steinmetzmeister
Hallesche Straße 4 · 06536 Roßla
Tel. (03 46 51) 27 43
Fax (03 46 51) 3 29 30

Michael & Werner Kleffel GbR
Ernst-Thälmann-Straße 65
06526 Sangerhausen
Tel./Fax (0 34 64) 57 31 71
michael.kleffel@t-online.de · www.kleffel-steinmetz.de

Auf Entdeckungstour in der Goldenen Aue

Berga – eine Siedlung am Berge

Ort mit Zukunft

Unübersehbar grüßt schon von weitem der hohe Turm der neogotischen Sankt Petri-Pauli-Kirche in Berga. Die Gemeinde Berga mit ihren Ortsteilen Bösenrode und Rosperwenda liegt mitten in der Goldenen Aue am Eingang in das Thyratal. Es ist ein wichtiger Verkehrsknotenpunkt für die Anbindungen der Landesstraße L 151 und der Bundesstraße B 85 an die Bundesautobahn A 38 sowie der Abzweig der Landesstraße L 236 als Zugang in den Harz. Von der Hauptstrecke der Deutschen Bahn Halle–Kassel zweigt eine Nebenbahnlinie nach Stolberg(Harz) ab. Im Ort bestehen mehrere Bushaltestellen. Berga gehört zur Verwaltungsgemeinschaft »Goldene Aue« mit Sitz in Kelbra.

Aus der Geschichte

Der Ortsname Berga leitet sich von einer Siedlung am Berge ab. Die erste urkundliche Nennung erfolgte in einer Königsurkunde aus dem Jahre 985. Der darin erwähnte Königshof befand sich auf dem Loh, nordwestlich vom Ort. Anstelle des heutigen Berga gab es im Mittelalter drei Siedlungen mit eigenen Kirchen, die sich später zusammenschlossen. Im ausgehenden Mittelalter kamen Flamen in den Ort. An sie erinnert die heutige Lindenstraße mit ihren typischen Gehöften. Bis in die Neuzeit hinein waren in Berga verschiedene Adelsfamilien ansässig. Sie richteten Rittergüter ein. Außerdem gab es eine Domäne der Stolberg-Roßlaer Grafen und ein Gut der Frankeschen Stiftungen in Halle. Diese wurden im Zuge der Bodenreform zersiedelt. In Berga hat seit vielen Jahrhunderten der erste Waldvogt der Waldgenossenschaft Siebengemeindewald seinen Sitz.

Die Zukunft liegt im Gewerbe

Der Straßen- und Eisenbahnbau im 19. Jahrhundert brachte den Bewohnern neue Verdienstmöglichkeiten. Es dominierten in Berga die Landwirtschaft, die Leineweberei und weiteres dörfliches Handwerk. Am Ende des 19. Jahrhunderts entstanden eine Ziegelei und zahlreiche Knopfmacherbetriebe. Mit der Verbreitung der Kraftfahrzeuge fasste auch dieses Gewerbe im Ort Fuß. Diese Entwicklung setzt sich bis in die jüngste Zeit fort. Heute ist Berga eine aufstrebende Gemeinde, die sich für eine gewerbliche Entwicklung entschieden hat. Es entstanden seit der Wende östlich der Ortslage, unmittelbar an der Autobahnauffahrt und am Bahnanschluss, zwei große Gewerbegebiete. Die Besiedlung des ersten ist fast abgeschlossen. Viele Arbeitsplätze sind neu entstanden und die Gemeinde hofft auf weitere gute Ansiedlungen.

Reges Vereins- und Kulturleben

Das dörfliche »Miteinander« in Berga ist sehr gut und lebendig. Über drei Jahrzehnte besteht bereits ein Karnevalsverein, der in jedem Jahr die fünfte Jahreszeit zu einem Höhepunkt werden lässt. Dem stehen auf der kulturellen Strecke noch ein Dorfklub und ein Frauenchor zur Seite. Der Dorfklub organisiert unter anderem die jährlich am zweiten Julisonntag stattfindende Kirmes. Weil sie im Kalenderjahr die erste in der Goldenen Aue ist, nennt man sie auch scherzhaft »Salatkirmes«. Ebenfalls nicht aus dem öffentlichen Leben wegzudenken ist die Freiwillige Feuerwehr mit ihren vielfältigen Aufgaben, welche über das Hauptmotto aller Wehren: »Retten, Löschen, Bergen, Helfen« hinaus bis zum Mitgestalten aller öffentlichen Ereignisse reichen. In weiteren Vereinen treffen sich die Kleingärtner, Gewerbetreibenden und Sportler. Unter den Vereinen ist der Sportverein »Olympia Berga« der mitgliederstärkste Verein im Ort.

Berga unterhält gute und interessante kommunale Kontakte zu Orten gleichen Namens in Deutschland, Spanien und Schweden.

Blick vom Loh über Berga zum Kyffhäuser

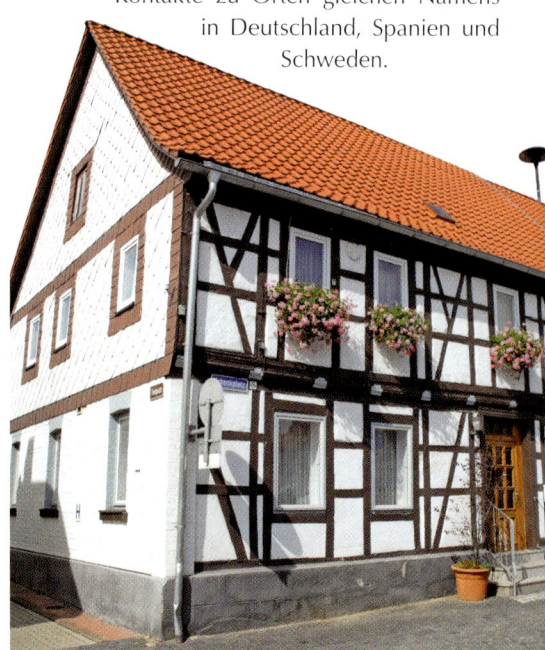

Die Kirche Sankt Peter und Paul ist weithin in der Goldenen Aue sichtbar.

Die Grundschule befindet sich in der Thomas-Müntzer-Straße und war das ehemalige Herrenhaus der Domäne.

In der ehemaligen Gemeindeschenke befindet sich die Gemeindeverwaltung von Berga.

Blick auf Rosperwenda zur Kirschblüte

Mitglieder des Traditions- und Heimatvereins im Schulmuseum Bösenrode

Im Ortsteil Bösenrode

Seit dem Jahre 1972 ist Bösenrode ein Ortsteil von Berga. Die erste urkundliche Nennung erfolgte im Jahre 1274. Bösenrode ist noch heute landwirtschaftlich geprägt. Die Einwohner gehen überwiegend auswärts arbeiten. Sehenswert ist die kleine Dorfkirche Sankt Nikolai mit ihren barocken Deckengemälden. Unmittelbar am Ort geht die alte Grenze zwischen Kursachsen und Kurhannover vorbei. Bösenrode gehörte über Jahrhunderte zu Hannover.

Das kulturelle Leben gestalten die Freiwillige Feuerwehr und ein Traditionsverein. So gibt es jährlich Karnevalsveranstaltungen und in der warmen Jahreszeit viele Feste auf dem Lindenplatz in den »Ellern«. Berühmt sind der zu solchen Gelegenheiten gebackene »Bösenröder Kuchen« sowie das jeweils zu Pfingsten stattfindende Hähnekrähen. Auch ein kleines Schulmuseum besteht im Ort.

Im Ortsteil Rosperwenda

Rosperwenda gehört seit 1973 zu Berga. Die erste urkundliche Nennung erfolgte im Jahre 1270. Der Obstbau hat hier eine sehr alte Tradition. So hatte früher jeder Rosperwendaer auch einen Kirschberg. Nach der Wende ging die Obsterzeugung drastisch zurück. Geblieben sind aber die »Rosperwendaer Kirschberge«. Jedes Jahr zur Blütezeit prägen sie das Landschaftsbild.

Blick auf Bösenrode mit seiner Sankt Nikolai-Kirche

Die Sankt Margarethen-Kirche in Rosperwenda

So gibt es auch jährlich ein Blütenfest, das im Grünen gefeiert wird. Bereits seit den 1920er Jahren besteht eine Tanzkapelle. Sie trägt heute den Namen »Südharz Musikanten«. Ihr Repertoire umfasst Musik von der volkstümlichen Weise bis zur modernen Tanzmusik. Eine in der ehemaligen Schule eingerichtete Heimatstube beherbergt vieles aus dem Alltagsleben der Rosperwendaer. Am Schulhaus erinnert eine Gedenktafel an den im Ort geborenen Physiker Johann Gottlob Leidenfrost, der das »Leidenfrostsche Phänomen« entdeckte.

Einen hohen Stellenwert hat in der dörflichen Gemeinschaft die Freiwillige Feuerwehr, welche auch hier einen großen Teil des öffentlichen Lebens gestaltet.

Gemeinde Berga
Bürgermeisterin Marlies Schneeberg
Schenkplatz 5 · 06536 Berga
Tel. (03 46 51) 20 25 · Fax (03 46 51) 5 32 64
www.vwg-goldene-aue.de

Auf Entdeckungstour in der Goldenen Aue

Bennungen – ein Ort mitten in der Goldenen Aue

Viel Kultur im Alltagsleben

Aus der Geschichte

Wer die Mühe nicht scheut und auf die Heide wandert, hat einen schönen Blick auf die rund tausend Einwohner große Gemeinde Bennungen im Herzen der Goldenen Aue. Im Süden fließt die Helme vorbei und im Norden grenzt der Südharz an. Mit rund tausend Hektar verfügt der Ort über eine ausgedehnte Feldflur. Bennungen ist verkehrsmäßig gut angebunden, hat einen Haltepunkt der Deutschen Bahn AG, eine nahe gelegene Abfahrt der Autobahn A 38 und liegt an der L 151.
Bereits in der Jungsteinzeit, vor rund 7000 Jahren, haben in der Goldenen Aue Menschen gewohnt und ihre Spuren hinterlassen. Immer wieder werden die Archäologen hier fündig. Die Gründung des Ortes Bennungen erfolgte zusammen mit dem heute wüsten Schwesterdorf Bliedungen im 4. Jahrhundert unserer Zeitrechnung, am Ende der so genannten Römischen Kaiserzeit.
Die erste Nennung des Namens liegt uns in einer Urkunde aus dem Jahre 1112 vor. Bennungen war damals Reichsgut und gelangte durch Tausch gegen andere Besitzungen vom Erzbistum Magdeburg an das Erzbistum Mainz. Wenige Jahre später bekam es Christian Graf von Rothenburg als Reichslehen übertragen. Es folgten die Grafen von Beichlingen-Rothenburg und Hohnstein. Ab 1341 kam der Ort in den Besitz der Stolberger Grafen mit ihren späteren Linien Stolberg-Stolberg und Stolberg-Roßla. Seit 1816 gehört Bennungen zum neu gebildeten Kreis Sangerhausen und ab 2007 zum Landkreis Mansfeld-Südharz.

Im Mittelalter war der Ort mit Wall und Graben befestigt, zwei Tore sicherten den nördlichen und südlichen Zugang. Es gab ein Rathaus, einen Uhrturm sowie eine hölzerne Rolandsäule. Berühmt war auch das Bennunger Bier, gebraut mit Leinewasser. An der Leine und Helme waren insgesamt vier Mühlen in Betrieb. Zwei Großbrände in den Jahren 1800 und 1808 zerstörten fast ganz Bennungen. Auch die Helme überschwemmte mit ihrem jährlichen Hochwasser regelmäßig das Unterdorf bis zur Kirche und richtete besonders auf den Ackerflächen große Schäden an.

Sehenswerte Denkmale

Anstelle einer kleinen romanischen Kirche erfolgte 1847/48 der Bau der heute das Ortsbild prägenden, im klassizistischen Baustil gehaltenen, Sankt Johannes-Kirche. Starke Bauschäden hatten zu DDR-Zeiten die Nutzung weitestgehend eingeschränkt. Die bereits vor der Wende begonnenen Sanierungsarbeiten konnten Dank vieler privater Spenden, Fördermittel des Landes Sachsen-Anhalt und der Stiftung Deutscher Denkmalschutz erfolgreich zum Abschluss gebracht werden. Das Gotteshaus wird heute auch für künstlerische Veranstaltungen genutzt.
Zu einem Schmuckstück wurde auch das Alte Rittergut in der Mühlgasse 103. Die Rettung für das alte Fachwerkhaus kam praktisch in letzter Minute. Mit Hilfe großzügiger Förderungen gelang es, den Gebäudekomplex zu erhalten. In diesem Haus wurde im Jahre 1838 Carl Friedrich Haussknecht geboren. Er wurde später einer der berühmtesten Botaniker in Deutschland. Für seine Leistungen ernannte man ihn zum Hofrat und Professor. Mit über drei Millionen Pflanzen legte er eines der größten Herbarien der Welt an.

Die ehemalige Dorfmühle aus dem 18. Jahrhundert

Das Jägerkreuz am Weg nach Hohlstedt ist über 500 Jahre alt.

Blick von den Südharzbergen in Richtung Kyffhäuser

Der Kirchplatz mit der spätklassizistischen Sankt Johannes-Kirche

Bennungen aus der Vogelperspektive

Ein moderner Ort

Bis zur Bodenreform im Herbst 1945 bestand in Bennungen eine Fürstliche Domäne. Nach der Aufteilung des Inventars und Vergabe der Ackerflächen an Neusiedler und landarme Bauern kam es ab 1952 zur Bildung von zwei Landwirtschaftlichen Produktionsgenossenschaften. Diese wurden später vereint und bestanden als Genossenschaft bis nach der Wende. Heute wird der überwiegende Teil der Ackerflächen durch zwei Agrargüter in Wallhausen und Oberröblingen sowie den Wiedereinrichter Hartmut Naumann bewirtschaftet.
Viel wurde in den letzten Jahren für die Infrastruktur innerhalb des Ortes getan. So sind fast alle Grundstücke an einer zentralen Abwasseranlage angeschlossen. Gleichzeitig erfolgte der grundhafte Ausbau der Breiten Straße und der Steingasse.

Das Geburtshaus des Botanikers Carl Friedrich Haussknecht in der Mühlgasse

Östlich des Ortes siedelte sich nach der Wende ein Autohaus an. Weitere Gewerbetreibende im Ort sind ein Blumenhändler, eine Verkaufstelle, ein Gasthaus, ein Treppenstudio. Die großen Stallungen der einstigen LPG sind nur noch teilbewirtschaftet. Es bestehen die Kindertagesstätte »Pfiffikus« und eine Grundschule.
Für die Freiwillige Feuerwehr Bennungen wurde mitten im Ort ein neues Gerätehaus gebaut. Wehrleiter ist Brandmeister Hartmut Naumann.
Seit September 2007 ist Jens Wernecke Bürgermeister von Bennungen. Mit 36 Jahren war er das jüngste, je in Bennungen gewählte Gemeindeoberhaupt. Der derzeitige Gemeinderat besteht aus 13 Mitgliedern, darunter fünf Frauen. Das derzeitige Ortssiegel und gleichzeitige Wappen von Bennungen zeigt ein Schiff unter Segeln. Bennungen wird auf Grund der Strukturreformen in Sachsen-Anhalt bald seine Eigenständigkeit verlieren.

An einem Helmealtarm

Im Ort sind viele Vereine, vom Sportverein, Schützenverein, Karnevalverein über Angler und Kleingärtner bis hin zu einem Geschichtsverein und Verein für Lebensorientierte Hilfe aktiv. Jährlich gibt es zahlreiche Höhepunkte wie Karnevalveranstaltungen, Schützenfest und Kirmes. Dazu kommen noch eine Reihe von vereinsinternen Veranstaltungen.

Das einstige Herrenhaus der Domäne Bennungen – die Grundschule

Gemeinde Bennungen
Bürgermeister Jens Wernecke
Hallesche Straße 215 · 06536 Bennungen
Tel. (03 46 51) 23 12

Auf Entdeckungstour in der Goldenen Aue

Aus dem Bennunger Vereinsleben

Gemeinsam ist vieles schöner

Mit »Bennungen Heidio« in die fünfte Jahreszeit

Seit dem 11. November 1980 besteht in Bennungen ein Karnevalclub (BKC). Zu den Mitgründern gehört Manfred Aull, der zwanzig Jahre Präsident war. Sein Amt hat heute Henning Schomburg inne.

Zum rund 140 Mitglieder starken Verein gehören die Fünkchen, die Nachwuchsprinzengarde, die Prinzengarde, das Hofballett, die Funkengarde, die Helmeamseln, Büttenredner und der Elferrat. Während der Session finden neben den Prunksitzungen auch Familien- und Kinderfasching sowie Jugendkarneval und Weiberfastnacht statt. Alle fünf Jahre gibt es einen Karnevalsumzug.

Der bisherige Höhepunkt im Vereinsleben war das Autobahnfest im Jahre 2004 mit mehreren tausend Besuchern. Im folgenden Jahr erhielt der BKC dafür die Ehrung »Verein des Jahres« im damaligen Landkreis Sangerhausen. Seit 2007 organisiert der Verein am ersten Sonntag im Januar das »Bennunger Knutfest«, an dem die Weihnachtsbäume verbrannt werden.

Die Aktiven vom Bennunger Karnevalclub

Bennunger Karnevalclub
Vorsitzender
Dietmar Lammert
Breite Straße 136
06536 Bennungen
Tel. (03 46 51) 3 28 43

Die Freiwillige Feuerwehr

34 aktive Männer und Frauen setzen sich ehrenamtlich in der Freiwilligen Feuerwehr für den Schutz von Gesundheit, Hab und Gut der Bennunger ein. Alle sind gut ausgebildet. Viel Aufmerksamkeit wird auch der Jugendarbeit gewidmet. Damit verfügt die Gemeinde über eine ständig einsatzbereite Wehr. Ihr Wirkungsfeld umfasst auch Abschnitte der Autobahn A 38 und der Bahnstrecke Halle–Kassel.

Für diese Aufgaben sind die Feuerwehrleute mit einem modernen Löschgruppenfahrzeug vom Typ LF 8/6 ausgerüstet. Im Jahre 2001 erfolgte die Einweihung des neuen Gerätehauses. Dort steht außer den Fahrzeugstellplätzen und Umkleideräumen auch ein Schulungs- und Aufenthaltsraum zur Verfügung.

Das neue Gerätehaus in der Brauhausgasse

Die Mitglieder sind beim kulturellen Leben in der Gemeinde aktiv dabei. Sie führen Tage der offenen Tür durch und beteiligen sich ebenfalls bei den Umzügen zur Kirmes, beim Karneval und am Martinsfest.

Die Kameraden der Freiwilligen Feuerwehr Bennungen

Freiwillige Feuerwehr Bennungen
Wehrleiter Hartmut Naumann
Neuendorf 49 · 06536 Bennungen

Kleingärtner säen und ernten seit über 60 Jahren

Im Jahre 2006 feierten die Kleingärtner in Bennungen das 60-jährige Bestehen ihrer Anlage. Begonnen hatte es 1946, als in der Nachkriegszeit überall Hunger herrschte. Damals wurden 102 Parzellen eingerichtet, die auch sofort vergeben waren. Für viele Familien war es lebensnotwendig, einen solchen Garten zu besitzen. Der erste Vorsitzende war Robert Bauersfeld.

Im Jahre 1956 traten die Kleingärtner dem Kreisverband bei. Die Gärten wurden eingezäunt und Brunnen angelegt. Wegen der großen Nachfrage gab es Anmeldefristen bis zu zwei Jahren. 1990 erfolgte die Gründung eines eingetragenen Vereins. Das Interesse an der Kleingärtnerei ließ ab der Wende sprunghaft nach. Viele Gärten blieben liegen und verwilderten. 1996 kündigte die Gemeinde einen großen Teil der Fläche. 2002 wurde die Anlage auf 23 Parzellen verkleinert. Heute bewirtschaften noch 13 Mitglieder ihre Gärten. Jährlich einmal findet im Sommer ein Gartenfest statt.

Kleingärtner in der Gartenanlage

Blumenpracht in einen Garten

Kleingartenverein Bennungen e.V.
Vorsitzender Peter Thierfelder
Mittelgasse 139 · 06536 Bennungen

Auf Entdeckungstour in der Goldenen Aue

Sportverein Eintracht Bennungen

Sportverein Eintracht Bennungen

Mit seinen 174 Mitgliedern ist der SV Eintracht Bennungen e.V. der mitgliederstärkste und auch älteste bestehende Verein in Bennungen. Schon seit Beginn der 1920er Jahre wird hier Sport getrieben. Begonnen hat es damals mit Fußball, was auch heute noch die Domäne des Vereins ist. So spielen gegenwärtig zwei Mannschaften in der Kreisklasse, eine Mannschaft im Nachwuchsbereich und es besteht noch eine Alte-Herren Mannschaft. Die Abteilungsleiter Fußball sind Olaf Schomburg und Mario Sormes.
Eine weitere Abteilung ist Tischtennis, geleitet von Volkmar Ehrig. Hier bestehen drei aktive Mannschaften, die am Punktspielbetrieb auf Kreisebene teilnehmen. Die Abteilung Volleyball leitet Carola Hauschild. Darin sind besonders viele Frauen aktiv. Gymnastik und Prellball ergänzen das Angebot des Vereins. Als Spielstätten stehen eine Turnhalle und der Sportplatz mit dem 2001 neu gebauten Sportlerheim zur Verfügung. Einmal jährlich findet ein großes Sportfest statt.

SV Eintracht Bennungen e.V.
Vorsitzender
Jens Wernecke
Halleschestraße 209
06536 Bennungen

Die Volkssolidarität Ortsgruppe Bennungen

Im Jahre 1993 erfolgte in Bennungen die Gründung einer Ortsgruppe der Volkssolidarität. Hauptinitiatoren waren damals Horst Gottschalk, Gertrud Stolle und Paul Gebser. Heute gehören ihr rund 140 Mitglieder, überwiegend aus dem Seniorenbereich, an. Jährlich finden in der gemeindeeigenen Begegnungsstätte im Neuendorf über zweihundert Veranstaltungen mit 3500 Teilnehmern statt. Die Palette reicht dabei vom Kaffeenachmittag über informative Vorträge bis hin zu gemeinsamen Wanderungen und Handarbeiten. Eine eigene Tanzgruppe rundet das kulturelle Angebot ab. Zahlreiche Begegnungen gibt es mit den Kindern aus der Kita und der Grundschule. Auch Geburtstags- und Familienfeiern können hier durchgeführt werden. Vor allem für die älteren Bürger der Gemeinde ist die Ortsgruppe ein wichtiger Bestandteil ihres Lebens geworden. Die Ortsgruppe unterstützt in jedem Jahr finanziell und materiell ein ausgewähltes Projekt im Landkreis Mansfeld-Südharz.

Volkssolidarität Ortsgruppe Bennungen

Volkssolidarität Ortsgruppe Bennungen
Vorsitzender Gerhard Wernecke
Neuendorf · 06536 Bennungen
Tel. (03 46 51) 24 67

Die Helme bei Bennungen

Angelverein Bennungen e.V.

Im Jahre 1976 gründeten rund 70 Angelfreunde den Angelverein Bennungen. Die Initiatoren waren damals die inzwischen verstorbenen Sportfreunde Kurt Lammert und Hermann Reinshaus.
Der Verein setzt sich für die Erhaltung und Schaffung gesunder Lebensräume für die Tierwelt, insbesondere für die Pflege der Gewässer sowie Hege der Fischbestände ein. Der Natur- und Umweltschutz haben dabei Priorität. Das Hauptangelgewässer der Vereinsmitglieder ist die Helme. Mit der Organisation des jährlichen Osterfeuers an der Helme und dem traditionellen Familienangeln tragen die Angler viel zum kulturellen Leben in Bennungen bei. Beides erfreut sich großer Beliebtheit.
Das vereinseigene Anglerheim am alten Sportplatz an der Helme wird auch von Privatpersonen gern für Veranstaltungen genutzt. Vorbildlich gepflegt, bietet es einen schönen Anblick in der Landschaft.
Der derzeitige Vorsitzende ist Wolfgang Otto.

Angelverein Bennungen e.V.
Vorsitzender Wolfgang Otto
Neuendorf 40 · 06536 Bennungen

Auf Entdeckungstour in der Goldenen Aue

Zur Kirmes tagt das Dorfgericht

Uralte Tradition lebt in Bennungen fort

Die traditionellen Erbsbären im Festumzug

Der 14. September des Jahres 1519 bedeutet für die Gemeinde Bennungen sehr viel. Von diesem Tag liegt die älteste Urkunde über das »Rüge- und Kirmesgericht« vor. Damit hat der Ort auch den Nachweis über die älteste Dorfkirmes in der ganzen Region.

Zur Kirmesbeerdigung ist das Festzelt bis auf den letzten Platz besetzt.

Das Bennunger Kirmesgericht tagt

Dieses Gericht lässt sich über viele Jahrhunderte hinweg verfolgen. Erst nach der Teilung der Grafschaft Stolberg in die Grafschaften Stolberg-Roßla und Stolberg-Stolberg im Jahre 1706 wurde es nicht mehr regelmäßig gehegt. In der ersten Hälfte des 18. Jahrhunderts bemühten sich die Inhaber des Bennunger Rittergutes, eine Familie von Schneidewind, diesen Brauch wieder aufleben zu lassen. Man setzte damals den Badstubeninhaber als Richter ein. Jedoch der Erfolg blieb aus, so dass das Gericht im Laufe der Jahrhunderte in Vergessenheit geriet. Erst vor wenigen Jahren gab es nach langer Pause eine Neuauflage, mit zunehmendem Erfolg in einem vollen Festzelt. Die behandelten Fälle sind alle echt, die verhängten Strafen ebenso. Nur der Richter und die Schöffen werden vom Kirmesverein bestimmt.

Wo das Gericht früher gehegt wurde, ist nicht überliefert. Möglicherweise geschah es auf dem damaligen Dorfanger zwischen der Kirche und dem Rathaus, wo der Pranger und der Bennunger Roland ihren Standort hatten. Heute tagt das Gericht am Kirmessamstagabend im großen Festzelt.

Uralt ist die Tradition der Kirmesumzüge. Sie finden jetzt am Kirmessonntag nach dem Mittag statt. Vor vielen Jahrzehnten verkleideten sich die Bennunger Jugendlichen als Gaukler, Bettler und Musikanten und erinnerten mit dem Bärenführer und dem »Erbesbär« an das früher von Dorfkirmes zu Dorfkirmes ziehende »fahrende Volk«. Dieses lebte von erhandelten Geldbeträgen und den Darbietungen mit echten Bären, an welche sich die älteren Generationen noch erinnern. Heute gestalten die örtlichen Vereine den Kirmesumzug. Bären gibt es natürlich auch noch. Allerdings sind sie sehr friedlich und tragen als Fell eine dicke Lage Erbsstroh auf dem Körper. Es ist ein sehr lustiger und bunter Umzug. Extra deshalb kommen aus der Region viele Besucher nach Bennungen, um sich dieses Spektakel nicht entgehen zu lassen.

Die Schulkinder bekamen früher wegen des Kirchweihfestes extra Ferien. Diese begannen am Sonnabend vor dem Fest und dauerten bis einschließlich Dienstag, dem dritten Kirmestag. Das gibt es heute natürlich nicht mehr. Gefeiert wird jetzt am dritten Wochenende im September. Neuerdings beginnt die Kirmes am Freitagmittag und endet am Sonntagabend mit der Beerdigung. Traditionell war in Bennungen auch der erste Gänsebraten des Jahres am Kirmessonntag. Davon ist nicht mehr viel geblieben, es gibt einfach keine Gänsehalter mehr.

Mit einem Feuerwerk geht die Kirmes zu Ende.

Auf Entdeckungstour in der Goldenen Aue

Dem Holzberuf mit Leib und Seele verschrieben

Tischlerei Weckner ist ein gefragter Partner

Handwerkliches Können, Qualitätsarbeit sowie Erfahrung im Umgang mit dem baulichen Erbe ließen die Handwerker zu gefragten Partnern rund um Sanierung und Erhaltung von Denkmalen werden. Rund fünfzig Prozent der Aufträge betreffen solche Arbeiten.

Umfangreiche Restaurierungs- wie auch Rekonstruktionsarbeiten am Roßlaer Schloss, der Sankt Trinitatis-Kirche in Roßla, der Grundschule »Theodor Körner« in Freiberg sowie am Teehäuschen auf dem Sangerhäuser Stadtturm legen Zeugnis davon ab. Die Referenzen reichen von der originalgetreuen Rekonstruktion historischer Fenster, Türen, Tore und Fensterläden sowie von Fassadenelementen aus Holz bis hin zu Arbeiten an Treppenanlagen, Verkleidungen und Möbeln.

Die Tischlerei Weckner arbeitet überwiegend im Raum Sachsen-Anhalt und Thüringen. Um auch künftig der Auftragsvielfalt und -spezifik gerecht zu werden, bildet das Unternehmen seinen eigenen Berufnachwuchs aus.

Es werden auch alle weiteren, zum Berufsbild eines Tischlers gehörenden Arbeiten, ausgeführt.

Die wiederhergestellte Treppe im Schloss Roßla

Ein Möbelstück wird restauriert. (Fotos: Weckner)

Mit viel Idealismus und besonderer Liebe zum Werkstoff Holz bewegt sich schon seit über dreißig Jahren der heute in zweiter Generation vom Tischlermeister und Restaurator Axel Weckner geführte Familienbetrieb »Tischlerei Weckner« mit seinen vier Mitarbeitern auf dem Markt. Den Betrieb zeichnen Leistungsfähigkeit und Individualität aus.

Tischlerei Weckner GmbH
Hallesche Straße 53 · 06536 Rossla
Tel. (03 46 51) 9 32 62
Fax (03 46 51) 9 32 63
info@weckner-tischlerei.de
www.weckner-tischlerei.de

Der »Schieferhof« in Wallhausen

Sehenswerter Renaissancefachwerkbau

Etwas abseits von den Straßen in Wallhausen liegt im Oberfleck der »Schieferhof«. Hier steht, verdeckt von hohen Bäumen, das älteste Wohnhaus des Ortes, ein schöner und großer Renaissancefachwerkbau aus der zweiten Hälfte des 16. Jahrhunderts. Die Hofseite ist zugleich die Schmuckseite des Hauses. Verzierungen an den Balkenköpfen wechseln mit Halben-Mann-Figuren im Fachwerk, Sonnenrädern und Schiffskehlen ab. Im Obergeschoss befindet sich ein geräumiger Saal mit einer prächtigen Kassettendecke und Schiffskehlenverzierungen an den Balken. Zwei mächtige Stützen tragen die Deckenbalken.

Der Asseburger Amtmann Hans von Eisenberg soll der Bauherr gewesen sein. Ohne große bauliche Veränderungen zeigt es sich noch heute in nahezu ursprünglicher Gestalt.

Der Pilzhof Wallhausen

Champignons aus der Goldenen Aue

Seit November 1999 gibt es in Wallhausen das Unternehmen Pilzhof Wallhausen GmbH. Auf acht Hektar Betriebsgelände stehen drei große Hallen, in denen auf modernsten, computergesteuerten Anlagen Substrat für Champignons produziert wird. 36 Männer und Frauen haben hier einen Arbeitsplatz gefunden. Der Pilzhof Wallhausen beliefert rund einhundert Kunden in fast ganz Europa, von Schweden bis nach Rumänien. Aus einer Wochenproduktion Substrat wachsen dann 400 Tonnen Champignons. Im Jahre 2006 wurde das Unternehmen in Würdigung seiner hervorragenden Leistungen als Finalist für den »Großen Preis des Mittelstandes« der bundesweiten Oskar-Patzelt-Stiftung geehrt.

Der Pilzhof liegt in unmittelbarer Nähe der Abfahrt Wallhausen an der Bundesautobahn A 38.

Pilzhof Pilzsubstrat Wallhausen GmbH
Mühlgebreite 4 · 06528 Wallhausen
Tel. (03 46 56) 6 13
Fax (03 46 56) 6 14 20
info@pilzhof-wallhausen.de
www.pilzhof-wallhausen.de

Roßla – die größte Gemeinde in der Goldenen Aue

Das tausendjährige Roßla aus der Luft

Zentrum für Kultur und Verwaltung

Mit einer Einwohnerzahl von rund 2500 ist Roßla die größte Gemeinde in der Goldenen Aue. Obwohl nur ein Dorf, hat es durchaus den Charakter einer Kleinstadt. Seine günstige Lage förderte schon frühzeitig die Verkehrsanbindungen. So verfügt der Ort heute über einen Bahnhof an der Hauptstrecke der Deutschen Bahn AG Halle-Kassel. Die Landesstraße L 151 führt mitten durch Roßla. An ihr binden weitere Landesstraßen in Richtung Kelbra, Kyffhäuser und Hayn im Südharz an. Unmittelbar östlich, beim Ortsteil Dittichenrode, liegt eine Abfahrt der Bundesautobahn A 38.

Sankt Trinitatis-Kirche in Roßla

Über 1000 Jahre alt

Die erste urkundliche Nennung von Roßla erfolgte im Jahre 996. 1706 wurde es Residenzort einer neu gegründeten Nebenlinie der Stolberger Grafen, die sich fortan zu Stolberg-Roßla nannte. Die kleine Grafschaft gleichen Namens umfasste mehrere Orte in der Goldenen Aue und im Südharz. Aus einer bereits im Mittelalter erwähnten Wasserburg ließen jene von 1827 bis 1831 ein Schloss im klassizistischen Baustil errichten. Im Jahre 1893 wurden die Grafen durch Kaiser Wilhelm II. in den erblichen Fürstenstand erhoben.

Im 19. Jahrhundert begann die industrielle Entwicklung, aus dem rein landwirtschaftlich geprägten Dorf entstand ein Ort mit kleinstädtischem Charakter. Neben zahlreichem Gewerbe gab es ein Amtsgericht, die fürstliche Rentkammer, ein Konsistorium und weitere Verwaltungseinrichtungen. Somit besteht hier schon sehr lange ein Verwaltungszentrum für die umliegenden Orte.

Zu den sehenswerten Denkmalen gehören außer dem einstigen Schloss die von 1868 bis 1871 im neogotischen Stil erbaute Sankt Trinitatis-Kirche. In der ehemaligen Rentkammer erblickte am 19. März 1782 Friedrich Ernst von Biela das Licht der Welt. Sein Hobby war die Astronomie. Am 27. Februar 1826 entdeckte er einen Kometen, der später nach ihm benannt wurde. Auch auf dem Mond trägt ein Gebirge seinen Namen.

Moderne Verwaltungsstrukturen für die Bürger

Gegenwärtig ist in der Gemeinde Roßla der zentrale Verwaltungssitz der Verwaltungsgemeinschaft »Südharz«, zu der 15 Orte gehören. Rund 12 000 Menschen leben hier. In der Regionalplanung der Landesregierung von Sachsen-Anhalt wurde Roßla als Grundzentrum für die Orte im westlichen Kreisgebiet eingestuft. Der heutige Einzugsbereich in der Grundversorgung der Bevölkerung rund um Roßla wird mit etwa 15 000 Einwohnern benannt.

Museum »S'ohle Huss«

Roßla hat eine moderne neue Grundschule und ist Sekundarschulstandort für die Orte des westlichen Kreisgebietes. Im Ort gibt es drei Kindereinrichtungen, darunter die kommunale Kindertagesstätte »Zwergenpalais« im einstigen fürstlichen Wittumspalais und zwei weitere Einrichtungen in freier Trägerschaft.

Für den Schutz von Hab und Gut der Bürger sorgt eine modern ausgerüstete Freiwillige Feuerwehr.
In Roßla hat die Verwaltung des Biosphärenreservates »Karstlandschaft Südharz« ihren Sitz.

Auf Entdeckungstour in der Goldenen Aue

Bürgerhaus in der Wilhelm-Straße

Gewerbe prägt das Roßla von heute

Nach der Wende erfolgte die Erschließung eines großen Gewerbegebietes. Hier haben sich mehrere mittelständische Unternehmen angesiedelt. Im Ort selbst gibt es das Einkaufszentrum »Ross-Passage« mit zwei großen Lebensmittelmärkten, zahlreichen Ladengeschäften und Dienstleistungsunternehmen aller Art. Weitere Ladengeschäfte in den Straßen und gastronomische Einrichtungen bereichern das Angebot. Roßla ist Sitz einer Filiale der Kreissparkasse und der Volksbank sowie der Polizeiverwaltung und des Rettungsdienstes »Die Johanniter« für das westliche Kreisgebiet. Im Evangelischen Alters- und Pflegeheim »Marienstift« haben viele ältere Bürger ein neues Zuhause bekommen.
Weit über 150 Gewerbe sind gegenwärtig in Roßla angemeldet.

Maibaum in der Wilhelm-Straße

Wahl der Maikönigin

Die sanierte Kirche Sankt Annen und Marien im Ortsteil Dittichenrode

Viele Vereine kümmern sich um die Kultur

Das Roßlaer Schloss ist Ausgangspunkt vieler kultureller Veranstaltungen und wird vom Verein »Kultur- und Bildungszentrum« betrieben. Höhepunkte im gesellschaftlichen Leben der Gemeinde sind die Schützenfeste der Schützenkompanie 1848 »Goldene Aue« und der Schützengilde. Dazu kommen noch ein großes Sportfest, die Kirmes und der jährliche Weihnachtsmarkt. Alle zwei Jahre wird zum Maifest die Roßlaer Maikönigin gewählt. Sie repräsentiert die Gemeinde an der Seite des Bürgermeisters. Zu diesem Fest wird auch die jährliche Auszeichnung »Bürger des Jahres« vergeben.
Eine ständige Ausstellung zu den verschiedensten Themen in Kultur und Heimatgeschichte sowie weitere kulturelle Veranstaltungen bietet das Museum »S´ohle Huss«.
Im Sommer lädt ein schönes Freibad mit sportlichen Einrichtungen ein. Zwei Fußballplätze mit einem Sportlerheim bereichern das Angebot.
Die Vereinslandschaft gestalten neben dem Männergesangverein »Liedertafel«, dem Heimat- und Schlossverein, dem Gewerbeverein und den Kleingärtnern noch weitere Vereinigungen.

Im Ortsteil Dittichenrode

Der kleine Ort Dittichenrode, seit 1972 Ortsteil von Roßla, ist rein landwirtschaftlich geprägt. Seine erste urkundliche Erwähnung erfolgte im Jahre 1251. Von hier aus ist in wenigen Minuten zu Fuß die den gesamten Südharz hervorhebende Karstlandschaft erreichbar.
Ein wahres Kleinod ist die aus einer Ruine wiedererstandene Dorfkirche Sankt Annen und Marien. Regelmäßig veranstaltet der ansässige Dorf- und Country-Club im Sommer ein großes Fest.

Wappentier von Roßla

Gemeinde Roßla
Wilhelm-Straße 53
Tel. (03 46 51) 4 52 84
www.rossla.de

Auf Entdeckungstour in der Goldenen Aue

Mehrgenerationenhaus Schloss Roßla

Neues Leben im ehemaligen Residenzschloss

Kultur- und Bildungszentrum Schloss Roßla e.V.

Im Rahmen des deutschlandweiten »Aktionsprogramms Mehrgenerationenhäuser« fördert der Verein »Kultur- und Bildungszentrum Schloss Roßla« das Miteinander und die gegenseitige Unterstützung der Generationen vor Ort. Zu diesem Zweck können alle Altersgruppen aus Roßla und Umgebung einen Treffpunkt im Schloss Roßla finden und hier gemeinsame Stunden verbringen. Dazu gehören auch Patenschaften und der Ausbau von Dienstleistungen. Freiwillige und professionelle Kräfte arbeiten hier eng zusammen.

Damit kehrte in das ehemalige Residenzschloss der Grafen zu Stolberg-Roßla wieder neues Leben ein. Das Gebäude, eine großzügige vierflügelig gestaltete Anlage, ist im 19. Jahrhundert im klassizistischen Baustil neu errichtet worden. Vorher gab es hier eine mittelalterliche Wasserburg. Ein großräumiges Foyer mit imposanter zweiläufiger Treppenanlage erschließt alle drei Etagen und führt in die einzelnen Flügel.

Großzügige Sanierungsarbeiten haben in der Vergangenheit die Turmspitze des mittelalterlichen Wehrturmes neu erstehen lassen, ebenso erhielten alle Dachflächen eine neue Eindeckung. Auch der Ostflügel mit dem Haupeingang wurde erst vor wenigen Jahren umfassend in Stand gesetzt. Ebenso großzügig erfolgte die Renovierung der wichtigsten Räumlichkeiten.

So sind heute in der mittleren Etage mehrere Säle verfügbar. Sie bieten genügend Platz für Veranstaltungen aller Art, von individuellen Familien- und Betriebsjubiläen bis hin zu festen Terminen wie Weihnachtsmarkt, Jugendweihen, Tanz- und Silvesterveranstaltungen. Der große Saal verfügt über eine Bühne und eine Empore. Damit ist er ideal für Showveranstaltungen oder Theateraufführungen geeignet. Ebenso sind hier Tagungen und Schulungen für bis zu 250 Teilnehmer möglich. Mehrere kleine Säle stehen für Gruppenveranstaltungen bereit. Für Lesungen und Liederabende ist ein romantisches Kaminzimmer der ideale Ort. Regelmäßige Kunstausstellungen im Vorraum des großen Sales und im Treppenhaus laden zum Besichtigen und Verweilen ein. In zwei Räumen ist die öffentliche Gemeindebibliothek eingerichtet. Ein Schloss-Standesamt im historischen Ambiente rundet das Angebot in dieser Etage ab. Überhaupt steht für den schönsten Tag im Leben das ganze Haus zur freien Verfügung. Die gastronomische Versorgung im Restaurant wird ganz individuell mit dem Brautpaar abgestimmt. Dabei sind auch zusätzliche Highlights für die Hochzeitsfeier, wie Feuershow oder Dudelsackspieler möglich.

Ehemalige fürstliche Bibliothek

Frühling in Roßla

Auf Entdeckungstour in der Goldenen Aue

Im Erdgeschoss sind eine Gaststätte und ein Kinder- und Jugendhaus eingerichtet. Die im rustikalen Stil modern eingerichtete Gaststätte bietet während der saisonal unterschiedlichen Öffnungszeiten eine gut bürgerliche Küche, aber auch bei Vorbestellung Spezialitäten aller Art, an. Die gut ausgestattete Küche hält außerdem noch Angebote für Schulen, Kindereinrichtungen und für »Essen auf Rädern« bereit. In den Sommermonaten laden ein Biergarten und Cafe mit selbstgebackenem Kuchen auf der Parkterrasse ein. Von hier aus kann man auch das Kaiser-Wilhelm-Denkmal auf dem Kyffhäuser sehen.

Das Kinder- und Jugendhaus wird allen Ansprüchen gerecht. Jeder Raum ist von Künstlerhand individuell gestaltet worden. Hier ist die Betreuung und Versorgung von Hortkindern ab dem 6. bis zum 12. Lebensjahr möglich. Gut ausgebildetes Fachpersonal steht dafür zur Verfügung. Im Hortbereich kümmern sich Erzieherinnen um die Jungen und Mädchen. Sie können hier unter Anleitung ihre Hausaufgaben erledigen, Beschäftigungen in Arbeitsgemeinschaften nachgehen oder spielen. Auch werden eine persönlich abgestimmte Lernförderung und Hausaufgabenhilfe angeboten. Ältere Kinder haben die Möglichkeit, Hausaufgabenhilfe und Schülernachhilfe in Anspruch zu nehmen. Auch die Familienberatung wird angeboten.

Der Verein bietet zahlreiche Ausstellungsmöglichkeiten sowie Kreativkurse an. Auch Liederabende und Lesungen gehören zum kulturellen Angebot. Im Umfeld des Gebäudekomplexes laden der Schlossgarten und ein Park, der so genannte Riethgarten, zu Spaziergängen ein. Schöne alte, über Jahrhunderte, gewachsene Bäume prägen das Bild. Für die Kinder ist ein kleiner Spielplatz eingerichtet.

Mehrgenerationenhaus Schloss Roßla

Das Schloss Roßla ist Eigentum der Gemeinde Roßla. Der Verein Kultur- und Bildungszentrum Schloss Roßla ist seit dem 31. August 2006 Pächter des gesamten Gebäudes. Er ist anerkannter freier Träger der Kinder- und Jugendhilfe. Ende des Jahres 2007 erhielt der Verein nach vorheriger Beantragung die Förderzusage des Bundesministeriums für Familie, Senioren, Frauen und Jugend und ist seitdem ein anerkanntes Mehrgenerationenhaus. In ganz Deutschland wurden aus 1700 Bewerbungen 500 Mehrgenerationenhäuser ausgewählt, die mit ihren Konzepten überzeugen konnten. Das Schloss Roßla gehört dazu. Es ist die zweite Einrichtung dieser Art im Landkreis Mansfeld-Südharz.

Das Kaminzimmer

Für den Aufbau und die weitere Arbeit werden Menschen und Sponsoren aus der Wirtschaft sowie Paten gesucht. Sie sollen die Arbeit nicht nur ideell, sondern auch finanziell unterstützen.

Kinderhaus im Schloss

Im großen Saal

Mehrgenerationenhaus
Kultur- und Bildungszentrum Schloss Roßla e.V.
Vorsitzende Nadine Pein
Schloss 1 · 06536 Roßla
Tel. (03 46 51) 45 69 34 (Restaurant)
Tel. (03 46 51) 45 69 25 (Kinder- und Jugendhaus)
mgh-rossla@gmx.de · www.schlossrossla.de

Auf Entdeckungstour in der Goldenen Aue

Wallhausen – ein Ort mit großer Geschichte

Einst residierten hier Kaiser und Könige

Blick in die Schlossgasse

Rings um Wallhausen blühen im Frühjahr tausende Obstbäume.

Mit dem Namen Wallhausen in der Goldenen Aue verbinden sich vielfältige Erinnerungen an große historische Ereignisse. So bestand hier unter den ottonischen Königen eine Pfalz, die möglicherweise ihren Ursprung in einer fränkischen Befestigung hat. Ungeklärt ist die genaue Lage derselben, vieles weist aber auf die Ortslage und das spätere gräfliche Schloss hin.

In Wallhausen vermählte sich im Jahre 909 Heinrich I., ein Sohn des sächsischen Herzogs Otto der Erlauchte, in zweiter Ehe mit Mathilde, der Laienäbtissin von Nivelles. Drei Jahre später, 912, kam deren beider Sohn Otto am gleichen Ort zur Welt. Heinrich I. wurde 919 zum König des Ostfrankenreiches gewählt. Nach seinem Tode im Jahre 936 übernahm Sohn Otto die Königskrone und empfing 962 die Kaiserkrone des Heiligen Römischen Reiches Deutscher Nation. Er ging in die Geschichte als Otto der Große ein.

Für die Pfalz Wallhausen begannen große Tage. Im Jahre 1030 bekam Wallhausen das Stadtrecht. Viele Kaiser residierten hier und stellten Urkunden aus. Heinrich V. sammelte auf der Heergölde im Februar des Jahres 1115 ein Heer und zog von dort aus in die Schlacht am Welfesholz. Seine Truppen wurden geschlagen und in der Folge die Pfalz zerstört. Nach dem Wiederaufbau hielt Friedrich I. (Barbarossa) im Jahre 1169 hier einen Reichstag ab. Danach rückte Wallhausen langsam aus dem Licht der großen Geschichte.

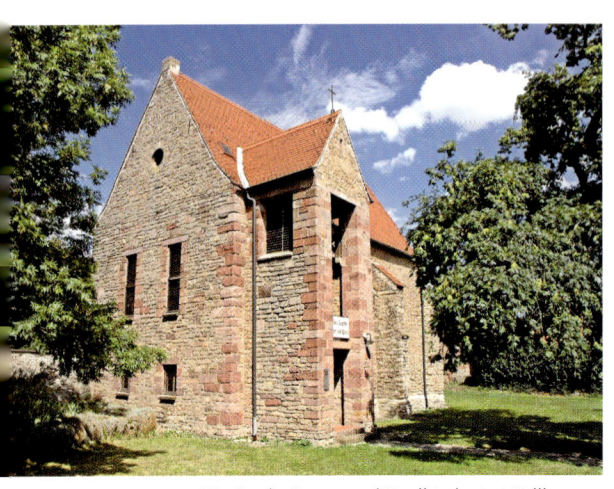

Wallhausen gehört der Namensendung -hausen nach zu den fränkischen Gründungen. Diese erfolgten in unserer Region nach der Eroberung des Thüringer Königreiches durch die Franken. Jene gründeten ihre Siedlungen planmäßig in günstigen Verkehrslagen.

Unmittelbar östlich vom Ort liegt der so genannte Sachsgraben. Hier soll einst nach dem Untergang des Thüringer Königreiches im Jahre 531 die Grenze zwischen den fränkisch und den sächsisch besetzten Landesteilen gezogen worden sein. Heute bildet er die Gemarkungsgrenze zwischen Wallhausen und der Kreisstadt Sangerhausen.

Obwohl viele neue Häuser das heutige Ortsbild gestalten, hat Wallhausen mit seinem Grundriss noch Erinnerungen an das Mittelalter bewahrt. Die Durchgangstraße führt an der ehemaligen Stadtmauer entlang. An die einstigen Tore erinnern Straßennamen. Im Jahre 1408 wurde die heutige Kirche Sankt Peter und Paul geweiht. In ihren Mauern predigte einst der Reformator Martin Luther. Von dem ältesten Gebäude des Ortes ist trotz starker Bombenschäden im Krieg und modernem Wiederaufbau noch einiges erhalten geblieben. Außer diesem schönen Denkmal gibt es viele Häuser, die ein Haus- oder Schildzeichen tragen. Eingeführt wurde diese regionale Einmaligkeit im 17. Jahrhundert durch einen Amtmann zur Unterscheidung der Gebäude. Letztmalig wurden diese Schildzeichen während der Festwoche zur 1100-Jahrfeier im Juni 2008 getragen.

Die Sankt Peter- und Paulkirche in Wallhausen

Blick in die Hauptstraße

In Wallhausen dominierte viele Jahrhunderte die Landwirtschaft. Es wurde Weinanbau betrieben, später legte man an den Hängen Kirschplantagen an. Die gute Verkehrslage förderte, trotz des Verlustes des Stadtrechtes im Königreich Preußen, als ein Wegbereiter die Industrialisierung. Eine Zuckerfabrik wurde gebaut, später entstand daraus ein Steingutwerk. Dieser Erwerbszweig besteht heute noch. Zahlreiche mittelständige Unternehmen und Gewerbetreibende prägen derzeitig das Ortsbild und bieten interessante Arbeitsplätze. Östlich des Ortes ist ein Gewerbegebiet ausgewiesen.

Das heutige Wallhausen ist ein moderner, sehr lebendiger Ort mit einer guten Infrastruktur. Der nördliche Rand der Ortslage wurde für Eigenheime erschlossen. Was noch zu DDR-Zeiten begann, setzte man nach der Wende zielstrebig fort. Zahlreiche schöne neue Häuser geben diesem Teil von Wallhausen ein eigenes Gesicht.

Blick in den Nordhof des einstigen gräflichen Schlosses

Viele Vereine bereichern das Kulturangebot. So sind die Karnevalisten weit über die Kreisgrenzen hinaus bekannt. Beim Sport dominiert der Fußball, aber auch ein Tennisplatz lädt ein. Mitte der 1980er Jahre ließ man den »Wallhäuser Kram-Markt« wieder aufleben. Er gehört zu den großen Veranstaltungen im Jahreslauf. Die Organisation liegt in den Händen des Krammarkt-Vereins. Hohes Ansehen genießen auch die Mitglieder der örtlichen Freiwilligen Feuerwehr. Sie sind zu allen Veranstaltungen präsent. Mit dem »Haus zur Sonne« steht für alle ein sehr modernes Bürgerhaus zur Verfügung. Im Juni 2008 beging die Gemeinde ihre 1100-Jahrfeier. Der prächtige Festumzug wird noch lange in Erinnerung bleiben.

Zu Wallhausen gehört seit 1973 der Ortsteil Hohlstedt, der ebenfalls sehr alt ist und laut Chronik bereits im Jahre 957 urkundlich erwähnt wurde. In Hohlstedt gibt es an Sehenswürdigkeiten die im Kern spätromanische Sankt Andreas-Kirche.

Die Sankt Andreas-Kirche im Ortsteil Hohlstedt

Luftaufnahme von Wallhausen

Im Oberfleck

Die Gemeinde Wallhausen hat zusammen mit dem Ortsteil Hohlstedt rund 2250 Einwohner. Der Ort liegt in der Nähe der Abfahrt Wallhausen an der Bundesautobahn A 38. Mitten durch den Ort führt die Landesstraße L 151. Die gute Verkehrsanbindung ergänzt ein Bahnanschluss der Deutschen Bahn AG an der Strecke Halle-Kassel. Zur Unterscheidung von den Namensvettern in Deutschland führt der Ort den Zusatz Wallhausen/Helme.

Gemeinde Wallhausen
Hauptstraße 50
06528 Wallhausen
Tel. (03 46 56) 5 66 77
Fax (03 46 56) 5 66 66
www.wallhausen.harz-pop.de
www.vwg-goldene-aue.de
www.wallhausen-helme.de

Auf Entdeckungstour in der Goldenen Aue

Im Südhof mit Außencafé

Für feierliche Anlässe im kleineren Rahmen bietet das Gewölbe-Café ein gemütliches Umfeld.

Renaissance trifft Modern

Schloss Wallhausen lädt ein

Müde? Kraftlos? Keine Energie mehr? Dann sollte man das reizvolle Renaissance-Schloss aus dem 16. Jahrhundert in Wallhausen in der Goldenen Aue besuchen. Hier erwartet den Besucher eine Mischung aus romantischem Ambiente und moderner Ausstattung. Man kann die saubere Luft der Goldenen Aue und den betörenden Duft der umliegenden Wälder genießen und sich auf geschichtsträchtigem Boden vom hektischen Alltag erholen.

Schon im 9. Jahrhundert befand sich ein karolingisches Heerlager in Wallhausen. Der erste deutsche König Heinrich heiratete hier im Jahre 909 Mathilde von Ringelheim, die ihm drei Jahre später den ersten Sohn Otto in Wallhausen gebar. Dieser wurde 962 in Rom als Otto der Große zum ersten Kaiser des Heiligen Römischen Reiches Deutscher Nation gekrönt.

Im Jahre 1414 wurden die Burg und die dazugehörigen Ländereien von den Grafen von der Asseburg gekauft. Die Burg selbst wurde Mitte des 16. Jahrhundert zerstört, sodass Heinrich II. von der Asseburg einen kompletten Neubau begann. Zunächst wurde der Mittelbau – das »Hohe Haus« – errichtet. Bis 1613 erbaute Ludwig II. von der Asseburg die zweigeschossigen Ost- und Westflügel. Das Schloss befand sich über weitere 330 Jahre im Besitz der gräflichen Familie. Im Zuge der Bodenreform ging es an die Gemeinde Wallhausen über. Im Jahre 2005 wurde das Schloss von einem Privatier gekauft und wird seitdem liebevoll restauriert und modernisiert.

Viele Details haben die Jahrhunderte überstanden. An den Seitenflügeln findet man auf Konsolen gestützte Erker. Der Mittelbau ist von einem Sandstein-Rundbogenportal durchbrochen, über dem sich noch heute das gräfliche Wappen befindet. Das Dach aus Naturschiefer enthält verschiedene Fledermaus-, Satteldach- und Schleppdachgauben, wo sich zwei Falkenpärchen ein gemütliches Heim errichtet haben. Auf der Mitte des Hohen Hauses befindet sich eine barocke Haube – bekrönt von einer goldenen Kugel. Erwähnenswert sind auch die Schlüssellochschießscharten im Mauerwerk, das aus verschiedenen Sand- und Kalksteinvarietäten errichtet wurde.

Heute steht das Schloss wieder einer breiten Öffentlichkeit zur Verfügung. Einen Teil des Anwesens stellt der Eigentümer dem gemeinnützigen Verein zur Förderung der Modernen Kunst zur Verfügung. Dieser möchte eine Brücke bauen – zwischen den Besuchern des Schlosses und den Schöpfern zeitgenössischer Kunst.

Sandstein-Rundbogenportal mit dem gräflichen Wappen

Auf Entdeckungstour in der Goldenen Aue

Für Feiern von Familien oder Unternehmen bietet der Festsaal »Kaiser Otto« ein gediegenes Ambiente.

In den Sommermonaten werden Ausstellungen moderner Kunst und Kreativwochen mit namhaften internationalen Künstlern organisiert. Die Ausstellungen werden in Zusammenarbeit mit Organisationen, wie der Hochschule für Kunst und Design »Burg Giebichenstein«, Halle, oder der HypoVereinsbank mit kuratierten Preisträgern von »Jugend Kulturell Bildende Kunst« Deutschland präsentiert.

So hat die Ausstellung »flügge 2008« durch ihre Vielfältigkeit fasziniert. Fotografien, Malereien in Aquarell, Öl oder Kohle, textile Kunst und Skulpturen aus Keramik oder Stein beeindruckten nicht nur die Erwachsenen, sondern auch die kleinen Besucher. Studierende und Absolventen der Burg freuten sich über die Möglichkeit, ihre Werke einem breiten Publikum vorstellen zu können.

Die Kreativwochen bieten Teilnehmern aus Deutschland und ganz Europa in einer inspirierenden Umgebung, losgelöst von ihrem Alltag, Weiterbildung in verschiedenen Maltechniken, Komposition und Farbgestaltung.

Interessierte für Holzbildhauerei können unter Leitung von Meinrad Betschart, residierender Künstler auf Schloss Wallhausen, ihrer Fantasie freien Lauf lassen. Die Werke von Meinrad Betschart werden im Skulpturenpark des Schlosses im Einklang mit der Natur den Besuchern präsentiert.

Nach dem Besuch der aktuellen Ausstellung kann man die vielen Eindrücke bei einer Tasse Kaffee und Kuchen oder einem leckeren Eis im gemütlichen Gewölbe- oder Garten-Café verarbeiten. Dieses steht auch für kleinere Familien- und Firmenfeiern zur Verfügung. Für größere Veranstaltungen steht der Otto-Saal zur Verfügung. Neben wohlschmeckenden Speisen werden ausgezeichnete deutsche Weine serviert.

Für eine wunderschöne Trauungszeremonie stehen ein standesamtlicher Trauraum und die schlosseigene Kapelle bereit. Hier kann man mit allen Verwandten und Freunden ein rauschendes Fest,

Auf Konsolen gestützter Erker am Seitenflügel

Ein reizvolles Renaissance-Schloss aus dem 16. Jahrhundert (Fotos: Schloss Wallhausen)

In romantisch eingerichteten Suiten kann man stilvoll nächtigen.

ganz so, wie Heinrich und Mathilde vor 1100 Jahren, feiern. Verträumte Fotos im Schlosspark und die Nacht in der separaten Hochzeitssuite lassen diesen Tag unvergesslich werden. In mit romantischem Ambiente eingerichteten Suiten und Doppelzimmern können weitere Gäste nächtigen.

Für einen Aufenthalt als Tourist ist die geografische Lage des Schlosses höchst interessant, da man sich hier inmitten vieler geschichtsträchtiger und europaweit einzigartiger Sehenswürdigkeiten des Harzgebietes befindet.

Schloss Wallhausen
06528 Wallhausen · Tel. (03 46 56) 2 02 39
info@schlosswallhausen.de
www.schlosswallhausen.de

Auf Entdeckungstour in der Goldenen Aue

Hackpfüffel – ein kleiner Ort mit großem Park

Gäste sind immer willkommen

An der Landesgrenze zu Thüringen, verborgen hinter dem Kyffhäusergebirge, aber mitten in der Goldenen Aue, liegt Hackpfüffel, ein kleiner idyllischer Ort mit 270 Einwohnern westlich der Kreisstadt Sangerhausen. Die Gemarkung umfasst eine Fläche von 5,7 Quadratkilometern. Als besonders reizvoll gelten in Hackpfüffel nicht nur die gastfreundlichen Bewohner, sondern auch die natürlichen Schönheiten in und um die kleine Gemeinde als Vorboten großer kultureller und geschichtlicher Denkmäler wie zum Beispiel dem Europa-Rosarium Sangerhausen, der Königspfalz Tilleda und dem Kaiser-Wilhelm-Denkmal.

Das Schloss der Grafen von Kalckreuth (Foto: Steffi Rohland)

Blick in die Lange Straße

Blick vom Kirchturm über den Ort

Am Hackpfüffeler See (Fotos: Dieter Fischer)

1100 Jahre Geschichte

Bablide – Ort auf bebendem Sumpf – wurde bereits 899 erstmals urkundlich erwähnt und so ist das heutige Hackpfüffel mit eine der ältesten Ortschaften in der Verwaltungsgemeinschaft »Goldene Aue«. Im Laufe der Jahrhunderte hat sich der Name des Ortes von Pfelde (um 1100), Hackenpfeffel (um 1572) bis zum heutigen Hackpfüffel entwickelt. Seit Bablide bis zum jetzigen Hackpfüffel wurden 17 verschiedenen Namensformen erwähnt und geführt. Viel Interessantes gibt es auch in der Chronik des Ortes zu erfahren, welche in einer kurzen Fassung auf der Internetseite der Gemeinde zu finden ist.

Einer der bedeutendsten Bürger war wohl Albert Hoffmann. 1846 erblickte er in Hackpfüffel das Licht der Welt. Als einer der Mitbegründer des Rosariums in Sangerhausen stiftete er seine Sammlung mit rund 1100 Rosensorten als Grundstock für den wohl größten und schönsten Rosengarten Europas.

Blick über Hackpfüffel zum Kyffhäusergebirge

Die Dorfkirche

Sehenswertes lädt zum Betrachten ein

Mit dem von Graf Artur von Kalckreuth im 19. Jahrhundert erbauten Schloss und angelegten Park, auf einer Fläche von 2,5 Hektar, besitzt die Gemeinde ein wahres Kleinod. Das Schloss wird heute als Wohnhaus genutzt. Der Park, von der Gemeinde gehegt und gepflegt, dient nicht nur der Erholung, sondern hat sich in der jüngsten Vergangenheit zum kulturellen Zentrum des Ortes entwickelt.

Die Kirche Sankt Annen stellt sich auch durch einige Besonderheiten dar. Sie steht derzeit für »Offenheit«, denn ihr fehlt noch das Dach über dem Kirchenschiff. Der Innenraum des Schiffes wurde saniert und mit Rosen bepflanzt, was wohl etwas Besonderes für eine Kirche und somit eine gute Gelegenheit zum Verweilen ist. Den gotischen Flügelaltar aus dem 14. Jahrhundert kann man derzeitig nur in Wallhausen als Leihgabe bewundern. Eine aus dem Jahre 1640 stammende Kirchturmuhr thront heute mit der Genauigkeit einer Quarzuhr über den Köpfen der Hackpfüffeler Bürger. Nach dreißig Jahren Stillstand wurde sie mit viel Aufwand wieder in Stand gesetzt.

Gaststätte »Zum Dorfkrug«

Aus der Chronik der Kirche gibt es sehr viel Interessantes zu erfahren, unter anderem auch über den berühmten Kantor Renatus Wolf, welcher hier um 1600 gelebt haben soll. Einer Sage nach tingelte er auch als Musiker durch die Welt und brachte sich von seinen Reisen die schöne Prinzessin Zeriode aus Arabien mit. Sie lebten hier gemeinsam noch viele glückliche Jahre.

Bei einem Streifzug durch die Gemeinde sind aber nicht nur die Schönheiten des Ortes auffällig. Man kann auch feststellen, dass die neuzeitliche Entwicklung durch eine Anzahl von Gewerbetreibenden mitbestimmt wird.

Der Teich im Park (Fotos: Dieter Fischer)

Das kulturelle Leben gestalten im Wesentlichen drei Vereine. Jährlich wird im Juli durch den Sportverein ein großes Sportfest auf dem Sportplatz sowie im Park organisiert. Die Freiwillige Feuerwehr lädt immer am Vorabend des 1. Mai zum traditionellen Fackelumzug ein und der Karnevalsverein beginnt zur närrischen Zeit im November jedes Jahres den Veranstaltungsreigen. Am Samstag vor dem Rosenmontag zieht dann der traditionelle »Erbsbär« durch das Dorf. Am gleichen Abend sind alle gern gesehene Gäste zur karnevalistischen Feier auf dem Saal der Gemeindeschänke »Zum Dorfkrug«.

Schöne Umgebung

Durch den Ausbau des ehemaligen Bahndammes der Kyffhäuser-Kleinbahn entstanden schöne Radwanderwege, auf denen man recht komfortabel Ausflugsziele in der näheren Region erreichen kann. So radelt man mit Blick auf den Kyffhäuser entlang der Straße der Romanik zur Königsfalz in Tilleda. Weitere Radwanderwege sind derzeitig in der Entstehung.

Ein lohnendes Ausflugsziel ist auch das Naturschutzgebiet »Hackpfüffeler See«. Östlich des Kyffhäusergebirges zwischen Riethnordhausen, Borxleben und Hackpfüffel gelegen, erstreckt sich dieses Naturschutzgebiet auf einer Fläche von rund 58 Hektar und bietet eine ebenso schöne wie auch seltene Flora und Fauna. Der große Erdfall ist durch besondere karsthydrologische Zusammenhänge mit Wasser gefüllt. Der großen Bedeutung der vielfältigen und seltenen Arten von Pflanzen und Tieren wurde hier durch die Unterschutzstellung besonders Rechnung getragen. Mit dem Kyffhäuser im Hintergrund findet der Besucher auch hier eine gelungene Möglichkeit der Erholung.

Für Reisende und Neugierige ist es mit Sicherheit eine nette Erfahrung, sich das Beschriebene einmal selbst anzusehen. Auf bald mal in – Bablide.

Gemeinde Hackpfüffel
Bürgermeister Gerald Wudi
Kirchgasse 18 · 06528 Hackpfüffel
Tel. (03 46 56) 5 93 95
www.vwg-goldene-aue.de

Blick auf Brücken – von der Heide aus

Brücken – eine Gemeinde in der Goldenen Aue

Vereine prägen das Gemeindeleben

Der Ort Brücken liegt mitten in der Goldenen Aue in der Nähe der Helme. Ein Nebenarm, der so genannte Mühlgraben, fließt unmittelbar am Ort vorbei. In die Orts- und Feldflur eingeschlossen sind im Norden das Niederungsgebiet der Helme mit seinen sehr fruchtbaren Schwemmlandböden und ein nach Südwesten leicht ansteigender Höhenzug, die Heide. Im Tal und an den Hängen findet man im Sommer wogende Getreidefelder und üppige Hackfruchtkulturen. Die Höhen sind noch in geringem Umfang von Wald bedeckt.
Die Gemeinde gehört zur Verwaltungsgemeinschaft »Goldene Aue« mit Sitz in Kelbra.

Der Ratskeller

Aus der Geschichte

Brücken ist ein sehr alter Ort. Die ältesten Funde an menschlichen Hinterlassenschaften reichen mehrere tausend Jahre, bis in die Jungsteinzeit, zurück. In der Archäologie wurde der Ort durch die Ausgrabungen des Schülers Walter Hertzer in den 1930er Jahren bekannt. Er entdeckte damals am Taubenborn ein rund 2000 Jahre altes, großes Brandgräberfeld aus der Latènezeit. Diese Funde sind bisher einmalig in Mitteldeutschland. Einige Stücke davon kann man in der Dauerausstellung des Spengler-Museums in Sangerhausen sehen.
Die erste urkundliche Erwähnung des Ortsnamens erfolgte als Trizzebruccun in dem Breviarium des Lullus. Die auch als »Karls-Tafel« bezeichnete Auflistung wird von Historikern in die Zeit zwischen 775, dem Todesjahr des Erzbischofs Lul von Hersfeld und 814, dem Sterbejahr Kaiser Karls des Großen datiert.
1305 wurde eine Burg erwähnt. Sie lag vermutlich an der Stelle, wo sich heute das einstige Schloss der Freiherren von Werthern befindet. Die Familie von Werthern war über 400 Jahre in der Goldenen Aue ansässig. Im Jahre 1501 wurde Hans von Werthern durch Herzog Georg von Sachsen mit dem Amt Brücken belehnt. Hans von Werthern war der Erbkammertürhüter von Kaiser Maximilian I.

Alter Epitaph an der Kirche

Im Jahre 1518 erhielt Brücken von jenem das Markt- und Stadtrecht verliehen. Von der einstigen Stadtmauer sind heute noch Reste zu sehen. Drei Tore sicherten die Zugänge.
Am 6. März 1536 machte der Ort erneut Geschichte in der Goldenen Aue. An diesem Tag erfolgte die Hinrichtung der Jutte Stulzingk wegen Zauberei auf dem Scheiterhaufen. Dieser und weitere Gerichtsfälle sind in dem Erbbuch von Brücken überliefert.
1591 zerstörte ein Brand fast den ganzen Ort. Sogar die Kirchenglocken schmolzen im Feuer.

Auf Entdeckungstour in der Goldenen Aue

Das Storchennest

Blick in die Hauptstraße

Das neue Bürgerhaus

Die Kirche Sankt Aegidius

Brücken heute

Nach der Wende hat sich das Dorfbild stark verändert. Viele Häuser wurden von Grund auf saniert und bekamen ein neues Gesicht. So ist auch der historische Ratskeller wieder zu einem Blickfang geworden. Stolz sind die Bürger auf ihr neues Gemeindehaus mit Saal. Dort finden Veranstaltungen aller Art statt.

Zu den sehenswerten Denkmalen gehört die dem Heiligen Aegidius geweihte Dorfkirche. Sie wurde ebenfalls komplett saniert. Im Innern befinden sich ein sehr großer Epitaph der Freiherren von Werthern und ein Taufstein mit Inschriften und Reliefs aus dem Jahre 1598.

Innerhalb der Ortslage stehen drei Steinkreuze. Dabei handelt es sich um mittelalterliche Sühnekreuze. Ein weiteres Denkmal der Rechtsgeschichte liegt am Schloss, ein so genannter Blauer Stein. Sein ursprünglicher Standort war in der Feldflur an der Grenze zu Hackpfüffel.

Mitten im Ort brütet seit vielen Jahrzehnten jedes Jahr ein Storchenpaar. Reichlich Nahrung findet Adebar auf den Wiesen und an den Grabenrändern.

Kultur und Vereine

Mehrere Vereine prägen das gesellschaftliche und kulturelle Leben in der Gemeinde. Der Sport wird dabei ganz groß geschrieben. So feierte der Sportverein »Fortuna« im Jahre 2000 sein 100-jähriges Jubiläum. Er gliedert sich in die Abteilungen Fußball mit sieben Mannschaften, Kegeln mit drei Mannschaften sowie Pferdesport und eine Gymnastikgruppe. Die Frauenmannschaft im Fußball spielt schon seit Jahren erfolgreich in der Landesliga von Sachsen-Anhalt. Die Männer sind in der Kreisliga und in der ersten Kreisklasse vertreten. Die Kegler errangen den Meistertitel und spielen künftig in der Landesklasse. Jährlich finden ein großes Reitturnier und ein Sportfest statt. Daran beteiligen sich alle Mannschaften. Der Sportverein gehört zu den aktivsten im Landkreis.

Ebenso rührig sind die Rassegeflügelzüchter. Einige Mitglieder waren sehr erfolgreich auf Landes- und Bundesschauen. Es gibt noch einen Taubenzüchterverein, einen Kleingartenverein, einen Feuerwehrverein sowie eine Jagd- und eine Waldgemeinschaft.

Gemeinde Brücken
Bürgermeister
Michael Peckruhn
Hinterfleck 39
06528 Brücken
www.vwg-goldene-aue.de

Zu den jährlich wiederkehrenden Veranstaltungen gehören Ausstellungen der Kleintierzüchter auf dem Sportplatzgelände und ein großes Sportfest. Auf der Heide, im Schatten einer riesigen Eiche, wird jedes Jahr im Sommer das »Haidefest« gefeiert. Hier beteiligen sich alle Vereine aus der Gemeinde. Das ist auch der Fall beim Weihnachtsmarkt, der bereits am letzten Wochenende im November in der Hauptstraße aufgebaut wird. Traditionell gibt es an diesem Tag außer dem Weihnachtsmann auch ein attraktives Kulturprogramm.

Auf Entdeckungstour in der Goldenen Aue

In Martinsrieth dreht sich alles um Martin

Vieles erinnert an die Flamen

Blick vom Festplatz auf die Helmebrücke

Der kleine Ort mit seinen rund zweihundert Einwohnern zählt zu den regionaltypisch ländlichen Gemeinden in der Goldenen Aue. Geografisch liegt Martinsrieth an der Helme und ist über die Landstraße L 221 und die Bundesautobahn A 38, Abfahrt Sangerhausen-West erreichbar.
Martinsrieth gehört zu den Mitgliedsgemeinden der Verwaltungsgemeinschaft »Goldene Aue« mit Sitz in Kelbra.

Die kleine Dorfkirche Sankt Martin

Von den Flamen gegründet

Martinsrieth kann auf eine lange historische Tradition zurückblicken. Als im 12. Jahrhundert flämische Kolonisten die Goldene Aue durch Grabensysteme entwässerten und die Böden urbar machten, legten sie auch die Siedlung »Mertens Riete« an. Deren erste urkundliche Nennung erfolgte im Jahre 1180. Die gesamte Flur wurde in Hufen eingeteilt und jedem Haus der gleiche Anteil zugewiesen. Die Ländereien lagen in langen Streifen hinter den Gehöften. Dieser Zustand wurde erst mit der Separation im 19. Jahrhundert geändert.
Durch die Helme kam es regelmäßig zu Überflutungen der Äcker und auch der Wohngrundstücke. Zwischen 1888 und 1950 wurden hier 300 Hochwasser registriert. Eine neue Deichanlage schützt heute Ländereien und Bewohner zuverlässig.
Den gleichen Namen wie der Ort trägt auch der namensgebende Patron der kleinen Dorfkirche. Die Sankt Martins-Kirche wurde ebenfalls von den flämischen Siedlern gegründet. Der Turm mit seinem steilen Dach und dem Reiter stammt noch aus dem Mittelalter. Auch der große Taufstein ist erhalten geblieben. Darin haben wohl schon die Flamen ihre Kinder taufen lassen. Die Glocke auf dem Turm ist sehr alt und trägt die Jahreszahl 1350. Sie hat viele Stürme in dem kleinen Ort erlebt. Das Schiff wurde im 18. Jahrhundert im barocken Baustil verändert und vergrößert. Um 1800 kam auch ein neuer Altar dazu. 1995 wurden das Turmdach und im Rahmen der Dorferneuerung 2003 das Kirchendach mit Schiefern neu eingedeckt. Alle zwei Wochen findet ein Gottesdienst statt.
Die Landwirtschaft mit ihren großen Bauerngehöften prägt den Ort bis in die Jetztzeit. Die umliegenden Ackerflächen werden heute von Großbetrieben bewirtschaftet. Nur wenige Einwohner betreiben noch Landwirtschaft im Nebenerwerb. Auch die sprichwörtlichen Gänsescharen haben sich merklich verkleinert. Früher wurden in jedem Grundstück Gänse gehalten, heute muss man sie auf der Helme suchen.

Die Martinsriether Gänse – das Wahrzeichen des Ortes

Ein moderner Ort

Nach der Wende entstand eine völlig neue Infrastruktur. Die Verkaufseinrichtungen ersetzen heute mobile Versorger. Die Kindereinrichtung musste geschlossen werden. Durch Ansiedlung von zwei mittelständischen Unternehmen und weiteren Kleinunternehmen entstanden zwölf Unternehmen mit über fünfzig Beschäftigten. Auch die denkmalgeschützte Wassermühle der Familie Büttner hat die Zeiten überdauert und produziert heute erfolgreich.

Seit 1995 gibt es an der Helme unter den alten Bäumen einen Festplatz. Ein Jahr später kamen der neue Sportplatz dazu und 1997 war das neue Feuerwehrgerätehaus fertig gestellt.

Von 2001 bis 2005 war die Gemeinde im Förderprogramm der ländlichen Dorferneuerung. Dank einer guten Beteiligung der Bürger konnte im wohnwirtschaftlichen Bereich die ortsbildprägende Bausubstanz saniert und erhalten werden. Die Gemeinde ließ das Dorfzentrum neu gestalten und das Dorfgemeinschaftshaus, die frühere Dorfschänke, sanieren. Das gesamte Dorfbild hat sich vorteilhaft verändert. Dazu kam noch die Erneuerung der Ortsdurchfahrt nach dem Neubau der großen Helmebrücke.

Im Wettbewerb »Unser Dorf wird schöner« belegte Martinsrieth 2005 den ersten Platz im Landkreis Sangerhausen.

Badewannenrennen zum Sommerfest auf der Helme

Das neue Feuerwehrgerätehaus

Gemeinschaft und Kultur stehen ganz oben

In Martinsrieth gibt es ein stark ausgeprägtes Gemeinschaftsgefühl. Das kann man bei jeder Veranstaltung erleben. Die Vereine arbeiten eng zusammen und gestalten die vielen Feste auch gemeinsam. Der älteste Verein ist der bereits 1809 als »Trescherinnung« gegründete Fastnachtsverein. Seit 1953 werden unter den Männern des Ortes wieder ein Altmeister und die Jungmeister gewählt. Sie halten die uralte Tradition der Fastnachtsbräuche aufrecht. Seit einigen Jahren gibt es auch regelmäßige Faschingsveranstaltungen. Die

Die Martinsriether Schalmeienkapelle zum Feuerwehr-Kreismusiktreffen

Brückenstein und eingewachsene Pappeln an der Helme

haben allerdings die Frauen ins Leben gerufen. Über vierzig Aktive sind allein aus Martinsrieth dabei. Wenn der Schlachtruf »Maaartinsriiieth« auf dem Saal ertönt, bleibt kaum einer zu Hause. Es gibt hier nur ausverkaufte Veranstaltungen.

Für ebenso viel Kultur sorgt auch die Freiwillige Feuerwehr mit ihren 25 Mitgliedern. Einmal jährlich findet im Sommer auf der Helme ein »Gaudirennen« mit Badewannen und Wasserfahrzeugen aller Art statt. Diese Veranstaltung hat sich zu einem Besuchermagneten entwickelt. Teilnehmen kann hier jeder, der sich in das kalte Wasser wagt. Für die musikalische Umrahmung sorgt die Schalmeienkapelle der Feuerwehr. Sie wurde 1984 gegründet und wächst seitdem kontinuierlich. Heute ist sie weit über die Grenzen des Landkreises Mansfeld-Südharz hinaus bekannt. Einen ihrer spektakulärsten Auftritte hatte die Schalmeienkapelle in luftiger Höhe – auf der über 140 Meter hohen Halde des Thomas-Münzer-Schachtes in Sangerhausen. In regelmäßigen Abständen organisieren die Martinsriether auch das Kreismusiktreffen der Feuerwehrkapellen auf ihrem Festplatz.

Gemeinde Martinsrieth
Bürgermeister Eberhard Krieger
Dorfstraße 1 · 06526 Martinsrieth
Tel. (03 46 56) 5 90 11
www.vwg-goldene-aue.de
www.martinsrieth.de

Die Gemeindeschenke – kulturelles Zentrum am Dorfplatz

Auf Entdeckungstour in der Goldenen Aue

Altmeister und Jungmeister haben das Sagen

Uralter Fastnachtsbrauch in Martinsrieth

Wohlverwahrt in einer alten Holzlade ruhen in Martinsrieth seit fast zwei Jahrhunderten die Akten der »Hochlöblichen Trescherzunft«. Einmal im Jahr, am Sonnabend vor Fastnacht, wird um zehn Uhr vormittags die Lade von Altmeister Werner Wolf und den fünf Jungmeistern mit der alten Vereinsfahne in die Gemeinde-Schänke getragen. Zuvor gibt es für sie und die Kapelle ein Frühstück im Haus des Altmeisters.

Unter Begleitung einer Musikkapelle ziehen drei Jungmeister anschließend von Haus zu Haus und bringen ein dreifaches »Lebehoch« auf die jeweiligen Bewohner aus. Dazu gibt es ein Ständchen von der Kapelle. Die Hausbesitzer spendieren Eier oder eine Bratwurst. Viele geben den Fastnachtsmännern inzwischen Geld. Auch in diesem kleinen Helmeort ist die Zeit fortgeschritten: Nur noch wenige Einwohner schlachten selbst oder halten Hühner. Danach wird ein Schnaps eingeschenkt und mit den Jungmeistern angestoßen. Die Spenden vermerkt der Schreiber mit Name und Hausnummer in einer Liste. Ihm zur Hand gehen dabei zwei Korbträger.

In der Gemeinde-Schänke haben an diesem Tag der Altmeister und zwei Jungmeister das Sagen. Der Wirt muss dafür seinen Platz hinter dem Tresen räumen. Einer nach dem anderen kommen die Männer aus dem Ort in die Schenke, um ihr Quartalsgeld zu entrichten. Altmeister Werner Wolf nimmt es entgegen und trägt die Summe in eine Liste ein. Über ihm hängt die alte Fahne und vor ihm auf dem Tisch steht die Lade mit den Innungsakten. Beides ist aus dem Jahre 1809.

Lade und Fahne werden vom Altmeister und den Jungmeistern in die Gemeindeschenke gebracht.

Altmeister Werner Wolf mit den alten Akten, der Fahne und der Innungslade

Nach einem Ständchen überreichen die Einwohner Eier, Wurst oder Geld.

Wer das Quartalsgeld zahlt, unterwirft sich der Ordnung des Fastnachtsvereins von Martinsrieth. Wer nicht ordentlich grüßt oder die Anreden »Jungmeister« und Altmeister« vergisst, muss ein Strafgeld entrichten. Am großen Tisch sitzen die Männer anschließend bei Freibier noch viele Stunden in geselliger Runde zusammen. Dabei geht es sehr lustig zu.

Wenn die Jungmeister ihren Rundgang beendet haben, trifft man sich wieder in der Schänke. Aus den eingesammelten Eiern und der Wurst gibt es für alle eine kräftige Mahlzeit. Dazu spielt die Kapelle. Zum Schluss legen sie gemeinsam fest, wer im kommenden Jahr ihr Altmeister wird.

Zur gleichen Zeit ziehen maskierte Kinder schweigend durch die Straßen. Sie klingeln und wenn jemand öffnet, halten sie wortlos eine Tasche oder die offenen Hände hin. Für sie gibt es Süßigkeiten oder ein kleines Geldstück. Auch die Passanten werden von ihnen wortlos aufgefordert. Am Nachmittag ist für die Kinder dann Fasching auf dem Schänkensaal, wo das gesammelte Geld wieder ausgegeben wird.

So begehen die Martinsriether seit vielen Generationen ihre Fastnacht. Geändert hat sich in den letzten Jahren allerdings der Termin, er wurde auf den Sonnabend vor Fastnacht verlegt.

Der Altsmeister und die fünf Jungmeister vom Fastnachtsverein

Zu Besuch in der Obermühle

100 Jahre Mühlengeschichte in Edersleben

In Edersleben lebt ein Stück Mühlengeschichte der Goldenen Aue

Wenn Müllermeister Werner Düben zum Besuch der Obermühle an der Kleinen Helme einlädt, schlägt jedem Mühlenfan das Herz höher. Die Einrichtung ist bis auf wenige Änderungen über hundert Jahre alt und funktioniert noch wie am Tag der Einweihung. Auf dem Mühlenboden stehen ein Mehlgang, ein Schrotgang und zwei Walzenstühle. Eine Etage höher hängt der Plansichter, hier wird das Mehl ausgesiebt. Mit wenigen Handgriffen kann alles in Betrieb gesetzt werden.

Viele Besucher, darunter auch Schulklassen im Rahmen des Heimat- und Sachkundeunterrichts, kommen hierher. Sie sind nach Absprache mit dem Müllermeister auch außerhalb der »Mühlentage« gern gesehene Gäste.

Drei Generationen Müllermeister Düben

Die Mühle hat eine lange Geschichte. Erstmals erwähnt wurde sie im Jahre 1430. Seitdem sind hier viele Müller ein- und ausgegangen. Im Jahre 1895 ging Müllermeister Gottfried Koch in Insolvenz. Die Mühle lag still, bis 1901 der Müllermeister Gotthelf Düben aus Kropstädt bei Wittenberg sie kaufte. Mahlen konnte er aber nicht, die Anlage war völlig heruntergewirtschaftet. Zwei Jahre später war sie wieder betriebsfähig. 1919 übernahm Sohn Paul den Familienbetrieb. Neben der Mühle wurde noch Landwirtschaft betrieben. Seit 1955 hat dessen Sohn Werner Düben die Geschicke in der Hand.

Bis zu dieser Zeit hatte sich viel im Ort verändert. Die Gründung einer Landwirtschaftlichen Produktionsgenossenschaft ging auch an der Obermühle und Familie Werner Düben nicht spurlos vorüber. Einige Jahre später gab man die Mehlherstellung auf und beschränkte sich auf Futtermittel. 1965 wurden die Wasserrechte gelöscht, 1979 der Bachlauf der Kleinen Helme um fünf Meter verlegt und der Mühle damit im wahrsten Sinne des Wortes das Wasser abgegraben. Das Mühlrad stand nun still. Werner Düben stellte auf Elektroantrieb um.

Heimat- und Mühlenverein Edersleben

Im Jahre 2000 hob Jürgen Kümmling mit weiteren interessierten Bürgern den Heimat- und Mühlenverein Edersleben aus der Taufe. Ziel war, die Mühle als technisches Denkmal zu erhalten. Im gleichen Jahr öffnete Müllermeister Düben zu Pfingsten zum Deutschen Mühlentag erstmals die Mühle. Das zahlreiche Publikum war von der Technik begeistert, die nach wie vor reibungslos funktionierte. Fortan nahm der Verein an den jährlichen Mühlentagen teil.

Von Erfolg gekrönt war auch die Initiative zur Wiedererlangung der Wasserrechte. Im April 2008 war es soweit. Petra Wernicke, Ministerin für Umwelt und Landwirtschaft von Sachsen-Anhalt, kam persönlich nach Edersleben und zog das Schütz auf, um das erneuerte Wasserrad in Gang zu setzen. Diesen Augenblick werden die Vereinsmitglieder wohl nicht wieder vergessen. Nach 34 Jahren hatten die Elektromotoren ihren Dienst getan und das Mühlrad treibt wieder wie früher die Mühle an.

Mahlgang mit Rüttelzeug

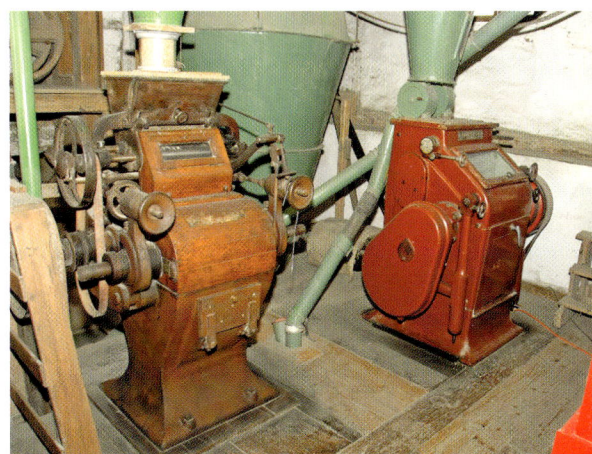

Das neue Wasserrad

Walzenstühle auf dem Mühlenboden

Die Obermühle Edersleben an der Kleinen Helme

Petra Wernicke, Ministerin für Umwelt und Landwirtschaft von Sachsen-Anhalt, setzt das Mühlrad in Gang.

Auf Entdeckungstour in der Goldenen Aue

Ein blühender Ort mit uralter Geschichte
Die Gemeinde Edersleben

Was dem Besucher von Edersleben sofort ins Auge fällt, sind die vielen Blumen entlang der Straßen. Liebevoll gepflegt von den Anwohnern, gestalten sie ein sehr einladendes Bild.

Die Gemeinde Edersleben liegt am östlichen Rand der Goldenen Aue, zwischen den Städten Sangerhausen und Artern. Der Ort wird von der Bundesstraße B 86 durchquert, in die hier die Landesstraße L 220 einbindet. Von West nach Ost fließt unmittelbar am Dorfrand die Kleine Helme. An ihr standen zwei Mühlen. Die Obermühle wurde bereits im Jahre 1430 urkundlich genannt. Sie ist heute noch voll funktionsfähig. Die Untermühle wurde aufgegeben.

Ein Fund in der Trockenkiesgrube südlich des Ortes in den 1930er Jahren machte den Ort berühmt. Der Heimatforscher Gustav Adolf Spengler aus Sangerhausen konnte hier innerhalb von drei Jahren das fast vollständige Skelett eines Steppenelefanten ausgraben. Dabei handelt es sich um ein weibliches Tier, was vor rund einer halben Million Jahren hier in der Region lebte. Die Funde nahm Spengler mit nach Sangerhausen in sein Privatmuseum. Heute ist es die Attraktion des Spengler-Museums in der Kreisstadt Sangerhausen.

Der Brunnen auf dem Platz vor der Kirche

Die klassizistische Sankt Bartholomäus-Kirche

Edersleben ist ein typisches Runddorf. Mitten im Ort, an zentraler Stelle steht die Dorfkirche Sankt Bartholomäus. Die erste urkundliche Nennung als »Edislebo« erfolgte im so genannten Breviarium des Lullus. Die auch als »Karls-Tafel« bezeichnete Auflistung wird von Historikern in die Zeit zwischen 775, dem Todesjahr des Erzbischofs Lul von Hersfeld und 814, dem Sterbejahr Kaiser Karls des Großen datiert. Damit gehört Edersleben zu den ältesten urkundlich nachgewiesenen Orten in der Goldenen Aue.

1764 zerstörte ein Großbrand viele Wohnhäuser, auch das Pfarrhaus und die Schulwohnungen waren davon betroffen. 1768 wurde in den Kuhlöchern erstmals mit dem Abbau von Braunkohlen begonnen. Im Jahre 1847 legte man den Batholomäus-Schacht an. Er bleibt bis 1899 in Betrieb. Nach dem Zweiten Weltkrieg förderte man hier nochmals kurzzeitig »Knorpelkohle« als Brennstoff.

Sehenswerter Schinkelbau

Gleich zwei Besonderheiten weist die Edersleber Sankt Bartholomäus-Kirche auf. Sie entstand in den Jahren 1827 bis 1833. Den Grundgedanken für diesen schönen und in der Region einmaligen klassizistischen Sakralbau soll kein Geringerer als der berühmte Baumeister Carl Friedrich Schinkel aus Berlin geliefert haben. Die Bauentwürfe fertigte der Königlich Preußische Bauinspektor Francke aus Mansfeld an. Sein Vorschlag, den Altar im Westen aufzustellen, schockierte damals die Gemeinde. Ausgeführt wurde er aber trotzdem. So ist Edersleben die einzige Kirche im gesamten Gebiet, wo der Altar im Westen steht. Sogar der Preußische König Wilhelm gewährte der Gemeinde ein »Gnadengeschenk« in Höhe von 4435 Talern als Baukostenzuschuss.

Der Zahn der Zeit hat schon recht erheblich an dem für Kirchen jungen Bau genagt. Im Jahre 1865 schlug ein Blitz in den Turm ein und beschädigte die Orgel. Mit Hilfe von Fördermitteln konnte in den Jahren 1991 und 1992 bereits der Turm von Grund auf saniert werden. Für das Schiff fehlen die Mittel aber derzeitig. Auch hier gibt es gravierende Schäden, die dringend behoben werden müssen, um den Bau für die kommenden Generationen zu erhalten. Die Gemeinde ist dazu dringend auf Spenden angewiesen.

Die Kirche kann auf Anfrage beim Evangelischen Pfarramt Sankt Jacobi in Sangerhausen besichtigt werden. Zuständig ist der Pfarrer Johannes Müller, Alte Promenade 23, Tel. (0 34 64) 57 03 34.

Das Dorfgemeinschaftshaus

Das alte Pfarrhaus

Gutes Wohnen und viel Kultur

Heute leben in Edersleben rund 1200 Einwohner. Der Ort schaffte nach der Wende den Spagat, altes und neues miteinander zu verbinden. So ist die Gemeinde als Lebensraum für ältere Menschen genauso interessant wie für junge Familien mit ihren Kindern. Anfang der 1990er Jahre entstand westlich der B 86 das Wohngebiet »Neue Siedlung«. Auf Grund der hohen Nachfrage kam 1997 mit der Wohnbebauung »Am Borxleber Weg« ein weiterer Standort dazu. Beide sind heute fast vollständig bebaut. Im »Voigtstedter Feld« wurde ein erstes Gewerbegebiet erschlossen, ein zweites folgte auch hier. Heute sind in Edersleben Unternehmen ansässig, die teilweise global am Markt agieren.

Dass sie gut feiern können, sagt man den Ederslebern gern nach. Der Spaß an der Gemeinschaft spiegelt sich in vielen Vereinen wieder. So gestalten das kulturelle Leben innerhalb der Dorfgemeinschaft der Männergesangverein, die Freiwillige Feuerwehr, der Sportverein TSV 1886, der Kleingartenverein, der Kaninchenzuchtverein G8 und der Mühlenverein.

Edersleben gehört zur Verwaltungsgemeinschaft Goldene Aue im Landkreis Mansfeld-Südharz mit Verwaltungssitz in Kelbra. Das Gemeindesiegel zeigt eine bildliche Darstellung des Heiligen Bartholomäus.

Blick auf den Anglerteich

Das neue Feuerwehrgerätehaus

Der Männerchor bei seinem Auftritt zum 140-jährigen Bestehen

Gemeinde Edersleben
Neue Straße 211 · 06528 Edersleben
Tel. (0 34 64) 58 97 55
Fax (0 34 64) 58 97 56
www.vwg-goldene-aue.de

Edersleben von oben

Auf Entdeckungstour in der Goldenen Aue

Riethnordhausen – an der Kleinen Helme in der Goldenen Aue

Geburtsort von Friedrich Hermann Wölfert

Die Kita »Pusteblume«

Riethnordhausen liegt im Südwesten des Landkreises Mansfeld-Südharz an der Kleinen Helme. Der Ort hat rund 570 Einwohner und die Gemarkung umfasst 679 Hektar.
Die Gemeinde gehört zur Verwaltungsgemeinschaft »Goldene Aue« mit Verwaltungssitz in Kelbra. In Riethnordhausen kreuzen die Landesstraßen L 220 Kelbra-Edersleben und L 221 Sangerhausen-Ringleben. Durch eine Buslinie hat man zu verschiedenen Tageszeiten die Möglichkeit, in die Richtungen Kelbra und Sangerhausen zu fahren.

Moderne Infrastruktur

Zahlreiche Gewerbetreibende wie Tischlerei, Heizungs- und Sanitärbau, Futtermittelgroßhandel, Großhandel für Dach- und Wandbaustoffe, Bäckerei, Fleischerei, Blumenhandel, Friseur, Physiotherapie und Postagentur sind im Ort ansässig. Diese Gewerbetreibenden wie auch die Wertstoffaufbereitungs GmbH oder die Agrargenossenschaft stellen Arbeitsplätze für die einheimische Bevölkerung zur Verfügung.

Die gemeindeeigene Kindereinrichtung ist schon für die kleinsten der Kleinen da und bietet durch die neuen Spielplätze und die sanierten, großen und hellen Räume ein breites Betätigungsfeld für die Kinder und gute Arbeitsbedingungen für das Fachpersonal.
Nach 1990 entstand am Mühlweg in Riethnordhausen ein Wohngebiet, in dem etwa 250 Personen leben könnten, wenn alle Wohnungen besetzt wären. Zwei sanierte Blöcke in der Ortslage bieten einen herrlichen Blick zum Kyffhäuser.

Spielende Kinder in der Kita

In der Brauhausgasse

Fährt man per Rad zwei Kilometer die Landesstraße L 221 bis Martinsrieth, hat man von dort aus alle Möglichkeiten zur Nutzung eines weit verzweigten Radwegenetzes in die Richtungen Wallhausen, Roßla und Berga. In östlicher Richtung geht es bis nach Sangerhausen und weiter nach Oberröblingen, Niederröblingen und Allstedt. In Riethnordhausen gibt es ein Dorfgemeinschaftshaus, was von den Einwohnern gern für Familienfeiern genutzt wird.

Aus der Geschichte

Urkundlich erwähnt wurde Riethnordhausen im Jahre 1214 als Rythnordhusun. Das bedeutet »die im Riethe gelegenen nördlichsten Häuser des Nabelgaues«.

Das nördlich liegende Rieth wurde im 11. und 12. Jahrhundert von den in der Aue angesiedelten Flamen urbar gemacht. Noch heute prägen zahlreiche Gräben diesen Landstrich. Von 1512 bis 1524 erbaute man die heutige Kirche. Im Jahre 1560 übernahm das Amt Röblingen die Gemeinde. Bei einem Großfeuer im Jahre 1632 brannte der Ort gänzlich nieder, nur die Kirche und wenige Häuser blieben davon verschont. 1657 begann der Wiederaufbau von 33 Gebäuden. In den Jahren 1796 und 1877 erhielt Riethnordhausen neue Schulgebäude.

1884 wurde ein Löschzug mit einer Stärke von 21 Mann, als Pflichtfeuerwehr gegründet. Im Jahre 1934 entstand daraus die Freiwillige Feuerwehr. 1891 errichtete man an der Südgrenze der Gemarkung eine schmalspurige Eisenbahnlinie. Auf ihr wurden die Borxleber Kohlen und der bei Udersleben abgebaute Kupferschiefer transportiert. Noch heute sind davon einige Brückenbauwerke zu sehen.

Das Dorfgemeinschaftshaus

Zum Tag der offenen Tür bei der Feuerwehr

Erinnerungstafel für den Begründer der Motorluftfahrt am Dorfgemeinschaftshaus

Erfinder des Motorfluges

Der wohl bekannteste Einwohner von Riethnordhausen ist der hier am 17. November 1850 geborene Dr. Friedrich Hermann Wölfert. Er kam in der Gemeindeschenke auf die Welt. Sein Vater war der damalige Gastwirt Friedrich Wilhelm Ludwig Wölfert. Über die Jugend von Friedrich Hermann Wölfert ist bisher nichts bekannt geworden. Nach einem Theologiestudium in Leipzig wandte sich sein Interesse der Aeronautik zu. Fasziniert von der damaligen Luftfahrttechnik konstruierte er das erste motorbestückte Luftschiff. Am 10. August des Jahres 1888 erfolgte auf dem Seelberg in Cannstatt damit der erste Aufstieg. An seinem Geburtshaus ist eine Erinnerungstafel angebracht.

Erinnerung an Friedrich Schmidt

Ein weiterer, in der Region sehr bekannter, zeitweiliger Einwohner war der Heimatforscher und Chronist Friedrich Schmidt. Er bekam nach der zweiten Lehrerprüfung am 1. April 1884 eine Anstellung an der dortigen dreiklassigen Dorfschule. Hier blieb er bis zum 1. Oktober 1890. Aus der Hand von Friedrich Schmidt stammt die 1906 gedruckte zweibändige Chronik der Stadt Sangerhausen. Er verfasste auch weitere Chroniken von den umliegenden Ortschaften.

Viele Höhepunkte im Jahreslauf

Aktive Vereine in der Gemeinde sind der Angelverein, der Rassegeflügelverein, der Kleingartenverein sowie der Verein der Freiwilligen Feuerwehr. Der sehr aktive Sportverein begeht im Jahre 2008 sein sechzigjähriges Gründungsjubiläum.

Viele Traditionen wurden in den vergangenen Jahren wieder belebt. So organisiert der Feuerwehrverein das Osterfeuer, einen Tag der offenen Tür, den Nikolausmarkt und Radtouren.

Auf dem Gelände des Sportvereins finden jedes Jahr ein Familienfest, Fußballturniere und ein Treffen des 1. FC Bayern-Fan-Clubs statt.

Nach der Kartoffelernte lädt die Agrargenossenschaft im September auf ihrem Gelände zum großen Kartoffelessen ein. Das jährliche Kirmesfest findet immer am zweiten Oktoberwochenende statt.

Die Sankt Jacobi-Kirche

Gemeinde Riethnordhausen
Bürgermeisterin Ingeburg Hampel
Straße der Einheit 1a
06528 Riethnordhausen
Mobil (01 73) 5 87 33 89
www.vwg-goldene-aue.de

Rund um Sangerhausen

Das Spengler-Museum

Spengler-Museum in Sangerhausen ist einzigartig

Die Stadtväter von Sangerhausen ließen im Jahre 1952 für das Skelett ihres Mammuts einen eigenen Saal errichten. Sogar eine Biermarke benannte man danach. Den riesengroßen, faszinierenden Steppenelefanten grub der Heimatforscher Gustav Adolf Spengler im Jahre 1933 in einer Kiesgrube bei Edersleben aus. Es handelt sich um ein weibliches Tier, das vor mehr als einer halben Million Jahren lebte. Um das Mammut herum kann man sich über den Verlauf der Eiszeiten und weitere Tierarten informieren, die einst zu dieser Zeit in der Region lebten.

Besonderheiten des Südharzes ausgestellt

Viele Modelle und Gesteinsarten erklären die geologischen Besonderheiten der Südharzregion. Sehenswerte Mineralien und eine Auswahl der berühmten Kupferschieferfossilien ergänzen diese Ausstellung. Den naturkundlichen Bereich schließt eine Übersicht der heutigen Tier- und Pflanzenwelt in der Goldenen Aue und im Südharz mit nachempfundenen Biotopen ab. Noch im Mittelalter bedeckten undurchdringliche Wälder die Region. Heute sind alle Landschaftsformen mehr oder weniger vom Menschen geprägt. In den Mischwäldern des ansteigenden Harzgebirges lebt die scheue Wildkatze. Dieses kleine Raubtier ist vor allem in der Nacht auf Jagd. Im Spengler-Museum kann man sie auch aus nächster Nähe bei Tag kennen lernen.

Im Mammutsaal

Urgeschichtliche Funde

In der Stadtausstellung

Gang durch die Jahrtausende

Die Urgeschichtsabteilung im Obergeschoss lädt anhand von archäologischen Funden zu einer Zeitreise in die Vergangenheit ein. Das fruchtbare Land im Südharz bietet den Menschen seit Jahrtausenden gute Lebensbedingungen. An ihren ehemaligen Siedlungsplätzen und als Grabbeigaben findet man Gefäße, Schmuck, Werkzeuge und Waffen. Viele der ausgestellten Dinge stammen noch aus der legendären Sammlung von Gustav Adolf Spengler. Hohe Bedeutung erlangte die Region als Königsland im Mittelalter mit ihren drei Pfalzen Allstedt, Wallhausen und Tilleda. Ein Modell der Pfalz in Tilleda erlaubt einen Eindruck, wie das Gelände damals bebaut war. Als Kontrast sind Fundstücke und das Modell eines kleinen mittelalterlichen Bauerndorfes, der heutigen Wüstung Hohenrode bei Grillenberg, ausgestellt. Interessant ist, dass vor 1200 Jahren Hohenrode gemeinsam mit Sangerhausen urkundlich in einem Verzeichnis des Klosters Hersfeld genannt ist. Sangerhausen entwickelte sich zu einem Marktflecken und bekam später Stadtrecht. Im Mittelpunkt der Abteilung zur Sangerhäuser Stadtgeschichte steht ebenfalls ein Modell. Es zeigt das alte Sangerhausen um 1760 mit seinen imposanten Kirchen und Stadttoren, rundherum von einer hohen Stadtmauer geschützt. Der Heimatforscher Spengler liebte es, sein geschichtliches Wissen phantasievoll ins Bild zu setzen. Gebrauchsgegenstände aus sie-

Rund um Sangerhausen

ben Jahrhunderten veranschaulichen die stadtgeschichtliche Entwicklung und Lebensweise ihrer Bürger bis in die Gegenwart. Aus allen Lebensbereichen sind schöne, interessante und wertvolle Dinge zu sehen. Auch Schatzfunde gab es in Sangerhausen. Eine weitere kleine Abteilung informiert über Bergbau und Hüttenwesen rund um Sangerhausen bis zum Ende des 19. Jahrhunderts. Auch den Künstler Einar Schleef lernt man im Spengler-Museum kennen. Er war Theaterregisseur, Bühnenbildner, Maler, Grafiker und Schriftsteller und stammt aus Sangerhausen. In seinen künstlerischen Werken spielt der Ort seiner Kindheit und Jugend eine große Rolle. In jedem Jahr veranstaltet das Spengler-Museum mehrere Sonderausstellungen zu Jubiläen oder aus aktuellen Anlässen, welche die Dauerausstellung vertiefen oder ergänzen. Das Spengler-Museum befindet sich direkt neben dem Bahnhof. Es war der erste Museumsneubau in der damaligen DDR. Seit der Eröffnung trägt das Museum des Namens des regional bedeutenden Heimatforschers Gustav Adolf Spengler. Es ist von Dienstag bis Sonntag in der Zeit von 13 bis 17 Uhr geöffnet. Weitere Informationen unter Tel. (0 34 64) 57 30 48.

Monika Frohriep

Das Modell der Stadt Sangerhausen von Spengler

Gustav Adolf Spengler – ein Sangerhäuser Original

Memorialmuseum erinnert an Heimatforscher

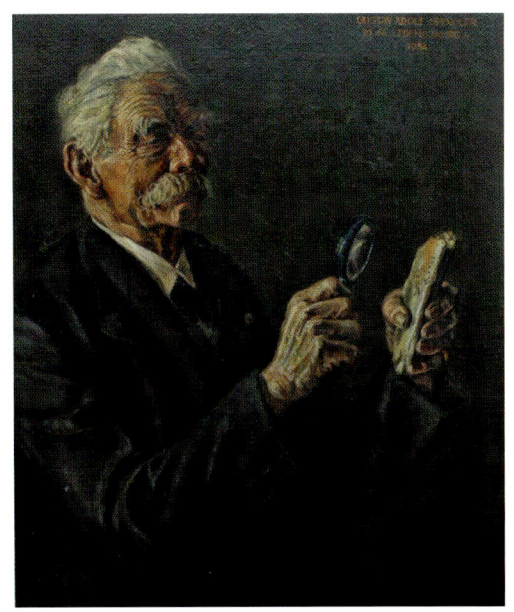

Das Memorialmuseum in der Hospitalstraße

Am 19. September 1869 erblickte in Sangerhausen Gustav Adolf Spengler als Sohn des Tischlermeisters Gustav Spengler das Licht der Welt. Bereits im Kindesalter begann für den Autodidakten eine Sammelleidenschaft, die von der Archäologie über die Naturkunde und Geologie bis hin zu Denkmalen und wissenschaftlicher Literatur alles umfasste. Höhepunkt seiner Leidenschaft war die Bergung und Konservierung des Skelettes eines Steppenelefanten bei Edersleben. Dieses Skelett, in Teilen ausgestellt, wurde zur Sensation. Im Jahre 1937 kaufte die Stadt Sangerhausen seine Sammlung auf. 1949 erhielt der Heimatforscher die Ehrenbürgerschaft von Sangerhausen. Am 2. September 1961 starb Spengler. Sein früheres Wohnhaus und die Werkstatträume in der Hospitalstraße sind auch für Besucher geöffnet. Nach erfolgter Sanierung wurden sie als Memorialmuseum mit vielen privaten Gegenständen und Sammlungsstücken ausgestattet. Was man im Spengler-Haus immer noch erleben kann, ist die Art, wie Spengler einst Museum machte. Neben Möbeln seiner Zeit findet man eine Vielzahl historischer Sammlungsstücke und selbst gefertigter Schnitzereien und Modelle. Spenglers Bibliothek ist ein »Millionenzimmer«, weil er Geldscheine aus der Inflation als Tapete verwendete. Ein verwunschener Innenhof verlockt im Sommer zu einer beschaulichen kleinen Rast im Grünen. Das Memorialmuseum in der Hospitalstraße 56 ist sonntags von 13 bis 17 Uhr, oder nach Voranmeldung im Spengler-Museum zugänglich.

Monika Frohriep

Gustav Adolf Spengler

Führung im Spengler-Haus

Geschnitzte Haustür im Spengler-Haus

Tausendjährige Berg- und Rosenstadt Sangerhausen (Foto: Steffi Rohland)

In der Berg- und Rosenstadt Sangerhausen

Attraktiv in jeder Jahreszeit

Geschichtlicher Rückblick

Die mehr als tausendjährige Berg- und Rosenstadt Sangerhausen liegt an den Hängen des Südharzes, die hier den nördlichen Abschluss der Goldenen Aue bilden. Der Ort ist eine fränkische Gründung aus dem 6. Jahrhundert. Archäologische Funde belegen, dass der Mensch seit rund 7000 Jahren hier siedelt. Der Name Sangerhausen deutet darauf hin, dass die Siedler den Wald durch Absengen rodeten. Die erste urkundliche Nennung erfolgte als »Sangerhusen« im so genannten Codex Eberhardi, einer Güterzusammenstellung des Klosters Fulda aus der Zeit zwischen 780 und 802. Am 4. Oktober 991 bestätigt Kaiser Otto III. einen Gütertausch, bei dem Sangerhausen mit aufgeführt ist. Das Stadtrecht ist 1204 erstmals belegt. 1247 fällt Sangerhausen an die Wettiner Markgrafen. In den folgenden Jahrhunderten war die Stadt verschiedenen Landesherren verpflichtet, wie den Markgrafen von Brandenburg, den Herzögen von Braunschweig und den Herzögen von Sachsen. Vom Königreich Sachsen kam es zum Königreich Preußen. Seit 1816 ist Sangerhausen Kreisstadt.

Sangerhausen ist ein Knotenpunkt der Deutschen Bahn AG, südlich verläuft die Autobahn A 38. Mitten durch die Stadt führt die Bundesstraße B 86. Zur Stadt gehören derzeitig 15 Ortsteile. Die gesamte Einwohnerzahl beträgt rund 30 700.

Sehenswürdigkeiten in der Stadt

Der unter Denkmalschutz stehende Altstadtkern ist weitgehend durch die historische Bausubstanz aus dem 15. bis 18. Jahrhundert geprägt. An vielen Stellen ist auch die mittelalterliche Stadtmauer mit ihren Türmen noch erhalten. Die Sankt Ulrich-Kirche, das älteste Gebäude der Stadt, gehört zur »Straße der Romanik«, die seit 1993 die Besucher in Sachsen-Anhalt in ihren Bann zieht. Erbaut wurde die dreischiffige Pfeilerbasilika von 1116 bis 1123 aufgrund eines Gelöbnisses des Thüringers Ludwig II., genannt der Springer. Reichhaltige romanische Bauornamentik schmückt den Innenraum. Eine Besonderheit ist der von fünf Apsiden gebildete Ostabschluss. Von 1200 bis 1539 war sie die Klosterkirche eines Zisterzienserklosters. Im Nordquerhaus

Sankt Ulrich-Kirche (Foto: Rosenstadt Sangerhausen GmbH; Karin Thom)

Romanisches Kapitell an einem Chorpfeiler in der Ulrich-Kirche (Foto: Rosenstadt Sangerhausen GmbH; Karin Thom)

Rund um Sangerhausen

Sankt Jacobi-Kirche am Markt
(Foto: Rosenstadt Sangerhausen GmbH; Karin Thom)

Weihnachtsmarkt an der Marien-Kirche
(Foto: Rosenstadt Sangerhausen GmbH; Karin Thom)

befinden sich Grabmale und Epitaphen, ein Tympanon mit der Darstellung der Gründungssage, der Rest einer Chorschranke von 1200 und ein bronzener Taufkessel von 1369. Die Sankt Jacobi-Kirche ist eine spätgotische, dreischiffige Hallenkirche. Sie wurde von 1457 bis 1542 errichtet. Der 61 Meter hohe Turm ist um 1,71 Meter nach Westen geneigt. Er stellt zusammen mit der vergoldeten Monduhr am östlichen Uhrzifferblatt eines der Wahrzeichen von Sangerhausen dar. Das Kircheninnere beeindruckt durch seine reichhaltige Ausstattung und die Ausmalung von Georg Bottschild von 1665. Das Chorgestühl und der dreiteilige Altaraufsatz stammen aus dem 1539 aufgelösten Augustinerkloster. Kunstgeschichtlich bedeutungsvoll ist das Grabmal der Familie Caspar Tryller aus dem 17. Jahrhundert. Überregional bekannt ist die Hildebrandt-Orgel mit ihren 1908 klingenden Pfeifen.

Um 1350 wurde im Neuendorf die gotische Marien-Kirche erbaut. Sie ist das zweitälteste Bauwerk der Stadt. Eine bauliche Besonderheit ist der das Mittelschiff überragende Chor. Seit 150 Jahren feiert die Gemeinde der Selbständigen Evangelisch-Lutherischen Kirche hier ihre Gottesdienste. Inzwischen umfangreich saniert, hat sich die Kirche auch als Ort für kulturelle Veranstaltungen etabliert. 1894 wurde die im neugotischen Baustil errichtete katholische Herz-Jesu-Kirche geweiht. Im Zuge der Industrialisierung in der zweiten Hälfte des 19. Jahrhunderts hatte sich durch Zuzug von Arbeitskräften der Mangel einer katholischen Kirche bemerkbar gemacht.

1431 bis 1437 wurde das Alte Rathaus an Stelle des abgebrannten hölzernen Vorgängerbaus als Steinbau errichtet. Um 1604 erfolgte der westliche Anbau, der durch seinen Sparrenversatz in der Giebelwand auffällt. An der Nordseite ist ein steinerner Kopf eingemauert, über dessen Bedeutung es unterschiedliche Aussagen gibt. Der Haupteingang zum Rathaus ist über eine Freitreppe an der östlichen Giebelwand zu erreichen. Zur Sicherung seiner neu erworbenen Thüringer Ländereien und als Grenzbefestigung ließ der Wettiner Heinrich der Erlauchte von Meißen am höchsten Punkt der Stadt das 1260 erwähnte Alte Schloss bauen. Von den Türmen existiert heute lediglich der Hexenturm. Als Verwaltungshaus beherbergte es später die Vögte und diente als Gerichtsstätte, Waffenkammer und Kornlagerhaus. Ab 1818 war es Zeughaus, Gefängnis und Lagerhaus. Heute hat hier die Kreismusikschule Sangerhausen ihren Sitz. Die gesamte Außenanlage ist in Form eines Amphitheaters gestaltet, das vielfältig kulturell genutzt wird. Westlich vor dem Schloss erstreckt sich der Alte Markt. Das Neue Schloss, heute Amtsgericht, wurde von 1616 bis 1622 auf Veranlassung des Kurfürstlich Sächsischen Landrentmeisters Caspar Tryller erbaut. Der dreigeschossige Renaissancebau prägt eindrucksvoll das Südostende des Marktplatzes. Der zweigeschossige abgebrochene Erker an der Schlossgasse wird demnächst wieder errichtet. Von 1711 bis 1736 war das Neue Schloss Nebenresidenz von Herzog Carl Christian von Sachsen-Weißenfels. Im Treppenaufgang des Westflügels steht das Kobermännchen – eine Steinfigur, um die sich allerlei Sagen ranken. Den »ältesten Einwohner« der Stadt findet der Besucher im Spengler-Museum. Es handelt sich um das 500 000 Jahre alte Skelett eines Steppenelefanten.

Das Alte Rathaus am Markt
(Foto: Rosenstadt Sangerhausen GmbH; Karin Thom)

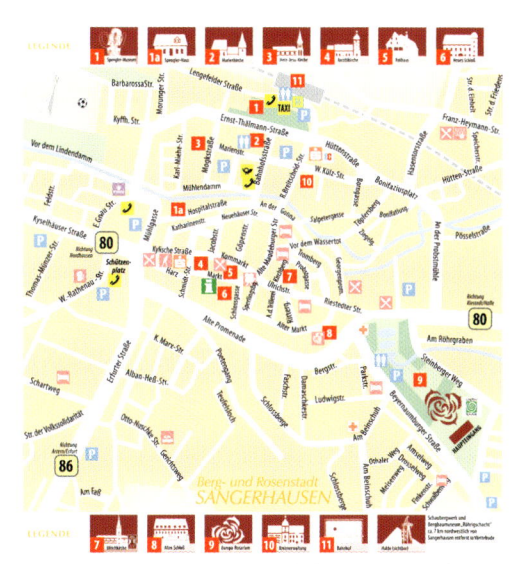

Stadtplan von Sangerhausen
(Foto: Rosenstadt Sangerhausen GmbH)

Gotischer Flügelaltar in der Jacobi-Kirche
(Foto: Rosenstadt Sangerhausen GmbH; Karin Thom)

Kopf am Alten Rathaus (Foto: Rosenstadt Sangerhausen GmbH; Karin Thom)

Erker im Innenhof des Neuen Schlosses (Foto: Rosenstadt Sangerhausen GmbH; Karin Thom)

Rosenstadt Sangerhausen GmbH
Touristinformation
Markt 18
06526 Sangerhausen
Tel. (0 34 64) 19 43 3
Fax (0 34 64) 51 53 36
info@sangerhausen-tourist.de
www.sangerhausen-tourist.de

Rund um Sangerhausen

Im historischen Teil des Rosariums (Fotos: Rosenstadt Sangerhausen GmbH; Karin Thom)

Das Europa-Rosarium

Bereits im Jahr 1897 hatte der Rosenzüchter Peter Lambert aus Trier dem Verein Deutscher Rosenfreunde vorgeschlagen, ein Rosarium anzulegen. Auf Betreiben des Sangerhäuser Rosenfreundes Albert Hoffmann stellte die Stadt damals ein brachliegendes Gelände von 1,5 Hektar zur Verfügung. Den Aufbau übernahm der Sangerhäuser Verschönerungsverein mit Professor Ewald Gnau und Albert Hoffmann an der Spitze. Die Züchtung neuer Sorten und die Sammelleidenschaft der Rosengärtner bewirkten die mehrmalige Erweiterung des Geländes. So werden heute auf 12,5 Hektar Gelände fast 8500 Rosenarten und -sorten aus der ganzen Welt und allen Zeitepochen gezeigt. Ebenso einzigartig ist die Wildrosensammlung mit ihren 500 Arten. Wissenschaftler, Züchter und Rosenfreunde erhalten hier einen Einblick in die Entwicklungsgeschichte der Rose. Etwa 250 verschiedene Gehölze gestalten das Rosarium zu einem bedeutenden Arboretum. Darunter sind sowohl einheimische Vertreter als auch dendrologisch wertvolle und seltene Exemplare aus allen Teilen der Welt.

Nacht der 1000 Lichter

Zum Rosenfest

Schon im Frühjahr lädt das Europa-Rosarium zum Besuch ein. Tausende Frühblüher bringen die ersten Farbtupfen in den Park. Den Blütenreigen setzen die prachtvollen Rhododendren in der »Wolfsschlucht« fort, bevor die Blüte der Wildrosen einsetzt. Ab Juni verleihen die 850 verschiedenen, zu Pyramiden und Säulen gebundenen Kletterrosensorten dem Park ein prachtvolles Aussehen, das man in keinem anderen Rosengarten der Welt findet. Eine besondere Berühmtheit ist die »Schwarze Rose«. Sie ist mit ihren samtigen schwarzroten Knospen die dunkelste aller Rosen. Auch die »Grüne Rose«, bei der die ursprünglich rosa blühenden Blütenblätter blattartig grün geworden sind, findet immer wieder ihre Bewunderer. Die modernen Beet- und Strauchrosen blühen bis in den Spätherbst. Man muss kein Fachmann sein, um dieses duftende und blühende Paradies in seiner ganzen Schönheit zu begreifen und zu erleben. In jedem Fall ist der Besuch ein unvergessliches Erlebnis.

Ausstellungen, Führungen und attraktive Kulturveranstaltungen ergänzen das ganzjährige Angebot. Am letzten Wochenende im Juni findet im Rahmen der Rosenfestwochen das traditionelle Berg- und Rosenfest statt. Im Zweijahresrhythmus wird zum Rosenball die neue Rosenkönigin gewählt. Am zweiten Wochenende im August zieht die glanzvolle »Nacht der 1000 Lichter« Tausende von Besuchern in ihren Bann. Im festlich illuminierten Rosengarten wird der abendliche Bummel zum besonderen Erlebnis. Pyrotechnische Spielereien, Musik, Tanz und gastronomische Genüsse versprechen Abwechslung und Unterhaltung.

1993 erhielt das Rosarium den Titel »Europa-Rosarium«, und Sangerhausen wurde offiziell zur Rosenstadt im Verein Deutscher Rosenfreunde e.V. ernannt. Innerhalb des Projektes »Gartenträume« entstand hier der erste Gartentraumladen Sachsen-Anhalts. Darin wird auch ein umfangreiches Rosensortiment zum Kauf angeboten. Zur Hundertjahrfeier im Jahre 2003 wurde der Jubiläumsgarten gestaltet. Im Frühjahr 2006 kam das Informationszentrum »Rose« dazu. Multifunktional werden die Räumlichkeiten für Seminare, vor allem von der »Rosenakademie« unter fachlicher Anleitung der Sangerhäuser Rosenschule, zur Rosenkunde und anderen Themen, Tagungen und Ausstellungen genutzt. Noch in der Entstehung befindlich sind der Duftgarten und ein neuer Spielplatz.

Rosenstadt Sangerhausen GmbH
Am Rosengarten 2a · 06526 Sangerhausen
Tel. (0 34 64) 5 89 80 · Fax (0 34 64) 58 98 15
rosenstadt@sangerhausen-tourist.de
www.sangerhausen.de

Europa-Rosarium
Steinberger Weg 3 · 06526 Sangerhausen
Tel. (0 34 64) 57 25 22
Fax (0 34 64) 57 87 39
rosarium-sangerhausen@t-online.de
www.europa-rosarium.de

Im Jubiläumsgarten

Im Jubiläumsgarten

Rosenblüten

Tag des Bergmanns auf dem Röhrigschacht (Fotos: Steffi Rohland)

Schaubergwerk Röhrigschacht

Das Schaubergwerk Röhrigschacht im Ortsteil Wettelrode vermittelt ein lebendiges Bild der 800-jährigen Tradition des Kupferschieferbergbaus im Sangerhäuser Gebiet. In der Zeit von 1200 bis zur Einstellung im Jahre 1990 existierten in der Mansfelder Mulde über 1000 und im Sangerhäuser Revier 270 Schächte. Der Röhrigschacht befindet sich inmitten der historischen Bergbaulandschaft des südöstlichen Harzvorlandes. Das untertägige Schaubergwerk wurde 1991 eröffnet. Das Fördergerüst aus dem Jahre 1888 ist eines der ältesten in Europa. Mit einer originalen Förderanlage fahren die Besucher 283 Meter tief in den Schacht ein. Mit der Grubenbahn geht es weiter zu Abbaufeldern. Hier ist die Abbauentwicklung von den Anfängen bis zur Neuzeit dargestellt. Die niedrigen Abbaue von 40 beziehungsweise 80 Zentimeter Höhe lassen eindrucksvoll die schwere körperliche Arbeit der Bergleute nachvollziehen. Das übertägige Museum, 1987 eröffnet, zeigt Ausstellungen zur Entstehung der Lagerstätten, zur Geologie und Mineralogie sowie 800-jährigen Geschichte des Kupferschieferbergbaues. Werkzeuge, Bohr- und Ladegeräte, Transportmittel, Maschinen der Wetterführung und Wasserhaltung sowie zahlreiche Modelle und Bilddokumente machen das Museum zu einer attraktiven Einrichtung. Im Haldenbereich befindet sich eine Ausstellung der für den Kupferschieferbergbau typischen Schachtfördertechnik. Das »Kabarett untertage« im Frühjahr und Herbst, das Winterfest im Februar sowie der Tag des Bergmanns und die traditionelle Barbarafeier haben neben dem Adventssingen einen festen Platz im Veranstaltungskalender.

Führung im Untertagebereich

Schaubergwerk und Bergbaumuseum
Röhrigschacht Wettelrode · Lehde
06526 Sangerhausen / OT Wettelrode
Tel. (0 34 64) 58 78 16
Fax (0 34 64) 58 27 68
info@roehrig-schacht.de
www.roehrigschacht.de

Rund um Sangerhausen

Wohnungsbaugenossenschaft Sangerhausen e. G.

Mieten, Wohnen, Wohlfühlen

In der 30 000 Einwohner zählenden Stadt Sangerhausen ist die Wohnungsbaugenossenschaft Sangerhausen e. G. (WGS), die nunmehr auf eine 100-jährige Tradition zurückblickt, zweitgrößter Vermieter.

Bis 1990 bauten anfangs der Bau- und Sparverein und nach dem Zweiten Weltkrieg die Arbeiterwohnungsgenossenschaften in Sangerhausen 4472 Genossenschaftswohnungen. Die durch Umfirmierung 1990 aus der Arbeiterwohnungsbaugenossenschaft »Thomas Müntzer« entstandene Wohnungsbaugenossenschaft Sangerhausen e. G. investierte über 75 Millionen Euro in den Wohnungsbestand. Den Mitgliedern und Mietern garantiert die WGS Wohnrecht auf Dauer, guten Wohnkomfort und stabile Kaltmietpreise. Der Einwohnerverlust der Stadt Sangerhausen seit Mitte der 1990iger Jahre zog neben Mitgliederrückgang auch Wohnungsleerstand nach sich. Durch den Abriss von bis jetzt rund 900 Wohnungen im Rahmen des Stadtumbaus steht die Genossenschaft wieder auf »gesunden Füßen«. Mit dem Bau von 48 barrierefreien modernen Wohnungen im »Generationenhaus« Wohngebiet Süd erweitert sich das Wohnungsangebot für die Mitglieder. Die WGS stellt sich den Herausforderungen des demografischen Wandels.

Buswerbung für die WGS im Nahverkehr (Fotos: WGS)

Im jüngsten Wohngebiet der WGS Am Rosengarten

Die Geschäftsstelle der WGS Darrweg 9

WGS Sangerhausen e. G.
Darrweg 9 · 06526 Sangerhausen
Tel. (0 34 64) 5 40 20 · info@gs-sgh.de · www.wgs-sgh.de

Rosen-Hotel in Sangerhausen

Komfortabel – preiswert – bequem

Foto: Rosen-Hotel

Nach dem Motto »Alles unter einem Dach – komfortabel, preiswert und bequem« präsentiert sich das Rosenhotel seinen Gästen mit 40 Zimmern, zwei gemütlich eingerichteten Restaurants, einem mit modernster Technik ausgestatteten Konferenz- und Schulungsraum, einer sportiven Gaststätte mit einer Vier-Bahnen-Bowlinganlage und verschiedenen sportiven Unterhaltungsspielen und mit einem von Rosenbeeten und Grünanlagen umgebenen Biergarten. Komplettiert wird das umfassende Serviceangebot durch ausreichende Parkplätze unmittelbar am Hotel und nicht zuletzt durch eine leistungsfähige Küche, die auch gehobenen kulinarischen Ansprüchen mit erlesenen Menüs oder Büffetgestaltungen gerecht wird. Die Vielzahl der Möglichkeiten bietet ein ideales Umfeld für den Aufenthalt von Busreisegesellschaften, für Familien- und Gruppenfeiern.

Das Rosenhotel ist Clublokal des Lions-Clubs Sangerhausen/Rosenstadt.

Rosen-Hotel
Juri-Gagarin-Straße 31 · 06526 Sangerhausen
Tel. (0 34 64) 54 46 44 · Fax (0 34 64) 54 49 33
info@rosenhotel.net · www.rosenhotel.net

Buchhandlung »Das Gute Buch«

Großes Literaturangebot

Seit über 50 Jahren gibt es in der historischen Altstadt der Berg- und Rosenstadt Sangerhausen die Buchhandlung »Das Gute Buch«. Hier ist jeder, der Bücher mag, herzlich willkommen. Das ständige Angebot umfasst alle Literaturgenres von der Belletristik, über Kinder- und Jugendliteratur bis hin zu Reisen, Geschichte, Natur, Humor sowie Hörbücher und Zeitschriften. Ebenso präsent ist die gesamte Regionalliteratur. Bei der Auswahl und Beratung steht das Mitarbeiterteam gern zur Seite.

Was nicht vorrätig ist, kann in der Regel innerhalb eines Tages beschafft werden.

Regelmäßig finden zu Höhepunkten auch Lesungen und Vorstellungen mit Signierstunden regionaler Autoren statt.

Buchhandlung »Das Gute Buch«
Inhaberin Gertraut Thurm
Göpenstraße 19 · 06526 Sangerhausen
Tel. (0 34 64) 57 29 02 · Fax (0 34 64) 57 00 80

Neue Technologie in der Blechbearbeitung: CNC-Stanzen, Lasern und Abkantpressen perfekt kombiniert

Fertigungshallen 1 bis 4 mit integrierten Logistik- und Dienstleistungszentrum für den Schaltanlagenbau und die Blechbearbeitung (Fotos: FEAG)

FEAG – der Spezialist für INDUSTRIE-SCHALTANLAGEN-SYSTEME

Mittelständisches Unternehmen ist weltweit tätig

Voller Stolz kann das Fertigungscenter für Elektrische Anlagen Sangerhausen GmbH (FEAG) auf eine elfjährige kontinuierliche Betriebsentwicklung zurückblicken. Das zunächst regional agierende mittelständische Unternehmen ist inzwischen weltweit als Fertiger für INDUSTRIE-SCHALTANLAGEN-SYSTEME in der Elektrotechnik, mit einem Jahresumsatz von 25 Millionen Euro, tätig. Im Firmenverbund sind 145 hoch motivierte und qualifizierte Fachkräfte für Termintreue, Einhaltung der Qualität und wirtschaftliche Entwicklung tätig. Netzberechnungen, Hard- und Softwareplanung, Fertigung, Prüfung, Lieferung und Wartung von elektrischen Anlagen sind wesentliche Leistungsmerkmale.

Die Produkte
TYPGEPRÜFTE
- POWER CENTER bis 8500 Ampere,
- HAUPTVERTEILER bis 5500 Ampere,
- MCC-TECHNOLOGIE,
- MITTELSPANNUNGSSCHALTANLAGEN bis 36 kV und
- AUTOMATISIERUNGS- UND ANTRIEBSTECHNIK

haben ihre Einsatzgebiete für konkrete Projekte potentieller Investoren für industrielle Produktionsprozesse und Infrastrukturvorhaben.
Durch die Entwicklung einer eigenen Niederspannungs-Schaltgerätekombination wurden wir Inhaber der Marke Nummer: 304 07 842. Mit diesem Produkt und dem Markenzeichen *made in Germany* sind wir jährlich auf nationalen und internationalen Messen in Hannover, Dortmund, Stuttgart, Moskau und Dubai präsent. Die Exportquote von 70 Prozent

Montage der Kupferschienen für die Verbindung des Leistungsschalters an das Hauptsammelschienensystem

ist das Ergebnis einer konsequenten Marketingstrategie. Mit 40 Prozent Direktexport nach Osteuropa und in die Länder Österreich, Frankreich und USA erreichen wir in Deutschland einen Spitzenwert.
Um im internationalen Wettbewerb mithalten zu können, wurden bisher über 7,5 Millionen Euro in die neuen Fertigungshallen, technologischen Prozesse, Ausrüstungen und Knowhow investiert. 28 000 Quadratmeter Land am Standort Gewerbegebiet »Helmepark« in Sangerhausen, lassen den Zukunftsplänen von Geschäftsführer Bernd Hiller alle Möglichkeiten offen. Die bisherigen 7400 Quadratmeter Fertigungshallen und 800 Quadratmeter Sozialteil werden strategisch um einen weiteren Hallenkomplex von rund 8000 Quadratmeter, der mit dem ersten Bauabschnitt im Jahr 2009 beginnt, erweitert. Ziel ist die Produktion weiterer modularer Systeme in der Elektrotechnik für Anwendungsgebiete von regenerativen Energien.
Die 15-prozentige Ausbildungsquote sichert für die zukünftigen Technologien hoch qualifizierte Mitarbeiter. In Zusammenarbeit mit den Berufsbildenden Schulen des Landkreises Mansfeld-Südharz und der Industrie- und Handelskammer Halle-Dessau werden Lehrlinge in den Fachrichtungen Bürokauffrau/-mann, Elektroniker/-in für Betriebstechnik und Konstruktionsmechaniker/-in ausgebildet. Außerdem leistet die FEAG aktive fachliche Unterstützung bei Diplomarbeiten und kooperiert mit mehreren Berufsakademien und Universitäten.
Für ihre erfolgreiche Unternehmensentwicklung und ihr Engagement in der Region wurde die FEAG bereits mehrfach ausgezeichnet. Dem »Großen Preis des Mittelstandes« im Jahr 2005 folgte 2007 die Ehrenplakette der Oskar-Patzelt-Stiftung. Das soziale Engagement des Unternehmens konzentriert sich auf die Unterstützung von Kinderhilfsorganisationen wie die Peter-Escher-Stiftung für krebskranke Kinder sowie den Siddhartha – Hilfe für Nepal e.V.

Fertigungscenter für Elektrische Anlagen Sangerhausen GmbH
Stiftsweg 1/2 · 06526 Sangerhausen
Tel. (0 34 64) 5 58 30
Fax (0 34 64) 55 84 10
info@feag-sgh.de
www.feag-sgh.de

FEAG ...die intelligente Lösung...

made in Germany

Rollbahnsystem 2 mal 30 Meter mit variablen Arbeitstischen: Montagelinie für eine teilautomatisierte Baugruppenfertigung

Chancen geben

CJD Sangerhausen im Christlichen Jugenddorfwerk Deutschlands e.V.

Das CJD Sangerhausen begann im Jahr 1991 in der Berg- und Rosenstadt seine Arbeit. In zwei Bereichen, dem Beruflichen Bildungszentrum (BBZ) und im Bereich Rehabilitation, werden rund 1000 Menschen mit Benachteiligungen und Behinderungen sozialpädagogisch betreut, gefördert, gepflegt, begleitet, qualifiziert und beschäftigt. Es wird eine Förderkette für Menschen mit Behinderungen im Therapie- und Beratungszentrum mit interdisziplinärer Frühförderung, in der Integrativen Kindertagesstätte, an zwei Förderschulen, der Tagesgruppe, den Südharz Werkstätten – Werkstatt für behinderte Menschen und mit dem Wohnen und Betreuung von behinderten Senioren nahezu geschlossen angeboten.

Die Orientierung am Christlichen Menschenbild ist dem CJD dabei Grundlage, auch schwierigsten Persönlichkeiten helfend zur Seite zu stehen. Diesem Ziel dient insbesondere die Arbeit in den Kernkompetenzen:

Religionspädagogische Bildung
Musische Bildung
Politische Bildung
Sport- und Gesundheitspädagogik
Erlebnissport.

Hasentorstraße 10, Sangerhausen

Ansprechpartner: Wilhelm Grangé
Jugenddorfleiter
Hasentorstraße 10
06526 Sangerhausen
Tel (0 34 64) 24 90
Fax (0 34 64) 2 49 11 70
cjd.sangerhausen@cjd.de
www.cjd-sangerhausen.de

Ein ganzes Haus voller Sonnenschein

CJD Integrative Kindertagesstätte

Kinder der Integrativen Kindertagesstätte bepflanzen ihre Außenanlagen. (Foto: CJD)

Jedes Kind braucht Hilfe bei seiner Entwicklung, das eine mehr, das andere weniger. Die Mitarbeitenden der Integrativen Kindertagesstätte ziehen im Haus Sonnenschein keine Trennungslinie zwischen Kindern mit Behinderung und ohne Behinderung.

Die Aufgabenstellung unserer Integrativen Kindertagesstätte zielt darauf ab, Kinder so zu fördern, dass für jedes Einzelne ein Leben nach seinen Bedürfnissen und Fähigkeiten in sozialer Gemeinschaft möglich wird. In unseren drei Gruppen »Wolken-, Sonnen- und Sternchengruppe« werden 75 Kinder im Alter bis zu sieben Jahren beziehungsweise bis zum Erreichen der Schulreife betreut und gefördert. In einem Miteinander, in dem das »Anders sein« Normalität ist, erfährt jedes Kind bei uns, das es wichtig ist und wertgeschätzt wird.

Wichtig für alle Kinder unserer Integrativen Kindertagesstätte ist eine Atmosphäre der Zusammengehörigkeit und des Wohlbefindens.

Neben den verschiedenen Therapiemöglichkeiten konzentriert sich die Arbeit auf sonderpädagogische Diagnostik, heilpädagogische Übungsbehandlungen, Gruppen- und Einzelförderung, Elternarbeit, Hausbesuche sowie die Arbeit in den Eltern-Kind-Gruppen.

Ansprechpartnerin: Katrin Klausner
Leiterin des Therapie- und Beratungszentrum und Haus Sonnenschein
Integrative Kindertagesstätte
John-Schehr-Straße
06526 Sangerhausen
Tel. (0 34 64) 51 50 52
Fax (0 34 64) 2 49 11 70
Mobil (01 78) 9 30 04 55
cjd.sangerhausen@cjd.de

Rund um Sangerhausen

Gezielte Förderung von klein auf

CJD Therapie- und Beratungszentrum (TBZ)

Das CJD Sangerhausen bietet mit seinem Therapie- und Beratungszentrum umfassende medizinisch-therapeutische Leistungen, heilpädagogische Angebote sowie Eltern- und Patientenberatung. Dieses Angebot ermöglicht es, entwicklungsverzögerte und von Behinderung bedrohte Kleinkinder im elterlichen Haushalt oder ambulant im TBZ nach heilpädagogischen Maximen zu fördern.
In unserem Haus befinden sich die ambulant und mobil arbeitende Frühförderstelle sowie kassenärztlich anerkannte Praxen für Physio- und Ergotherapie sowie Logopädie. Durch die interdisziplinäre Zusammenarbeit aller Mitarbeitenden wird eine ganzheitliche Förderung und Begleitung gewährleistet. Somit können Menschen aller Altersgruppen zielführende Behandlungs- und Beratungsleistungen in Anspruch nehmen, die individuell auf ihre Bedürfnisse abgestimmt werden.
Die heilpädagogische Arbeit leistet die individuelle Begleitung eines jeden Kindes. Das Tempo der Lernschritte gibt dabei das Kind vor. Diesen Fördermaßnahmen liegen Beobachtungen und Einschätzungen beziehungsweise Analysen des Entwicklungsstandes zu Grunde.
Die notwendige Frühförderung erfolgt durch Heilpädagogen für Kinder im Alter bis zu sechs Jahren.

Physiotherapie beinhaltet die Förderung der motorischen Entwicklung als Zentrum der Handlungsfähigkeit beim Menschen. Sie umfasst eine Vielzahl von Maßnahmen zur Verbesserung und Wiederherstellung der körperlichen Funktionsfähigkeit.

Ergotherapie beinhaltet handwerkliche, gestalterische sowie spielerische Übungen mit dem Ziel, dem betroffenen Menschen eine größtmögliche Handlungsfähigkeit im Alltag zu gewähren.

Logopädie bietet den betroffenen Patienten die Unterstützung und Förderung in allen Kommunikationsbereichen an. Ziel aller anzuwendender Therapiemöglichkeiten in diesem Bereich ist die Normalisierung aller Teilbereiche der Sprache und damit eine Sprachqualität ohne Symptome.

Frühförderung im TBZ

Ansprechpartnerin: Katrin Klausner
Leiterin Therapie- und Beratungszentrum
und Haus Sonnenschein
Walther-Rathenau-Straße
06526 Sangerhausen
Tel. (0 34 64) 27 67 16
Fax (0 34 64) 27 67 23
Mobil (01 78) 9 30 04 55
cjd.sangerhausen@cjd.de

Frühförderung im TBZ

Lernen für ein Leben in sozialer Integration

Lernen in der Förderschule G

CJD Christophorusschule Förderschule G

Staatlich anerkannte Förderschule für Kinder und Jugendliche mit geistiger Behinderung

In der CJD Christophorusschule Förderschule G lernen Kinder und Jugendliche mit dem Förderschwerpunkt »geistige Entwicklung« in 15 Klassen. Im Vordergrund schulischer Vermittlungs- und Aneignungsprozesse steht die Entwicklung individueller Möglichkeiten zur selbstständigen Lebensgestaltung der SchülerInnen. Grundsätzlich wird jedes geistig behinderte Kind, unabhängig von Art und Schwere seiner Behinderung, in die sonderpädagogischen Fördermaßnahmen einbezogen und mit Beginn seiner Schulpflicht eingeschult. Die Kinder und Jugendlichen absolvieren innerhalb ihrer Schulzeit vier Jahrgangsstufen, die Unter-, Mittel-, Ober- und Berufsschulstufe.

Pause macht Spaß

Lernen in der Unterstufenklasse

Ein entsprechend strukturierter Unterrichtsalltag, der Einsatz spezifischer Lehr- und Lernmittel, individuelle Förder- und Entwicklungspläne unterstützen den Bildungs- und Erziehungsprozess. Die Unterrichtsinhalte werden realistisch und lebenswirklich aufbereitet. In den einzelnen Lernbereichen überwiegt der handlungs- und projektorientierte Unterricht. Hort und Freizeitbereich sowie unterschiedliche Arbeitsgemeinschaften ergänzen die besonderen Bedürfnisse und Begabungen der Schüler.

Ein Schwerpunkt der pädagogischen Arbeit der Förderschule G ist der Übergang »Schule – Beruf« im Bereich der Berufsschulstufe. Dazu findet eine umfassende Berufsvorbereitung und eine intensive Praxisorientierung in den Bereichen Arbeit und Beruf, Partnerschaft, Öffentlichkeit und Umwelt sowie Freizeit statt. Besonders der Bereich Arbeit und Beruf soll den Schulabgängern durch gezielte Praktika weitere alternative Möglichkeiten in entsprechenden Berufsfeldern und dem freien Arbeitsmarkt ermöglichen.

Kooperative Beziehungen zu anderen Schulen und Einrichtungen unseres Einzugsbereiches dienen dem großen Ziel der sozialen Integration behinderter Menschen in unserer Gesellschaft.

Lernen in der Mittelstufenklasse

Ansprechpartnerin: Angelica Grüber
Schulleiterin
CJD Christophorusschule Förderschule für Kinder und Jugendliche mit geistiger Behinderung
Lindenstraße
06526 Sangerhausen
Tel. (0 34 64) 56 98 90
Fax (0 34 64) 5 69 89 20
Mobil (01 78) 9 30 04 54
cjd.sangerhausen@cjd.de

Rund um Sangerhausen

Fachunterricht (Foto: CJD)

Mathematikunterricht

Schullust statt Schulfrust

CJD Christophorusschule Förderschule A

Anerkannte Förderschule mit Ausgleichsklassen

Eine Förderschule mit Ausgleichsklassen kümmert sich insbesondere um die SchülerInnen, die wegen ihrer Handicaps in der emotionalen und sozialen Entwicklung im Regelschulsystem nicht adäquat betreut werden können.

Die Christophorusschule will eine Schule sein, die das Kind in seiner Ganzheit und Einmaligkeit annimmt, eine selbständige, selbstbewusste Einzelpersönlichkeit herausbildet und sich ihrer Verantwortung für das Gemeinwohl bewusst ist. Die Schule versucht, ihre Ziele in einer engen Lebensgemeinschaft aller Beteiligten zu verwirklichen.

Die CJD Christophorusschule Förderschule A berücksichtigt im Bildungs- und Erziehungsprozess die Bedürfnisse der SchülerInnen mit wesentlich abweichenden Verhaltens- oder sozialemotionalen Reaktionen. Über einen ganzheitlichen und systematischen Ansatz, durch einen strukturierten Tagesrhythmus, Beratung, Diagnostik, integrative Betreuung und gegebenenfalls therapeutische Hilfen wird dem Förderbedarf der SchülerInnen entsprochen. Die Lehrer und pädagogisch Mitarbeitenden vermitteln schulische Erfolgserlebnisse, bauen eine stabile Lern- und Leistungsmotivation auf sowie Lern- und Leistungsrückstände ab.

Die Lehrer arbeiten nach einem detaillierten pädagogischen Rahmenkonzept. Ausgehend vom Christlichen Menschenbild und der Umsetzung der Kompensationspädagogik mit ihren drei Säulen (Pädagogische Provinz – Erlebnispädagogik – Verhaltensbiologie) ist die Arbeit mit einem noch jungen wissenschaftlichen Konzept, das den neuesten Ansprüchen im Bereich der Verhaltensgestörtenpädagogik entspricht, unterlegt. Ziel ist es, die SchülerInnen auf die erfolgreiche Rückführung in eine Grund- und Sekundarschule vorzubereiten oder den Hauptschulabschluss in der Einrichtung zu erreichen. Grundlage dafür ist die Umsetzung der Rahmenrichtlinien der Grund- und Sekundarschule des Landes Sachsen-Anhalt.

An der CJD Christophorusschule Förderschule A werden die Schuljahrgänge eins bis neun vorgehalten. Im Schuljahr 2007/2008 lernen über 60 SchülerInnen an der Förderschule A.

Durch intensive Zusammenarbeit mit Eltern, Sorgeberechtigten und den zuständigen Einrichtungen und Ämter wird eine langfristige positive Entwicklung der Kinder- und Jugendlichen abgesichert.

Ansprechpartnerin: Susann Manthey
Schulleiterin
CJD Christophorusschule
Förderschule mit Ausgleichsklassen
Hasentorstraße 10
06526 Sangerhausen
Tel. (0 34 64) 2 49 12 00
Fax (0 34 64) 2 49 11 70
Mobil (01 78) 9 30 04 53
susann.manthey@cjd.de

Musikunterricht

Rund um Sangerhausen

Interessante Stunden

NATÜRLICH mit der Ökologiestation Sangerhausen

Botanische Exkursion mit Jürgen Peitzsch

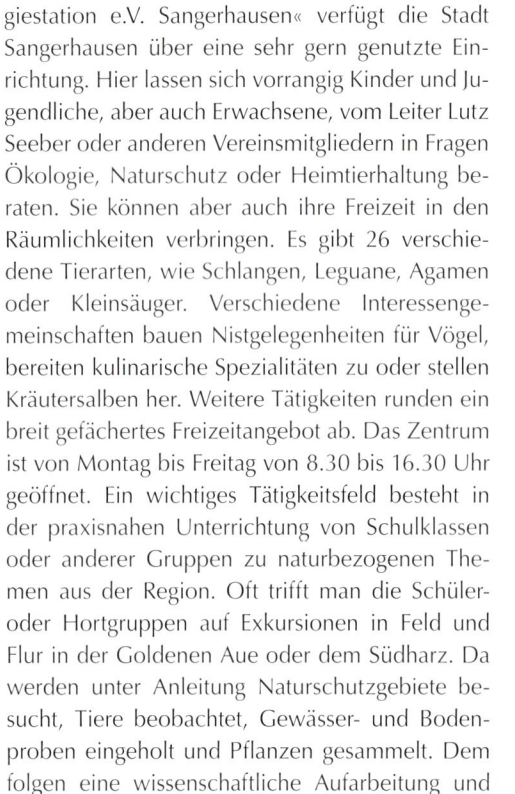

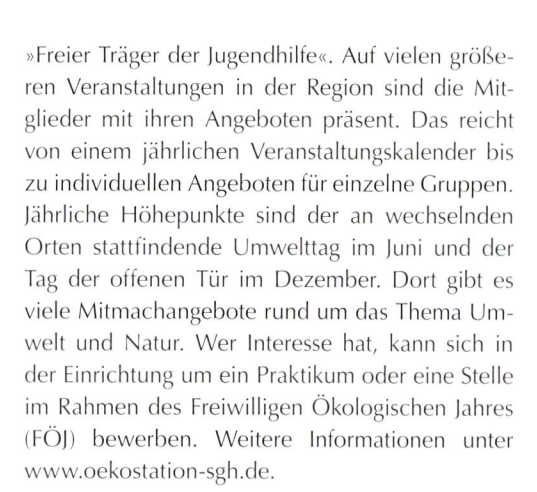

Stationsleiter Lutz Seeber mit einer Kindergruppe auf der Suche nach Liebellenlarven.

Kräuterdüfte erkennen – eine Station der Ökorallye

Mit dem Umweltbildungszentrum »Ökologiestation e.V. Sangerhausen« verfügt die Stadt Sangerhausen über eine sehr gern genutzte Einrichtung. Hier lassen sich vorrangig Kinder und Jugendliche, aber auch Erwachsene, vom Leiter Lutz Seeber oder anderen Vereinsmitgliedern in Fragen Ökologie, Naturschutz oder Heimtierhaltung beraten. Sie können aber auch ihre Freizeit in den Räumlichkeiten verbringen. Es gibt 26 verschiedene Tierarten, wie Schlangen, Leguane, Agamen oder Kleinsäuger. Verschiedene Interessengemeinschaften bauen Nistgelegenheiten für Vögel, bereiten kulinarische Spezialitäten zu oder stellen Kräutersalben her. Weitere Tätigkeiten runden ein breit gefächertes Freizeitangebot ab. Das Zentrum ist von Montag bis Freitag von 8.30 bis 16.30 Uhr geöffnet. Ein wichtiges Tätigkeitsfeld besteht in der praxisnahen Unterrichtung von Schulklassen oder anderer Gruppen zu naturbezogenen Themen aus der Region. Oft trifft man die Schüler- oder Hortgruppen auf Exkursionen in Feld und Flur in der Goldenen Aue oder dem Südharz. Da werden unter Anleitung Naturschutzgebiete besucht, Tiere beobachtet, Gewässer- und Bodenproben eingeholt und Pflanzen gesammelt. Dem folgen eine wissenschaftliche Aufarbeitung und Auswertung. Praktischer Naturschutz wird durch größere Projekte und kleinere Aktionen geleistet. Dazu gehören Biotopanalysen, das Anbringen und Kontrollieren von Nisthilfen oder Müllaktionen im Wald. Auch bei der jährlich stattfindenden »Krötenaktion« leisten die Vereinsmitglieder und interessierte Bürger tatkräftige Hilfe. Höhepunkt ist die nächtliche Exkursion zu einem Laichgewässer. Im Auftrag von partnerschaftlichen Institutionen führt die Ökologiestation auch Flora- und Faunakartierungen durch. Da ist die Mitarbeit der Kinder und Jugendlichen gern gesehen. Für das Naturschutzprojekt »Bachmuschelmonitoring« gab es im Jahre 2006 sogar einen Umweltpreis des Landes Sachsen-Anhalt durch die Stiftung Umwelt, Natur- und Klimaschutz. Den Verein »Ökologiestation Sangerhausen« e.V. gibt es in seiner heutigen Form seit dem 16. Dezember 1992. Er ist anerkannter »Freier Träger der Jugendhilfe«. Auf vielen größeren Veranstaltungen in der Region sind die Mitglieder mit ihren Angeboten präsent. Das reicht von einem jährlichen Veranstaltungskalender bis zu individuellen Angeboten für einzelne Gruppen. Jährliche Höhepunkte sind der an wechselnden Orten stattfindende Umwelttag im Juni und der Tag der offenen Tür im Dezember. Dort gibt es viele Mitmachangebote rund um das Thema Umwelt und Natur. Wer Interesse hat, kann sich in der Einrichtung um ein Praktikum oder eine Stelle im Rahmen des Freiwilligen Ökologischen Jahres (FÖJ) bewerben. Weitere Informationen unter www.oekostation-sgh.de.

In der Ökologiestation am Rosengarten 2 (Foto: Ökologiestation)

Parade der Rosenköniginnen

Die Botschafter des Europa-Rosariums im Festzug

Festumzug zum Rosenfest 2007

Rosenumzüge und Rosenfeste in Sangerhausen

Die ganze Stadt wird zu einem Blumenmeer

Was am 1. und 2. Juli des Jahres 1933, anlässlich des 30-jährigen Bestehens des Rosariums begann, findet seine Fortsetzung bis in die heutige Zeit. Damals wurde von dem Verkehrsausschuss und dem Verschönerungsverein der Stadt Sangerhausen das erste »Rosen- und Heimatfest« organisiert. Die Leitung lag in den Händen des Ehrenbürgers Professor Ewald Gnau. Am großen Festumzug nahmen rund 3000 Personen in über einhundert Bildern teil. Bereits ein Jahr später feierten die Sangerhäuser in ihrem weltbekannten Rosarium das »Fest der 400 000 Rosen«. Trotz der Erfolge kam es zu keiner Fortsetzung. Spätestens der Krieg und die Nachkriegsjahre waren nicht die geeignete Kulisse dafür. Im Jahre 1953, zum nunmehr 50-jährigen Bestehen des Rosariums, fand das erste Rosenfest nach dem Ende des Zweiten Weltkrieges statt. Im Rosarium wurde die neue Freilichtbühne eingeweiht. Das Theater Nordhausen führte dazu die Oper »Martha« auf.

Am folgenden Sonntag fand ein Sternmarsch statt. Von vier Stationen aus marschierten große Gruppen mit Musikkapellen durch die Straßen der Stadt zum Markt. Nach einer Großkundgebung fand ein kleiner Festzug statt. Gleichzeitig gab es ein Sportfest, darunter ein Radrennen »Rund um den Kyffhäuser« und eine Schnittrosenschau in der Erweiterten Oberschule »Geschwister Scholl«. Bereits ein Jahr später folgte der nächste Rosenumzug. Diesmal hatten die Stadtväter den Kunstmaler Wilhelm Schmied mit der Oberleitung beauftragt. Mit 62 Festwagen gestalteten viele hundert Teilnehmer einen schönen historischen Umzug. Im Wagen der Stadtverwaltung fuhr die Rosenkönigin. 8000 Zuschauer kamen allein am Sonntagnachmittag zu den Kulturveranstaltungen in das Rosarium. Das Rosenfest blieb zusammen mit dem Tag des Bergmanns ein fester Termin im jährlichen Veranstaltungskalender der Stadt. Einen Festumzug gab es aber vorerst nicht, auch zum 75-jährigen Jubiläum fiel er aus. Das Fest überstand die politische Wende ohne große Veränderungen. Seit 1991 wird alle zwei Jahre eine neue Rosenkönigin gewählt. Erst 1999, nach 45 Jahren, fand wieder ein Festumzug statt. Tausende Zuschauer an den Straßenrändern jubelten den Mitwirkenden mit ihren schönen Bildern zu. Schon zwei Jahre später folgte der nächste und dieser Rhythmus wurde bisher beibehalten. Im Jahre 2003 bestimmte der 100. Geburtstag des Europa-Rosariums das Berg- und Rosenfest und den großen Festzug. Im Jahre 2007 lautete das Motto: »Sangerhäuser Geschichten – Königreich der Rosen, Kupfer und Reformen«. Er war der schönste den Sangerhausen bisher gesehen hat. In 95 Bildern, von vielen hundert Mitwirkenden gestaltet, konnte man das heutige Sangerhausen erleben. Zigtausende Zuschauer waren dazu extra in die Berg- und Rosenstadt gekommen. Man kann gespannt sein was die Zukunft bietet.

Förderverein »Freunde des Rosariums Sangerhausen«

Stätten der Pflege und Gemütlichkeit
Seniorenzentrum »Goldene Aue«
Seniorenzentrum »Kyffhäuserblick«

(Fotos: Jan Sichting; Text: Karl-Heinz Sichting)

Pflegeheime des Deutschen Roten Kreuzes in Hohlstedt und Sangerhausen

*DIE LIEBE IST
DAS WOHLGEFALLEN AM GUTEN;
DAS GUTE IST
DER EINZIGE GRUND DER LIEBE.
LIEBEN HEISST,
JEMANDEN ETWAS GUTES TUN WOLLEN.*
— Johann Gottlieb Fichte

Welche Kriterien soll ein Alten- und Pflegeheim in erster Linie erfüllen? Es soll vor allem ein Zuhause sein, in dem sich Körper und Geist wohl fühlen. Kurz: ein Haus, das es leicht macht, seinen Lebensabend in aller Form zu genießen. Ein Zuhause der Glückseligkeit, ein Ort der Freude und Freunde, eine Stätte der Pflege und Gemütlichkcit. Für betagte, gebrechliche Menschen ebenso wie für gesunde vitale Mitbewohner, die sich erfahrenen Pflegekräften und geschultem Personal anvertrauen möchten.

Das Deutsche Rote Kreuz, der Kreisverband Sangerhausen e.V., gestaltet das Leben im Alter an zwei Orten im Landkreis Mansfeld-Südharz: in Hohlstedt und in Sangerhausen. Altenpflegeheim sagt man nicht mehr, Seniorenzentrum sagt man heute, denn die Einrichtungen können viel mehr. Die Namen haben Charakter: »Goldene Aue« Hohlstedt und »Kyffhäuserblick« in Sangerhausen dokumentieren die Verbundenheit zur Heimat und ihrer Ursprünglichkeit. Die Philosophie ist gleich, die Architektur verschieden.

Rund um Sangerhausen

Die Villa in der der »Goldenen Aue«

Im Seniorenzentrum »Goldene Aue« Hohlstedt

Harmonisch gelegen in einer wundervollen Parklandschaft am Fuße des Kyffhäusers, mittendrin in der fruchtbaren Goldenen Aue, wurde das alte Gutshaus von 1909, das schon nach dem Zweiten Weltkrieg als Altenheim fungierte, in mühsamer Kleinarbeit originalgetreu rekonstruiert und liebevoll gestaltet.

Der moderne Anbau

Ein moderner Neubau, architektonisch der herrschaftlichen Villa nachempfunden, fügt sich harmonisch in das Ensemble ein und wird ergänzt durch einen Pavillon, der als Tagespflege und Raum für festliche und vergnügliche Anlässe genutzt wird. Dem Auge des flüchtigen Betrachters entgeht diese kleine architektonische Kostbarkeit.

Im Innenhof

Im Foyer der »Goldenen Aue«

Im Seniorenzentrum »Kyffhäuserblick« Sangerhausen

Weltoffen dagegen präsentiert sich das Seniorenzentrum »Kyffhäuserblick« (man hat wirklich einen Blick auf den Kyffhäuser) in einem Neubaugebiet der Kreisstadt. 1979 als trister Plattenbau dazu bestimmt, Pflegebedürftige zu versorgen, gelang im Jahr 2000 der große Wurf. Im Rahmen eines europaweiten Ausschreibungsverfahrens entstand eine einmalige architektonische Lösung, ausgezeichnet mit dem Architektenpreis des Landes Sachsen-Anhalt 2004. Der Neubau dominiert das Geschehen. Ein Haus für alte Menschen ist wie eine kleine Stadt: mit Straßen, Plätzen, Gärten, Parks, Höfen und erkennbaren Schwerpunkten. Allgemeine Dienste befinden sich im Erdgeschoss, wie in der Stadt die Läden und Restaurants, während die privaten Bereiche, die Wohnungen und Pflegebereiche in den Obergeschossen nach Süden und Westen orientiert sind.

Der Neubau, die sanierten Altbauten und das Wohnhaus für Betreutes Wohnen bilden ein Ensemble, zusammengefasst über eine neue Mitte, die den »Grünraum« für alle Bewohner im Inneren des kleinen Stadtgartens als zentralen Treffpunkt prägt. Die Stadt außen, das sind die Straßenfluchten; der Neubau liegt in der Flucht des vorhandenen Altbaus und bildet eine Fassade. Er und das Haus für Betreutes Wohnen sind niedriger als der Altbau, weil der Kontakt der Bewohner zum Grünen für das Deutsche Rote Kreuz wichtiger ist als Masse. Tageslicht in allen Wohn- und Pflegebereichen sowie einen ständigen Blickbezug nach außen, die Verwendung von Naturstoffen und warmen Farben laden zum Verweilen ein. Dabei wurde noch gar nicht über die vielen engagierten Menschen gesprochen, die erfahrenen Pflegekräfte und die freundlichen Mitarbeiter.

Seniorenzentrum »Kyffhäuserblick«

Wohnhaus für betreutes Wohnen

Blick in den Innenhof

Für das tägliche Wohlbefinden und für die ganzheitliche Pflege sind die körperliche, seelische und geistige Betreuung gleichermaßen wichtig. Zu den wesentlichen Aufgaben in den Häusern des DRK-Kreisverbandes Sangerhausen gehören auch die allgemeine Gesundheitsförderung, die Förderung der Selbstständigkeit, die Unterstützung bei Aktivitäten und die Beratung.
Die erforderliche Versorgung im Bereich der Grund- und Behandlungspflege wird dabei durch das Fachpersonal der Einrichtungen gewährleistet. Neben einer fachlichen Betreuung zur Verbesserung des körperlichen Allgemeinwohls kommt aber ebenso der individuellen Betreuung, gerade auch durch persönliche Zuwendungen und Gespräche, eine tragende Rolle zu.
Das richtige Zuhören und das Eingehen auf die Probleme der Bewohner ist stets ein Baustein zur Verbesserung der allgemeinen Lebensgestaltung. Eine ständige Weiterbildung aller Mitarbeiter und das Arbeiten nach festgelegten Qualitätskriterien begründen den guten Ruf der Seniorenzentren »Goldene Aue« in Hohlstedt und »Kyffhäuserblick« in Sangerhausen.

Im Foyer vom »Kyffhäuserblick«

LIEBEN HEISST, JEMANDEN ETWAS GUTES TUN WOLLEN.

DRK-Kreisverband Sangerhausen e.V.
Schartweg 11
06526 Sangerhausen
Tel. (0 34 64) 6 16 10
Fax (0 34 64) 61 61 24
info@drk-sangerhausen.de
www.drk-sangerhausen.de

Deutsches Rotes Kreuz

Die Kegelhalde des Thomas-Münzer-Schachtes ist über 130 Meter hoch.

Bergbauforscher Thilo Ziegler aus Sangerhausen

Rotes Gold vom Südharz

Jahrhundertealter Bergbau auf Kupferschiefer

Die Natur hat es im südöstlichen Harzvorland vor rund 250 Millionen Jahren gut gemeint. Auf dem Grunde des Zechsteinmeeres lagerte sich ein schwärzlicher, 30 bis 50 Zentimeter mächtiger Mergelschiefer ab, das Kupferschieferflöz. Es enthält neben Kupfer-, Silber- und Bleiverbindungen eine Vielzahl weiterer Metalle. Später wurde diese Schicht bis zu 1000 Meter überlagert. Durch die »Saxonische Gebirgsbildung« gelangte sie nach Jahrmillionen am Südharzrand an einigen Stellen wieder an die Eroberfläche.

Wann der Mensch das erste Mal auf diesen Schatz aufmerksam wurde, ist noch nicht genau bekannt. Die Forschung geht nach bisherigem Kenntnisstand davon aus, dass der Bergbau auf Kupferschiefer in der Region vor rund 800 Jahren begann. Im Laufe der Jahrhunderte gab es am Kyffhäuser und Südharzrand mehrere Kupferschieferbergbezirke. Der bedeutendste war der Sangerhäuser. Abgebaut wurde das Kupferschieferflöz zunächst am »Ausgehenden«, hier tritt es an das Tageslicht und setzte sich im Laufe der Zeit durch Pingen und später immer tiefer reichende Schächte fort. Die ursprüngliche Strebhöhe entsprach der Schulterbreite eines ausgewachsenen Mannes. Es wurde nur das gewonnen und bezahlt, was kupferhaltig erschien. Aus dieser Zeit des frühen Bergbaues gibt es mit den Pingenlandschaften und unzähligen kleinen Halden noch viele Spuren im Südharz. Die Erze wurden in einem sehr aufwändigen und langwierigen Prozess weiterverarbeitet und das darin enthaltene Kupfer ausgeschmolzen. Standorte solcher alten Hüttenstätten waren unter anderem bei Breitungen, Wickerode, Großleinungen, Sangerhausen und im Gonnatal. Das Abbauverfahren entwickelte sich ständig weiter. Zunächst wurde es mit einer Keilhaue herausgeschlagen, später frei gesprengt und in den letzten Jahrzehnten mit moderner Technik aus dem Berg »ausgeschrämmt«. Aus dieser Zeit stammen auch die Pyramiden bei Sangerhausen, die weithin sichtbaren Kegelhalden.

Am 10. August 1990 wurden die letzten Kupferschiefer aus dem Thomas-Münzer-Schacht in Sangerhausen gefördert. Damit war die Zeit des »Roten Goldes« zu Ende. Mit dem Bergbaumuseum Röhrigschacht in Wettelrode ist eine sehr attraktive Einrichtung geblieben. Nur hier kann man noch als Besucher nachvollziehen, wie früher der Kupferschiefer gewonnen wurde. Dazu geht es mit einer originalen Förderanlage fast 300 Meter tief in die Erde. In einer sachkundigen Führung wird viel Wissenswertes vermittelt. An das Museum schließt sich ein rund vier Kilometer langer Bergbaulehrpfad an. Hier sind nach einer archäologischen Grabung auch Reste mittelalterlicher Bergbauanlagen zu besichtigen.

Die Tradition des Bergbaues hält der Verein Mansfelder Bergarbeiter Sangerhausen e.V. aufrecht. Zur Geschichte des Bergbaues gibt es vom Verein und von Thilo Ziegler aus Sangerhausen zahlreiche Veröffentlichungen.

Besuchergruppe vor dem Bergbaumuseum Röhrigschacht

Pingenlandschaft am Bergbaulehrpfad

Rekonstruierte Anlage am Bergbaulehrpfad

Spendenbox — Ihre Spende dient der Unterhaltung des Bergbaulehrpfades

Rund um Sangerhausen

Die von der Sparkasse gesponserte S-Bahn ergänzt das touristische Angebot in der Rosenstadt. (Fotos: Sparkasse MSH)

Siegerehrung im Sparkassenwettbewerb »Verein des Jahres 2007« im Rahmen des Sangerhäuser Kobermännchenfestes 2008

Soziales Engagement bei der Sparkasse: Jedes Jahr werden Förderbeträge übergeben.

Sparkasse Mansfeld-Südharz

Seit über 165 Jahren verbunden mit der Region

»Dein Geld arbeitet für Dich in der Sparkasse.« – so die Botschaft eines Sparkassenwerbespots aus dem Jahr 1931. Das Geld der Kunden der Sparkasse Mansfeld-Südharz arbeitet seit über 165 Jahren in der Region. Das Institut blickt heute auf eine wechselvolle, über 165-jährige, Geschichte zurück. Die beiden ältesten Vorgängerinstitute der heutigen Sparkasse sind die 1843 gegründete Stadtsparkasse Eisleben und die im Jahr 1847 eröffnete Stadtsparkasse Sangerhausen. In jener Zeit entstanden viele kleinere Sparkassen, die nach und nach zur heutigen Sparkasse Mansfeld-Südharz zusammenwuchsen. Das regionale Kreditinstitut ist auf diese Weise in der Region und mit der Region gewachsen. Eines hat sich die Sparkasse Mansfeld-Südharz dabei allerdings immer bewahrt: den engen regionalen Bezug und die Nähe zu den hier lebenden Menschen. Heute drückt sich diese enge Bindung vor allem in der Geschäftspolitik der Sparkasse aus, die eindeutig den Menschen in den Mittelpunkt aller Bemühungen stellt und dabei auch die wichtigen Funktionen als Arbeitgeber, Ausbildungsbetrieb und Finanzdienstleister für alle Einwohner berücksichtigt.

Seit Jahren bildet die Sparkasse Mansfeld-Südharz junge Menschen zu Bankkaufleuten aus.

(Foto Sparkasse MSH)

Die Sparkasse Mansfeld-Südharz sieht sich selbst als Wirtschaftsunternehmen in einer Doppelrolle. Einerseits stellt sie sich den Herausforderungen des Wettbewerbs und andererseits erfüllt sie ihren öffentlichen Auftrag. Dieses Selbstverständnis drückt sich unter anderem in einem umfassenden Angebot von Finanzdienstleistungen aus. Innovative Lösungen und kompetente, individuelle Beratung zählen genauso dazu. Vielfältige Beteiligungen an Projekten und Veranstaltungen sowie das gemeinnützige Engagement zeichnen die Sparkasse Mansfeld-Südharz aus. In jedem Jahr stellt die Sparkasse Spendengelder zur Verfügung, die vor allem den gemeinnützigen Vereinen, aber auch Schulen, Kindertagesstätten und anderen sozial tätigen Einrichtungen zugute kommen. Darüber hinaus betätigt sich die Sparkasse als Sponsor, stellt zahlreiche Ausbildungsplätze zur Verfügung und investiert in die Tourismuswerbung. So wurden zum Beispiel touristische Attraktionen wie die S-Bahn in Sangerhausen und die Postkutsche in Stolberg erst mit finanzieller Unterstützung der Sparkasse Mansfeld-Südharz möglich. Außerdem bietet das Institut regelmäßig eigene Veranstaltungen zu verschiedenen aktuellen Themen an und beteiligt sich unter anderem an Stadtfesten, Gewerbeschauen oder Ausbildungsmessen.

Die Sparkasse Mansfeld-Südharz ist stolz auf ihre lange Tradition und nimmt maßgeblichen Anteil an der wirtschaftlichen und kulturellen Entwicklung der Region Mansfeld-Südharz. Als Finanzpartner der mittelständischen Wirtschaft und durch die Förderung von Kultur, Sport sowie Vereinen ist die Sparkasse unverzichtbarer und fest mit der Region verbundener Bestandteil des Lebens im Landkreis Mansfeld-Südharz.

Sparkasse Mansfeld-Südharz
Markt 2-4
06295 Lutherstadt Eisleben
Tel. (0 34 75) 6 75 90
info@sparkasse-msh.de
www.sparkasse-msh.de

Ausdruck regionaler Verbundenheit: Der Vorstand vor dem Sparkassengebäude am Markt in Lutherstadt Eisleben.

Rund um Sangerhausen

Kundenmagnet der Berg- und Rosenstadt Sangerhausen

Das E-Center im Helme-Park

Das E-Center im Gewerbegebiet Helme-Park in Sangerhausen

An der Obst- und Gemüsefrischetheke

Die Frischetheke für Fisch

Geschenkideen – hübsch verpackt

Das im Jahre 2005 neu eröffnete E-Center im westlich der Stadt Sangerhausen gelegenen Gewerbegebiet »Helme-Park« hat sich in den vergangenen Jahren zu einem wahren Kundenmagnet entwickelt. Tausende zufriedene Kunden aus nah und fern erledigen hier täglich ihre Einkäufe. Auf rund 3000 Quadratmeter Verkaufsfläche stehen über 30 000 Produkte im Frische-, Food- und Non-Food-Bereich zur Auswahl. Eine umfangreiche Präsente-Theke bietet fertige Geschenkideen aller Art oder fertigt diese nach individuellen Kundenwünschen an.

Neben den Supermarktprodukten gibt es an den Frischetheken ofenfrische Backwaren, ständig frisch zubereitete und sofort verzehrfertige Obst- und Gemüseprodukte. Mit im Angebot ist ein großes Sortiment an Bio-Produkten, Fleisch- und Käsespezialitäten sowie Frischfisch aus aller Welt. Besonderen Wert legt man im E-Center auf Produkte regionaler Anbieter. So greifen die Kunden hier gern zu Schokolade von »Halloren«, Backwaren von Friwi aus Stolberg, Keksen oder Lutherbrodt von Wikana, Spreewaldgurken sowie Schlossberg-Spirituosen aus Allstedt oder Mifa-Rädern aus Sangerhausen. Zur Saison werden außerdem frisches Obst und Gemüse vom Erdbeer- und Spargelhof Portmann in Oberröblingen/Helme mit angeboten.

Jede Woche neu bekommen alle Haushalte in der Region die aktuellen Angebote ins Haus. Zum Serviceangebot gehört seit dem 1. Januar 2008 die Deutschlandcard. Das bedeutet für die Kunden von EDEKA nochmals Sparen durch Punktesammeln beim Einkauf. 60 Mitarbeiter sorgen jeden Tag für eine kundenfreundliche Atmosphäre. Jeden Donnerstag und Freitag ist langer Einkaufsabend und bis 22 Uhr geöffnet. Innerhalb des dreijährigen Bestehens des E-Centers wurden hier bereits sechs Lehrlinge ausgebildet und zahlreiche Schüler und Umschüler erhielten im Rahmen von Praktika einen Einblick in die Arbeitswelt des Marktes. Die regionale Verbindung des Unternehmens widerspiegelt sich außerdem in einer umfassenden Unterstützung verschiedener Vereine und Einrichtungen. Selbstverständlich wird auch die Repräsentationsarbeit der jeweiligen Rosenkönigin des Europa-Rosariums Sangerhausen, der größten Rosensammlung der Welt, gefördert.

Die bereits zweimal vom E-Center organisierte große Osterparty im Europa-Rosarium kam beim Publikum sehr gut an. Sie wird zukünftig genauso zur Tradition werden, wie die Sternradtouren die jeweils am zweiten Sonntag im September stattfinden.

Kundenruhezonen und eine Kinderspielecke sorgen für eine entspannte Einkaufsatmosphäre im Markt.

E-Center im Helme-Park
Riethweg 3
06526 Sangerhausen
Tel. (0 34 64) 2 78 90
Fax (0 34 64) 27 89 20
info@edeka.de
www.edeka.de

Hotel und Restaurant »Zum Löwen« in Oberröblingen

Gepflegte Gastlichkeit zwischen Harz und Kyffhäuser

Hotel und Restaurant »Zum Löwen« in Oberröblingen

Eingedeckt für das Rosenmenü.
(Foto: Hotel und Restaurant »Zum Löwen«)

Unweit vom Europa-Rosarium, der weltgrößten Rosensammlung, befindet sich in Oberröblingen, einem Ortsteil der Berg- und Rosenstadt Sangerhausen, das Drei Sterne Superior Hotel und Restaurant »Zum Löwen«.

Seit 1852 bestand dieses gastliche Haus als Gasthof und wurde im Jahr 1993 durch einen modernen Neubau als Hotel eröffnet. Den Gästen stehen Komfortzimmer zur Verfügung, die mit Telefon, Sat, W-Lan, Dusche, WC und Haartrockner ausgestattet sind. Auf der hauseigenen Kegelbahn kann man sich sportlich betätigen. Ein gepflegter Biergarten lädt bei schönem Wetter zum Verweilen ein.
Egal ob Familienfeiern, Seminare, Busreisegruppen oder Individualgast, die Galerie bieten für alle den richtigen Rahmen. In dem gastlichen Haus wird durch die angenehme Atmosphäre, das stilvolle Ambiente und die liebevolle und zuvorkommende Betreuung durch das freundliche »Löwen-Team« Südharzer Gastlichkeit mit Herz vermittelt. Auch die kleinen Gäste werden liebevoll umsorgt. Eine speziell für sie gestaltete Kinderspeisekarte bietet alles für kleine Leckermäulchen und sogar eine extra Überraschung. Das kreative Küchenteam ist ständig auf der Suche nach neuen Ideen, um die Gäste für die regionale, deutsche Küche zu begeistern. Mit zahlreichen kulinarischen Aktionen, bei denen die saisonalen Produkte der Goldenen Aue bevorzugt werden, garantieren die jungen Köche stets Abwechslung auf der Speisekarte. So zum Beispiel mit einem exklusiven Rosenmenü in vier Gängen, welches nur auf Vorbestellung, mit frischen Rosen von Mai bis Oktober zubereitet wird. Das kann der krönende Abschluss nach einem Besuch im Rosarium sein, der ewig in Erinnerung bleibt.
Besonderheiten der »Löwen-Küche« sind die einmaligen Schnitzereien aus Obst und Gemüse.

Diese Kunst hat die Hotelchefin Ritta Büdler vom chinesischen Spitzenkoch und zweifachen Weltmeister im Gemüse- und Früchteschnitzen, Herrn Xiang Wang, in vielen Seminaren erlernt. Gern vermittelt sie dieses Können auch weiter.
Für ihr Engagement um die deutsche Ess- und Lebenskultur sowie für den Einsatz um die Erhaltung der europäischen Tradition, wurde ihr zweimal der »EURO-TOQUES-Medienpreis« verliehen.
Für ihre Kreativität im regionalverbundenen Menüangebot und das Engagement im Bereich der Ausbildungspraxis erhielt Ritta Büdler vom Wirtschaftsminister Sachsen-Anhalts den Innovationspreis. Dem Hotel wurde das Qualitätssiegel für hervorragende Servicequalität verliehen.

Ein Besuch lohnt sich! Wo die Sangerhäuser Rosenkönigin mit Kaiser Barbarossa und der Harzhexe lebt, ist jeder Gast herzlich willkommen!

Ein Teil des Teams vom Restaurant und Hotel »Zum Löwen«

Blick in einen Gastraum des Restaurants

Hotel & Restaurant »Zum Löwen« Oberröblinge
Inhaber Ritta Büdler · Sangerhäuser Straße 24
06526 Sangerhausen
Tel. (0 34 64) 5 45 00
Fax (0 34 64) 67 42 30
info@zum-loewen-hotel.de
www.zum-loewen-hotel.de

Erntekronenwettbewerb in der Kulturscheune

Schullandheim und Kindertagesstätte

Ab ins Grüne – der Gutshof Othal lädt ein

Große Palette von Freizeitangeboten für Kinder

Streichelzeit im Stall

Kostehäppchen für Esel Willy

Ein Besuch auf dem alten Gutshof Othal lohnt sich immer. Ständig gibt es hier etwas Neues zu entdecken. Egal zu welcher Jahreszeit, egal ob für Groß oder Klein, Jung oder Alt – hier kann fast jeder fündig werden.

Der ehemalige Gutshof derer von Bülow, um 1860 erbaut, liegt im Tal vor den Toren der Rosenstadt Sangerhausen, umgeben von Eichenwäldern, Obstplantagen und fruchtbaren Feldern. Anfang der 1990er Jahre hauchte ein Verein dem halbverlassenen Ort wieder Leben ein. Es entstand ein Schullandheim nach dem Konzept eines »Jugend- und Schulbauernhofs«. Er versteht sich als außerschulischer Lernort für Kinder jeden Alters ab drei Jahren und jeder Schulart. Hier erleben Kindergruppen aktiv den bäuerlichen Alltag mit all seinen Traditionen, den verantwortungsvollen Umgang mit Tieren und den Kreislauf der Natur hautnah. Das Schullandheim hat eine Kapazität von 34 Betten und ist ganzjährig geöffnet.

Die Haustiere sind das Highlight des Bauernhofs: Schweine, Schafe, Ziegen, Pferde, Esel, Kaninchen, Meerschweinchen, Hühner, Enten und Tau- ben erwarten die kleinen Gäste, um von ihnen versorgt, gepflegt und gestreichelt zu werden. Verschiedene Hausgärten bieten die Möglichkeit zum Säen, Pflanzen und Ernten. In einer kleinen Lehrküche stehen zum Verarbeiten, Konservieren

Rund um Sangerhausen

und Zubereiten erntefrischer Früchte moderne Geräte zur gesunden Ernährung, aber auch alte Küchenutensilien der traditionellen Bauernküche bereit. Eine Freiluftausstellung auf dem Hofgelände mit Ackergeräten aus sieben Jahrzehnten gibt einen Eindruck davon, wie schwer die Landarbeit früher war. Auf dem Dach zeigt die Wetterfahne die Windrichtung an und die restaurierte Gutsglocke schlägt weit hörbar die Stunden an.

Das natürliche Umfeld – Teich, Wiesen, Naturlehrpfad, Streuobstwiesen, Biotop mit Quelle sind wie geschaffen für »Rucksackschulen« – Exkursionen zur Erkundung von Flora und Fauna.

Das Gutshaus ist auch Heimstätte der Kindertagesstätte »Bauernhaus für Kinder«. Hier erleben etwa 55 Kinder zwischen ein und zehn Jahren ihre Kindheit inmitten der Natur.

Hausschwein oder Wildschwein – wer weiß Bescheid

Fingermalerei am Indianerzelt

In der Lernstube – vom Korn zum Mehl

In den Schulferien verbringen Kinder erlebnisreiche Freizeiten in den einwöchigen Pony-, Reiter- oder Bauernhofcamps. Auch Familien können einen unbeschwerten Urlaub in der Ferienwohnung des Gutshof verbringen, auf Wunsch an Hofarbeiten teilnehmen oder Reitstunden buchen.

Unsere Hausgäste finden ein ideales Umfeld vor zur Erholung und Entspannung mit Park, Teich, Koppeln und Freigehegen, sowie attraktiven Ausflugszielen in unmittelbarer Nähe.

Die gastronomische Versorgung der Besucher bestreitet die »Kulturscheune Othal«. Hier finden vor allem Familienfeiern, Betriebs- und Vereinsfeste oder Großversammlungen statt. Unzählige Hochzeitspaare haben hier ihren großen Tag verlebt. Auch für Reiseunternehmen ist die Kulturscheune mit ihrem Saal für rund 180 Gäste eine gute Adresse.

Eine Line-dance-Gruppe findet hier genügend Platz, um zwei Mal wöchentlich ihrem Hobby zu frönen. Ein beliebtes Angebot der Wirtin sind die Eisbein- und Schlachtfestessen, die zwischen Oktober und März stattfinden.

Auf dem Gutshof haben verschiedene Vereine ihr Domizil. Egal ob Landsenioren, Brieftaubenzüchter oder Reitsektion – sie alle sind mit ihrem Erfahrungsschatz immer für die kleinen Hofgäste da. Eine Vielzahl fachkundiger Helfer und Organisationen aus der Region, wie Obst- oder Milchbauern, Imker, Jäger oder Förster, Falkner, Anbieter traditioneller Handwerkstechniken und Ökologen stehen zur Verfügung, um die Programmangebote abzurunden.

Natürlich gibt es auch eine große Palette von Freizeitangeboten für Kindergruppen. Zum Erholen oder Feiern bietet das Jahr immer viele Anlässe: zum Beispiel Osterfeste im Grünen, Zuckertütenfeste, Kindererntedankfeste, Weihnachtsfeiern mit Stallweihnacht. Auch bei den Spaßsportfesten, Wettbewerben bei Wildschwein- oder Indianerfesten oder Hofrallyes sind die Kinder mit Feuereifer dabei. Ein romantischer Abend am Lagerfeuer mit Stockkuchen zum Abschied ist für viele Gruppen ein Muss. Der Renner sind unsere »Kindergeburtstage auf dem Bauernhof«.

Der Gutshof ist weithin bekannt für seine Großveranstaltungen. Ein fester Termin im Ausflugskalender vieler Familien sind Himmelfahrt, Kindertag und das traditionelle Erntedankfest am letzten Samstag im September. Ein Geheimtipp ist das Martinsfest mit Martinsgansessen, Laternenumzug mit Ross und Reiter und Lagerfeuer. Mit dem »Advent auf dem Bauernhof« und der großen Silvesterfeier endet das Jahr auf dem Gutshof.

Natürlich stehen noch weitere interessante Termine auf dem Veranstaltungsplan, die unter anderem auf den Homepages veröffentlicht werden.

Jugend- und Schulbauernhof Othal
Hof 13
06528 Beyernaumburg
Tel. (0 34 64) 27 92 09
schulbauernhof-othal@t-online.de
www.schulbauernhof-othal.de

Kulturscheune Othal
Teichstraße 2
06528 Beyernaumburg
Tel. (0 34 64) 27 85 60
www.kulturscheune-othal.de
www.gutshof-othal.de

Reiterferien auf dem Gutshof Othal

Oberröblinger Erdbeer- und Spargelhof

Landwirtschaftlicher Betrieb mit Anbau von Sonderkulturen im Herzen der Goldenen Aue

Während der Spargel- und Erdbeersaison, von Anfang April bis Ende Juni, besteht die Möglichkeit, hier im Erdbeer- und Spargelhof in Oberröblingen diese Produkte feldfrisch auf dem Hof und an zahlreichen Ständen im Landkreis Mansfeld-Südharz käuflich zu erwerben. Eine einzigartige Qualität und Frische sind garantiert.

Außerdem werden weitere Produkte rund um den Spargel und die Erdbeere angeboten. Das Sortiment reicht von Wein und Saft bis zu frischem Spargelbrot und vielem mehr. Feinschmecker kommen hier voll auf ihre Kosten.

Der Betrieb besteht aus zwei Unternehmen, dem Steinbachhof und dem Oberröblinger Erdbeer- und Spargelhof. Der Steinbachhof ist ein klassischer Ackerbaubetrieb, der Erdbeer- und Spargelhof ist für die Vermarktung dieser Früchte gegründet worden.

Jährlich finden verschiedene Veranstaltungen in Form von Hoffesten oder »Spargelessen« statt. Die Termine dazu werden öffentlich bekannt gegeben. Der Betrieb liegt direkt an der Bundesautobahn A 38, Abfahrt Sangerhausen Süd, Richtung Oberröblingen beziehungsweise Artern und in Oberröblingen weiter in Richtung Bahnhof/Kloster Rohrbach.

Der Erdbeer- und Spargelhof am Kloster Rohrbach in Oberröblingen (Foto: Steinbachhof)

Steinbachhof GmbH und Oberröblinger Erdbeer- und Spargelhof GmbH
06526 Sangerhausen · Ortsteil Oberröblingen – Kloster Rohrbach
Tel. (0 34 64) 67 42 32 · Fax (0 34 64) 67 42 33
info@natuerlich-portmann.de · www.natuerlich-portmann.de

PGH Dachdecker Sangerhausen

Ein renommierter Fachbetrieb

Seit dem Jahre 1960 besteht in der Kreisstadt Sangerhausen die PGH Dachdecker. Das Unternehmen beschäftigt 35 hoch qualifizierte Mitarbeiter. Zu den Leistungsangeboten gehören außer den traditionellen Ziegeldächern auch komplette Naturschiefereindeckungen, Grünbedachungen, Spengler- und Stehpfalzarbeiten sowie Fassadenverkleidungen in Schiefer, Trapezblech oder anderen Materialien inklusive Wärmedämmung. Zu den Referenzobjekten des Unternehmens gehören unter anderem die Landestheaterwerkstätten in Halle/Saale und Wohnen am Park in Frankfurt am Main.

In Stolberg/Harz wurde die 7,5 Meter hohe Spitze des Saigerturmes in Titanzink gefertigt, die Dächer des Schlosses Allstedt bekamen 4000 Quadratmeter neue Schieferdeckung.

PGH Dachdecker Sangerhausen e.G.
Stiftsweg 7 · 06526 Sangerhausen
Tel. (0 34 64) 5 42 10 · Fax (0 34 64) 54 21 20
webmaster@dachdecker-pgh.de · www.dachdecker-pgh.de

»Zum Steintaler« – Bowlingbahn & Gastronomie

Familienunternehmen mit vielen Angeboten

Seit über zehn Jahren besteht in Beyernaumburg das Familienunternehmen »Zum Steintaler«. Hier dreht sich fast alles um Bowling. Zwei moderne Bahnen laden jeden Sonntag zum Familienbowling ein. Wer möchte kann sich auch zum Frühstückbowling anmelden, ebenso gern werden Kindergeburtstage und Partys ausgerichtet. Der Gastronomiebereich bietet mit rund einhundert Plätzen genügend Raum auch für große Familienfeiern und Unternehmensveranstaltungen. In der Regel ist von Dienstag bis Sonntag ab 17 Uhr geöffnet. Voranmeldungen und andere Termine sind jederzeit möglich. Für Feierlichkeiten in den eigenen Räumen hält der integrierte Partyservice ein umfangreiches Angebot an Speisen und Getränken bereit.

Bowlingbahn Steintaler Gaststätte und Partyservice GmbH
Liedersdorfer Straße 3 · 06528 Beyernaumburg
Tel. (0 34 64) 2 95 50 und 29 55 12 · Fax (0 34 64) 29 55 55

Rund um Sangerhausen

THW – Technische Hilfe Weltweit
Der THW Ortsverband Sangerhausen

Unterkunft vom THW Ortsverband Sangerhausen

Unterkunft vom THW Ortsverband Sangerhausen

Bundesanstalt Technisches Hilfswerk
Ortsverband Sangerhausen
Stiftsweg 6
06526 Sangerhausen
Tel. (0 34 64) 52 32 69
Fax (0 34 64) 52 32 69
ov-sangerhausen@thw.de

Die Berg- und Rosenstadt Sangerhausen beherbergt seit 15. Mai 1993 einen von insgesamt 665 Ortsverbänden deutschlandweit. Insgesamt sind 65 ehrenamtliche Helferinnen und Helfer beim THW Sangerhausen Mitglieder. Der THW Ortsverband verfügt über einen Technischen Zug mit einer 1. und 2. Bergungsgruppe, einer Fachgruppe Logistik/Materialerhaltung und einer Fachgruppe Elektroenergieversorgung. Sehr differenzierte Einsatzoptionen sind damit abgedeckt. Zum ersten Mal musste der THW Ortsverband seine Leistungen und Einsatzmöglichkeiten 1994 beim Hochwassereinsatz in Sangerhausen unter Beweis stellen. Diesem folgten weitere größere Einsätze wie 1997 das Oderhochwasser, im Jahr 2000 der erste Auslandseinsatz in Frankreich zur Beseitigung von Orkanschäden des Orkans »Lothar« und 2001 ein Einsatz in Polen zur Hilfe im Hochwassergebiet. Den bislang längsten Einsatz mit fast vier Wochen Einsatzdauer bescherte 2002 das Hochwasser an Elbe und Mulde. Nicht nur Ausbildungen und Einsätze schweißen die Helferinnen und Helfer des Ortsverbandes zusammen. Regelmäßig finden Kameradschaftsveranstaltungen wie Grillabende und Weihnachtsfeiern statt. Auch ist der THW Ortsverband Sangerhausen auf vielen Veranstaltungen in und um Sangerhausen zu finden. Das in Sangerhausen zur Tradition gewordene Osterfeuerspektakel wird jährlich in Zusammenarbeit mit der Freiwilligen Feuerwehr Sangerhausen veranstaltet und lockt unzählige Besucher aus Nah und Fern an. Der THW Ortsverband Sangerhausen verfügt über eine Jugendgruppe, in welcher Kinder und Jugendliche im Alter von zehn bis 17 Jahren spielerisch den Umgang mit der Technik des THW und die technische Hilfe erlernen können.

Das THW bietet eine interessante Ausbildung, welche auch privat und beruflich von Nutzen sein kann. Gut ausgebildet sind die Helfer in der Lage, im Einsatzfall in Not geratenen Menschen zu helfen und technische Hilfe zu leisten.

Erich Beutelrock und Peter Scholze (Foto: Scherbe, THW)

Orgeldreieck Sangerhausen-Pölsfeld-Sotterhausen
Kulturerbe Hildebrandt-Orgeln

Organistin Martina Pohl an der Hildebrandt-Orgel in Sankt Jacobi (Fotos: Steffi Rohland)

Gleich an drei Orten hat in der Region Sangerhausen der bedeutende Orgelbauer Zacharias Hildebrandt im 18. Jahrhundert gewirkt. In den Kirchen Sankt Jacobi Sangerhausen, Sankt Moritz in Pölsfeld und in der Sankt Georgi-Kirche in Sotterhausen sind drei seiner fünf hier gebauten Orgeln erhalten. Im April 1728 erfolgte die feierliche Einweihung der Orgel in Sankt Jacobi. Fast zwei Jahre hatte Hildebrandt benötigt, um diese Orgel mit 30 Registern und 1908 klingenden Pfeifen zu bauen. Zur Einweihung kam auch Herzog Christian zu Sachsen-Weißenfels mit Familie. Im Laufe der Zeit erfolgten viele Umbauten und Veränderungen am Orgelwerk. Nach Angaben von Fachleuten stammt knapp die Hälfte der Pfeifen noch von Hildebrandt. Die letzte Generalreinigung erfolgte im Jahre 2004. Noch 1728 erfüllte er den nächsten Auftrag für die Sankt Moritz-Kirche in Pölsfeld und baute eine bereits vorhandene Orgel um. Im Jahre 1730 vollendete Hildebrandt eine kleine Orgel für die Sankt Georgi-Kirche in Sotterhausen. Auch diese wurde in den vergangenen Jahren umfassend restauriert und besitzt nach Angaben von Fachleuten mit 80 Prozent den größten »Hildebrandtanteil« in der Region um Sangerhausen. Alle drei Orgeln erklingen regelmäßig. Der Freundeskreis »Orgeldreieck Zacharias Hildebrandt« lädt jährlich zu einer Reihe von Veranstaltungen ein. Weitere Informationen dazu gibt Werner Tonn, Karl-Marx-Straße 40, in 06526 Sangerhausen.

An der Hildebrandt-Orgel in Sotterhausen

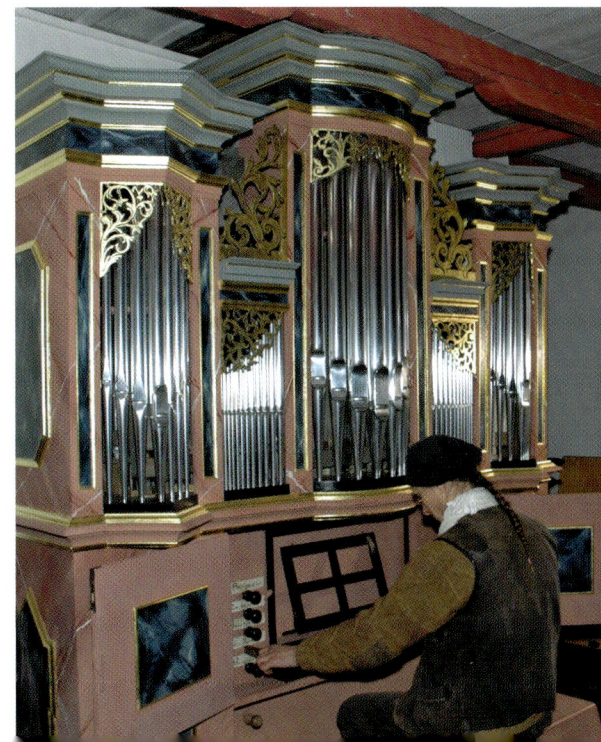

Die Hildebrandt-Orgel in Pölsfeld

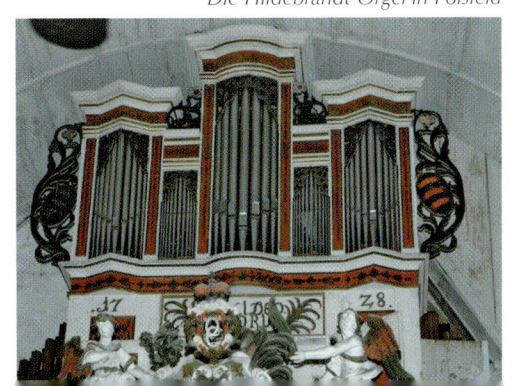

Sehenswertes in Hainleite und Schmücke

Musik- und Bergstadt Sondershausen

Eine Stadt mit fürstlicher Geschichte

*Blick auf den Schweifgiebel des Westflügels
(Fotos: Stiftung Thüringer Schlösser und Gärten)*

Sondershausen ist, wie andere thüringische Orte mit der Endung -hausen, vermutlich vor dem 8. Jahrhundert als fränkische Gründung entstanden. 1125, im Jahr der ersten urkundlichen Erwähnung, wurde die Ansiedlung von zwei Ministerialen des Mainzer Erzbischofs verwaltet. Entscheidend für die Entwicklung der Ortschaft zur Stadt waren die Jahrzehnte um 1300. Die seit 1263 auf der nahegelegenen Spatenburg ansässigen Grafen von Hohnstein wurden 1295 erstmals als Besitzer Sondershausens genannt. Das älteste überlieferte Stadtsiegel stammt von 1341. Im Jahre 1356, nach dem Tod des letzten männlichen Hohnsteiners, ging die Herrschaft an die gräfliche (ab 1697 fürstliche) Dynastie der Schwarzburger über, wo sie bis 1918 verblieb. Die 562 Jahre schwarzburgische Herrschaft haben Sondershausen baulich, wirtschaftlich, kulturell und in seiner Sozialstruktur geprägt sowie ihr die typischen Akzente einer kleinen deutschen Residenzstadt verliehen. Von 1534 an ließ Graf Günther XL. anstelle der Sondershäuser Burg unter Verwendung derer Substanz ein Renaissanceschloss errichten. Dieses wurde in den folgenden Jahrhunderten durch Um- und Anbauten zu dem Schlossensemble, wie es noch heute bewundert werden kann.

Sehenswertes in Hainleite und Schmücke

Das Residenzschloss

Der Blaue Saal

Im Jahre 1703 schwärmte Georg Henning Behrens enthusiastisch vom Schloss in Sondershausen: »Auff dem neuen Schlosse zu Sondershausen ist, unter anderen schönen und herrlich meublierten Fürstlichen Gemächern, ein Saal vorhanden, den man insgemein den grossen Saal nennt, und worauf die Gnädigste Herrschaft öfters offene Tafel hält. Derselbe ist nun um und um mit großen von Gips verfertigten curieusen Statuen, schönen Spiegeln und anderem zu einem herrlich aufgeputzten Fürstlichen Gemach gehörigen Sachen gezieret.« Gemeint sind der Riesensaal und die Staatsgemächer des Schlosses.

Gewölbe am Wendelstein

Säle und Räume heben Sondershausen noch heute vor anderen vergleichbaren Anlagen hervor, ist doch die Fülle an verschiedenen historischen Räumen das besondere Kennzeichen des Schlosses. Aus jeder Zeit der Baugeschichte haben sich bedeutende Raumausstattungen erhalten, so auch der von Behrens gepriesene Riesensaal. Er entstand zwischen 1695 und 1698 aus Anlass der Erhebung der Grafen Schwarzburg-Sondershausen in den Fürstenstand im Jahre 1697 und ist Höhepunkt der barocken Ausstattungsphase. (»Höfische Kostbarkeiten in Thüringen«, Große Kunstführer der Stiftung Thüringer Schlösser und Gärten, Band 3, Seite 207) Weitere Säle und Räume spiegeln die einzelnen Bauepochen wider – so das Gewölbe am Wendelstein. Unter den wertvollen historischen Raumfassungen wohl die ungewöhnlichste und faszinierendste. Die im »Knorpelwerkstil« gehaltene Stuckdekoration aus dem Jahre 1616 offenbart in ihrer allegorischen Motivvielfalt den Bildvorrat des europäischen Spätmanierismus. Im Westflügel, ein Erweiterungsbau von 1764 bis 1771, reicht ein Rokokosaal, der so genannte Blaue Saal, über die beiden oberen Etagen. Der blaue Grundton der Raumfassung harmoniert mit dem Weiß der golden erhöhten Stuckaturen. Vermutlich ist diese Raumfassung auf die Landesfarben (blau/weiß) erfolgt. Das Liebhabertheater ist ein besonders sehenswertes Kleinod. Wahrscheinlich ist es in den 1850er Jahren durch Umgestaltung aus dem Fürstlichen Tafelzimmer im Renaissancenordflügel entstanden.

Liebhabertheater im Schloss

Sehenswertes in Hainleite und Schmücke

Das Schlossmuseum Sondershausen – lebendige Vergangenheit

Schon im 18. Jahrhundert entstand mit dem fürstlichen Kunst- und Naturalienkabinett eine erste – wenn auch noch nicht öffentlich zugängliche – museale Einrichtung im Sondershäuser Schloss.

Die seit dem 19. Jahrhundert angelegten Sammlungen des Geschichts- und Altertumsvereins und des 1901 gegründeten Städtischen Museums wurden nach dem Tode der letzten Schwarzburger Fürstin 1951 mit Teilen des fürstlich-schwarzburgischen Nachlasses in einem Heimat- und Schlossmuseum zusammengeführt. Heute betreut das Schlossmuseum Sondershausen ein breites Spektrum an Sammlungen, die sowohl naturkundliche, ur- und frühgeschichtliche sowie volkskundliche Exponate als auch Kunst und Kunsthandwerk aus sechs Jahrhunderten umfassen.

Die ständige Ausstellung erstreckt sich über drei Etagen. Möbel, Gemälde und Kunsthandwerk aus ehemals fürstlich-schwarzburgischem Besitz, darunter die Schwarzburger Ahnengalerie mit Adelsportraits des 16. bis 20. Jahrhunderts, das Naturalienkabinett mit der berühmten mittelalterlichen Bronzefigur des Püstrich und eine Ausstellung Abtsbessinger Fayencekunst, werden in historischen Räumen der Beletage präsentiert. Im Erdgeschoss ist die Goldene Kutsche, eine französische Karosse des frühen 18. Jahrhunderts und Staatswagen der Fürsten von Schwarzburg-Sondershausen, ausgestellt. Sechs Pferdemodelle tragen die dazu gehörigen Prunkgeschirre. Eine Ausstellung zur Stadt- und Landesgeschichte mit naturkundlichen, ur- und frühgeschichtlichen und kulturgeschichtlichen Abteilungen befindet sich im zweiten Obergeschoss. Hier wird auch die durch Stadt, Kirche und Hof getragene Musiktradition Sondershausens thematisiert. Historische Musikinstrumente aus der Fürstlichen Hofkapelle, darunter das berühmte Harraß-Cembalo aus der Bach-Zeit, und als Handschriften überlieferte Kompositionen für die verschiedensten Anlässe der höfischen und städtischen Festkultur sind als Ausstellungsobjekte mit entsprechenden Klangbeispielen präsent. Führungen werden zu festen Terminen und auf Vereinbarung angeboten. Ein Schaudepot ermöglicht einen Blick hinter die Kulissen der Museumsarbeit. Für Kinder gibt es ein abwechslungsreiches museumspädagogisches Veranstaltungsprogramm; spielerisch können sie alte Handwerkstechniken erleben, historische Tänze erlernen oder heimische Tiere beobachten.

Sonderausstellungen finden mehrmals jährlich in fünf Räumen des Westflügels statt.

Walzenkrug, Abtsbessinger Fayence, um 1760

Der Püstrich von der Rothenburg, Bronzeguss, 13. Jahrhundert

Blick in die Schwarzburger Ahnengalerie (Fotos: Helmut Röttig Sondershausen)

Inszenierung »Fledermausquartiere«

Klavierharfe, Fa. Johann Christian Dietz Brüssel, um 1890

Wagenkasten der Goldenen Kutsche, um 1715

Blick über den Lustgarten zum Westflügel
(Fotos: Thüringer Stiftung Schlösser und Gärten)

Das Achteckhaus innen

Das Schlossensemble

Vor dem Westflügel und nordwestlich an das Schloss anschließend erstreckt sich der rund 30 Hektar große Schlosspark. Er ist aus zwei Bereichen zusammengewachsen. Am Schloss selbst befindet sich der ehemalige Lustgarten mit Fontäne, Achteckhaus, Marstall und Theaterwiese. Im Tal der Wipper liegen der Lohplatz sowie großräumige Wiesenflächen und zwei Parkseen. Von den teilweise noch erhaltenen Bauten des Lustgartens ist das Achteckhaus von 1709 besonders bemerkenswert. Der große Pavillonbau wirkt von außen dreigeschossig mit einer bekrönenden Laterne. Tatsächlich nimmt er aber nur einen großen Saal mit umlaufenden Emporen hinter korinthischen Säulen auf. (»Höfische Kostbarkeiten in Thüringen«, Große Kunstführer der Stiftung Thüringer Schlösser und Gärten, Band 3 Seiten 213/215) Er hat einen Durchmesser von 22 und eine Höhe von 23 Metern. Der Fußboden des Saals war ursprünglich drehbar. Man konnte Holzpferde montieren, welche im Keller von Pferden betrieben wurden. Das Karussell als Lustbarkeit der Herrschaft besteht heute nicht mehr. Im Achteckhaus werden heute Konzerte gegeben und Veranstaltungen durchgeführt. Ein moderner Verbinder aus Stahl und Glas führt in den Marstall. Dieser wurde 1847 bis 1849 als fürstlicher Pferdestall im Zuge der klassizistischen Umgestaltung des Schlosses vom Schinkelschüler Scheppig errichtet. 1938 wurde er Sitz der Luftwaffenmusikschule und nach dem Zweiten Weltkrieg Lager und Verwaltungstrakt. In Vorbereitung der 2. Thüringer Landesausstellung 2004 wurden Achteckhaus, Wagenhaus und Marstall saniert. Der Marstall fungierte als Ausstellungsbereich. Seit 2005 beherbergt er die Landesmusikakademie Sondershausen.

Loh-Konzerte in früheren Zeiten (Repro: Helmut Röttig Sondershausen)

Musizierende im Blauen Saal des Schlosses

Das Achteckhaus im Schlossensemble (Fotos: Landesmusikakademie)

Die musikalischen Seiten von Sondershausen

Bereits zu Zeiten der Gräfin Elisabeth (1507 bis 1572) waren Musiker und Sänger am Sondershäuser Hof als Lakaien bedienstet und schufen den Ursprung der hiesigen Hofmusik. So kann sich die Stadt einer etwa 350 Jahre alten Musiktradition rühmen. Eine Blütezeit erreichte die Hofkapelle ab 1801, als Fürst Günther Friedrich Carl I. von Schwarzburg-Sondershausen das Hautboistenkorps seiner Garde unter die Leitung des Klarinettisten Johann Simon Hermstedt stellte. Allsonntäglich wurden im Loh Konzerte gegeben, ab 1805 auch unentgeltlich für seine Untertanen. Das Hautboistenkorp wurde zur Hofkapelle und aus dieser ging 1919 das staatliche Loh-Orchester hervor, zu dessen internationaler Geltung geachtete Kapellmeister, wie zum Beispiel Max Bruch, Max Erdmannsdörfer und Carl Schroeder, beitrugen. Die im Freien stattfindenden Loh-Konzerte wurden zur Tradition und finden seit dem Abriss der Lohhalle 1971 im Achteckhaus statt. Das Loh-Orchester ist seit 1991 mit dem Theater Nordhausen in einer GmbH fusioniert und hat somit zunächst seinen Erhalt gesichert. Das 1883 von Carl Schroeder gegründete Konservatorium, als Bildungsstätte für Musiker, Instrumentalisten, Dirigenten und Sänger, zog berühmte Künstler, wie Max Reger und Franz Liszt, nach Sondershausen. Die Tradition des Konservatoriums findet heute seine Fortsetzung in der Musikschule des Kyffhäuserkreises »Carl-Schroeder-Konservatorium« und der im Juni 2005 gegründeten Landesmusikakademie.

Die Landesmusikakademie Sondershausen hat sich in der kurzen Zeit ihres Bestehens zu einem neuen Musikzentrum Thüringens entwickelt. Mittlerweile ist sie zentraler Anlaufpunkt für Laien- und professionelle Musiker sowie für Musikpädagogen. Ihr Angebot erstreckt sich von Tagungen über Seminare, Konzerte sowie Instrumental- und Vokalkurse bis hin zu regelmäßig stattfindenden Qualifizierungen und Wettbewerben. So können zum Beispiel Jugendliche ab 15 Jahren eine Ausbildung zum Musikmentor beziehungsweise zur Musikmentorin absolvieren, die einmalig in Thüringen und auch nur in wenigen anderen Bundesländern zu finden ist. Auch der landesweite Wettbewerb »Jugend komponiert« wird von der Landesmusikakademie ausgetragen. Somit ist die Förderung des musikalischen und musikpädagogischen Nachwuchses eine wichtige Säule. Weitere Schwerpunkte sind die Förderung von zeitgenössischer und alter Musik, die Förderung der Laienmusik und die Fortbildungsseminare für Musikschullehrer und Schulmusiker. Das zweite Standbein der Landesmusikakademie sind die Arbeitsphasen. Vereine, Verbände und Gruppen, die intensiv proben oder eine Aufnahme machen möchten, sind hier bestens aufgehoben. Die Akademie verfügt über ausreichend Räume, die mit Klavier oder Flügel ausgestattet sind. Zudem gibt es ein modern eingerichtetes Ton- und MIDI-Studio mit zwölf Arbeitsplätzen. Höhepunkt jeder Arbeitsphase ist dann das Abschlusskonzert im historischen Achteckhaus auf dem Schlossgelände, das die Akademiegäste zu gesonderten Konditionen buchen können. Auch ist komplette Tagungstechnik vorhanden, so dass Vereine und Verbände ihre Zusammenkünfte und Symposien hier in reizvoller Schloss-Atmosphäre durchführen können. Selbstverständlich steht die Akademie auch allen Musikausübenden, Gästen aus anderen Bundesländern und europäischen Nachbarländern offen. Besonders die Länderpartnerschaften des Freistaates werden durch diese Möglichkeit zum Kulturaustausch eine wichtige Ausgestaltung erfahren. Damit die Akademie diesem Konzept gerecht wird, sollen auch spartenübergreifende Projekte Einzug in die Angebotspalette halten. So sind bereits Kooperationen zur Literatur, zur Bildenden Kunst und zum Theater in Vorbereitung.

Musizierende Schülerinnen der Thüringer Landesmusikakademie

Sehenswertes in Hainleite und Schmücke

Musiktheater im Schlosshof – die Schlossfestspiele Sondershausen

Mit den Schlossfestspielen will die Stadt Sondershausen ihre langjährige Musiktradition, verkörpert vor allem durch das Loh-Orchester, die Kreismusikschule und die Landesmusikakademie, lebendig erhalten und um einen jährlichen Höhepunkt ergänzen. Das Musiktheaterfestival soll das kulturelle Angebot für die Einwohner der Stadt und der Region bereichern, ebenso aber auch Besucher aus anderen Regionen anziehen. Als Veranstalter hat die Stadt Sondershausen die Theater Nordhausen/Loh-Orchester Sondershausen GmbH gewonnen, die zu den wichtigsten Kulturinstitutionen Nordthüringens zählt. Somit ist das ortsansässige und weit über die Grenzen Nordthüringens hinaus bekannte Loh-Orchester Sondershausen als Festspielorchester fest eingebunden.

Zum Konzept der Schlossfestspiele gehört es, die zentrale Opern- oder Operettenproduktion jeweils mit jungen Opernsängern zu erarbeiten, die kurz vor Abschluss ihres Gesangsstudiums oder am Anfang ihrer künstlerischen Laufbahn stehen. Ihnen soll die Gelegenheit geboten werden, schon frühzeitig in ihrer Karriere unter professioneller Anleitung und mit einem großen Orchester praktische Berufserfahrung zu sammeln und die ganz besondere Atmosphäre eines Open-Air-Festivals kennen zu lernen. Auf diese Weise knüpfen die Schlossfestspiele an die Tradition Sondershausens in der Musikausbildung an. Neben den Proben für die Opernproduktion werden den jungen Sängern Workshops angeboten, in denen sie mit erfahrenen Theaterleuten Themen wie Vertragsrecht, Vorbereitung auf ein Vorsingen und den Ablauf einer Musiktheaterproduktion erarbeiten. So bietet sich Opernfreunden bei den Schlossfestspielen Sondershausen die Gelegenheit, junge Talente zu erleben, die vielleicht schon bald zu den Stars der europäischen Oper gehören. Diese Chance macht die Schlossfestspiele zu einem ganz besonderen Ereignis.

In ihrer ersten Saison präsentierten die Schlossfestspiele Sondershausen eine der beliebtesten Opern überhaupt: »Die Hochzeit des Figaro« von Wolfgang Amadeus Mozart. Im zweiten Jahr folgte »Die Fledermaus« von Johann Strauß. Beide Spielzeiten waren sehr erfolgreich, so konnten die Besucherzahlen im zweiten Jahr deutlich gesteigert werden. Im Sommer 2008 folgte die Oper »Aschenbrödel« von Gioacchino Rossini. Auch für Touristen haben die Schlossfestspiele Sondershausen einiges zu bieten. Mehrere Hotels in und um Sondershausen bieten zum Beispiel während der Festspielsaison Pauschalangebote für Individualreisende, die die Übernachtung im Hotel und den Besuch der Schlossfestspiele mit der Besichtigung verschiedener Sehenswürdigkeiten verbinden.

»Aschenbrödel« (Foto: Roland Obst)

»Die Hochzeit des Figaros« (Foto: Tilmann Graner)

Innenraum der Sankt Trinitatis-Kirche mit Orgel (Foto: Helmut Röttig Sondershausen)

Die Innenstadt, der verführerische Kern von Sondershausen

Neben den historischen Räumen des Schlosses, die für Konzerte und andere Veranstaltungen genutzt werden, gibt es am Fuße des Schlosses, in der Innenstadt weitere Räumlichkeiten, um zum Beispiel Musik in besonderem Ambiente zu genießen.

Die Trinitatiskirche, 1691 geweiht, 1997 restauriert, kann bis zu 1000 Besucher fassen. Sie ist teilweise barock ausgestattet und bietet mit ihrem goldverzierten Orgelprospekt, der reich geschmückten Kanzel und der Fürstenloge einen prachtvollen Rahmen für Veranstaltungen. Auch der restaurierte Carl-Schroeder-Saal im ehemaligen Konservatorium der Musik und die, mit farbenprächtigen Wandmalereien ausgestattete, Aula des Gymnasiums sind oft Kulisse von Veranstaltungen. Sehr viele historische und neuere Gebäude der Innenstadt konnten in den letzten 18 Jahren durch Unterstützung aus dem städtischen Sanierungsprogramm einer »Schönheitskur« unterzogen werden. Auch die Straßen in diesem Bereich und der Marktplatz wurden neu

Zum Wochenmarkt (Foto: Stadt Sonderhausen)

Marktplatz Mitte 19. Jahrhundert

gestaltet. Die Veränderungen empfinden nicht nur ehemalige Bürger und Besucher als positiv, auch die Einwohner von Sondershausen fühlen sich wohl in ihrer Stadt. Der historische Spruch: »Sondershausen ist ein Schloss, welches sich zu seinem Unterhalt ein Städtchen leistet.«, ist in der Innenstadt auch heute noch baulich gut nachvollziehbar.

Der Marktbereich mit dem angrenzenden historischen Gebäudeensemble bildet mit dem modern gestalteten Marktplatz eine harmonische Einheit. Zweimal in der Woche findet hier ein Wochenmarkt und über das Jahr eine Vielzahl von Spezialmärkten, vom Ostermarkt über Pflanzen- und Trödelmärkte bis hin zum Weihnachtsmarkt, statt. Gaststätten, im Sommer mit Freisitzen, säumen den Markt und bieten somit eine hohe Aufenthaltsqualität. Unterhalb des Marktes liegt die Fußgängerzone. Geht man entlang des nachempfunden Straßenzuges mit kleinen Geschäften, gelangt man zum Musikantenbrunnen. Bereits von hier ist das moderne Gebäude der »Galerie am Schlossberg« zu sehen. Mit ihren Shops, Märkten, der Gastronomie und dem Parkhaus bietet sie seit 2002 den Kunden eine zeitgemäße Einkaufsatmosphäre. Beim Bau des Einkaufcenters wurde eine mittelalterliche Mikwe – ein jüdisches Ritualbad – entdeckt und museal aufbereitet.

Auch am anderen Ende der Fußgängerzone stößt man auf modernes Bauen. Die Johann-Karl-Wezel-Straße, benannt nach dem Sondershäuser Dichter und Philosophen Wezel, wurde in den 1980er Jahren als Fußgängerbereich mit Wohnbebauung und Geschäften im Erdgeschossbereich erbaut. Heute ist der Straßenzug wieder befahrbar und hat sich immer mehr als »Dienstleistungsmeile« etabliert. Wo einst das Sterbehaus Wezels stand, befindet sich heute eine Erinnerungstafel. Ein kleines Café am Eingang dieser Straße trägt ebenfalls seinen Namen.

Der Musikantenbrunnen (Foto: Stadt Sondershausen)

Blick in die Wezel-Straße (Foto: Stadt Sondershausen)

Sehenswertes in Hainleite und Schmücke

*Blick zur Alten Wache – Touristinformation
(Foto: Helmut Röttig Sonderhausen)*

Kultur genießen in der Innenstadt

Wer die Mikwe oder den Gottesacker mit Gedenkstein von Wezel besichtigen möchte, kann dies bei einer der zahlreichen öffentlichen Stadtführungen tun. Regelmäßig an einem, beziehungsweise von April bis Oktober an zwei, Sonntagen im Monat können Geschichtsinteressierte bei einer öffentlichen Stadtführung durch die Innenstadt mehr aus der Zeit der Grafen und Fürsten von Schwarzburg-Sondershausen erfahren. Weitere Themen, zu denen Führungen angeboten werden, sind »Bauten der Residenzzeit«, »Schulgeschichte«, »Schlossumfeld und Schlosspark«, »Das Mittelalter in Sondershausen«, »Auf Wezels Spuren« sowie »Musikgeschichte von Sondershausen«. Auch für Kinder, vom Kindergartenalter bis hin zu Schulklassen unterschiedlicher Klassenstufen, und für Menschen mit Handicap (Gehbehinderte, Seh- und Hörgeschädigte) gibt es spezielle Führungsangebote. Über die Touristinformation Sondershausen, Tel. (0 36 32) 78 81 11, oder www.sondershausen.de/tourismus/stadtfuehrungen erfährt der Interessierte mehr über Zeitpunkt und Themen der Führungen und kann diese dort auch für Gruppen buchen.

Drei große Stadtfeste locken jährlich mehrere Tausend Gäste in die Innenstadt. Am ersten Juniwochenende findet das Residenzfest statt. Mit Musikveranstaltungen für Jung und Alt, historischem Markttreiben, Veranstaltungen auf dem Schlosshof und einem großen Kinderfest sowie geöffneten Geschäften am Sonntag ist es in der Region ein sehr beliebtes Fest. Das erste Septemberwochenende ist immer für das Weinfest reserviert. Hier treffen sich die Gäste gern bei Wein und Musik, um gemütliche Stunden zu verbringen. Zum Ende des Jahres laden die Mitwirkenden des Sondershäuser Stadtmarketings zum 1. Advent »Start in den Advent« ein. Hier wird bei vorweihnachtlichem Flair mit Adventsmarkt, Musik, vielen Aktionen für Kinder und verkaufsoffenen Geschäften auf die Adventszeit eingestimmt.

Auch die fünfte Jahreszeit wird in Sondershausen groß geschrieben. Ab dem 11.11., wenn die Narren das Rathaus »stürmen«, ist die Stadt im Faschingsfieber. Höhepunkt ist dabei der zur Tradition gewordene und in Nordthüringen größte Rosenmontagsumzug. Mehr als zehn Faschingsvereine mit Prinzenpaaren, Tanzgruppen und über 40 gestaltete Wagen ziehen tausende Schaulustige an. Erst am späten Montagnachmittag findet das bunte Treiben auf dem Markt sein Ende.

Viele weitere kulturelle Veranstaltungen stehen jährlich im städtischen Veranstaltungskalender, vom klassischen Konzert, über Kabarett, Lesungen, Fachvorträge bis hin zu internationalen Klängen. Wer sich aktuell informieren will, kann das über www.sondershausen.de/veranstaltungen tun.

*Stadtführung in Sondershausen
(Foto: Stadt Sondershausen)*

Zum Ostermarkt (Foto: Helmut Röttig Sondershausen)

Rosenmontagszug (Foto: Stadt Sondershausen)

*Residenzfest auf dem Schlosshof
(Foto Stadt Sondershausen)*

Sehenswertes in Hainleite und Schmücke

Blick auf das Gymnasium (Foto: Helmut Röttig Sonderhausen)

Attraktives Leben in Sondershausen

Bildung

Sondershausen verfügt über drei Grundschulen, zwei Regelschulen, ein Gymnasium, ein berufliches Gymnasium, zwei Förderschulen, zwei staatliche sowie mehrere private Berufsschulen und Bildungsträger. Die Volkshochschule und Kreismusikschule bieten weitere Bildungsmöglichkeiten an. So können Kinder, Jugendliche und Erwachsene mit unterschiedlichsten Bildungsvoraussetzungen in der Stadt eine Schul- und Berufausbildung erhalten.

Medizinische Versorgung

Eine Vielzahl von Allgemeinmedizinern, Zahnärzten und Fachärzten stellen mehr als die Grundversorgung sicher. Das DRK-Krankenhaus ist mit seiner Abteilung für Gynäkologie und Geburtshilfe das einzige Krankenhaus im Kreis für werdende Mütter, aber auch die Geriatrische Abteilung (Abteilung für Alterskrankheiten) ist in dieser Form die einzige in der Region. Praxen für Physiotherapie, Ergotherapie und Logopäden runden das Gesundheitsangebot ab.

Das Krankenhaus (Foto: Helmut Röttig Sonderhausen)

Wohnen

Um attraktive Wohnsituationen zu schaffen, wurden nicht nur Baugebiete für »Häuslebauer« in mehreren Stadtteilen ausgewiesen, auch in der Innenstadt wird durch Lückenbebauung und Haussanierungen das Wohnen immer interessanter. Durch Rückbau und Modernisierung steigt die Lebensqualität in den bestehenden »Plattenbaugebieten« immer mehr. Moderne Spiel- und Bolzplätze, wie am Wippertor und im Östertal, bieten Kindern und Jugendlichen ein gutes Umfeld für Spaß und Bewegung.

Blick zum Wippertor (Foto: Stadt Sondershausen)

Spielplatz am Wippertor (Foto: Stadt Sondershausen)

Aktionstag im Mehrgenerationenhaus, Alt und Jung (Foto: Düne e.V.)

Leben in der Gemeinschaft

Freude in der Gemeinschaft können bereits die kleinsten Bürger Sondershausens erfahren. Ab dem ersten Lebensjahr, bei Bedarf auch früher, stehen Kindereinrichtungen zur Verfügung. Auch in der Familienbegegnungsstätte und dem Mehrgenerationenhaus Düne e.V. finden die Kleinen mit ihren Eltern Spaß am gemeinsamen Tun. Krabbelgruppe, Familienfrühstück, Treff für Alleinerziehende und Familienfreizeiten sind nur einige Angebote des Vereins. Aber nicht nur die Kleinen und ihre Eltern treffen sich, auch SeniorenInnen genießen dort die Gemeinschaft mit den Kindern. Eine Vielzahl an Senioreneinrichtungen und Clubs bieten ihnen weitere Möglichkeiten für einen erfüllten Lebensabend. Acht Jugendclubs in der Kernstadt und den Ortsteilen bieten den größeren Kindern und Jugendlichen Möglichkeiten für eine interessante Freizeitgestaltung.

Aktionstag im Mehrgenerationenhaus, Krabbelkäfer (Foto: Düne e.V.)

Freizeitgestaltung

Über hundert Vereine und Interessengruppen halten sportliche, kulturelle, geschichtliche, soziale bzw. weitere Angebote in Sondershausen vor.

Jeder Interessierte kann für sein Gebiet etwas finden; Informationnen unter www.sondershausen.de/kultur/vereine. Ehrenamtliche Tätigkeit wird in der Musik- und Bergstadt groß geschrieben. So engagieren sich viele SondershäuserInnen in sozialen Vereinen und Selbsthilfegruppen, um Kranken, Benachteiligten und Migranten Unterstützung zu geben. Auch entsteht durch den Einsatz sehr engagierter BürgerInnen des Fördervereins Cruciskirche e.V. aus der alten Ruine der Cruciskirche eine Bürgerbegegnungsstätte. Schon heute kann der sanierte und mit einer modernen Turmhaube aus Glas und Stahl versehene Kirchturm im Rahmen einer Führung erstiegen werden. Ob im Verein, in einer Interessensgruppe oder allein – Sondershausen bietet auch beste Voraussetzungen für Bewegung und Erholung. Für sportlich Ambitionierte sind das Sportzentrum »Am Gölder« mit moderner Leichtathletikanlage, eine Dreifelderhalle, Tennisplätzen, Kegel- und Bowlingbahnen und mehrere Fitnesszentren mit umfangreichen Angeboten ideal für unterschiedlichste Sportinteressen. Gerade im Bau befindet sich eine Skaterhalle, die den Freunden dieser Sportart bald eine attraktive und ganzjährig nutzbare Trainingsmöglichkeit bietet. »Wasserratten« können sich im Sommer im neu gestalteten Bergbad tummeln und im Naturbad »Bebraer Teiche« außer Baden auch Angeln und Kahn fahren. Über einen Schwimmverein ist es auch möglich, in der Schwimmhalle der Bundeswehr sich das gesamte Jahr über fit zu halten.

Die Hügellandschaft der Hain- und Windleite ist mit seinen ausgedehnten Buchenwäldern und dem gut ausgebauten Wegenetz ideal zum Wandern, Radfahren und Reiten. Der Hainleite Wanderklub e.V. bietet regelmäßig mittwochs und samstags geführte Wanderungen verschiedener Schweregrade an. Auch Nichtmitglieder können sich testweise den Ausflügen anschließen. Wer lieber auf dem Drahtesel unterwegs ist und dies nicht gern allein tut, hat die Möglichkeit mit der FAU an organisierten Touren teilzunehmen. Informationen über Wander- und Radtouren sind unter www.sondershausen.de/tourismus oder über die Touristinfo Sondershausen zu erhalten. Auch für die Reiter gibt es in der Kyffhäuserregion, außer gut ausgeschilderten Reitwegen Angebote für Wanderritte. Der Reiterhof Nucke und der Freizeit- und Erholungspark Possen in Sondershausen sind nur zwei Orte, die dabei angesteuert werden können.

Als Reiter die Umgebung erkunden (Foto: Helmut Röttig Sondershausen)

Musikworkshop im JUST (Foto: Kreisjugendring)

Im Jugendklub JUST (Foto: Kreisjugendring)

Im Bergbad (Foto: Stadt Sondershausen)

Jugendliche im Club JUST (Foto: Kreisjugendring)

Wandergruppe in der Hainleite (Foto: Helmut Röttig Sondershausen)

Luftbild vom Possen (Fotos: Helmut Röttig Sondershausen)

Geologischer Aufbruch

Hirsche

Orchideenblüten

Die besondere Natur und Landschaft in und um Sondershausen

Wer besonderes Interesse an der heimischen Tier- und Pflanzenwelt hat, kann rund um Sondershausen vielfältige Entdeckungen machen. Aue und Stadt werden vom Nebenbächlein Bebra durchströmt, welches diverse Seen speist und vielen geschützten Vögeln eine Heimstatt bietet. So sind es zum Beispiel der Eisvogel (Fliegender Edelstein), die Nachtigall und die Schafstelze sowie die Wasseramsel, die neben dem über der Stadt kreisenden Rotmilan der Landschaft ein besonderes naturnahes Flair verleihen. Die Hainleite, die über die größten zusammenhängenden Kalkbuchenwälder Mitteleuropas verfügt, besticht mit ihrem Orchideenreichtum, wie Frauenschuh, Bleichem Knabenkraut, Rotem und Weißem Waldvöglein oder Bienenragwurz, jeden Naturfreund. In den Dämmerungs- und Nachtstunden führen die Fledermäuse ihre Nahrungsflüge über den Parkteichen des Schlosses (Wasser-, Zwerg-, Breitflügel- und Bartfledermaus) aus und im Wald jagen der Abendsegler und die Mausohrfledermaus. Das Dunkel der Nacht nutzen aber auch Wildkatze, Waschbär, Reh, Wildschwein, Rot- und Damhirsch zur Nahrungssuche. Die Schönheit und Vielfalt dieser Landschaft stimulierte schon vor Jahrhunderten die Schwarzburger Grafen sowie diverse Botaniker und Zoologen zur naturkundlichen Betätigung. Von der Naturvielfalt künden verschiedene biologische Schriften und die biologischen Sammlungen im Sondershäuser Schlossmuseum. Nicht nur Flora und Fauna bieten Besonderes, auch aus geologischer Sicht hat die Region Sehenswertes zu bieten. Seit 2006 gibt es den GeoPark Kyffhäuser, um die Geologie den Menschen bewusst zu machen und ihnen die Wechselwirkungen zwischen Mensch und Umwelt näher zu bringen. Neun Geo-Pfade, von der Hohen Schrecke bei Wiehe über die Pfade im Kyffhäusergebirge bis hin zum Kalischacht in Sondershausen, bieten auf dem Weg zu Fuß, per Rad oder unter Tage Wissenswertes über die Erdgeschichte der Kyffhäuserregion.

Die Erdkruste unter Sondershausen und Umgebung besteht in den oberen Schichten aus Muschelkalk (Gebiet des Possens bis zum Rondell) und Buntsandstein sowie in den unteren Formationen aus dem so genannten Zechstein mit den eingeschlossenen Kalisalzen, denen die Stadt vor 105 Jahren den wirtschaftlichen Aufschwung durch Kaliabbau verdankte. In den Muschelkalkgebieten sind mitunter eingeschlossene Fossilien zu finden, Ammoniten oder Roteisenknollen. Geologisch Interessierte können sich fachmännisch zu den geologischen Aufschlüssen führen lassen. Auch diese Führung wird über die Touristinformation Sondershausen vermittelt.

Die Wirtschaft von Sondershausen

Im 18. Jahrhundert war die Wirtschaft von der Hofhaltung dominiert. Die Industrialisierung begann mit der Teufung des ersten Kalischachtes im Jahr 1893. Von da an entwickelte sich Sondershausen rasant. Die Einwohnerzahl stieg von 6600 im Jahr 1890 auf 24 500 im Jahr 1990. Zu dieser Zeit waren die Kali- und Elektroindustrie mit gut 7000 Arbeitsplätzen strukturbestimmend. Die politische Wende führte dann zum Zusammenbruch beider Industriezweige. Der Restrukturierungsprozess wurde auf Brachflächen konzentriert und hat heute wieder zu fast 8000 sozialversicherungspflichtigen Arbeitsplätzen geführt. Schwerpunkt ist dabei noch immer die Elektroindustrie, so zum Beispiel die Herstellung von Verbindungsklemmen und -systemen (WAGO), Elektroinstallationsmaterial (ELSO) und Leuchten (Sonlux). Eine bemerkenswerte Entwicklung hat die Firma Isoplus vollzogen, die ihre isolierten Rohre nun nicht nur für Fern- und Nahwärmelösungen, sondern auch für die Erdölindustrie mit Erfolg anbietet. In der Kaliindustrie, einstmals größter Arbeitgeber, sind der Versatzbergbau mit Verbringung von Reststoffen und das Erlebnisbergwerk »Glückauf« mit 150 Arbeitsplätzen verblieben. In den letzten Jahren wurde zudem die Steinsalzproduktion wieder aufgenommen. Weiterhin sind der Werkzeug- und Formenbau (3D-Schilling, ISS), der Bereich Recyclingwirtschaft inklusive der dazu erforderlichen wirtschaftsnahen Forschungseinrichtungen (K-UTEC) wichtige Sondershäuser Arbeitgeber. Das Technologie- und Gründerzentrum (BIC Nordthüringen) bietet Existenzgründern und Firmen optimale Bedingungen für den Start beziehungsweise kurzfristige Bedarfe an Büro-, Labor- und Werkstattflächen. Das flexible Raummanagement, Beratungsleistungen, eine hochwertige Kommunikationsinfrastruktur und Bürotechnik sowie der enge Kontakt zu den weiteren im Haus angesiedelten Firmen schaffen ein gutes Klima für Gründung und Wachstum.

Prägend für die jetzige Wirtschaftsstruktur sind neben der Elektroindustrie viele Dienstleistungs- und Handwerksfirmen. Auch diese Unternehmen sind gewachsen und haben mehr und mehr den städtischen Bereich zugunsten der Gewerbegebiete verlassen.

Mit der verkehrswirksamen Freigabe der Ortsumgehung der Bundesstraße B 4 im Jahr 2008 und der endgültigen Fertigstellung der Bundesautobahn A 38 Göttingen – Halle im Jahr 2009 verbessert sich die Anbindung an das Bundesstraßennetz wesentlich.

Blick auf das Unternehmen WAGO im Gewerbegebiet Hainleite

Sehenswertes in Hainleite und Schmücke

Das Technologie- und Gründerzentrum im Gewerbegebiet Hainleite

Die Ortsteile von Sondershausen

BERKA liegt östlich von Sondershausen an der Wipper und hat rund 1020 Einwohner. Der Ort wurde bereits 1128 erwähnt, als das Stift Jechaburg mit Bewilligung des Erzbischofs Adelbert I. von Mainz das ihm gehörige Gut in Berga gegen das vertauschte, welches die Erben des Markgrafen Rudolph in Hausen hatten. An Sehenswürdigkeiten ist die 1723 erbaute Kirche Sankt Viti zu erwähnen, deren Inneres 1853 renoviert wurde, sowie das Goethestammhaus, in dem Vorfahren von Johann Wolfgang von Goethe wohnten. Das kulturelle Leben wird wesentlich durch den bereits 1866 gegründeten Männergesangsverein mit geprägt.

GROSSFURRA liegt nordwestlich von Sondershausen und hat derzeit etwa 1370 Einwohner. Der Ort wurde urkundlich erstmals 874 erwähnt. Sehenswert ist die Burg der ehemaligen Landgrafen von Thüringen (um 1322), später den Herren von Wurmb (um 1719) gehörig. Heute ist diese wieder in Privatbesitz und beherbergt einen Gewerbebetrieb, Ferienwohnungen und die Gastwirtschaft »Junkerschänke«. Eine weitere Sehenswürdigkeit ist die Bonifatius-Kirche, deren Gründungsjahr nicht genau bekannt ist, jedoch mindestens im 13. Jahrhundert liegt. Im Jahre 1322 gehörte sie dem Zisterzienserorden. In die aus breit gelagertem Langhaus, quadratischem Nord-Ost-Turm und eingezogenem Rechteckerker bestehende Anlage wurde 1697 die Doppelempore eingebaut. 1719 folgte die große und prachtvolle Empore der Herren von Wurmb, deren Erbbegräbnis sich an der Südseite der Kirche befindet. Das herrlich gelegene Freibad, welches durch einen Bürgerverein betrieben wird, und die neue Volleyballanlage sind in den Sommermonaten nicht nur für Großfurraer Anziehungspunkt.

OBERSPIER ist der etwa zehn Kilometer südlich von Sondershausen, direkt an der Bundesstraße B 4 nach Erfurt gelegene Ortsteil. Er hat rund 540 Einwohner. Im Jahr 1242 gab es die erste urkundliche Erwähnung. Sehenswert sind die Kirche Sankt Johannis aus dem Jahre 1778 sowie einige alte Bauernhöfe.

Seit Dezember 2007 gehört die ehemalige Einheitsgemeinde Schernberg mit ihren Ortsteilen Großberndten/Dietenborn, Himmelsberg, Hohenebra, Immenrode, Kleinberndten, Straußberg und Thalebra zu Sondershausen. Somit hat sich die Stadt im Westen um rund 8646 Hektar, überwiegend Wald- und Flurflächen, erweitert. Die Region der ehemaligen Einheitsgemeinde Schernberg ist landwirtschaftlich geprägt und verfügt in den einzelnen Ortsteilen über ein nennenswertes touristisches Potential.

SCHERNBERG selbst hat rund 1000 Einwohner. Der Ort wurde 772 erstmals urkundlich erwähnt. Sehenswert ist die im Jahre 1565 erbaute Sankt Crucis-Kirche. Der Arche-Rhönschafhof in Schernberg ist ein landwirtschaftlicher Familienbetrieb, der bedrohte Tierrassen, wie die Pommernente, das Rhönschaf und das Angler-Sattelschwein züchtet. Besucher sind nach Anmeldung bei Familie Pößel, Tel. (03 60 20) 7 27 97, herzlich willkommen.

GROSSBERNDTEN, seit dem 12. Jahrhundert unter verschiedenen Ortnamen bekannt, hat heute gemeinsam mit seinem Ortsteil DIETENBORN etwa 420 Einwohner. Erwähnenswert ist das ehemalige Kloster Dietenborn. Dieses wurde von 1104 bis 1556 als Kloster geführt und dann als Gut genutzt. Heute kümmert sich ein engagierter Verein um die letzten Zeugnisse des ehemaligen Klosters.

Das 1467 erstmals urkundlich erwähnte HIMMELSBERG liegt auf einem Hochplateau in 360 Meter Höhe über dem Meeresspiegel, südlich der Hainleite, umgeben von den artenreichen Naturschutzgebieten des Hotzenberges, des Himmelberger Tales und des Helbetales. Heute hat Himmelsberg etwa 170 Einwohner. Aufgrund des Ortsnamens betreibt der Heimatverein Sitten und Bräuche e.V. ein »Weihnachtsmannbüro«, bei dem jährlich Hunderte von Wunschzettelbriefen ankommen und beantwortet werden.

HOHENEBRA, einer der ältesten Orte (1128) der ehemaligen Schwarzburger Herrschaftslinie ist geprägt von seiner sehr offenen Bauweise und den unter Naturschutz stehenden Linden.

In IMMENRODE, 440 Einwohner, 1127 erstmals urkundlich erwähnt, gab es seit dem 16. Jahrhundert eine der größten schwarzburgischen jüdischen Gemeinden. Heute zeugt der jüdische Friedhof noch von dieser Zeit. Am Ortsausgang befindet sich eine Turmwindmühle, welche als technisches Denkmal erhalten wird.

Die Ortschaft KLEINBERNDTEN ist eine Runddorfsiedlung mit rund 330 Einwohnern. Der Ortsname bildete sich vermutlich 1600 heraus. Erstmals urkundlich erwähnt wurde es unter dem Namen »sekunda Peregeriedon«. Besuchenswert ist der Erlebnisbauernhof vom Verein Landleben e.V. Schulklassen aus nah und fern lernen dort ländliches Leben und altes Handwerk im dörflichen Umfeld kennen.

Das Ortsbild von STRAUSSBERG, mit 90 Einwohnern, wird wesentlich durch die nordwestlich gelegene Burg geprägt. Vom Aussichtsfleck »Feuerkuppe« hat man einen herrlichen Blick ins Wippertal, zum Harzrand und nach Nordhausen. Die »Feuerkuppe« gibt aber auch dem dort befindlichen Ferienpark seinen Namen. Nicht nur für Schulklassen, Ferienkinder und Vereinsfahrten ist dieser ein beliebtes Ziel, auch Familienfeiern und Ausflügler sind herzlich willkommen. Touristisch bedeutend sind auch der Straußberger Erlebnispark mit »Affenwald« und Sommerrodelbahn.

Die Ortschaft THALEBRA, 1080 erstmals urkundlich erwähnt, liegt in einem Talkessel südlich von der Kernstadt Sondershausen. Der Ort mit seinen etwa 330 Einwohnern ist seit Jahrhunderten bis heute von Ackerbau und Viehzucht geprägt.

Das Goethestammhaus in Berka

Blick auf Großfurra

Im Erlebnisbauernhof Kleinberndten

Die Turmwindmühle von Immenrode

Das Brunnenhäuschen des einstigen Klosters Dietenborn

Stadt Sondershausen
Markt 7 · 99706 Sondershausen
Tel. (0 36 32) 62 20
info@sondershausen.de · www.sondershausen.de

Burg und Gutshaus in Straußberg

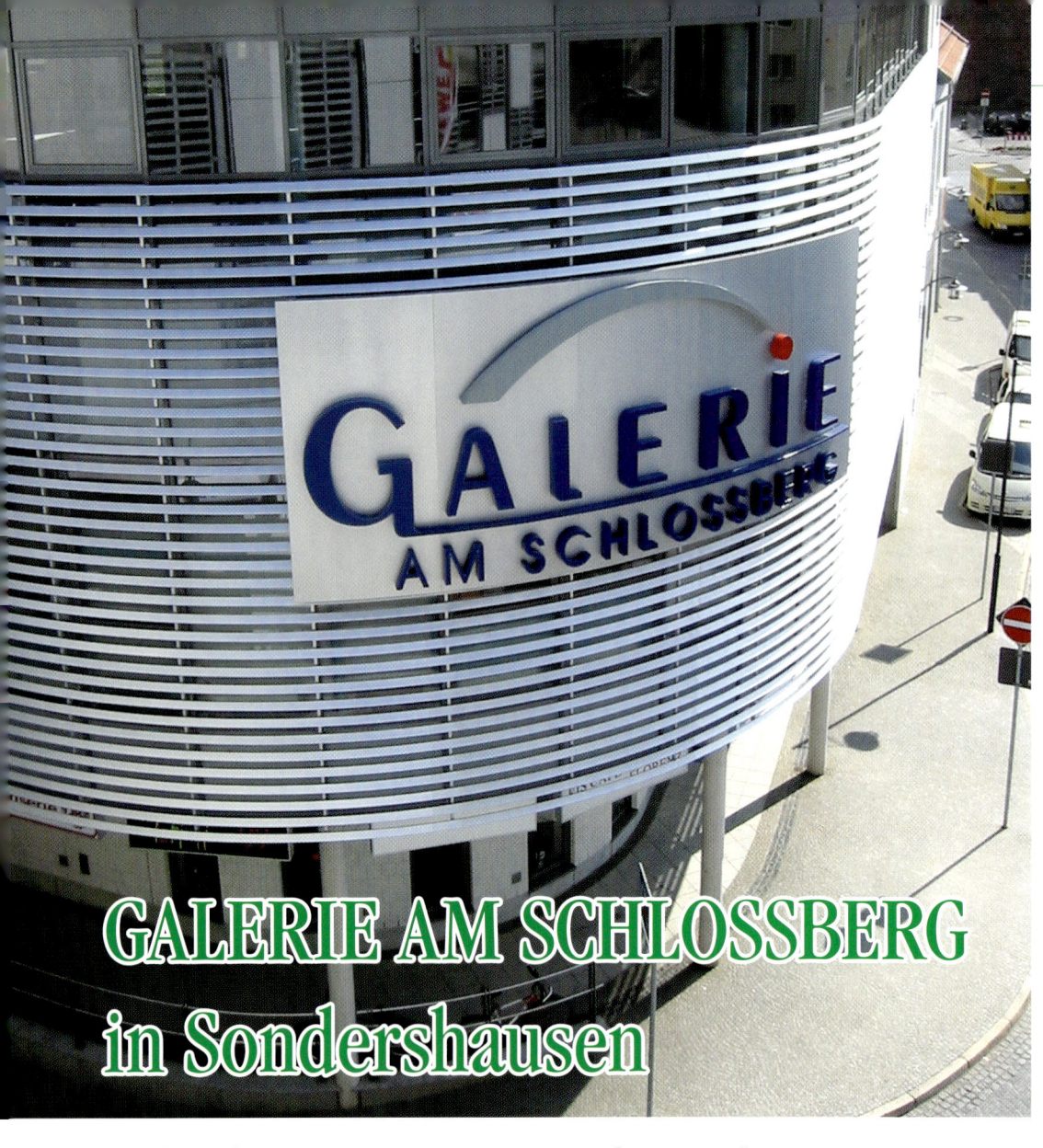

GALERIE AM SCHLOSSBERG in Sondershausen

CBR Companies · ARCOR · SCHUHE VON Arabell
Weltbild plus · Charles Vögele · RENO · T-Punkt
Mäc-Geiz · REISELAND · dm Drogeriemarkt
ATRIUM Parfümerien · Friseur KLIER
Zoohandlung Glowig · HERFAG · Charly`s Modetreff
Koch`s Kinderland · Gelato e Caffé
kik TEXTIL-DISKONT · 99-2 jeanshaus
Bäckerei Steinecke · Confiserie JB · Ernsting`s family
Cafe Bistro Marco · vodafone · FUJI BILDER CENTER
Schreibwaren K3 · Floristik `99 · Deutsche Post
Bäckerei Hengstermann · REWE
REIMANN Wurstliebhaber

(Fotos: GALERIE AM SCHLOSSBERG)

Einkaufzentrum im Herzen der Stadt

Im Herzen der Sondershäuser Innenstadt, am Fuße des Schlosses liegt das Einkaufszentrum GALERIE AM SCHLOSSBERG. Als einziges Einkaufszentrum in Sondershausen bildet es das Tor zur Innenstadt und eröffnet die Sondershäuser Fußgängerzone. Auf besondere Art und Weise verbindet diese Tradition und Moderne. Durch innovatives Gestalten wurde im Jahr 2002 in Sondershausen ein neues Handels- und Dienstleistungszentrum geschaffen, eine ausgewählte Mischung von über 30 regionalen Mietpartnern und namhaften Filialisten. Das abwechslungsreiche Angebot und vielseitige kulinarische Gaumenfreuden, lassen beim Einkaufen und Bummeln keine Wünsche offen.
Die elegant gestaltete Ladenstraße im Erdgeschoss mündet in ein lichtdurchflutetes Forum mit Galerie-Charakter. Das in diesem Bereich angeordnete Eiscafé lädt in einer gemütlichen und hellen Atmosphäre zum Verweilen ein. Von hier erreicht man bequem über Treppen, Rolltreppen und einem Aufzug die Ladenstraße im ersten Obergeschoss, die unmittelbar an das Parkhaus angebunden ist. Den Besuchern stehen im Parkhaus 266 Parkplätze zur Verfügung, wobei die erste Stunde parken kostenfrei ist. Das Parkhaus kann werktags von 6.30 bis 21.30 Uhr und am Samstag von 6.30 bis 20.30 Uhr benutzt werden.
Einmalig ist auch der archäologische Fund, der noch vor dem Bau der Galerie im Untergeschoss freigelegt wurde. Um dieses historische Andenken an eine Mikwe, ein jüdisches Bad, für die Nachwelt zu erhalten, hat der Bauherr diese im Untergeschoss für die Öffentlichkeit zugänglich gemacht.
Der ausgewählte Branchenmix, die elegante und funktionelle Innengestaltung der Mall, sowie das großzügige Parkplatzangebot in zentraler Innenstadtlage, machen die GALERIE AM SCHLOSSBERG für Groß und Klein zu einem besonderen Einkaufserlebnis in Sondershausen

Geschäftsöffnung:
Montag – Freitag von 9 bis 19 Uhr
Samstag von 9 bis 18 Uhr

Als besonderen Geschenktipp hält das Einkaufszentrum einen Center-Gutschein bereit, welchen der Beschenkte in einem Geschäft seiner Wahl einlösen kann. Erhältlich ist dieser im Büro des Centermanagements oder bei Reiseland im Erdgeschoss.

GALERIE AM SCHLOSSBERG
Lange Straße 1a
99706 Sondershausen
Tel. (0 36 32) 5 42 70
Fax (0 36 32) 54 27 20
gas@rosco-net.de

Sehenswertes in Hainleite und Schmücke

Bowling- & Kegelcentrum Sondershausen

*Das Bowling- & Kegelcentrum bei Nacht
(Fotos: Tobias Schneegans Sondershausen)*

Geselligkeit und Unterhaltung bei Sport und Spiel

Wer Geselligkeit und Unterhaltung bei Sport und Spiel sucht, der ist im Bowling- und Kegelcentrum Sondershausen genau richtig. Hier gibt es sechs moderne, vollautomatische Bowlingbahnen, vier Kegelbahnen und eine Casinothek mit modernsten Geldspiel- und Unterhaltungsautomaten. Geöffnet ist Montag, Dienstag und Mittwoch ab 16 Uhr. An den übrigen Tagen schon ab 14 Uhr. Jeden Sonntag ist ab 10 Uhr Familiensonntag mit einem extra langen Frühstück. Dazu gibt es auch einen familienfreundlichen Sparpreis. Weitere Sonderkonditionen werden unter anderem für die Zivildienstschule und die Bundeswehr in Sondershausen sowie das Erlebnisbergwerk eingeräumt.

Die Gastronomie hält dazu ein reichhaltiges Angebot an Speisen und Getränken bereit. Je nach Jahreszeit kann man diese außer im angeschlossenen Gastraum mit 70 Plätzen auch im Wintergarten oder im Biergarten mit je 40 Plätzen genießen. Auf der Speisekarte stehen neben deutscher Küche, auch italienische Gerichte sowie Spezialitäten aus der mexikanischen Küche zur Auswahl. Ob Firmenfeier, Kindergeburtstag, Jubiläen oder ein schöner Abend mit Freunden, hier ist alles möglich. Das Bowling- und Kegelcentrum ist am Besten über die Bundesstraße B 4 erreichbar. In Sondershausen führen Hinweisschilder zum Ziel. Kostenlose Parkplätze stehen ausreichend zur Verfügung.

Auf der Bowlingbahn

Bowling- und Kegelcentrum Sonderhausen
Frankenhäuser Straße 64 · 99706 Sondershausen
Tel. (0 36 32) 60 38 77
tobiasschneegans@freenet.de
www.bowling-sdh.de

AGRO Holzhandel – Andreas Groppe

Ein innovatives Unternehmen

AGRO Holzhandel
Andreas Groppe
Vor dem Warthügel 1
99718 Greußen
Tel. (0 36 36) 70 12 80
Fax (0 36 36) 70 12 20
agro-holzhandel@agro-holzhandel.de
www.agro-holzhandel.de

Auf einer Ausstellungsfläche von 3200 Quadratmetern im Innen- und Außenbereich bietet das Unternehmen im Gewerbegebiet am Warthügel in Greußen alles rund um den Naturbaustoff Holz an. Zum Sortiment gehören Bauholz, Schnitt- und Hobelware, wie rohe und imprägnierte Bohlen und Kanthölzer sowie Bretter und Profilhölzer aller Art. Das Angebot im Verkaufsbereich Innenausbau und Bauelemente umfasst unter anderem Dämmstoffe, Haus- und Innentüren, Fenster, Dachbaustoffe bis hin zu Treppen und Paneele. Genauso umfangreich ist das Gartenprogramm. Es reicht von Zäunen über Gartenhäuser, Spielgeräte bis zu Kleintierställen und Gewächshäusern. Werkzeuge, Renovierungsbedarf, Kleinteile, Farben und Lasuren runden das Sortiment ab. Unter dem Motto »Beratung – Verkauf – Service« steht dem Kunden erfahrenes Fachpersonal zur Seite und unterstützt ihn in seinen Entscheidungen.

Der Gründer und Inhaber des soliden Thüringer Unternehmens ist Andreas Groppe. Er begann als Ein-Mann-Betrieb im Jahre 1990 mit dem AGRO Holzhandel. Dazu gesellten sich im Laufe der Jahre mit der mb-moderne holzbauelemente GmbH und dem Laubholzsägewerk in Kleinfurra zwei weitere innovative Betriebe. Im Jahre 1998 erhielt Andreas Groppe mit seinem Unternehmen AGRO Holzhandel für seine unternehmerische Gesamtleistung den Sonderpreis beim Förderpreiswettbewerb der Volks- und Raiffeisenbanken, an dem 295 Jungunternehmer aus vier Bundesländern teilnahmen.

AGRO Holzhandel Andres Groppe im Gewerbegebiet am Warthügel in Greußen

Blick in die Ausstellungshalle (Fotos: Agro Holzhandel)

Erläuterung zur Befahrung unter Tage

Fahrzeug im Untertage-Museum (Foto: Erlebnisbergwerk)

Im Erlebnisbergwerk »Glückauf« Sondershausen

Älteste befahrbare Kaligrube der Welt

Geschichte

Die Geschichte der ältesten touristisch befahrbaren Kaligrube der Welt beginnt am 1. Mai 1893 mit dem Abteufen des Schachtes I (Brügmanschacht): Rund zwei Jahre später war man bei der Endteufe 670 Meter unter der Erde angelangt. Fast hundert Jahre lang währte der Abbau des »Weißen Goldes« und seine Verarbeitung zu Kali-Düngemitteln. Bis zu 2,5 Millionen Tonnen betrug die jährliche Förderung. Die weithin sichtbare Abraumhalde lässt erahnen, welche riesigen Hohlräume 700 bis 1050 Meter tief unter der Erde entstanden sind. Das weitverzweigte Netz unterirdischer Stollen hat eine Dimension, die mit dem Straßennetz der Stadt Erfurt vergleichbar ist. Während der Fahrt durch die unterirdische Welt wird von Bergmännern unter anderem erklärt, welche Salze hier zu finden sind, wie die Bewetterung funktioniert oder wie und mit welcher vielfältigen Technik das »Weiße Golde« einst abgebaut wurde. Die Temperatur im Führungsbereich beträgt im Durchschnitt 23 Grad Celsius. Für frische Luft sorgen Grubenlüfter. Die endgültige Einstellung der Kaliproduktion erfolgte am 21. Juni 1991.

Kahnfahrt auf dem Salzsee unter Tage

Sehenswertes in Hainleite und Schmücke

Kegelbahn unter Tage

Radtour unter Tage

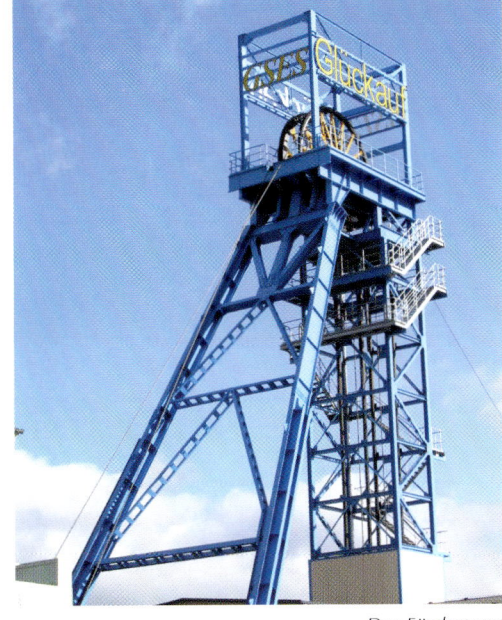

Der Förderturm

Der Festsaal

Kultur

Konzerte aller Genres – von modern bis klassisch – werden im neuen Konzertsaal mit seinen 340 Sitzplätzen in 650 Meter Tiefe zum wirklich einmaligen Erlebnis. Aufwändig in den Berg gefräst, fasziniert der neun Meter hohe Saal nicht zuletzt durch seine vorzügliche Akustik. Für diejenigen, die lieber feiern oder gar einen außergewöhnlichen Ort für eine Tagung suchen, bietet der Festsaal genau den richtigen Rahmen. Hier finden rund 60 Personen Platz. Neben einer Ausstellung von Dokumenten zum Bergbau wird Salz in allen möglichen Farben und Variationen gezeigt. Imposant ist auch der drei Meter im Durchmesser betragende Kronleuchter. Moderne Technik, bis hin zum Internetanschluss, ist verfügbar. Das Ambiente des Bergwerkes ist auch für Firmenfeierlichkeiten bestens geeignet. Absoluter Höhepunkt sind die Trauungen. Dieser Saal wurde übrigens bereits im Jahre 1908 von Carl Günther Fürst von Schwarzburg-Sondershausen und der Bergwerksleitung eingeweiht. Für das leibliche Wohl sorgt das Team von »Mephistos Zeche« mit einer Auswahl an kalten und warmen Speisen. Auch Sportler kommen bei Mountainbikerennen, Marathonläufen oder einer Partie Kegeln auf Ihre Kosten. Auf dem 5,1 Kilometer langen Rundkurs findet einmal jährlich, bei Temperaturen um 27 Grad Celsius und 20 Prozent Luftfeuchtigkeit, Anfang Dezember der »Kristall-Lauf« statt. Das erste hier gestartete Renne ging sogar in das Guinnes-Buch der Rekorde ein. Das Kulturangebot rundet die Ausstellung »Lustige Welt unter der Erde«, darin geht es um die Dinosaurier, ab.

Erinnert wird auch im Rahmen einer Dauerausstellung an die Zeit der Herresmunitionsanstalten in Kalischächten von 1934 bis 1945.

Ablauf

Die Besucher sollten sich etwa dreißig Minuten vor Einfahrt in die Grube am Eingang des Gebäudes einfinden. Hier werden Sie von einem erfahrenen Bergmann in Empfang genommen. Zunächst kann die restaurierte, über hundertjährige Dampffördermaschine besichtigt werden. Anschließend erfolgt die Ausrüstung mit einem Fahrhelm und Schutzkittel. Die ebenfalls vorgeschriebenen Atemgeräte sind auf den Fahrzeugen installiert. Nach der Sicherheitseinweisung geht es mit dem Förderkorb in 670 Meter Tiefe. Die Fahrt dauert rund drei Minuten. Die Geschwindigkeit beträgt etwa vier Meter pro Sekunde. Der Förderkorb hat zwei Etagen, auf denen jeweils zwölf Personen Platz finden. Unter Tage geht es weiter mit einem offenen Lkw oder Jeep. Rund 15 Kilometer lang ist die Fahrt durch die unterirdische Stadt mit ihrem einzigartigen Stollensystem und den riesigen Abbaukammern. An markanten Stationen wird angehalten. Dort gibt es Erklärungen durch das Fachpersonal. Insgesamt sollte man etwa zwei bis drei Stunden für dieses Vorhaben einplanen.

Termine und Anmeldungen

Die touristischen Grubenfahrten sind ganzjährig, von Montag bis Samstag, um 10, 14 und 16 Uhr, bei einer Gruppenstärke von zehn Personen, möglich. An Sonntagen findet nur um 11 Uhr eine Grubenfahrt statt. Eine vorherige Anmeldung ist erforderlich. Für Rollstuhlfahrer und schwer gehbehinderte Personen ist ein Besuch im Untertagebereich eingeschränkt.

Erlebnisbergwerk-Betreibergesellschaft mbH
Schachtstraße 20
99706 Sondershausen
Tel. (0 36 32) 65 52 80
Fax (0 36 32) 65 52 85
jung@gses.de · www.erlebnisbergwerk.com

Abenteuer

»Arschleder« nennt der Bergmann einen Ledergürtel mit Rückenfortsatz, der die Jacke zusammenhält. Damit kann man auf einer 52 Meter langen Rutsche mit 40 Grad Gefälle durch den Berg rasen. Vier Sekunden dauert diese ungewöhnliche Fahrt in rund 600 Meter Tiefe. Wer es etwas ruhiger mag, kann auf dem einmaligen Salzsee Kahn fahren. In originalen Spreewaldkähnen wird man durch eine faszinierende Welt gondelt, vorbei an einem Wasserfall durch den geheimnisvoll beleuchteten Berg. Vergessen werden sollte nicht, die Heilige Barbara, Schutzpatronin der Bergleute, zu grüßen...

Der Konzertsaal (Fotos: Erlebnisbergwerk)

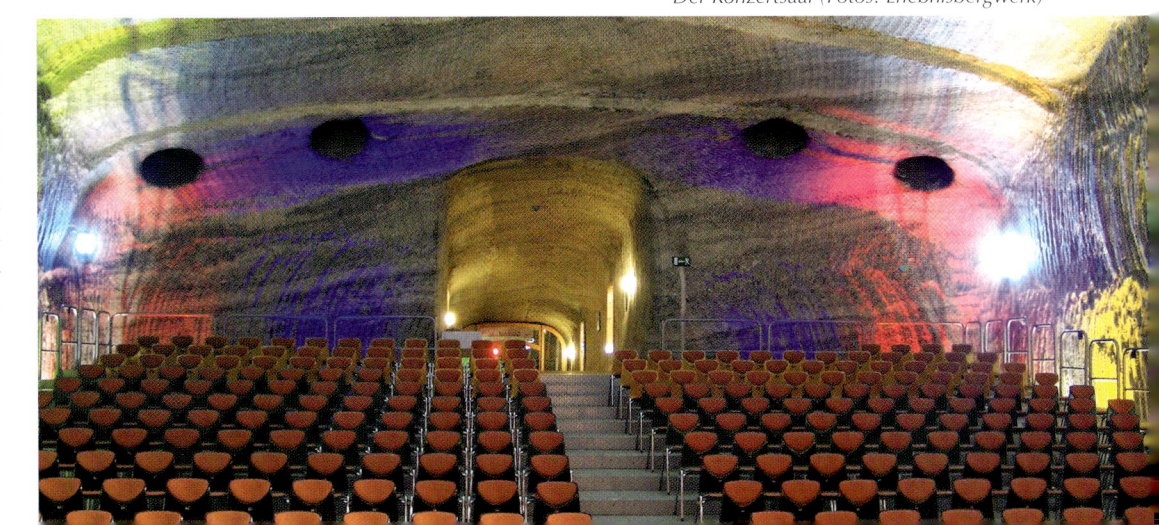

Sehenswertes in Hainleite und Schmücke

Auf dem Possen kann man sich gut erholen

Beliebtes Naherholungszentrum bei Sondershausen

*Freizeit- und Erholungspark Possen
(Fotomontage: Helmut Röttig, Sondershausen)*

Aus der Geschichte

Nahe seiner Residenzstadt Sondershausen ließ Günther I. Fürst von Schwarzburg-Sondershausen von 1730 bis 1736 ein barockes Jagdschloss, den »Possen«, errichten. Mit diesem Namen verbindet sich der Überlieferung nach folgende Legende: Das fürstliche Stiefgeschwisterpaar Christiane Wilhelmine und Günther I. war sich infolge des eingeführten Erstgeborenenerbrechtes verfeindet. So wurde die Prinzessin nach Ebeleben »verbannt« und der Prinz blieb in Sondershausen. Es kam jedoch zu einer Versöhnung infolge eines gereimtes Streiches, eines »Possen«. Daraufhin gab der Fürst seinem neuen Jagdschloss den Namen »Possen«. Im Jahre 1781 kam der Possenturm, mit 42 Metern der höchste Fachwerkturm Europas, dazu. Er hat acht Geschosse und 214 Stufen führen bis zur Aussichtsplattform. Von hier aus hat man einen weiten Ausblick in das Thüringer Land. 1867 wurde die achteckige Reithalle errichtet. In den 1960er Jahren erfolgte deren Umbau zum Cafe »Ringcafe«. Als 1918 die Fürstenfamilie abdankte, ging der Possen in das Eigentum des Landes Thüringen über und wird seitdem als Gaststätte genutzt. Aus dem einstigen fürstlichen Jagdrevier wurde ein beliebtes Naherholungszentrum der Nordthüringer mit viel Wald, einem kleinen Zoo, dem einstigen Jagdschloss und dem Aussichtsturm. 1996 übernahmen Bernd und Christine Jahn das 30 Hektar große Areal und sanierten die Objekte. Seit 1999 verbringen hier Reiterfans aus ganz Deutschland ihre Ferien und seit 2001 gibt es auch wieder regelmäßig Turniere.

Possenturm (Foto: Steffi Rohland)

Bungalowdorf (Foto: Steffi Rohland)

Gastlichkeit wird großgeschrieben

Das Restaurant »Jagdschloß« mit 180 Sitzplätzen bietet eine gutbürgerliche Küche. Besonders beliebt sind Wildgerichte und die traditionellen Thüringer Klöße, die man hier im gediegenen Jagdschlossambiente genießen kann. In der schönen Jahreszeit befinden sich vor dem Restaurant ein Biergarten mit dreihundert Sitzplätzen sowie ein gut geführter Imbiss. Ein modern ausgestattetes Bungalowdorf bietet besonders Schulklassen viele Freizeit- und Gestaltungsmöglichkeiten. Zur Freizeitbeschäftigung stehen mehrere Aufenthaltsräume und ein großer Abenteuerspielplatz zur Verfügung und für den Sport gibt es ein Volleyballfeld, Tischtennisplatten, eine Bolzwiese und anderes mehr. Mehrere Grillplätze runden das Angebot ab. Gern werden auch Familien- und Gruppenfeiern ausgestaltet. Am Fuß des Berggipfels gelegen, bietet das Naturbad »Bebraer Teiche« ideale Bademöglichkeiten. Hier gibt es einen großen Schwimmbereich und einen Bootssteg. Wer angeln möchte, kann eine Tageskarte erwerben. Unmittelbar am Wasser stehen Ferienhäuser und ein Kiosk.

Reittouristik (Foto: Helmut Röttig, Sondershausen)

Possenbären (Foto: Helmut Röttig, Sondershausen)

Das Tiergehege

Schon aus der Geschichte des Possen heraus ist eine nahe Verbundenheit zur Tierwelt vorgezeichnet. Ein kleiner Zoo mit den Braunbären Balu und Possi, Pferden, Eseln, Schafen, Ziegen, Zwerghasen und verschiedenen Vogelarten lädt zum Verweilen ein. In dem weitläufigen Wildgehege kann man Rehe, Hirsche und Wildschweine mit ihren Jungen bei den Mahlzeiten und »Freizeitbeschäftigungen« beobachten. Für die »Mutigen« unter den Besuchern gibt es einen Streichelzoo mit Tieren zum Anfassen. Hier wohnen in friedlicher Eintracht Meer- und Hängebauchschweinchen und Kaninchen beieinander, die sich gern von den kleinen Besuchern streicheln lassen.

Reiterferien

Zu den Reiterferien sind alle Reiter und neugierigen »Nichtreiter« willkommen. Wer Pferde mag, kann hier das Reiten ausprobieren und erste Erfahrungen auf dem Pferderücken machen. Wer schon Reiten kann, wird die tollen Geländeausritte ganz besonders genießen. Morgens werden die Pferde gemeinsam von der Weide geholt, gestriegelt, gesattelt und aufgezäumt. Man lernt viel über das Verhalten der Pferde, erfährt, wie eine Satteltasche am besten gepackt wird, wie man ein Pferd bei Pausen anbindet und was es unterwegs frisst. Neben der täglichen Reitstunde hat man auch die Möglichkeit, die Pferde zu putzen oder mit den Eseln und Ponys spazieren zu gehen. Wer möchte, kann nach einem gemütlichen Lagerfeuer auch eine Nacht bei den Pferden im Heu schlafen. Dazu gibt es spannende Geschichten, die von den Reitlehrern erzählt werden. Sollte das Wetter mal nicht so toll sein, kann man nach dem Ausritt neben den Pferden im Heu basteln, Bücher lesen oder einfach nur die Tiere beobachten. Eine spezielle Reiterbekleidung ist nicht nötig. Die Reitkappen werden gestellt.

Outdoorabenteuer

Hier sind alle richtig, die sich in der freien Natur mal so richtig austoben möchten. Echte Abenteuer kann man vor dem Fernseher oder Computer nicht erleben, aber auf dem Possen. Da lernt man, wie man sich mit wenigen oder keinen Hilfsmitteln in der Natur orientieren kann und wo man am besten Wasser und Nahrung findet. Dazu gehören auch: ohne Hilfsmittel Feuer anzünden, Axt werfen, Fallen bauen, hangeln, klettern, Spuren suchen und vieles mehr. Es wird ein gegnerisches Lager erkundet und das eigene verteidigt. Natürlich werden auch Hütten gebaut, in denen auf Wunsch auch mal mit den Betreuern übernachtet wird. Also ganz wichtig: Schlafsack nicht vergessen, strapazierfähige Kleidung und festes Schuhwerk mitbringen.

Freizeit- und Erholungspark Possen
Inhaber Bernd und Christine Jahn
Auf dem Possen 1 · 99706 Sondershausen
Tel. (0 36 32) 78 28 84
Fax (0 36 32) 6 65 95 74
info@possen.de · www.possen.de

Im Biergarten (Foto: Helmut Röttig, Sondershausen)

Restaurant »Jagdschloss« (Foto: Helmut Röttig, Sondershausen)

Spielplatz Possen (Foto: Helmut Röttig, Sondershausen)

Spiel, Spaß, Sport und Erholung im Ferienpark »Feuerkuppe«

Blick in das Wippertal (Fotos: Ferienpark Feuerkuppe)

Moderne Bungalows stehen bereit.

Vor der Kinderbäckerei

Ferienpark Feuerkuppe

Seit dem Jahre 1951 können sich Kinder auf der Feuerkuppe erholen. Was damals als ein Pionierlager gegründet wurde, besteht seit 1991 im Rahmen des Vereins »Ferienpark Feuerkuppe« fort. Der Ferienpark liegt inmitten dichter Buchenwälder, auf dem Höhenzug der Hainleite, rund 400 Meter über dem Meeresspiegel. Das gesamte Gelände umfasst ein Areal von 19 Hektar, eine Freizeit- und Erholungseinrichtung für jung und alt mit besonderer Nähe zur Natur. 600 Gäste können gleichzeitig Platz finden. Für sie stehen fünfzig modern eingerichtete Bungalows unterschiedlicher Ausstattung in verschiedenen Kategorien zur Auswahl. Jeder Bungalow hat zehn beziehungsweise zwölf Betten, darunter ein Zweibettzimmer für die Betreuer. Dazu kommen noch ein Aufenthaltsraum und die Sanitäreinrichtungen. 15 Bungalows und das Gästehaus mit weiteren 30 Betten sind mit Heizung ausgestattet und können auch im Winter genutzt werden. Der Speisesaal verfügt über 300 Plätze und hat außerdem noch eine Bühne. Im Mehrzwecksaal mit weiteren 150 Plätzen finden die Kinovorstellungen statt. Die »Work-Scheune« bietet Platz für 150 Personen. Für kleinere Veranstaltungen stehen zwei Räume mit je 30 Plätzen zur Verfügung. Für das leibliche Wohl sorgt eine erfahrene Küchencrew. Sie kennt den Geschmack und die Vorlieben der kleinen und großen Gäste. Das Frühstück und Abendbrot werden am Büfett gereicht. Mittags gibt es eine warme Mahlzeit mit Dessert oder wahlweise ein Lunchpaket für unterwegs. Besondere Wünsche, wie vegetarische oder Diabetikerkost, können berücksichtigt werden. Ein Kiosk und ein Cafe stehen für Extras zur Verfügung. Der Ferienpark bietet sich ebenso als Trainingszentrum oder auch für Seminare, Tagungen und Festlichkeiten aller Art an. Im November 2007 ist diese Einrichtung gemäß den Standards des Qualitätsmanagements Kinder- und Jugendreisen durch das Bundesforum Kinder- und Jugendreisen mit drei Sternen zertifiziert beziehungsweise ausgezeichnet worden. Als Gäste überwiegen Kinder und Jugendliche. Dazu gehören Schulklassen, Vereine und Sportgruppen, aber auch Menschen mit Behinderung und Familien mit Kindern sind gern gesehen. Vom Aussichtspunkt »Feuerkuppe« hat man einen herrlichen Blick in das Wippertal hinein bis zum Harz und bei guter Sicht bis zum Brocken.

Sehenswertes in Hainleite und Schmücke

Im Freibad

Auf dem Spielplatz

Am Lagerfeuer

Erholung und Bildung mitten im Wald

Spiel und Sport werden zum Erlebnis

Für die sportlichen Aktivitäten gibt es eine ganze Menge von Angeboten. Für Ballspiele wie Fußball, Handball und Hockey steht ein Kunstrasensportplatz mit Flutlichtanlage bereit. Im Freibad mit einer Rutsche ist uneingeschränkter Badespaß möglich. Die Aufsicht übernimmt ein Rettungsschwimmer. Hier findet auch das Neptunfest statt. Wer möchte kann sich ein Mountainbike ausleihen oder auf dem ADAC-Fahrradparcours seine Geschicklichkeit testen. Für Bowlingfreunde stehen zwei Bahnen zur Verfügung. Auch können Tischtennis, Minigolf oder Billard gespielt werden. Alle Sportgeräte sind im Park ausleihbar.

Kultur und Lernort Natur

Das parkeigene Kindertheater steht allen Gästen zur Verfügung oder kann im Rahmen eines speziellen Klassenfahrtenprogramms gebucht werden. Das Projekt »Wie Rotkäppchen den Frosch küsste« dauert drei Tage und ist speziell für die Grundschulkinder ausgerichtet. Hier werden Märchen aktiv in Szene gesetzt, dadurch selbst erlebt, empfunden und vielleicht sogar neu umgeschrieben. Für die Anleitung steht eine Fachkraft zur Verfügung. Das gemeinsame Suchen nach Tierspuren steht im Programm der Waldkinder. Vom Park aus geht es auf Entdeckungstouren durch Wald und Flur. Auf diese Art erkunden die Kinder spielerisch und anschaulich die heimische Flora und Fauna. Aktuell ist auch das Thema Umweltschutz. Hier wird Wissen über die Notwendigkeit der Erhaltung und den Schutz von Lebensräumen vermittelt. Spurensuche in der Natur ist der Inhalt eines weiteren naturnahen Angebotes. Hier lernt man den Umgang mit Karte und Kompass. Eine spannende Zeitreise kann man auf den Spuren Barbarossas erleben. Auch die Indianer laden zum Besuch ihres Dorfes ein und lassen ihre Traditionen aufleben. Für größere Schulkinder gibt es unterrichtsbezogene Angebote in den Fächern Sachkunde, Deutsch, Geschichte, Musik, Kunsterziehung und Ethik. Dabei geht es um Erste Hilfe, Gruppenbildungsprozesse, die Förderung von Teamgeist und vieles mehr. Auch eine spannende Reise in die sagenumwobene Vergangenheit der Hainleite ist dabei. Welcher Teenager träumt nicht davon, als berühmter Musicalstar auf der Bühne gefeiert zu werden? Was es auf dem Weg dorthin alles zu lernen und beachten gilt, ist Inhalt eines fünftägigen Workshops. Unter fachkundiger Anleitung einer Designerin kommen verschiedene Mal- und Zeichentechniken zur Anwendung. Unter dem Motto »Einfach mal mehr Farbe wagen« wird mit Farben, Methoden und Materialien experimentiert. Das English-Camp ist für jedermann, der schon Vorkenntnisse besitzt offen und dauert fünf Tage. In der Kreativwerkstatt kann sich jeder an den unterschiedlichsten Materialien ausprobieren. Unter fachlicher Anleitung erstellen die Kinder ihr »Gesellenstück«. Das kann anschließend mit nach Hause genommen werden.

Blick in einen Bungalow

KiEZ Ferienpark Feuerkuppe
Kinder- und Jugenderholungszentrum in Thüringen

Ferienpark Feuerkuppe e.V.
Zur Feuerkuppe 2 · 99706 Sondershausen / Straußberg
Tel. (03 63 34) 5 32 61 · Fax (03 63 34) 5 32 72
ferienpark-feuerkuppe@t-online.de
www.ferienpark-feuerkuppe.de

Reitstunde im Ferienpark Feuerkuppe

Sehenswertes in Hainleite und Schmücke

Herzlich Willkommen in Greußen

Zu Gast in der »Salami-Stadt«

Blick von oben (Fotos: Stadt Greußen)

Markt

Im nördlichen Teil des Thüringer Beckens und im südlichen Zipfel des Kyffhäuserkreises liegt die rund 4000 Einwohner zählende Stadt Greußen. Begünstigt durch die zentrale Lage und ihre günstigen Verkehrsanbindungen mit der Bahnlinie Erfurt-Nordhausen und der Bundesstraße B 4 übernimmt sie in den Bereichen Handel und Gewerbe eine wichtige Mittelpunktfunktion.

Viele Chronisten haben versucht, Licht in das Dunkel der Entstehungsgeschichte der Stadt zu bringen. Leider ist ihnen das ohne jeglichen geschichtlichen Nachweis nicht hundertprozentig gelungen. Während die ersten Menschen um 500 in das Greußental gekommen sind, soll um 730 Bonifatius, Bischof zu Metz, in Greußen eine Kapelle »die gestanden vorm Tore am Wege da man nach Clingen gehet bey den dreyen Linden« gegründet haben. Der Ort Greußen (Griuzin) wurde erstmals im Jahre 860 in einer Urkunde des Klosters Fulda erwähnt. Offiziell gilt die Urkunde eines Grundstücksverkaufes aus dem Jahre 1353 als ältestes belegbares Dokument zur Ersterwähnung Greußens als Stadt.

Mit der Stadtwerdung verbunden waren eine gewisse Selbstverwaltung und das Privileg zum Errichten einer Stadtmauer, dem Abhalten von Märkten und der eigenen Münzprägung. Die Stadtmauer umschließt mit einem parkähnlichen Grüngürtel noch heute einen Teil der Alt- und Mittelstadt und ist recht gut erhalten. Weitere Sehenswürdigkeiten in und außerhalb der Stadt sind das unter Denkmalschutz stehende 600 Jahre alte Helbesystem und das etwa einen Kilometer entfernte Schloss in Grüningen mit der damit verbundenen Memorialgeschichte des bedeutendsten deutschen Frühromantikers Friedrich von Hardenberg (Novalis). Im Stadtzentrum von Greußen ist nach den umfangreichen Sanierungsmaßnahmen des Töpfermarktes und des Marktes mit seinem historischen Ambiente ein Erlebniseinkaufszentrum entstanden. Ein Blickfang ist auch die Sankt Martini-Kirche. Eine Besichtigung derselben ist nach Voranmeldung beim Pfarramt möglich. Im Winter des Jahres 1777 weilte der berühmte Dichter Johann Wolfgang von Goethe im Gasthof »Zum Schwarzen Bären« und begann von hier aus seine erste Winterreise in den Harz.

Die Niederlassung verschiedener Handwerke und das Abhalten von Märkten bestimmten maßgeblich die Entwicklung Greußens zur Markt- und Handelsstadt. Auch heute bietet ein voll erschlossener Industrie- und Gewerbepark am Stadtrand genügend Raum für weitere Ansiedlungen. Greußen kann auf eine gute Infrastruktur verweisen und stellt für den regionalen Einzugsbereich von 15 000 Einwohnern eine Mittelpunktfunktion dar. Selbständige Gewerbetreibende und mehrere Supermärkte beleben die Wirtschaft. Auf kurzen Einkaufswegen erreicht man eine Vielzahl an Geschäften und Dienstleistungsunternehmen. Regelmäßige Märkte in der Innenstadt erweitern das Versorgungsangebot und beleben das Stadtbild.

Die Stadt Greußen kann auf eine über Jahrhunderte gewachsene Schulpolitik zurückblicken.

Markttag

Der Töpfermarkt

Markt im Luftbild

Grund- und Regelschule sowie das Hardenberg-Gymnasium stehen für die schulische Ausbildung zur Verfügung.

Während in den Kindergärten die Jüngsten eine umfassende Betreuung erhalten, können ältere Bürger ihren geruhsamen Lebensabend in zwei neuen Seniorenheimen genießen.

Auch auf kulturellem Gebiet hat Greußen einiges zu bieten, so das Städtische Freibad, einen Sportplatz und die gepflegte Tennisanlage, die zu den schönsten in ganz Thüringen zählt. Ein Jugendhaus sowie das Heimat- und Agrarmuseum bereichern das Angebot weiter. Zahlreiche Gaststätten laden zum Aufenthalt ein. Zu den vielen aktiven Vereinen gehören die Sportvereine Tennis Club »Blau-Weiss«, SV Blau-Weiß Greußen e.V. und MTV Greußen e.V. sowie der Verein zur Erhaltung und Förderung der Sankt Martini-Kirche, der Greußener Karnevalsclub, der Tanzsportverein 06 und die Schützengesellschaft.

Der Volksmund nennt die Stadt Greußen auch »Salami-Stadt« wegen der schmackhaften und in ganz Europa bekannten und beliebten »Greußener Salami«. Gegründet wurde die Fleischwarenfabrik bereits im Jahre 1897. Der heutige Produzent ist im Gewerbegebiet »Vor dem Warthügel« angesiedelt. Gute Kontakte bestehen zu der Partnerstadt Greußen in Oberfranken.

Stadtverwaltung
Greußen Markt 1
99718 Greußen
Tel. (0 36 36) 70 10 28
stadt@greussen.de
www.greussen.de

Im Freibad

Neubaugebiet am Kirchberg

Archäologisches Freilichtmuseum Funkenburg

Blick in die Hauptburg mit Grubenhäusern, Langhaus und Wehrturm (Foto: Steffi Rohland)

Zu Besuch bei den alten Germanen

Der Thingplatz vor dem Langhaus (Foto: Steffi Rohland)

Mit der rekonstruierten germanischen Funkenburg hat sich die Gemeinde Westgreußen im Thüringer Becken eine deutschlandweit einmalige Attraktion geschaffen. Vor rund 2000 Jahren legten germanische Siedler auf einem Bergsporn über dem Helbetal nahe der Ortslage eine Wehrsiedlung an. Deren Spuren entdeckte man zufällig erst vor wenigen Jahrzehnten bei der Bodenbearbeitung. Der Pflug holte Knochen und Keramikscherben ans Tageslicht. Von 1974 bis 1980 wurde daraufhin die gesamte, zweieinhalb Hektar große Fläche archäologisch ausgegraben. Dabei fanden die Archäologen innerhalb einer Umfriedung die Spuren von etwa 60 Hütten und 500 Gruben, dazu Öfen und Feuerstellen. Viele Funde aus Keramik, Stein und Knochen wurden dabei gemacht. Unter den Hütten waren Grubenhäuser, Speicherbauten und Langhäuser. Die Löcher für die Holzpfähle hatten gut sichtbare Spuren im Boden hinterlassen. Damit konnte die Anlage am Grabungsort rekonstruiert werden. Nach rund 250 Jahren gaben die Siedler diesen Platz wieder auf. Der Grund dafür ist nicht bekannt, gewaltsam zerstört wurde die Anlage aber nicht.

Von 1992 bis 1999 wuchs die neue Funkenburg aus dem Boden. Unzählige Eichenholzstämme wurden dazu verarbeitet. Man war bestrebt, nur die gleichen Materialien wie zur Bauzeit zu benutzen und auch dieselben Handwerkstechniken anzuwenden. Das Ergebnis ist sehenswert. Wenn man die kleine Anhöhe emporgestiegen ist, blickt man auf eine eindrucksvolle Verteidigungsanlage. Hohe Palisaden aus angespitzten Baumstämmen erheben sich um die gesamte Siedlung. Der Weg in das Innere führt durch ein Tor zunächst in die Vorburg. Hier steht das Verwaltungsgebäude mit Kasse, einem kleinen Shop und den Toiletten. In unmittelbarer Nachbarschaft liegt das Experimentiergelände, wo alte Handwerkstechniken ausprobiert werden können. Auf einem kleinen Feld werden alte Getreidearten und Feldfrüchte angebaut. Eine weitere Palisadenfront, ein wuchtiger Torturm und ein Graben sichern die Hauptburg ab. Vom benachbarten Wachturm aus hat man eine prächtige Rundumsicht auf die gesamte Anlage. Im Zentrum der Hauptburg steht ein großes Langhaus, möglicherweise der einstige Sitz eines Oberhauptes. Auf dem freien Platz davor könnten Versammlungen durchgeführt, Gericht gehalten und auch kultische Handlungen vollzogen worden sein. In den Pfostenhäusern spielte sich das Alltagsleben ab. Jeweils acht bis zehn Personen konnten darin Platz finden. In den Wohnhütten brannte ein offenes Feuer. Wichtig war die richtige Lagerung des Getreides als Vorrat für den Winter. Das geschah in einem Speicher. Zum Schutz vor Feuchtigkeit und sicher auch vor Nagetieren standen diese Gebäude auf Pfosten. Geflochtene Wände sorgten für eine gute Durchlüftung. Die

Sehenswertes in Hainleite und Schmücke

Der große Turm (Foto: Verein Funkenburg)

Leben in der Burg (Foto: Gerd Pennewitz)

Vorratsgruben ermöglichten, dass Lebensmittel kühl gelagert werden konnten. Das Abdecken mit Rasensoden verhinderte das Eindringen von Niederschlägen. Ständig einsatzbereit sind zwei nachgebaute Lehmkuppelöfen. Sie werden heute zum Backen von Brötchen, Fladenbrot und Kuchen genutzt.

Das Areal über dem Helbetal bietet sich hervorragend zum Nachempfinden des Alltagslebens in der Eisenzeit an. An bestimmten Aktionstagen demonstrieren Mitglieder des Vereins Funkenburg Westgreußen e.V., die aus ganz Deutschland kommen, in nachempfundenen Gewändern die Lebens- und Arbeitsweise germanischer Stämme. Jährlicher Höhepunkt ist das immer am dritten Augustwochenende stattfindende Funkenburgfest. Aus verschiedenen Regionen Deutschlands kommen dann Germanengruppen nach Westgreußen. Dabei sind Schaukämpfe besonders eindrucksvoll und beliebt. Im Jahresplan gibt es auch Seminare. Dort kann man zum Beispiel lernen, wie Pfeil und Bogen richtig gebaut werden oder einfach den Germanen beim Kochen über die Schulter schauen.

Schüler im Kräutergarten (Foto: Verein Funkenburg)

Kampfszene (Foto: Gerd Pennewitz)

Kampfszene (Foto: Gerd Pennewitz)

Gern gesehene Gäste sind Schulklassen. Für die Altersgruppe zwischen sieben und zwölf Jahren gibt es die Möglichkeit, hier Ferientage zu verbringen. Die Kinder erhalten nicht nur altersgerechte Führungen, sondern können auch selbst alte Handwerkstechniken wie Backen, Töpfern oder Wollverarbeitung ausprobieren. Dazu kommen noch Spiele und Lagerfeuer sowie eine umfassende Betreuung. Für die Übernachtung stehen zwei gemütliche Mehrbettzimmer zur Verfügung. Auch Erwachsene oder Familien können auf der Funkenburg »Urlaub mal anders« machen. Das historische Ambiente auf dem Gelände ist für viele Aktionen wie geschaffen. Zudem bietet das Umland zahlreiche Ausflugsmöglichkeiten. Im Verwaltungsgebäude befindet sich ein Raum mit Küchentrakt für Tagungen sowie Festveranstaltungen. Die Kapazität beträgt 35 Personen.

Westgreußen ist über die Bundesstraße B 4 von Nordhausen oder Erfurt aus gut zu erreichen. Die Funkenburg ist im Ort ausgeschildert. Das Freilichtmuseum ist an den Wochentagen von 9 bis 17 Uhr geöffnet und von April bis Oktober zusätzlich samstags, sonntags und feiertags von 10 bis 17 Uhr.

Freilichtanlage Funkenburg
99718 Westgreußen
Tel. (0 36 36) 70 46 16
Fax (0 36 36) 70 46 16
funkenburg@gmx.de
www.funkenburg-westgreussen.de

Schulkinder erlernen die Technik des Brettchenwebens. (Foto: Verein Funkenburg)

Sehenswertes in Hainleite und Schmücke

Bleicherode – aufstrebende Kleinstadt zwischen Harz und Hainleite

Blick von den Bleicheröder Bergen auf die Stadt (Fotos: Stadt Bleicherode)

Sehenswerte historische Altstadt

Die evangelische Kirche Sankt Marien

Die Stadt Bleicherode mit den Ortsteilen Elende und Obergebra ist eingebettet in drei bewaldete Höhenzüge und wunderschön an den Südausläufern des Harzes gelegen. Auf den Muschelkalkböden der Bleicheröder Berge, rund 400 Meter über dem Meeresspiegel, stehen herrliche Buchen- und Kiefernwälder. Viele seltene Bäume und Pflanzen, darunter 14 Orchideenarten, sind dort beheimatet. Die Bleicheröder Berge sowie die benachbarten Höhenzüge Hainleite, Dün und Ohmgebirge laden mit einem gut ausgeschilderten Wanderwegenetz zum Wandern und Spazierengehen ein.
Seit der ersten urkundlichen Erwähnung um 1130 als Kirchendorf Blechenrot hat sich die Stadt im Laufe der Jahrhunderte verändert, wobei eine große Anzahl baugeschichtlicher Kostbarkeiten trotz Kriege und Zerstörungen bis heute erhalten geblieben ist. Das führte dazu, dass der Innenstadtbereich als Denkmalschutzensemble »Historische Altstadt Bleicherode« unter Schutz gestellt und Bleicherode in die Route 7 der Deutschen Fachwerkstraße aufgenommen wurde. Vor allem alte Haus- und Ladentüren sowie Tore mit zugehörigen Gesimsen und Türbekleidungen an originalen Fassaden sind für architektonisch interessierte Besucher sehenswert. Weitere Besonderheiten bieten das historische Rathaus, die Alte Kanzlei, die evangelische Sankt Marien-Kirche, das Heimatmuseum und weitere Gebäude.
Die Alte Kanzlei ist ein bedeutendes kulturgeschichtliches Kleinod, welches aufwändig unter denkmalpflegerischen Gesichtspunkten saniert

wurde. Das Anwesen war in der ersten Hälfte des 18. Jahrhunderts Wohn- und Verwaltungssitz der Grafschaft Hohnstein und diente als Amtsgebäude des Stadtschultheißen. Das Wohnhaus, ein zweigeschossiges 23-achsiges Fachwerkgebäude im Stil eines Herrenhauses mit vorkragendem Oberstock auf hohem Bruchsteinsockel, erhielt nach einem Besitzerwechsel wohl 1721 seine heutige äußere Baugestalt. Mit einer Feierstunde, an der u. a. neben dem Ministerpräsidenten Thüringens, Dieter Althaus, auch Familien der ehemaligen jüdischen Gemeinde unserer Stadt teilnahmen, wurde das Gebäude im Jahre 2007 seiner Bestimmung übergeben. Das Hauptgebäude beherbergt neben der umfangreichen und modernen Stadtbibliothek auch Unterrichtsräume für die Kreismusikschule sowie eine überaus sehenswerte Dokumentation über das Schicksal der jüdischen Gemeinde in Bleicherode. Viele Besucher aus dem In- und Ausland haben seit der Eröffnung dieses schöne historische Gebäude besucht. Im 2008 fertig gestellten sanierten Scheunenanbau sind Ausstellungen über bedeutende Persönlichkeiten der Stadt Bleicherode, wie den Kartografen und Geografen Professor August Petermann und über die Geschichte der Weberei in Bleicherode zu sehen.

Kulturelles Zentrum der Stadt ist das Kulturhaus mit seinem Saal, den Klubräumen und der Gaststätte sowie dem dazugehörigen Festplatz. Hier finden große (Karneval, Bergmannsfest, Weinfest, Tanzturnier, Tanzveranstaltungen) und kleinere Veranstaltungen statt. Zahlreiche Kulturgruppen gestalten unterhaltsame, lustige und anspruchsvolle Programme. Heimatmuseum, Kino, Bibliothek, Freibad, Begegnungsstätte der AWO-Sozialstation und anderes mehr sowie diverse Gaststätten bieten weitere Möglichkeiten zur Gestaltung der Freizeit.

Von Bleicherode aus kann man in kurzer Zeit beliebige Ausflugsziele in der Harzregion und im Eichsfeld sowie in Erfurt, Weimar, Nordhausen und Sondershausen erreichen. Mit der direkten Lage an der Bundesstraße B 80 und der Bundesautobahn A 38 sind gute Anbindungen nach Göttingen/Kassel in westlicher Richtung und Halle/Leipzig in östlicher Richtung gegeben.

Die evangelische Kirche Sankt Marien

An großen Betrieben und Einrichtungen sind unter anderem die HELIOS Klinik, ein international anerkanntes Fachkrankenhaus für Orthopädie, die NDH-E und die DEUSA als Nachfolger des Kaliwerkes, E.ON Thüringer Energie AG und die Altis-Bäuerliche AG zu nennen. Mit Schließung des Kaliwerkes und der Textilbetriebe Anfang der 1990er Jahre, änderte sich die wirtschaftliche Situation der Einwohner. Alternativen mussten kurzfristig geschaffen werden. So wurden mehrere neue Gewerbegebiete erschlossen, um den Aufbau kleinerer Unternehmen und Handwerksbetriebe zu forcieren. Für weitere Unternehmensansiedlungen sind vor allem die günstige geografische Lage in der Mitte Deutschlands, an der Bundesautobahn A 38 mit optimaler Erreichbarkeit, gute Bildungs- und Weiterbildungsangebote sowie das umfangreiche kulturelle Leben hervorragende Standortvorteile.

Blick auf die HELIOS-Klinik Bleicherode

Die Petermann-Ausstellung in der Alten Kanzlei

Stadtverwaltung Bleicherode
Hauptstraße 37 · 99752 Bleicherode
Tel. (0 36 38) 35 30 und 3 53 55
Fax (0 36 38) 3 53 35
info@bleicherode.de
www.bleicherode.de

Heimat- und Fremdenverkehrsverband
»Bleicheröder Berge – Hainleite« e.V. Kulturhaus
Bahnhofstraße 56 · 99752 Bleicherode
Tel. (0 36 38) 4 23 29
Fax (0 36 38) 4 53 59
hfvvbleicherode@freenet.de

Förderverein Alte Kanzlei
Hauptstraße 113 · 99752 Bleicherode
Tel. (0 36 38) 6 13 99 und 4 27 26
info@alte-kanzlei-bleicherode.de
info@bleicherode.de
www.alte-kanzlei-bleicherode.de

Das Kulturhaus

Das ehemalige Kaliwerk bei Nacht

Die Alte Kanzlei

Bedeutendes Denkmal des Barock

Ebeleben, eine beschauliche Kleinstadt am westlichen Rand des Kyffhäuserkreises gelegen, mit seinem markanten und großflächigen Gewerbegebiet, kann auf eine über tausendjährige Geschichte zurückblicken. Der Name geht auf das Geschlecht der Ritter von Ebeleben zurück, welches im Mittelalter zu einem der angesehensten Geschlechter in Thüringen zählte. Es starb Mitte des 17. Jahrhunderts im Ort aus. Die Burganlage musste zu Beginn des 17. Jahrhunderts an die Grafen später Fürsten zu Schwarzburg-Sondershausen verkauft werden. Diese gestalteten die Burganlage durch An- und Neubauten in eine s-förmige Schlossanlage um zwei Höfe herum um. Gleichzeitig wurde der ehemalige westliche Burggraben verfüllt und eine Gartenanlage im Zeitgeschmack des Barock durch mehrere Generationen geschaffen. Diese Gartenanlage ist neben der Kirche Sankt Bartholomäus, in der ein Epitaph an den Ritter Hans von Ebeleben und seine Frau erinnert, das bedeutendste örtliche Denkmal. Die Gartenanlage mit dem sanierten ehemaligen Orangeriegebäude, den rekonstruierten Wasserspielen, den restaurierten Postamenten mit Vasen, Putti und Großplastiken sowie einem noch in einigen Bereichen historischen Baumbestand aus ihrer Entstehungsphase kann mit Recht als gartenarchitektonisches Kleinod Nordthüringens bezeichnet werden. Leider ist die Schlossanlage in den letzten Kriegstagen des Zweiten Weltkrieges zerstört und bis 1952 trotz Protesten der zuständigen Denkmalbehörde des Landes Thüringen bis auf ihre Grundmauern abgetragen worden. Seit der Jahrtausendwende erfolgten umfangreiche Sanierungs- und Rekonstruktionsarbeiten nicht nur im Schlossgarten, sondern auch an den Resten der Schlossanlage. Heute kann der Besucher in einem archäologischen Fenster freigelegte Grundmauern der ehemaligen Wasserburg aus unterschiedlichen Jahrhunderten betrachten. Weiterhin ist der gesamte Schlossgrundriss mit Teilen des ehemaligen Burggrabens wieder ersichtlich. Zu den noch verbliebenen und teilweise bereits sanierten Gebäuden zählen die beiden so genannten Wachhäuser mit dem Eingangsportal sowie der nordöstliche Turmstumpf mit Resten der gotischen Burgmauer.

Als Blütezeit der Ebelebener Schlossanlage kann die zweite Hälfte des 18. Jahrhunderts angesehen werden, als Garten und Schloss in das höfische Leben der Sondershäuser Fürsten voll integriert waren. Sogar Johann Wolfgang von Goethe weilte hier. Bis 1835 wurde sie als fürstliche Residenz genutzt. Danach diente sie nur noch für Verwaltungsfunktionen des Fürstentums, als Wohnung für Bedienstete, später als Schule, Amtsgericht mit Gefängnis, Sparkassendomizil und zu allgemeinen Wohnzwecken. 1884 wurde durch das regieren-

Schlosspark Ebeleben

Sonnenaufgang mit großem Wasserbecken
(Foto: F. Dietzsch Ebeleben)

Sehenswertes in Hainleite und Schmücke

Blick zum Karl-Marien-Haus (Foto: F. Dietzsch Ebeleben)

Statue der Pomona vor der Großen Kaskade (Foto: F. Dietzsch Ebeleben)

Freigelegte Grundmauern im Bereich des ehemaligen Marstalls (Foto: F. Dietzsch Ebeleben)

beziehungsweise restauriert werden. Beide Eigentümer konnten trotz angespannter Haushalte und teilweise mit Hilfe örtlicher Förderer (Kyffhäuser Sparkasse, Förderverein Schlosspark Ebeleben e.V. sowie vieler Spender und Sponsoren) für den Erhalt dieser einzigartigen Kunst- und Kulturlandschaft die notwendigen Finanzmittel aufbringen. Schrieb einst im Jahre 1938 ein Reisender vom Besuch des Schlossgartens, dass »Deutschland überall voll Überraschung ist«, so kann heute hier jeder Besucher dies selbst erfahren.

Das Schlossareal während der Freilegungsarbeiten (Foto: F. Dietzsch Ebeleben)

de Fürstenpaar das Orangeriegebäude inklusive einem Gartenanteil bis zum Mühlgraben zu einer »Rettungsanstalt für Knaben und Mädchen« umgebaut und als Stiftung geführt. Heute ist dieses Gebäude, das Karl Marien Haus, das Haupthaus des Diakonievereins Sondershausen – Ebeleben e.V., der hier Menschen mit geistigen Behinderungen betreut. Neue Wohnhäuser und eine Behindertenwerkstatt wurden in den letzten Jahren westlich im Anschluss an den nördlichen Gartenteil errichtet. Anfang der 30er Jahre im letzten Jahrhundert war der Bauzustand von Teilen der Schlossanlage so schlecht, dass bereits die westlichen Gebäude vom Wirtschaftshof abgerissen werden mussten. An ihrer Stelle wurde eine Mauer errichtet und erstmals ein direkter öffentlicher Zugang zur Gartenanlage geschaffen. Am übrigen Gebäudebestand wurden Instandhaltungsmaßnahmen durchgeführt. Zeitgleich initiiert durch einen Bürgerverein wurde die Gartenanlage einer umfangreichen Pflege und Erneuerung unterzogen. Bis in unsere heutigen Tage ist es immer wieder dem Engagement von Bürgern des Ortes beziehungsweise der Region zu verdanken, dass die Gartenanlage erhalten und gepflegt wird.

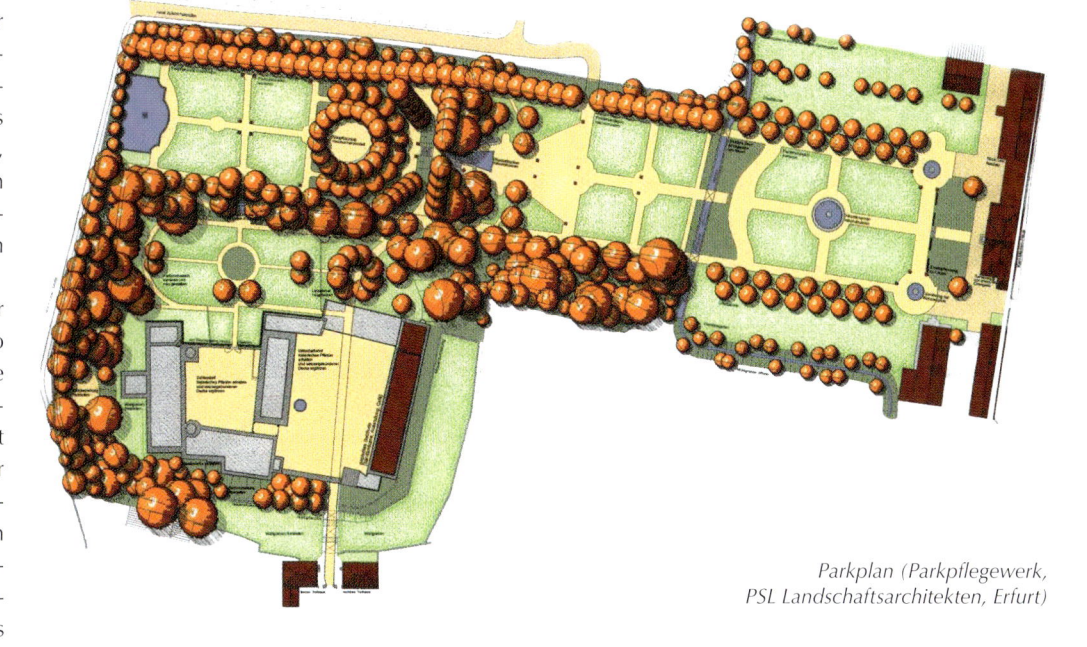

Statuen der Fruchtbarkeitsgöttinnen (Foto: F. Dietzsch Ebeleben)

Parkplan (Parkpflegewerk, PSL Landschaftsarchitekten, Erfurt)

Mit dem Abriss der Schlossruinen wurde durch Aufschüttung des Schuttes im Parkbereich vor der Großen Kaskade ein Festplatz mit Freilichtbühne geschaffen. Hier fanden, beziehungsweise finden bis heute Konzerte, Theateraufführungen und andere Veranstaltungen statt. Seit Anfang der 1990er Jahre ist das jährliche Schlossparkfest der kulturelle Höhepunkt der Stadt. Seit 1994 ist die Stadt Ebeleben Eigentümer des südlichen Gartenteils mit Schlossresten, Kaskaden und Wallgraben. Durch die großzügige Unterstützung vom Freistaat Thüringen, den Denkmalbehörden vom Land und Kreis, der Deutschen Stiftung Denkmalschutz, der Städtebauförderung sowie auch der Europäischen Union konnte die Gartenanlage mit ihren Kaskaden und den Plastiken sowie die Reste der Burg respektive des Schlosses umfangreich rekonstruiert

Tag des Offenen Denkmals 2007 im sanierten Schlosshof (Foto: F. Dietzsch Ebeleben)

Förderverein Schlosspark Ebeleben e.V.
Wilhelm-Klemm-Straße 35 · 99713 Ebeleben
Tel. (03 60 20) 78 70 · Fax (03 60 20) 7 87 27
1.vorsitzender@schlosspark-ebeleben.de
www.schlosspark-ebeleben.de

Sehenswertes in Hainleite und Schmücke

In Oldisleben und Sachsenburg

Einmaliges technisches Denkmal Weißzuckerfabrik

Blick zur Hakenburg (Fotos: Helgard Amme, Oldisleben)

Die Sankt Johannis-Kirche

Das Gut Oldisleben

Schon mit ihrer landschaftlichen Lage an der Thüringer Pforte beeindrucken Oldisleben und der Ortsteil Sachsenburg jeden Besucher. Am Fuße der Hainleite gelegen, fließt in unmittelbarer Nähe die Unstrut vorbei und trennt die Höhenzüge Hainleite und Schmücke.

Viele Naturschönheiten und reiche historische Hinterlassenschaften prägen diese Landschaft. Schattige Wälder laden mit ihren gut ausgeschilderten Wanderwegen zu Touren und Spaziergängen ein. Auch an Reiter ist dabei gedacht. Schon aus der Ferne sichtbar grüßen vom Wächterberg westlich der Unstrut die Ruinen der Sachsenburgen. Erreichbar ist Oldisleben über die Bundesstraßen B 85 und B 86.

Oldisleben ist ein alter Ort. Seine erste urkundliche Nennung erfolgte im Jahre 1089 in der Weiheurkunde des einstigen Benediktinerklosters. Sachsenburg erscheint erstmals 1278 in den Urkunden. Zu den Naturschönheiten kommen zahlreiche Denkmale und Sehenswürdigkeiten. Sie laden zum Entdecken ein. Mit den beiden Sachsenburgen auf dem Wächterberg verknüpft sich eine lange und interessante Geschichte. Von der Unterburg, auch Hakenburg genannt, sind noch der Bergfried und ein großes Kellergewölbe erhalten geblieben. Die Burg wurde vermutlich um das Jahr 1000 gebaut. Direkt am Berghang liegend beherrschte sie die Thüringer Pforte und den hindurchführenden Handelsweg. Von drei Seiten schützen sie steile Hänge, am Zugang in Richtung Westen errichtete man die Obere Sachsenburg. Beide Burgen sind auf Initiative des Sachsenburgen Vereins e.V. saniert und touristisch erschlossen worden. Seit dem Jahre 2005 ist der 22 Meter hohe Bergfried der Hakenburg durch neu eingebaute Treppen wieder begehbar. Von der oberen Plattform hat man einen prächtigen Ausblick in die Umgebung. Von der Oberburg sind noch die Ruinen des einstigen Palas und des Bergfriedes erhalten. Ein Großbrand im Jahre 1945 zerstörte die damals dort bestehende Gaststätte. Zwischen beiden Burgen stand früher noch eine kleine Kapelle. Weitere Informationen sind unter www.sachsenburgverein.de abrufbar.

168

Im Schwimmbad

Das Ortsbild von Oldisleben prägt neben vielen schönen Fassaden die im Jugendstil errichtete Kirche Sankt Johannis. Sie wurde auf den Resten zweier Vorgängerbauten zu Beginn des 20. Jahrhunderts neu gebaut. Sehenswert ist der rund 500 Jahre alte Schnitzaltar. Er zeigt auf mehreren Tafeln Bilder vom Leiden und Sterben Jesu Christi. Eine Besichtigung von Kirche und Altar ist auf Voranmeldung beim Pfarramt möglich.

Ein technisches Denkmal nahezu von Weltbedeutung stellt die heute zur Südzucker AG gehörige Weißzuckerfabrik Oldisleben dar. Obwohl seit der letzten Kampagne, die im Dezember 1990 endete, kein Dampf mehr auf den Kesseln ist, überliefern die erhaltenen Gebäude und Anlagenteile ein seit den Gründerjahren nahezu unverändertes Bild. Die Fabrik wurde im Jahre 1872 erbaut und mehrfach modernisiert. In der für die »Ewigkeit« konservierten Anlage kann der Besucher anhand von Filmvorführungen und Erklärungen die Gewinnung von Weißzucker aus Zuckerrüben nachvollziehen. Mehrere Dampfmaschinen sind erhalten, darunter eine in der Maschinenfabrik in Sangerhausen gefertigte Balancier-Dampfmaschine aus dem Jahre 1882. Der belgische Doppelkegel-Kalkofen für die Brandkalkerzeugung stammt noch aus dem Jahr 1898. Jährlich werden zum Tag des offenen Denkmals im September Führungen durch die gesamte Anlage angeboten. Auf Voranmeldung unter der Telefonnummer (03 46 73) 9 12 06 sind aber auch Sonderführungen möglich.

Mitten im Ort, in der Klostergasse, ist ein Feuerwehrmuseum eingerichtet. Es zeigt alte Feuerlöschtechnik und vieles mehr rund um die Feuerwehr. Darunter auch eine alte Handdruckspritze aus dem Jahre 1877. Zahlreiche Uniformen, Orden und Ehrenzeichen sowie Literatur sind ebenfalls ausgestellt. Die Ausstellung des Feuerwehrvereins ist nach Voranmeldung unter Tel. (03 46 73) 9 77 01 zu besichtigen.

In Oldisleben lädt in der warmen Jahreszeit ein schönes, großzügig gestaltetes Freibad ein. Es verfügt über ein Schwimm- und ein Planschbecken. Angelegt wurde es in einer ehemaligen Lehmgrube. Es ist quellwassergespeist.

Viele Vereine bereichern das kulturelle Leben im Ort. So veranstaltet der Reit- und Fahrverein Oldisleben jährlich ein Osterturnier im Springreiten und der Dressur. Am letzten Juniwochenende findet das Sommerturnier im Baumgarten statt. Zur Weihnachtsgala am vierten Advent wird in die Reithalle eingeladen. Am letzten Augustwochenende veranstaltet die Schützengesellschaft 1825 e.V. ein großes Schützenfest mit Umzug durch den Ort. Sehr aktiv sind auch die Fußballer des Sportvereins VfB Oldisleben und die Handballer des VC Blau-Weiß 72 Oldisleben e.V.

Glockenturm auf der Sachsenburg

Das Rathaus

Die Weineck'sche Mühle

Balancier-Dampfmaschine in der Zuckerfabrik

Gemeinde Oldisleben
Karl-Marx-Straße 12
06578 Oldisleben
Tel. (03 46 73) 9 13 88
info@vgem-schmuecke.de
www.vgem-schmuecke.de

Sehenswertes in Hainleite und Schmücke

Markus-Gemeinschaft e.V. in Hauteroda

Der Gutshof in Hauteroda – Heimstätte der Markus-Gemeinschaft e.V.

Die Veredelungswerkstatt

Eine Camphill-Initiative für Mensch und Umwelt

Ziele und Konzept

In der Gegend um Weimar, Erfurt, Jena und Eisenach erlangte die kulturelle Entwicklung Mitteleuropas mit dem deutschen Idealismus ihren vorläufigen Höhepunkt, bevor der Materialismus mit seinem geistigen Unverständnis sie zunichte machte. In einer Zeit wachsender Kulturlosigkeit möchte die Markus-Gemeinschaft erneut anknüpfen an das, was durch Persönlichkeiten wie Fichte, Schiller, Goethe, Novalis und andere zur Förderung der Menschheitsentwicklung erarbeitet, aber nicht zur Reife geführt wurde. Der Name unserer Gemeinschaft, Markus, stammt von einer Gestalt aus Goethes Gedichtfragment »Die Geheimnisse«.

Bereits zu DDR-Zeiten widmete sich in Hauteroda eine Gruppe von Bürgern der Betreuung von geistig behinderten Kindern. Nach der Wende erfolgte eine Orientierung an den Camphill-Dörfern in England. Neue Therapieformen hielten Einzug. So haben sich in der Markus-Gemeinschaft Menschen zusammengefunden, die der Bedrohung von Mensch und Umwelt etwas entgegensetzen möchten. Kranke, behinderte, gefährdete und scheinbar gesunde Menschen wollen zusammenarbeiten, um in Umwelt, Handwerk und Kultur aufbauend zu wirken. Der biologisch-dynamische Landbau bildet die Grundlage für ein vielfältiges, gesundes und bildendes Arbeitsleben. In einzelnen Häusern der Gemeinschaft leben Menschen unterschiedlichen Alters mit und ohne Behinderungen in einer erweiterten Familie zusammen. Die Erfahrung hat gezeigt, dass gerade geistig behinderte Menschen einen wichtigen Beitrag zur Bewältigung der genannten Aufgaben leisten. Durch ihre Menschlichkeit und ihre Fähigkeit, allen Widrigkeiten zum Trotz Zukunftsvertrauen zu entwickeln, können sie Lehrer für andere sein. Als Mitmenschen und Mitarbeiter helfen sie, vor den vielen wirtschaftlichen und sozialen Zwängen nicht in die Knie zu gehen, und ermutigen andere, diese Arbeit der Erneuerung überhaupt in Angriff zu nehmen.

Die heilpädagogische und sozialtherapeutische Arbeit geht auf das von dem Hilfswerk der Christengemeinschaft 1972 gegründete Heim in Hauteroda zurück. Sie basiert auf der Anthroposophie Rudolf Steiners (1861 bis 1925) und wird seit 1993 als eine Lebens- und Arbeitsgemeinschaft der von Karl König (1902 bis 1966) begründeten Camphill-Bewegung weitergeführt. Die spezifisch sozialthe-

Hoffest in der Markus-Gemeinschaft (Foto: Markus-Gemeinschaft Hauteroda)

...rapeutische Arbeit ist ein Teil der umfassenden Aufgabe, die sich die Camphill-Gemeinschaft in Hauteroda gestellt hat. Ihre Mitarbeiter versuchen in alle Gebiete des Lebens heilend einzuwirken: in Landwirtschaft, Handwerk und Gewerbe, in Kunst und Kultur sowie in Wirtschafts- und Sozialstrukturen. Bei diesen Aufgaben sind die seelenpflegebedürftigen Mitglieder die wichtigsten Mitarbeiter. Die Markus-Gemeinschaft e.V. ist als gemeinnützig anerkannt, Mitglied im Verband Anthroposophischer Einrichtungen für Heilpädagogik, Sozialtherapie und soziale Arbeit e.V. und im Deutschen Paritätischen Wohlfahrtsverband.

Die »lieben Kühe« von Hauteroda

Wohnen

Dem Heim stehen fünf Häuser mit Nebengebäuden als Wohnbereiche zur Verfügung. Hier leben die Betreuten bei Familien mit bis zu sieben Kindern in Hausgemeinschaft mit Mitarbeitern, die die Gruppe familienähnlich führen. Dazu gehören ein bewusst gestalteter Tagesablauf, gemeinsame Mahlzeiten, Hausdienste und hausinterne Aktivitäten.

Ein Wohnhaus in Lundershausen

In einer modernen Küche werden die Mahlzeiten zubereitet (Foto: Markus-Gemeinschaft Hauteroda)

Arbeiten

Jeder Erwachsene in der Markus-Gemeinschaft – ob behindert oder nicht – geht einer festen Tätigkeit in einem der angegliederten Betriebe nach. Das Erarbeitete, sei es Produkt oder Dienstleistung, wird als wirtschaftlich notwendiger Beitrag zum Fortbestehen der Gemeinschaft erlebt, was Verantwortung und Engagement fördert. Nicht Beschäftigungstherapie, sondern die Einbindung der Betreuten in einen nach wirtschaftlichen Gesichtspunkten arbeitenden Betrieb ist hier der Leitgedanke. Dabei sind die Arbeitsbedingungen behindertengerecht ausgerichtet und werden weiter entwickelt. Zur Zeit sind Gemüsebau, Gärtnerei, Landwirtschaft, Bäckerei, Molkerei, Küche, Veredelungswerkstatt und Tischlerei die größten Arbeitsbereiche, daneben gibt es noch Arbeitsplätze in der Hauswirtschaft und Herberge. Weitere Plätze sind in der Vermarktung, Kantine und dem Café vorhanden. Wäscherei und Nähstube werden folgen. Nach einer »Schnupperlehre« in verschiedenen Bereichen können die Betreuten eine mehrstufige Ausbildung in dem Betrieb ihrer Wahl durchlaufen, die auf ihre individuellen Fähigkeiten abgestimmt ist.

Der ehemalige Speicher – Sitz der Verwaltung, Kantine, Café und Küche

Zum jährlichen Tag der offenen Tür (Foto: Markus-Gemeinschaft Hauteroda)

Freizeit

Aktive Gestaltung der freien Zeit, Anregung zu Kreativität und der Phantasiekräfte, Erhalt und Weiterentwicklung von Kulturtechniken und künstlerischen Fähigkeiten stehen hier im Vordergrund. Neben dem Gemeinschaftsabend mit wechselndem Programm gibt es ein Fortbildungsangebot in Form einer Winter- und Sommerschule mit theoretischen und praktischen Inhalten. Ein wöchentlicher Vorleseabend schafft Gelegenheit, Literatur kennen zu lernen und darüber zu sprechen. Theaterspielen und Ausflüge zu kulturellen Veranstaltungen in der Umgebung ergänzen das Programm. Das christliche Element bildet einen festen Bestandteil im Gemeinschaftsleben, wie zum Beispiel der Bibelabend am Samstagabend in den Häusern und die sonntägliche Feier im Gemeinschaftssaal. Urlaubszeiten werden nach den individuellen Bedürfnissen in Absprache mit Hauseltern und Werkstattleitern individuell festgelegt und einmal jährlich findet eine gemeinsame Gruppenfahrt statt.

Markus-Gemeinschaft e.V.
Hauptstraße 1
06577 Hauteroda
Tel. (03 46 73) 73 69 10
Fax (03 46 73) 73 69 29
info@gutshof-hauteroda.de
www.gutshof-hauteroda.de

Markus-Gemeinschaft e.V.
Eine Camphill-Initiative für Mensch und Umwelt

Sehenswertes in Hainleite und Schmücke

Im Kunsthof Friedrichsrode

Der Kunstmarkt zieht tausende Besucher an

19. Kunstmarkt – Ausstellung im Kuhstall (Foto: Antje Burghardt)

19. Kunstmarkt – »Flaniermeile von Friedrichsrode« (Foto: Antje Burghardt)

19. Kunstmarkt – Modetheater »Gnadenloss Schick & Schnaftl Ufftschik« (Foto: Antje Burghardt)

Vor dem Backhaus des KUNSTHOFES (Foto: Verein Kulturland)

Im Kräutergarten (Foto: Antje Burghardt)

In der Keramikwerkstatt (Foto: Verein Kulturland)

Liebevoll sanierte Fachwerkhäuser empfangen den Besucher des kleinen Ortes Friedrichsrode inmitten der Hainleite. Dazu fällt auf, dass viele Fassaden und Objekte künstlerisch gestaltet wurden, denn seit den 1980er Jahren haben hier Künstler wie Maler, Grafiker und Musiker ihre Wahlheimat gefunden. Mittendrin befindet sich der KUNSTHOF, Sitz des Trägervereins KULTURLAND Hainleite e.V. Das einstige forstwirtschaftliche Gehöft wurde ab 1990 umfangreich saniert und somit vor dem Abriss gerettet. Im Jahre 1993 begann die inhaltliche Arbeit und seitdem herrscht hier ein turbulentes Leben. Der KUNSTHOF wurde zum Treffpunkt aller Generationen, Künstler und Interessenten, die zu Workshops zusammenkommen oder Projekte durchführen. Hauptsächlich aber nutzen Schulklassen das Haus mit seinen vielfältigen Möglichkeiten als Lernort im Rahmen ihrer dortigen Schullandheimaufenthalte.

Im Laufe der Jahre entwickelte sich so eine einmalige Begegnungsstätte von Künstlern, Touristen, Kindern und Jugendlichen sowie den unterschiedlichsten Gruppen. Es gibt Werkstätten sowie Galerie- und Seminarräume in denen man viele künstlerisch-handwerkliche Techniken erlernen kann. In der Keramikwerkstatt wird getöpfert und in den anderen Räumen können die Gäste Papier schöpfen, weben, filzen, spinnen, seilern, malen, eigene Grafiken drucken oder im Fotolabor arbeiten. Für den Aufenthalt stehen 42 Übernachtungsplätze in Mehrbettzimmern zur Verfügung. Die Verpflegung gibt es aus der hauseigenen Küche und besonders beliebt sind Pizza, Kuchen und Brot, die althergebracht aus dem mit Holz geheiztem historischen Backhaus kommen. Die schöne Umgebung Friedrichsrodes mit Kräuterwanderweg und -garten lädt zu Spaziergängen und Wanderungen ein, aber auch Sport und Spiel sind zu jeder Jahreszeit möglich. Um Aufmerksamkeit zu erreichen, wurde 1991 der KUNSTMARKT ins Leben gerufen, der seitdem jeweils am dritten Samstag im Juni stattfindet. An diesem Tag hat fast ganz Friedrichsrode Türen und Tore geöffnet, denn tausende Besucher aus ganz Deutschland kommen zu diesem Fest, bei dem über 150 Künstler und Kunsthandwerker ihre Werke ausstellen oder zum Kauf anbieten. Ein umfangreiches Rahmenprogramm aus Musik, Theater und Aktionen trägt dazu bei, dass eine angenehme Atmosphäre herrscht und sich viele interessante Gespräche und Begegnungen ergeben. Mittlerweile Tradition haben auch Bluesfasching, Himmelfahrt, das jährliche Kräuterfest am ersten Sonntag im Juli oder die einwöchigen Gitarrentage im Sommer.

Jährlich kommen ungefähr 20 000 Gäste zum Kunsthof, für dessen überregional wirkendes kulturell-soziales Angebotsprofil der Verein im Jahre 1997 den Kulturpreis des Freistaates Thüringen verliehen bekam. Der Verein ist anerkannter Träger der Jugendarbeit im Kyffhäuserkreis, Mitglied in der Landesarbeitsgemeinschaft kulturelle Jugendbildung, der Landesarbeitsgemeinschaft Soziokultur Thüringen e.V. sowie Gastmitglied im Verband der Schullandheime Thüringen e.V.

Kunsthof Friedrichsrode
In Friedrichsrode 14
99713 Helbedündorf / OT Friedrichsrode
Tel. (03 63 38) 6 01 70
Fax (03 63 38) 4 44 38
info@kunsthof-friedrichsrode.de
www.kunsthof-friedrichsrode.de

Die Klosterruine Sankt Wigbert in Göllingen

Würfelkapitell

Portal mit Krückenkreuz

800 Jahre altes Bauwerk

Wer sich der kleinen Gemeinde Göllingen im Wippertal, unweit von Bad Frankenhausen, nähert, sieht ihn schon von weitem: Den Turm des ehemaligen Benediktinerklosters Sankt Wigbert. Das vor rund 800 Jahren entstandene Bauwerk weist eine in Thüringen einzigartige Architektur auf. Die Gesamthöhe des Turmes beträgt etwa 23 Meter. Der Unterbau hat einen quadratischen Grundriss, der Aufsatz ist achteckig gestaltet. Die Krypta ist eine architektonische Meisterleistung der späten Romanik. Neun Kreuzgratgewölbe werden von vier in der Mitte frei stehenden Säulen, weiteren acht Halbsäulen an den Wänden und vier Rundsäulen in den Ecken abgefangen. Einzigartig sind die hufeisenförmigen Gurtbögen, die ein wenig an die orientalische Baukunst erinnern. Zur Unterstreichung ihrer optischen Wirkung bestehen einzelne Bauteile aus rotem Sandstein, die einen wirkungsvollen Kontrast zum hellen Kalkstein bilden. Ebenso einmalig ist die Akustik in diesem Raum. Sie kann man bei Führungen und Veranstaltungen erleben. Der im Gelände markierte Verlauf der Grundmauern des nach Osten anschließenden Schiffes führt deutlich die enorme Größe des Sakralbaues vor Augen. Die abschließende Apsis ist, unter Bäumen verborgen, ebenfalls erhalten geblieben und kann besichtigt werden. Um die Kirche herum breitete sich der Klausurbereich des Klosters aus.

Die Geschichte des Klosters ist nachweislich über 1000 Jahre alt. Im Jahre 1005 wurden ihm verschiedene Besitzungen übergeben. Damit gehört das Kloster zu den ältesten Einrichtungen dieser Art in Thüringen. Den ersten Kirchenbau errichtete man gegen Ende des 10. Jahrhunderts. Davon erhalten geblieben ist noch die Südwestecke des westlichen Querhauses. Göllingen war kein selbständiges Kloster, sondern gehörte zur Abtei Hersfeld. Seine Blütezeit lag im 13. Jahrhundert. 1525 wurde es während des Bauernkrieges geplündert und teilweise zerstört. Die Säkularisation erfolgte erst 1606. Nach dem Westfälischen Frieden im Jahre 1648 wandelte man den klösterlichen Besitz in eine Domäne um. Anstelle des alten Klosters errichtete man Wirtschaftsgebäude. 1816 übernahmen die Fürsten zu Schwarzburg-Rudolstadt den Besitz, ab 1918 war es eine Staatsdomäne. Zu DDR-Zeiten wurde auf dem Gelände eine Konservenfabrik errichtet. Nach deren Betriebsaufgabe erfolgten ab 1990 umfangreiche Bauforschungen und Neugestaltungen. Heutiger Besitzer ist die Stiftung Thüringer Schlösser und Gärten.

Die Aktionen zum Schutz des Denkmals unterstützt und fördert der Göllinger Klosterturmverein Sankt Wigbert e.V. Jährlich findet am 2. Wochenende im September das Klosterturmfest statt und am 9. Oktober wird mit dem Guntherfest der historischen Person des Gunther von Käfernburg gedacht.

Die Anlage ist täglich geöffnet und kann besichtigt werden. Auf Wunsch finden auch Führungen statt.

Klosterturm, Ansicht von Südwesten

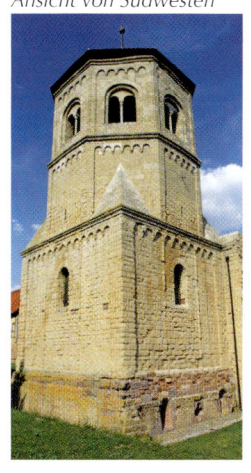

Klosterturm, Ansicht von Osten

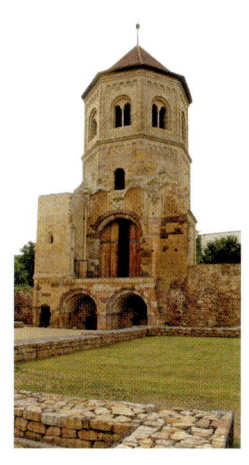

Abstecher ins Thyratal

Das Josephskreuz auf dem Großen Auerberg

Zu Besuch beim größten eisernen Doppelkreuz der Welt

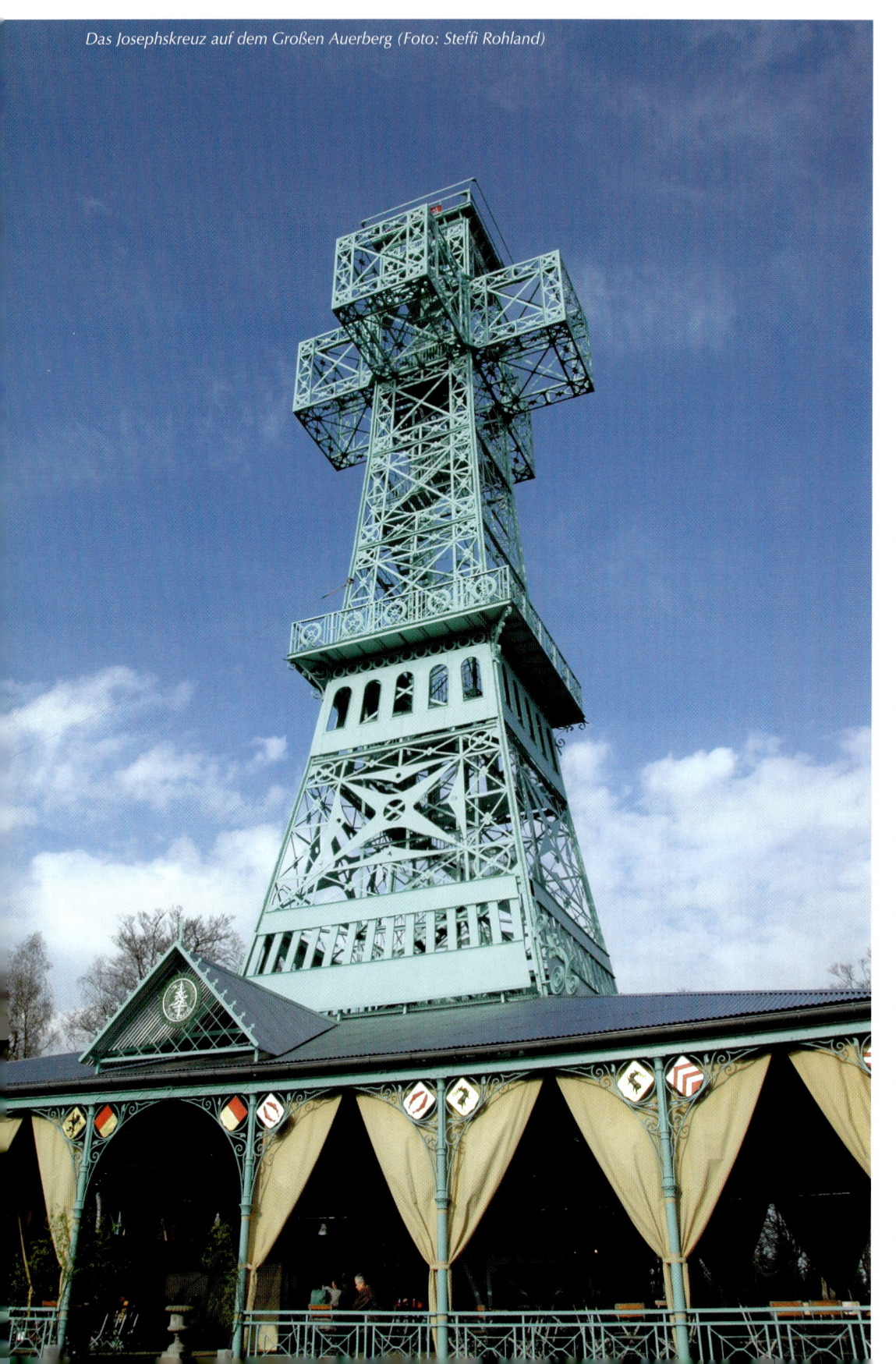

Das Josephskreuz auf dem Großen Auerberg (Foto: Steffi Rohland)

Aktive Erholung wird im Luftkurort Stolberg groß geschrieben! Die gesamte Umgebung ist durch ausgeschilderte Wanderwege erschlossen. So führt auch ein Weg direkt zum Josephskreuz auf dem fast 600 Meter hohen Großen Auerberg, einem längst erloschenen Vulkan. Ein Besuch des größten eisernen Doppelkreuzes der Welt lohnt sich zu jeder Jahreszeit. Der einzigartige Panoramablick von der Aussichtsplattform in rund 38 Meter Höhe entschädigt für die Mühen des Aufstiegs. Rings um den Turm steht eine geräumige Schutzhalle, die 500 Personen aufnehmen kann. Die erste Galerie bietet Platz für rund 100 Personen, die oberste Plattform für etwa 30 Personen. Das Gewicht der Stahlkonstruktion beträgt 123 Tonnen, 200 Stufen führen bis zu oberen Plattform. Über den Haupteingängen an der Nord- und Südseite hängen Medaillons mit den Initialen AA (Alfred und Auguste) sowie JL (Joseph und Louise). Dabei handelt es sich um die Vornamen Stolberger Regenten.

Das Josephskreuz hat bisher viele Stürme erlebt, Wetterunbilden und gesellschaftliche Umwälzungen. Ungebrochen blieb die Popularität als Aussichtsturm für den Fremdenverkehr und Tourismus. Allein die jährlich gefeierten Winter- und Waldfeste ziehen jedes Mal viele hundert Besucher an.

Bei diesem berühmten und einzigartigen Bauwerk lohnt sich ein Abstecher in die Geschichte. Der Große Auerberg war schon immer ein beliebtes Ausflugsziel. Bereits in der Mitte des 18. Jahrhunderts stand oben auf der Kuppe nach Überlieferungen ein alter Turm, der im Jahre 1768 zusammenstürzte. Anfang der 1830er Jahre beauftragte der regierende Graf Joseph zu Stolberg-Stolberg den damaligen Geheimen Oberbaurat Karl Friedrich Schinkel aus Berlin mit der Errichtung eines neuen Turmes auf dem Auerberg. Am 24. Oktober 1833 feierte man das Richtfest, die Einweihung folgte am 21. Juni 1834, zum Geburtstag des Grafen Joseph. Der Turm erhielt den Namen »Josephskreuz«. Einschließlich Zufahrtsweg, Gastwirtschaft, Nebengebäuden und dem Tanzsaal soll alles zusammen 60 000 Taler gekostet haben. Ob Schinkel jemals selbst in Stolberg und auf dem Auerberg war, ist nicht überliefert.

Abstecher ins Thyratal

Juliana von Stolberg zum 111-jährigen Bestehen (Foto: Steffi Rohland)

de. Am 28. August 1990 erfolgte die Wiedereinweihung mit einem großen Volksfest. Unter den Ehrengästen zum 100-jährigen Jubiläum am 11. August 1996 war auch der damalige Ministerpräsident von Sachsen-Anhalt Reinhard Höppner. Im Jahre 2003 war es wieder soweit. Von Juni bis Dezember verhüllten ein Gerüst und Planen das Josephskreuz. Erneut musste saniert werden. Viele tragende und dekorative Bauteile wurden ausgetauscht sowie 6350 Nieten durch Spezialschrauben ersetzt. Ebenso wurde der Korrosionsschutz komplett erneuert und nun strahlt das Bauwerk für die kommenden 20 Jahre in meergrün.

Veranstaltung am Josephskreuz (Foto: Steffi Rohland)

Winterimpressionen (Foto: Bernd Ohlendorf)

(Foto: Steffi Rohland)

Brockenblick, etwa 45 Kilometer (Foto: Steffi Rohland)

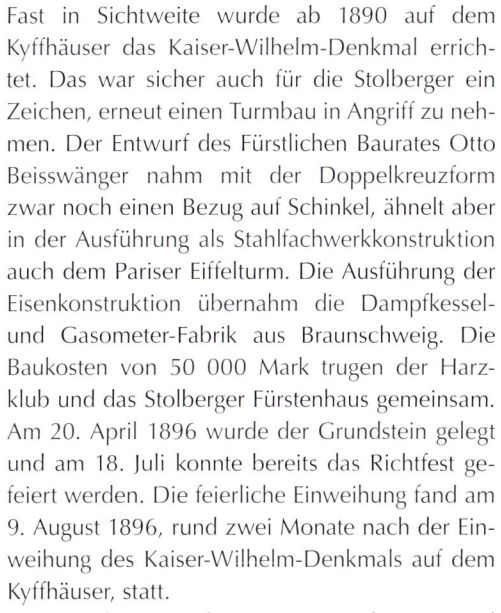

Das Schinkelsche Kreuz, aus eichenen Kanthölzern gefertigt, war 22 Meter hoch und stand fast 47 Jahre. In der Nacht zum 12. Juni 1880 schlug ein Blitz ein und zerstörte das Bauwerk. Damit war Stolberg um eine Attraktion ärmer.
Fast in Sichtweite wurde ab 1890 auf dem Kyffhäuser das Kaiser-Wilhelm-Denkmal errichtet. Das war sicher auch für die Stolberger ein Zeichen, erneut einen Turmbau in Angriff zu nehmen. Der Entwurf des Fürstlichen Baurates Otto Beisswänger nahm mit der Doppelkreuzform zwar noch einen Bezug auf Schinkel, ähnelt aber in der Ausführung als Stahlfachwerkkonstruktion auch dem Pariser Eiffelturm. Die Ausführung der Eisenkonstruktion übernahm die Dampfkessel- und Gasometer-Fabrik aus Braunschweig. Die Baukosten von 50 000 Mark trugen der Harzklub und das Stolberger Fürstenhaus gemeinsam. Am 20. April 1896 wurde der Grundstein gelegt und am 18. Juli konnte bereits das Richtfest gefeiert werden. Die feierliche Einweihung fand am 9. August 1896, rund zwei Monate nach der Einweihung des Kaiser-Wilhelm-Denkmals auf dem Kyffhäuser, statt.
Fortan gab es wieder einen Aussichtsturm und dazu ein einmaliges Zeugnis der Baukunst. Viele Jahrzehnte stand das Kreuz sicher. Wie viele Besucher die Stufen erklommen haben, hat niemand gezählt. Von Zeit zu Zeit wurde der Farbanstrich erneuert. 1987 war keine Sicherheit mehr für die Besucher gewährleistet, der Turm wurde gesperrt. Die Sanierungsarbeiten dauerten über die Wen-

(Foto: Steffi Rohland)

Auftritt der Auerbergsänger (Foto: Steffi Rohland)

Blick über Stolberg auf das Auerbergmassiv (Foto: Stefan Ellermann, Landesamt für Umweltschutz Sachsen-Anhalt Bildarchiv)

200 Personen können sich jetzt gleichzeitig auf dem Turm aufhalten. Die Arbeiten kosteten 750 000 Euro. Die feierliche Eröffnung erfolgte zum Winterfest am 15. Februar 2004. Als höchster deutscher Repräsentant der Nachkriegszeit besuchte der Bundespräsident Johannes Rau am 5. März 2004 das Josephskreuz. Zum Jubiläumsjahr 2007 gab es im Museum »Alte Münze« in der Stadt Stolberg eine handgeprägte Silbermedaille mit Ansichten des hölzernen und eisernen Josephskreuzes. Gestaltet hat sie der Medailleur Carsten Theumer von der Burg Giebichenstein in Halle.

*Blick auf Breitenstein vom Friedrichshöher Weg aus
(Fotos Steffi Rohland)*

In der Gemeinde Breitenstein

Höhepunkt ist die Walpurgisnacht

Die Gemeinde Breitenstein liegt mitten im schönen Harz, auf einer freien Hochfläche in einer Höhenlage von 450 bis 500 Meter über dem Meeresspiegel. Man erreicht den Ort im nordwestlichen Zipfel des Landkreises Mansfeld-Südharz aus der Goldenen Aue kommend am besten über das Thyratal und Stolberg oder über den Auerberg. Von Norden her fährt man auf der Bundesstraße B 242 in Richtung Stolberg.

Viel Wald in unmittelbarer Nähe, dazu eine herrliche klare Luft, das haben die rund 500 Einwohner jeden Tag. Bedingt durch seine Lage auf dem Hochharzplateau hat der Ort Mittelgebirgsklima und verfügt so auch über günstige gesundheitsfördernde, bioklimatische Bedingungen. In Breitenstein fühlen sich nach wie vor viele Urlaubsgäste wie zu Hause. Gemütliche komfortable Fremdenzimmer und Ferienwohnungen laden das ganze Jahr über Erholung und Ruhe suchende Gäste herzlich ein. Die waldreiche Umgebung ist für Natur- und Wanderfreunde ein Eldorado. Nordic Walking oder Radtouren zu nahe gelegenen Ausflugszielen sind immer ein Erlebnis. Die Buchen- und Fichtenwälder laden im Herbst zum Pilze suchen ein. Eine Wanderung durch das wildromantische Ludetal bis ins sieben Kilometer entfernt liegende Fachwerkstädtchen Stolberg mit seinem Erlebnisbad »Thyragrotte« ist eine besondere Empfehlung. Das Ludetal ist durch seine Artenvielfalt an Pflanzen ein bemerkenswertes Biotop. Hier

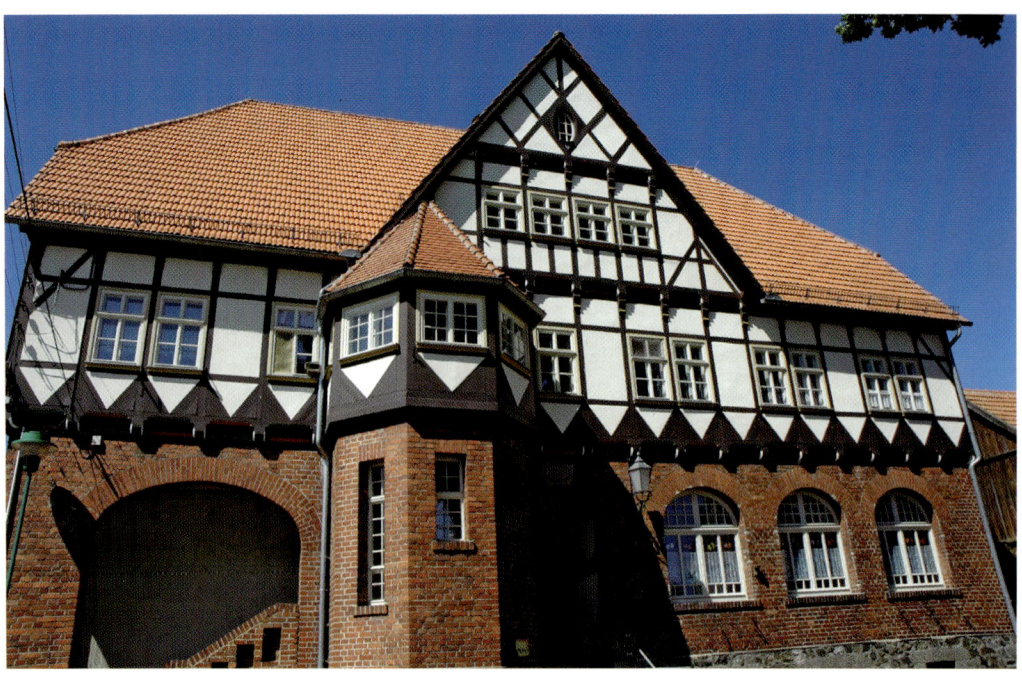

Das ehemalige Schulhaus in der Hauptstraße 65

findet der Naturfreund Märzenbecher, Trollblumen, Leberblümchen, Akelei und Fingerhut, um nur einige zu nennen. Zwei Tennisplätze im Ort bieten Möglichkeiten zu sportlicher Betätigung. In der anliegenden gemütlichen Gaststätte »Zum Hexenteufel« können die abgearbeiteten Kalorien dann wieder aufgetankt werden. Ein Standplatz

Abstecher ins Thyratal

für Wohnmobile erwartet erlebnisfreudige Campingfreunde. Im Winter sind gespurte Skiloipen für Ausflüge vorhanden. Breitenstein gehört in den normalen Wintern schon zu den schneesicheren Gebieten im Harz. Für Familien mit Kindern werden Trekkingtouren mit den Lamas Max und Moritz zum bleibenden Erlebnis. In nur drei Kilometer Entfernung liegt der Große Auerberg. Mit seinem 38 Meter hohen Aussichtsturm, dem Josephskreuz, ist er ein beliebtes Ausflugsziel. Die Kreisstadt Sangerhausen lädt in rund 40 Kilometer Entfernung mit dem größten Rosengarten der Welt, dem Europa-Rosarium ein. Bademöglichkeiten gibt es in den umliegenden Orten.

Die Dorfkirche Sankt Margarethen

Breitenstein ist einer der ältesten Harzorte mit geschichtsträchtiger Vergangenheit. In der Chronik wurde das älteste Wahrzeichen des Ortes, der »Breite Stein« erstmals in einer Urkunde aus dem Jahre 1264 erwähnt. Der »Breite Stein«, heute am Platz der Einheit neben einer alten Linde stehend, ist ein mittelalterliches Rechtsdenkmal, ein so genannter Bauernstein. Wahrscheinlich ist er sogar der Ursprung des Ortsnamens. Linde und Steintisch finden sich auch symbolisch im Gemeindesiegel wieder.

Die Bevölkerung von Breitenstein ist fast ausschließlich evangelisch. Die ehrwürdige Dorfkirche Sankt Margarethen, eine alte Wehrkirche, wurde mit Hilfe von Spendengeldern nach der Wende vorbildlich saniert. Regelmäßig werden darin Gottesdienste abgehalten, zu Konzerten erklingt die restaurierte Strobel-Orgel. Hochzeiten und Taufen zählen zu den Höhepunkten im kirchlichen Leben. In einem festgelegten Turnus werden am Hubertustag die Jäger aus der Region zur schon traditionellen Hubertus-Messe eingeladen. Das dreistimmige Geläut der Glocken, das jeden Abend 18 Uhr erklingt, vermittelt eine friedliche, dörfliche Atmosphäre, die Einwohnern und Gästen gleichermaßen gut gefällt.

Wandergruppe auf den Spuren der alten Grenzsteine

Der Breite Stein von Breitenstein – ein mittelalterliches Rechtsdenkmal

Hausgarten in der Hüttenstraße

Der Ort hat ein großes VW/Audi-Autohaus und ein Bus- und Reiseunternehmen. Es bestehen Einkaufsmöglichkeiten für den täglichen Bedarf.

Als ein Höhepunkt des Dorflebens wird alljährlich vom 30. April bis zum 1. Mai die Walpurgisnacht mit vielen Gästen aus nah und fern als ein großes Volksfest gefeiert. Dann herrscht fast Ausnahmezustand in der kleinen Gemeinde bei den vielen anwesenden Hexen und Teufeln, die hier Zwischenstation auf dem Weg zum Blocksberg (Brocken) machen. Schon in den Nachmittagsstunden ziehen die Mitglieder des Walpurgisvereins mit Musik durchs Dorf und treiben den Hexenzoll ein. Wehe, wer sich dem widersetzt! Der Abend hält aber noch weitere Höhepunkte bereit. Ein großer Umzug von einheimischen und fremden Hexen und Teufeln sorgt für sehr viel Stimmung. Mit dabei im Umzug sind die vorjährige und die neue Maikönigin. Diese wird übrigens nicht gewählt, sondern im Rahmen einer Veranstaltung ausgekegelt. Nach dem Setzen des Maibaumes auf dem Festplatz wird zu einer großen Kulturveranstaltung eingeladen. Den Abschluss des mehrstündigen Programms bildet ein großartiges Höhenfeuerwerk. Weit bekannt in der Region sind auch die Veranstaltungen der Breitensteiner Karnevalisten in der fünften Jahreszeit. Mit ihrem guten Programm ziehen sie viele Gäste an.

Der Hexenumzug zur Walpurgisfeier

Festumzug zum Dorffest

Gemeinde Breitenstein
Schulgasse 75 · 06547 Breitenstein
Tel. (03 46 54) 4 12

Die Maiköniginnen 2007 und 2008

Abstecher ins Thyratal

Herzlich Willkommen im Luftkurort Stolberg (Harz)

Thomas-Müntzer-Denkmal auf dem Markt

Blick von der Himmelsleiter auf Stadt und Schloss

Die einzigartige Fachwerkstadt im Südharz & Historische Europastadt

In eine Bilderbuchlandschaft eingebettet, umgeben von Buchen- und Mischwäldern, liegt das malerische Städtchen Stolberg, auch »Perle des Südharzes« genannt. Hier kann man dem Stress und Lärm des Alltags entfliehen, inmitten wundervoll ursprünglicher Natur noch entspannen und genießen zugleich. Der besondere Reiz der Stadt, die historische Atmosphäre, die in den vielen alten Fachwerkhäusern aus dem 15. bis 19. Jahrhundert und dem mittelalterlichen Stadtbild greifbar wird, führte zur internationalen Anerkennung ihrer überregionalen Bedeutung und Einzigartigkeit als Historische Europastadt.

Das Museum »Alte Münze« ist untergebracht im schönsten Fachwerkhaus Stolbergs, das im Jahre 1535 vom damaligen Münz- und Bürgermeister Kilian Kessler als Münzwerkstatt errichtet wurde. Hier sind eine im deutschsprachigen Raum einmalige historische Münzwerkstatt mit Geräten aus dem 15. bis

Restaurierte Fachwerkhäuser in der Rittergasse

Die Alte Münze

18. Jahrhundert sowie eine Ausstellung zu Münzprägung, Münzwesen und Stadtgeschichte zu sehen. An jedem ersten Sonntag im Monat werden am großen Balancier Feinsilbermedaillen geprägt. Im Thomas-Müntzer-Gedenkraum erinnert eine Ausstellung an das Leben und Wirken des Predigers und Bauernführers, der um 1489 in Stolberg geboren wurde.

Zu den ältesten erhaltenen Wohngebäuden der Stadt gehört das um 1470 erbaute Fachwerkhaus und heutige Museum »Kleines Bürgerhaus«. Das ausgestellte Mobiliar und der Hausrat aus dem 17. bis 19. Jahrhundert vermitteln einen lebendigen Eindruck von den Lebens- und Wohngewohnheiten dieser Epochen. Interessant sind vor allem eine kleine Schusterwerkstatt und die Kücheneinrichtung. Seit dem Jahre 1210 residierten die Grafen zu Stolberg nachweisbar in dem Schloss auf dem nördlich der Stadt gelegenen Bergsporn. Sein heutiges Aussehen erhielt das Schloss durch Umbauten zwischen 1690 und 1700. Seit November 2002 ist die Deutsche Stiftung Denkmalschutz der Eigentümer des Schlosses. Seither sind rund 13 Millionen Euro von der Deutschen Stiftung Denkmalschutz, dem Land Sachen-Anhalt und der Stadt Stolberg in die Sanierung und Restaurierung geflossen. Die ersten Räume des Südflügels, darunter der Empiresaal, das historische Treppenhaus und der Breite Gang sind bereits fertig gestellt und als »Haus des Gastes« öffentlich zugänglich. Bis zum 800-jährigen Jubiläum des Grafen- und Fürstenhauses Stolberg im Jahre 2010 sollen weitere Räumlichkeiten restauriert sein. Im Schloss erblickte Juliana von Stolberg am 15. Februar 1506 das Licht der Welt. Ihre Eltern waren Graf Botho zu Stolberg-Wernigerode und Anna von Eppstein-Königstein. Mit 17 Jahren heiratete Juliana den Grafen Philipp II. von Hanau-Münzenberg und schenkte ihm fünf Kinder. Nach dessen Tod heiratete sie im Jahre 1531 Graf Wilhelm von Nassau-Dillenburg und gebar zwölf weitere Kinder. Über ihre beiden ältesten Söhne wurden sie zu Stammeltern der Linie des Hauses Oranien. Als Juliana am 18. Juni 1580 starb, hinterließ sie 160 Enkel und Urenkel. Im September 2006 wurde auf der Terrasse ein Denkmal für sie eingeweiht. Von Ostern bis Ende Oktober laden ein Ausstellungspavillon und das Café »Schloss-Terrasse« ein.

Sehenswert ist die Stadtkirche Sankt Martini unterhalb des Schlosses mit ihrem Turm aus dem 12. Jahrhundert. Das erste Kirchenschiff wurde vor 1300 zerstört, danach entstand eine dreischiffige Basilika. Der Anbau des hohen Chores und die Erhöhung der Seitenwände des Schiffes erfolgte bis 1490. Sankt Martini besitzt eine vorzügliche Orgel von Johann Georg Papenius aus dem Jahr 1703, deren Restaurierung 1993 gleichzeitig mit der Innensanierung der Sankt Martini-Kirche abgeschlossen wurde. Besichtigungen und Führungen sind während der Öffnungszeiten oder nach Voranmeldung möglich.

Das prachtvolle dreigeschossige Rathaus wurde 1452 erbaut und stellt ein Kuriosum dar. Um die drei Etagen separat erreichen zu können, wurde der Zugang zu den einzelnen Stockwerken über die breite Außentreppe ermöglicht. Das ist noch heute so. Ursprünglich hatte das Rathaus zwölf Türen (= Monate/Jahr), 52 Fenster (= Wochen/Jahr) und 365 Fensterscheiben (= Tage/Jahr). Heute sind es 53 Fenster mit je acht Scheiben. Der Felderschmuck am Rathaus stellt die Zunftzeichen der damals in Stolberg vertretenen Handwerker dar. Die Sonnenuhr entstand im Jahre 1724 und seit dieser Zeit wird das Gebäude auch als Rathaus genutzt.

Das Thomas-Müntzer-Denkmal auf dem Markt von Klaus Messerschmidt wurde zum 500. Geburtstag Müntzers 1989 aufgestellt. Die vier Ecksäulen sind Abgüsse von Säulen mit geschnitzten Heiligenfiguren aus seinem Geburtshaus. Die vordere Figur zeigt Müntzer selbst mit entblößtem Rücken, der symbolisch seine Verwundbarkeit darstellt. Mit der vermummten Gestalt wollte der Künstler Teile der alten Gesellschaft darstellen, die sich vor Müntzers

Der Münzmeister erklärt

Museum Kleines Bürgerhaus

Das imposante Rathaus

Empiresaal des Schlosses

Ideen verschließen. Ein weiteres Denkmal Müntzers steht in der Parkanlage gegenüber dem Bahnhof. Gegenüber dem Rathaus befindet sich der Seigerturm, ein mittelalterlicher Rundturm aus dem 13. Jahrhundert. Benachbart stand das alte Rathaus, welches 1746 abgerissen wurde. Von den ursprünglich sechs Stadttoren hat nur das Rittertor die Zeiten überdauert. Es stammt aus dem 12. Jahrhundert. Genau das Richtige zum Relaxen, Entspannen und Wohlfühlen bietet das Freizeitbad »Thyragrotte«. Es lädt ganzjährig mit verschiedenen Wasserattraktionen, Saunen, Solarien, Ganzjahres- und Sommeraußenbecken ein.

Tourist-Information Stolberg
Markt 2 06547 · Stolberg(Harz)
Tel. (03 46 54) 4 54 / 1 94 33 · Fax (03 46 54) 7 29
info@stadt-stolberg.de · www.stadt-stolberg.de

Stolberger Geschichts- und Traditionsverein e.V.
Niedergasse 19 06547 · Stolberg(Harz)
Tel. (03 46 54) 8 59 60 · www.stolberger-geschichte.de

Hausportal in der Rittergasse

Hotel Stolberger Hof & Café Hohenzollern

Kulinarische Oase in der Europastadt

Zentral gelegen am alten Marktplatz der historischen Europastadt Stolberg, erwartet der Stolberger Hof seine Gäste. Hier kann man hinter historischen Mauern gemütlich wohnen und gepflegt speisen. Die rustikal eingerichtete Gaststätte, das Café, ein Kaminzimmer, der Gotische Gewölbekeller sowie der Juliana-Saal bieten Platz für rund 150 Personen. Ideal geeignet auch für Gesellschaften und Familienfeiern. Schöne Zimmer, Appartements und Ferienwohnungen lassen keinen Wunsch offen. Dazu kommt eine Wellness-Oase mit großzügigem Schwimmbad und vielen Attraktionen.
Die Küche hält internationale Spezialitäten bereit, ebenso natürlich die gute Harzer Hausmannskost und Wildgerichte.

Hotel Stolberger Hof · Inhaber Wolfgang Ey
Markt 6 · 06547 Stolberg/Harz
Tel. (03 46 54) 3 20 · Fax (03 46 54) 4 37
info@stolberger-hof.de · www.stolberger-hof.de

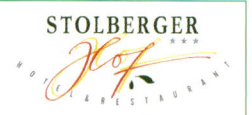

Hotel »Zum Bürgergarten« lädt ein

Harzer Gastlichkeit in historischem Ambiente

Am Rande der herrlichen Fachwerkstadt Stolberg, ringsum von Wäldern umgeben, liegt das Komforthotel Zum Bürgergarten.
Hier kann man den Reiz überlieferter Harzer Gastlichkeit im historischen Ambiente mit heutigem Wohnkomfort und ausgewählten Speisen und Getränken genießen.
Hinter den 300 Jahre alten Mauern verbergen sich moderner Standard und komfortable Gemütlichkeit in gediegenem, rustikalem Ambiente.
Es stehen liebevoll eingerichtete Zimmer mit viel Komfort und individuellem Flair zur Verfügung.
Dazu kommen ein Restaurant, Café, Tagungsräume und ein Wellnessbereich. Abgestimmter persönlicher Service sorgt dafür, dass man sich rundherum wohl fühlen kann.
Familie Weifenbach freut sich auf einen Besuch.

Hotel Zum Bürgergarten
Thyratal 1
06547 Stolberg/Harz
Tel. (03 46 54) 81 10
Fax (03 46 54) 81 11 00
info@hotel-zum-buergergarten.de
www.hotel-zum-buergergarten.de

Mit Kiepenfrau oder Köhlerliesel auf Tour

Einmalige Stadtführungen mit Elke Franke

Die Stolberger »Kiepenfrau« Elke Franke bei einer Stadtführung am Müntzer-Denkmal auf dem Marktplatz.

Wer einmal mit Elke Franke eine Stadtführung in Stolberg erlebt hat, wird sie so schnell nicht wieder vergessen. Da geht es vom Marktplatz aus durch die alten Gassen der Stadt mit ihren schönen Fachwerkhäusern und uralten Denkmalen. Eigentlich weiß sie über alles etwas zu berichten, sei es nun die Alte Posthalterei, die Kirche oder die Person Thomas Müntzer. Ein Highlight sind die Führungen jeden Freitagabend um 20 Uhr im Schloss. Man kann mit ihr aber auch auf den Spuren der alten Nachtwächter die Stadt kennen lernen, oder eine kulinarische Schlemmertour erleben. Die Kiepe auf dem Rücken ist dabei schon fast zu ihrem Markenzeichen geworden. Scheinbar spielerisch bringt sie ihr Wissen an den Mann. Die Gäste werden aktiv mit einbezogen. Langeweile gibt es bei ihren Führungen nicht. Oft kommt am Ende die Frage: Und wann geht es weiter? Elke Franke hat auch Tagestouren durch den Harz im Repertoire. Als Köhlerliesel verkleidet, führt sie durch das schöne Selketal nach Gernrode. Hier lernt man die berühmte Stiftskirche, aber auch eine Kuckucksuhrenfabrik kennen. Für Kenner wird ein Abstecher in die Harzer Likörfabrik unternommen. Ebenso stehen Stadtführungen in der weltbekannten Fachwerkstadt Quedlinburg auf dem Programm. Eine Klostertour führt nach Helfta im Mansfelder Land und Walkenried im Westharz. Wenn es nach Wernigerode geht, ist auch ein kurzer Halt im Köhlermuseum am Stemberghaus eingeplant. Das ist aber noch längst nicht alles.

Elke Franke · Pro Harz tours
Niedergasse 50 · 06547 Stolberg/Harz
Tel. (03 46 53) 7 23 76 · Fax (03 46 53) 7 23 78
Mobil (01 72) 5 94 50 03 · info@proharztours.de · www.proharztours.de

Bei einer Führung im Stolberger Schloss

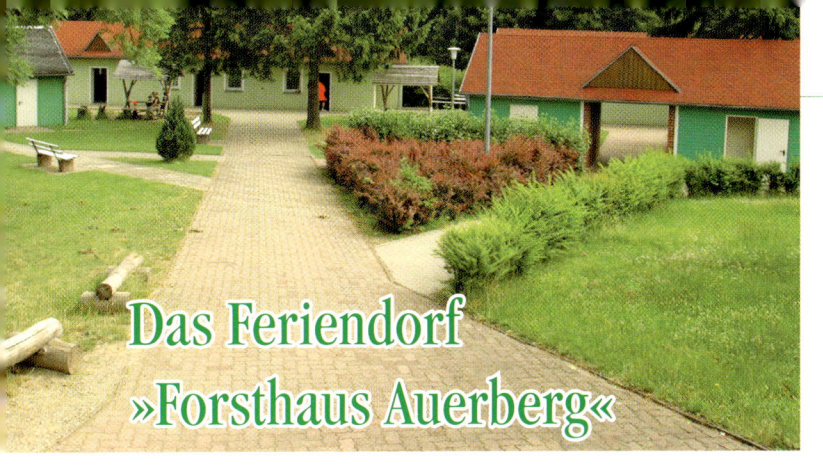

Das Feriendorf »Forsthaus Auerberg«

Ideal für Streifzüge in die Natur

In wunderschöner Lage, direkt am Fuße des Auerberges mit fast 600 Meter Höhe und dem berühmten Josephskreuz, liegt das Feriendorf »Forsthaus Auerberg«, unmittelbar an der Straßenkreuzung Stolberg-Schwenda und Stolberg-Harzgerode.
Die Gäste werden je nach Jahreszeit im Bettenhaus oder in den Bungalows untergebracht. Im Bettenhaus befindet sich der Speisesaal mit Kiosk. Hier können Speisen und Getränke aus eigener Zubereitung eingenommen werden. Außerdem ist die Versorgung mit Getränken, Imbiss und Souvenirs auch außerhalb der Essenszeiten möglich.
Ein Netz von gut ausgeschilderten Rad- und Wanderwegen lädt zu erlebnisreichen Streifzügen in die Natur ein. Im Feriendorf gibt es auch viele Möglichkeiten zur Freizeitgestaltung.

Feriendorf »Forsthaus Auerberg«
Auerberg 1 · 06547 Stolberg/Harz
Tel. (03 46 54) 4 67 und 7 30 · Fax (03 46 54) 1 05 70
feriendorf.forsthaus.auerberg@t-online.de · www.feriendorf_stolberg_harz.de

Peitschenknallen und Volkstänze
Folkloreensemble Stolberg

Es ist ein beeindruckendes Bild, wenn das Folkloreensemble Stolberg auf der Bühne Aufstellung nimmt. Die schönen alten Stolberger Trachten werden nur noch von ihnen getragen. Die Frauen in langen Röcken und mit Kopftüchern, die Männer im Fuhrmannskittel oder als Schäfer. Es erklingen alte und neue Lieder über die Harzer Heimat, die Arbeit der Bergleute, Köhler und Hirten. Überwiegend mit Liedern des Komponisten Hans-Wilhelm Vogt aus Wernigerode, die sogar vierstimmig vorgetragen werden, begeistern sie die Zuhörer. Dazu knallen die Peitschen und lassen die Birkenblattbläser ihre Melodien erklingen. Auch alte Volkstänze sind Bestandteil ihres Repertoires. Seit fast dreißig Jahren erfreut das Folkloreensemble seine Gäste.

Abstecher ins Thyratal

Triangel – Volkslieder aus Stolberg
Eine gern gehörte Gruppe

Wenn man in die Runde fragt, was »Triangel« bedeutet, antworten die meisten: ein Schlaginstrument, ein runder, dreieckig gebogener Stahl, der beim Anschlagen einen Ton erzeugt. Bewohner des kleinen Harzstädtchens Stolberg aber wissen: TRIANGEL sind drei Musik liebende junge Leute, die mit viel Freude dreistimmige Lieder zu Gehör bringen – alte und moderne, auch mit Begleitung von Querflöte, Gitarre oder Harfe.
Seit September 2005 existiert TRIANGEL und tritt bei besonderen Anlässen in Stolberg auf, so beim Anprägen der Jahresmedaille oder bei Ausstellungseröffnungen und Festen. Es ist mittlerweile eine schöne Tradition geworden, am vierten Advent mit TRIANGEL einen angenehmen Abend bei Kerzenschein und weihnachtlichen Klängen in der Hospitalkapelle der Stadt zu erleben.

TRIANGEL sind: Christiane Funkel, Anke und Carsten Jäger aus Stolberg

Der Modellbahnhof im Bahnhofsgebäude

Modelleisenbahner sind hier gut beraten

Dass der gebürtige Rheinländer Willy Gurniak nach Stolberg/Harz kam, war für das Bahnhofsgebäude der Historischen Europastadt ein Glück: Das Gebäude wurde saniert und passend zur Umgebung ein Fachgeschäft für Modelleisenbahnzubehör eröffnet. Seit 1998 erhalten hier Modelleisenbahner und Elektronikfreaks sämtliches Zubehör für ihr schönes Hobby. Mit 35-jähriger Erfahrung im Bau von Modellbahnanlagen steht Willy Gurniak bei Bedarf seinen Kunden gern mit Rat und Tat zur Seite. In Verbindung mit dem Modelleisenbahnclub »Kyffhäuserland« Artern entwickelte er 1990 die Modulbautechnik. Entsprechende große Landschaftsmodelle sind Anziehungspunkte für die Kunden und Besucher des Harzstädtchens. Dazu lädt eine kleine Ausstellung originaler Bahntechnik ein.

Willy Gurniak · Bahnhof 1 · 06547 Stolberg/Harz
Tel. (03 46 54) 9 21 37 · Fax (03 46 54) 9 21 38

Abstecher ins Thyratal

Blick auf Uftrungen vom Königskopf aus

Uftrungen – eine schöne Gemeinde im Südharz

Viele Wanderwege laden ein

Idyllisch und reizvoll liegt die Südharzgemeinde Uftrungen im Tal der Thyra, umgeben von den bewaldeten Höhenzügen der Schabeleite, dem Alten Stolberg, den Seebergen, dem Königskopf und dem Siebengemeindewald. Viele gut ausgeschilderte Wanderwege laden ein zu unvergesslichen Touren in die abwechslungsreiche Landschaft. Darunter auch der legendäre Südharzer Karstwanderweg. An vielen Stellen kann man in den umgebenden Naturschutzgebieten »Gipskarstlandschaft Questenberg« und »Gipskarstlandschaft Heimkehle« die einzigartige Karstlandschaft und den Altbergbau erleben. Ein Naturdenkmal von seltener Schönheit ist die Schauhöhle Heimkehle. Uftrungen liegt mitten im aktiven Karstgebiet. Davon zeugen viele große wassergefüllte Erdfälle, wie der Uftrunger See. Auch innerhalb der Ortslage kam es schon zu Einbrüchen. Der Ort liegt in der Nähe der Bundesautobahn A 38 und ist gut zu erreichen über die Landesstraße L 236. Diese führt weiter in das Tourismuszentrum Harz. Mit einer Gemarkungsgröße von 29,95 Quadratkilometern gehört Uftrungen zu den größten Gemeinden der Region. Im Ort leben rund 1100 Einwohner.

Uftrungen aus der Luft

Schönes altes Fachwerkhaus an der Kirche

Die Sankt Andreas-Kirche aus dem Jahre 1738

Uftrungen hat eine lange und reiche Geschichte. Die erste urkundliche Nennung erfolgte Ende des 9. Jahrhunderts. Im Ort waren verschiedene kleine Adelsgeschlechter ansässig. Lange Zeit wurde intensiv Bergbau auf Kupferschiefer betrieben. Davon künden noch viele Pingen und Halden. Der Holzreichtum der Wälder verschaffte außerdem weiteren Broterwerb. Die Chronik berichtet auch von Unwetterkatastrophen, Kriegsdrangsalen und weiteren Ereignissen. In der Gemarkung Uftrungen liegt auch der Siebengemeindewald, eine alte Markgenossenschaft.

Neben den großen Gütern prägen viele schöne alte Fachwerkhäuser das Dorfbild. Mitten im Ort, auf einer Erhebung, steht die spätbarocke Sankt Andreas-Kirche. Der heutige Bau wurde 1738 eingeweiht. Zwei alte Glocken im Turm legen Zeugnis von der Glockengießerei ab. Darunter ist eine sehr alte, in der Form eines Zuckerhutes. Sie werden beide noch von Hand geläutet. Vom Glockengeschoss aus hat man einen schönen Blick über den Ort. Die Innenausstattung zieren ein sehenswerter Kanzelaltar und ein spätgotisches Kruzifix. An den Emporen befinden sich die Wappenschilder von alten Adelsgeschlechtern. Auf der Südseite des Turmes ist in halber Höhe eine Sonnenuhr zu sehen. Der Peinberg östlich des Ortes ist eine mittelalterliche Gerichtsstätte. In Uftrungen verfasste der hier geborene August Jäger ein Rosenlexikon. An ihn erinnert ein Denkmal auf dem Friedhof. Beeindruckend sind auch die baulichen Reste der Burg Arnswald auf der Kuppe des Geierberges und der Kirche von Bernecke. Beide Denkmale sind ausgeschildert und vom Karstwanderweg aus erreichbar. Auf Burg Arnswald kann man heute noch die Spuren von Schatzsuchern sehen. Die Ruine des romanischen Kirchturmes der Bernecke ist weithin sichtbar. Das Dorf soll im 15. Jahrhundert zerstört worden sein. Viele Grenzsteine mit Inschriften abseits der Wege erinnern an die alten Territorialverhältnisse. Sie stehen unter besonderem Schutz.

Die Wirtschaftsstruktur wird heute überwiegend durch die Landwirtschaft geprägt. Aus der ehemaligen Landwirtschaftlichen Produktionsgenossenschaft bildete sich nach der Wende die Agrargenossenschaft Uftrungen. Bis um 1990 wurde nördlich vom Ort im Tiefbau Flussspat abgebaut. Von den Schachtanlagen ist nichts mehr erhalten. Ein weiterer wichtiger Betrieb war die Pyrotechnik Uftrungen. Ursprünglich wurde hier Schwarzpulver hergestellt, später kamen Feuerwerksartikel aller Art dazu. Eine Reihe von klein- und mittelständischen Unternehmen, teilweise nach der Wende gegründet, bildet heute das wirtschaftliche Rückgrat der Gemeinde.

Kirchenruine der Wüstung Bernecke

Die Domäne, erbaut im Jahre 1619

Der Dorfgemeinschaftsplatz »Heerstall«

Das Denkmal für August Jäger, Verfasser des Rosenlexikons, auf dem Friedhof

Unter den ortsansässigen Vereinen dominieren der VfB Blau-Weiß Uftrungen und der Schützenverein Uftrungen, beide mit sehr vielen Mitgliedern. Ein Sportverein wurde schon im Jahre 1921 als Turn- und Radfahrverein gegründet. Der Schützenverein bildete sich bereits im Jahre 1884. Ihnen stehen zur Seite der Männergesangverein Concordia und eine Reihe weiterer kleiner Vereine. In ihren Händen liegt maßgeblich die gesamte Kulturarbeit. Zu den traditionellen Festen in der Gemeinde im Jahreslauf gehört ein großes Familiensportfest im August. Zum Schützenfest im Juli wird außer dem Königspaar auch ein Bürgerkönig ausgeschossen. Der jährliche Festzug der Schützen mit den befreundeten Vereinen durch die Straßen des Ortes bietet ein beeindruckendes Bild. Der Festplatz im Heerstall ist das Zentrum vieler weiterer Kulturveranstaltungen wie Ausstellungen und Vorträge. Die Festhalle ist modern ausgestattet und bietet Platz für viele Besucher.

Gemeindeverwaltung Uftrungen
Hauptstraße 20 · 06548 Uftrungen
Tel. (03 46 53) 6 25 · Fax (03 46 53) 7 22 85

Schauhöhle Heimkehle
Heimkehle 1 · 06548 Uftrungen
Tel. (03 46 53) 3 05 · Fax (03 46 53) 7 23 41
info@hoehle-heimkehle.de
www.hoehle-heimkehle.de

Ein Besuch in der Heimkehle

Eingangsbereich mit Kassenhäuschen (Fotos: Steffi Rohland)

Größte Gipsschauhöhle Deutschlands

Schon seit Jahrhunderten ist die Faszination der Gipsschauhöhle Heimkehle in der Schabeleite bei Uftrungen ungebrochen. Mit einer Gesamtlänge von zwei Kilometern gehört sie zu den größten Karsthöhlen im Südharz. Davon sind rund 750 Meter touristisch erschlossen. Mitten durch die Höhle verläuft die Landesgrenze. Der heutige Zugang liegt in der Gemarkung Uftrungen des Landes Sachsen-Anhalt. Unterirdisch wird auf dem Führungsweg die Grenze zum Freistaat Thüringen passiert. Das bringt in den Wintermonaten Einschränkungen mit sich. Dann darf dieser Höhlenteil aus tierschutzrechtlichen Gründen nicht betreten werden, denn die Heimkehle ist ein großes Winterquartier für mehrere Fledermausarten.

Gewaltige Hohlräume und Höhlenseen

Der derzeitig genutzte Ein- und Ausgangsstollen führt zunächst in eine höhlenkundliche Ausstellung. Darin wird über die Karsterscheinungen im Südharz und ihre Erforschung sowie über den Kupferschieferbergbau informiert. Auch über die heimlichen Bewohner, die Fledermäuse, kann man hier viel erfahren. Im Kleinen Dom, dem zweitgrößten Raum der Höhle mit einer Fläche von rund 30 mal 80 Metern und einer Höhe von zwölf Metern, erinnert ein Mahnmal an die im Zweiten Weltkrieg hier eingesetzten und auf den Todesmarsch geschickten KZ-Häftlinge. Bei Hochwasser wird der Betonfußboden überflutet und der verfüllte See kehrt zurück. Durch den Riegelgang geht der Führungsweg weiter in den Großen Dom. Mit maximal 65 Metern Durchmesser und einer Höhe von 22 Metern ist das der größte Höhlenraum. Der Höhepunkt jeder Führung ist die hier gezeigte Laser-Show. Sie ist auf unterschiedliche Altersgruppen abstimmbar. Über den Riesentunnel gelangt man vorbei am Thyrasee in die Trümmer-Halle und von dort am Heimensee entlang in die Hercynia-Halle. In die Trümmer-Halle mündet der früher benutzte Natureingang ein. Er ist nicht mehr passierbar. Aus Sicherheitsgründen erfolgt derzeitig der Rückweg in umgekehrter Reihenfolge. Die Schauhöhle ist ganzjährig geöffnet. Sachkundige Führungen werden zu bestimmten Zeiten angeboten und dauern jeweils rund 45 Minuten. Das alleinige Betreten der Höhle ist nicht gestattet. Durch die breiten Führungswege und das geringe Gefälle der Wege ist die Heimkehle auch für Rollstuhlfahrer geeignet.

Der Große Dom ist mit 22 Meter Höhe der größte Höhlenraum.

Abstecher ins Thyratal

Die Erschließung der Höhle

Dem offensichtlich reise- und abenteuerlustigen Fürsten Friedrich von Anhalt-Bernburg, der im Juli 1649 während einer Harzreise auch die »Heimkuhle« besuchte, verdankt man die erste Beschreibung der »Gipsschlotte«. Der Wunsch, die Heimkehle als Schauhöhle zu erschließen, ist anscheinend so alt, wie die abenteuerlichen Befahrungen. Aber erst seit dem 20. Jahrhundert ist es für jedermann möglich, diese zu besuchen. Um 1900 organisierten Mitglieder des Harzklubzweigvereines in Uftrungen bereits Führungen in die »Unterwelt«. Es blieb bei den zaghaften Versuchen, einen Tourismus aufzubauen. Erst als der Industrielle Theodor Wienrich aus Halle nach Uftrungen kam, änderte sich die Situation. Trotz Wirtschaftskrise wurde die Höhle 1920 eröffnet. Auf 85 Stufen gelangte man durch den Bogen des Natureinganges in die Tiefe und das Höhleninnere mit den zwölf Seen. Im Außengelände kamen ein Hotel und Gondelteich dazu. Der zunehmende Fremdenverkehr ließ das Projekt zu einem Erfolg werden.

Gedenktafel für den Höhlenerschließer Theodor Wienrich

Im Kleinen Dom erinnert ein Mahnmal an die Opfer des Faschismus.

Die Höhle als Rüstungsbetrieb

Im März 1944 wurde die Höhle geschlossen und in den drei größten Räumen eine Rüstungsfabrik für Flugzeugteile eingerichtet. Dieses traurigste Kapitel der Höhlengeschichte hielt bis zum April 1945 an. In dieser Zeit mussten hier Tausende als KZ-Häftlinge unter unmenschlichen Bedingungen arbeiten. Große Teile der Höhle wurden dabei verändert, Stollen in den Berg gesprengt, Seen zubetoniert und Stützpfeiler gemauert. Ein Jahr nach Kriegsende erfolgte nach der Demontage der Ausrüstungen die Sprengung der Höhleneingänge.

Höhlenkundliche Ausstellung im Eingangsstollen

Blick in unerschlossene Bereiche am Führungsweg

Einer der drei Höhlenseen

Der Natureingang ist durch Sprengung unpassierbar geworden.

Einladung zum Höhlenbesuch

Die Wiedererschließung der Höhle

Damit war das Kapitel »Schauhöhle« vorerst zu Ende. Der Natureingang blieb teilweise erhalten und nur Wenige wagten sich in die noch zugänglichen Höhlenteile. Erst im Rahmen des Nationalen Aufbauwerkes nahm im Jahre 1953 der Plan Gestalt an, die Höhle wieder als Besucherhöhle zu erschließen. Zwei neue Stollen wurden in den Berg getrieben. Ab 1954 konnten die Besucher erneut einfahren. Im Kleinen Dom wurde das Mahnmal für die Opfer des Faschismus errichtet. Der heutige Wandfries stammt von dem Sangerhäuser Künstler Wilhelm Schmied. Die Höhle wurde erneut zu einem Besuchermagneten. Ein Karstmuseum kam dazu. Das Höhleninnere wurde umgestaltet, Einbauten erneuert und damit ein besucherfreundlicheres Bild geschaffen. Als Zugeständnis an den Zeitgeschmack erfolgte 1991 der Einbau einer Lasershow. Ein angenehmes Umfeld im Außengelände hält für die Höhlenbesucher eine Speisegaststätte, einen Souvenirstand und einen Spielplatz bereit. Die Besucherzahlen, trotz fallender Tendenz nach der Wende, bestätigen auch heute den Erfolg dieses Unternehmens.

Der Südharz ist einmalig

Der Adel ließ sich Burgen bauen

Die Grillenburgruine bietet einen imposanten Anblick.

Mittelalter pur – auf Burgentour im Südharz zwischen Rottleberode und Grillenberg

Vielerorts hat das Mittelalter im Südharz seine Spuren hinterlassen. Dazu gehören auch die Feudalburgen aus der Zeit der Romanik und Gotik. Mit ihnen sind längst ausgestorbene Namen verbunden, zahlreiche Sagen und Legenden erinnern an Persönlichkeiten und vergrabene Schätze. Die Burgen stehen in der Regel abseits der Orte, hoch oben auf einem Bergsporn. Trotz moderner Wanderwege muss man sich auch heute noch anstrengen, um dorthin zu gelangen. Ein Wall- und Grabensystem trennte sie vom Hinterland. Von den Mauern, Toren und Gebäuden sind romantisch gelegene Ruinen erhalten. Viele Burgen haben die Belagerungen und Plünderungen fast unbeschadet überstanden. Aber, nachdem der letzte Burgherr ausgezogen war, nutzten die Menschen die Anlagen zur Baustoffgewinnung und brachten das wertvolle Material in die umliegenden Dörfer. Jede dieser Burgen ist nach dem gleichen Schema angelegt. Ein Tor, mit einer Fallbrücke über den Graben, bildete den Hauptzugang. Dahinter gelangte man zunächst in die Vorburg mit den Wirtschaftseinrichtungen. Hier hatten die Handwerker ihre Werkstätten und befanden sich die Speicher für die Vorräte. Von da aus führte ein zweites Tor in die Kernburg. Dort wohnte die Herrscherfamilie mit den Bediensteten. Ihr Wohngebäude war der so genannte Palas. Ein Bergfried überragte die Mauern und Gebäude. Mit ihm verbinden sich viele Erzählungen von Gefangenen, die in seinem Verlies dahin schmachteten oder von verborgenen Schätzen. Nur über eine Außentreppe gelangte man in die oberen Geschosse. Seine dicken Mauern schützten zwar vor den Angriffen der Feinde, aber nicht vor dem Hunger, wenn die letzten Vorräte der Verteidiger aufgebraucht waren. Viele dieser Burgen besaßen keinen Brunnen. Da musste das Wasser entweder auf den Berg getragen werden oder man hatte sich eine Zisterne angelegt und fing darin das Regenwasser auf. Gebaut wurden diese Anlagen von Fachleuten, von hoch qualifizierten Handwerkern. Die Untertanen der jeweiligen Herrscher mussten dabei Hand- und Spanndienste leisten. Trotzdem kostete eine solche Burg auch damals schon viel Geld.

Der Südharz ist einmalig

Die Grasburg

Westlich von Rottleberode liegt auf einem Sporn des Waldgebietes »Alter Stolberg« die Grasburg. Um dorthin zu gelangen, muss man im Ort die Richtung zur ehemaligen Grasburger Mühle einschlagen. Hinter der kleinen Brücke über den Krebsbach weisen Schilder den weiteren Weg zur Burg. Am Ende des steilen Aufstiegs sieht man auch bald die hoch aufragende Ruine zwischen den alten Buchen. Die Mauerreste gehören aber nicht zur ehemaligen Grasburg, sondern sind die Überbleibsel einer spätromanischen Kapelle. Die Grasburg ist eine frühgeschichtliche Wallburg, von der keine oberflächlichen Spuren mehr zu erkennen sind. Der in Mitteldeutschland sehr bekannt gewordene Archäologe Professor Paul Grimm hat hier im Jahre 1973 eine archäologische Grabung durchgeführt. Als Ergebnis wurde festgestellt, dass diese Burg noch bis in das 12. Jahrhundert hinein bewohnt war. Danach baute man im 13. Jahrhundert die Wallfahrtskirche. Von dieser sind noch einige Mauern erhalten. Im 15. und 16. Jahrhundert wurde auf der Grasburg regelmäßig das Kirchweihfest gefeiert. Auch die Grafen von Stolberg sollen daran teilgenommen haben. Eine Sage überliefert, dass sich hier ihre älteste Stammburg befunden hat. Der italienische Ritter Otto de Columna soll in diesem Wald einen schwarzen Hirsch erlegt haben. Diesen verehrte er dem Römischen Kaiser Justizian und wurde dafür von ihm um das Jahr 530 zum ersten Grafen von Stolberg ernannt. Der romantisch gelegene Bergsporn lädt viele Besucher ein. Die zahlreichen Inschriften an den dicken Buchenstämmen sprechen dazu eine eigene Sprache.

Kapellenruine in der Grasburg

Hinweistafel in der Grasburg

Die Burg Arnswald

Tief verborgen im Arnswald, östlich von Uftrungen, liegen die spärlichen Ruinen der gleichnamigen Burg Arnswald. Auf seiner Südseite erhebt sich der Schlosskopf. Von mächtigen Wallanlagen umgeben, findet man dort die spärlichen Mauerreste einer mittelalterlichen Burg. Hier soll der Stammsitz des alten Adelsgeschlechtes der von Arnswald sein. Die erste urkundliche Erwähnung erfolgte im Jahre 1217. Die von Arnswald besaßen in mehreren Orten der Goldenen Aue umfangreiche Güter. Das Wappenschild zeigt einen mit drei Rosen besetzten Schrägbalken und als Helmzier zwei mit den Rosenschrägbalken belegte Flügel. Auf der höchsten Stelle steht die Ruine des Bergfrieds. In seine Fundamente haben schon vor langer Zeit Schatzgräber tiefe Stollen getrieben. Ob sie dabei auch auf Schätze gestoßen sind, ist nicht überliefert. Zu erreichen ist die Burg über einen Abstecher von dem in der Nähe verlaufenden Karstwanderweg.

Schuttkegel der Burg Arnswald

Schatzsucher haben den Bergfried der Burg Arnswald untergraben.

Die Thierburg bei Breitungen

Die Thierburg

Südlich von Breitungen, auf einem Sporn am Waldrand, liegen die Ruinen einer kleinen Feudalburg, der Thierburg. Sie wurde vermutlich zu Beginn des 14. Jahrhunderts von den Rittern von Thierberg erbaut. Die Anlage ist mit einer Ausdehnung von zwanzig mal dreißig Meter sehr klein. Spärliche Mauerreste und Gräben sind bis auf den Stumpf des einstigen Bergfriedes das einzige Überbleibsel. In dem als Bergfried gedeuteten quadratischen Mauerstumpf ist ein gut erhaltener Raum zu sehen. Schatzgräber waren auch hier am Werk, wie viele Löcher im Boden und in den Mauern zeigen. Der Weg zur Burg ist von Breitungen und vom Karstwanderweg aus beschildert.

Mauerstumpf vom Bergfried der Thierburg

Der Südharz ist einmalig

Die Questenburg

Um Questenberg befinden sich vier Burgstellen, von denen die Questenburg die jüngste ist. Sie liegt auf einem Bergsporn nördlich des heutigen Ortes, rund 70 Meter über dem Tal. Geschützt wird sie durch einen tiefen Graben und Steilabhänge. Die erste urkundliche Nennung erfolgte im Jahre 1275. Die Anlage ist in eine Ober- und Unterburg geteilt. In der Oberburg befinden sich gut erhaltene Keller und Mauerreste des Palas. Sehenswert ist auch das Kammertor. Der Bergfriedstumpf hat einen Durchmesser von rund neun Metern und etwa drei Meter starke Mauern. Durch einen ausgebrochenen Gang kann man in sein Inneres schauen. Hier haben sich zur Bauzeit, in der späten Romanik, die Handwerker mit vielen Bildern verewigt. Zu sehen sind Darstellungen von Spielbrettern, Handwerkzeugen und anderen Figuren sowie Inschriften. Von der Terrasse auf der Vorburg aus hat man eine sehr gute Aussicht auf den Ort bis hin zum Kyffhäusergebirge. Hier laden Bänke zum Ausruhen ein. Die Questenburg gehört zu den schönsten Burgruinen am Südharz. Weitere Befestigungsanlagen befinden sich auf dem Questenberg, dem Armsberg und dem Klauskopf. Sie sind alle ausgeschildert.

Der Bergfried

Ritzzeichnungen im Bergfried

In der Vorburg der Questenburg

Kelleranlage in der Hauptburg

Das Kammertor der Questenburg

Die Morungsburgen

Die kleine Gemeinde Morungen, Ortsteil der Stadt Sangerhausen, hat zwei mittelalterliche Burganlagen, Alt- und Neu-Morungen. Auf einer Klippe des Bornberges, westlich vom Ort, liegt Alt-Morungen. Die Burg, von der nur noch einige Mauerreste auf der Südseite und in den anstehenden Fels eingetiefte Ringgräben erhalten sind, stammt aus dem Anfang des 11. Jahrhunderts. Im Jahre 1157 wurde sie an Kaiser Friedrich I. verkauft. Jener setzte die von Morungen hier als Burgmannen ein. Ihr Wappen zeigt einen Halbmond und Sterne. Aus diesem Geschlecht stammt der Minnesänger Heinrich von Morungen. Er dichtete vermutlich hinter diesen Mauern vor rund 800 Jahren seine Lieder und wird sie sicher auch vorgetragen haben. Heinrich von Morungen gehörte dem niederen Rittertum an und war einer der bedeutendsten deutschen Minnesänger seiner Zeit. Er starb im Jahre 1222 und wurde in Leipzig, wo er eine enge Beziehung zum Thomaskloster hatte, beigesetzt. Das Geburtsjahr ist nicht überliefert. Von Heinrich von Morungen sind über 30 Minnelieder mit 115 Strophen bekannt. Der Minnegesang jener Zeit beinhaltet die Darstellung sinnlicher und seelischer Beziehungen zwischen Mann und Frau in einem vorgegebenen gesellschaftlichen Rahmen. Kern war das von vornherein als hoffnungslos vorausgesetzte Werben um eine unerreichbare idealisierte Frau. Gedichtet und gesungen wurden diese Verse in mittelhochdeutscher Sprache, einer für uns heute kaum noch verständlichen Fassung. So heißt es, sprachlich modernisiert, in einem seiner Lieder: Gütige sanftmütige Mörderin, warum wollt ihr mich töten, wo ich Euch doch so von Herzen verehre, wahrhaftig, Herrin, mehr als alle Frauen, glaubt ihr, dass ich, wenn ihr mich tötet, euch niemals mehr anschauend bewundere?

Alt-Morungen

Nach 1200 kam es zum Neubau einer wesentlich größeren Anlage nördlich des Ortes, von Neu-Morungen. An der Ruine des Bergfriedes dieser Anlage ist eine gusseiserne Tafel angebracht, welche auf die Geburtsstätte des Minnesängers hinweist. Vermutlich ist es aber der falsche Ort. Neu-

Morungen ist in eine Kern- und Vorburg geteilt. Hohe Wälle, große Schuttkegel und die markante Ruine des Bergfrieds prägen diese Burg. Von den einstigen Gebäuden sind nur noch die Grundmauern erhalten geblieben.

Beide Burgen sind ausgeschildert und mit Hinweistafeln versehen. In Neu-Morungen ist ein schöner Rastplatz angelegt.

Bergriedruine in Neu-Morungen

Tafel für Heinrich von Morungen

1217 wurde ein Tidericus de Grellenberch genannt. Möglicherweise wohnte er auf der Burg. Später gehörte sie denen von Morungen. Nach der Aufgabe diente sie noch eine Zeitlang als Wohnung für den Förster. Wann sie endgültig aufgegeben wurde, ist nicht bekannt. Ein gut ausgeschilderter Weg führt von Grillenberg aus zur Burg.

Alle diese Burgen entsprachen dem Schutzbedürfnis der damaligen Zeit. Durch Verbesserungen der Waffentechnik und Veränderungen in den gesellschaftlichen Verhältnissen hatten sie im späten Mittelalter bereits ihre einstige Bedeutung verloren.

Die Grillenburg ist aus gewaltigen Sandsteinquadern gebaut.

Die Grillenburg

Eine stolze und mächtige Anlage war einst die Grillenburg in der Nähe der kleinen Gemeinde Grillenberg, einem Ortsteil von Sangerhausen. Die Anlage ist in drei Abschnitte gegliedert. Auf der östlichen Seite liegt die Hauptburg, mit den noch heute sehr imposanten Resten eines fünfeckigen Kastells mit Wohnturm und umlaufendem, mit Halbrundtürmen versehenen Zwinger. Tiefe Gräben sicherten einst die Zugänge zu den anderen Abschnitten. Erhalten sind drei Außenwände des Wohnturmes, mit drei Meter Mauerdicke und ausgesparter, als Halbkugel gewölbter Kapellennische. Ringmauern und Türme bestehen aus gewaltigen Sandsteinquadern, der Palas wurde aus Backstein gebaut. Ein Bergfried ist bisher noch nicht nachgewiesen worden. Möglicherweise handelt es sich um eine reine Wohnburg-Kastell-Anlage. Erhalten geblieben ist auch ein runder Zisternen- oder Brunnenschacht. Die Gesamtlänge der drei Burgteile zusammen beträgt rund 200, die größte Breite etwa 70 Meter. Die ältesten Mauern stammen aus der Zeit um 1200, die Backsteinmauern aus dem 14. Jahrhundert.

Die Kapelle im Palas der Grillenburg

Das Biosphärenreservat Karstlandschaft Südharz in Sachsen-Anhalt

Landschaft zwischen Questenberg und Hainrode
(Foto: Stefan Ellermann,
Landesamt für Umweltschutz Sachsen-Anhalt Bildarchiv)

Einmalige Kulturlandschaft im Südharz

Was ist eigentlich das Besondere am Südharz? Das sind einerseits die einmalige Naturausstattung und andererseits eine mehrtausendjährige Geschichte menschlicher Tätigkeit. Das Gebiet des geplanten Biosphärenreservates Karstlandschaft Südharz umfasst eine Gesamtfläche von 30 000 Hektar und liegt im westlichen Teil des Landkreises Mansfeld-Südharz in Sachsen-Anhalt. Es reicht von der Heimkehle im Westen bis nach Pölsfeld im Osten.

Der Südharz ist einmalig

Die Landschaft und ihre Besonderheiten

Vielfältige geologische Beschaffenheit

Über alles ragt die Porphyrkuppe des 580 Meter hohen Großen Auerberges hinweg. Hier lädt das Josephskreuz, das größte eiserne Doppelkreuz der Welt, zu einer wunderschönen Aussicht ein. Im Norden ist der Brocken zu sehen und im Süden schweift der Blick über den Kyffhäuser bis hin zu den Gipfeln des Thüringer Waldes. Die tiefsten Stellen des Gebietes liegen östlich von Wallhausen bei etwa 120 Meter über dem Meeresspiegel. Viele Grundgesteine stehen im Gebiet an. Vom Porphyr des Auerberges geht es in Tonschiefer und Grauwacke der Südharzabdachung über. Südlich davon schließen sich die Zechsteinschichten mit dem Kupferschiefer an, der der Region 800 Jahre Bergbau bescherte. Charakteristisch für den Zechstein im Südharz sind die Anhydrite. Das sind Sulfatgesteine, die sich durch Wasseraufnahme an der Oberfläche zu Gips umwandeln, welcher dann wiederum wasserlöslich ist und zu vielfältigen Karsterscheinungen wie Erdfälle, Dolinen, Bachschwinden und Höhlen führt. Mit einer Buntsandsteinbedeckung senkt sich der Karsthöhenzug in die Goldene Aue hinab.

Altbergbaugebiet zwischen Morungen und Wettelrode (Foto: Stefan Ellermann, Landesamt für Umweltschutz Sachsen-Anhalt Bildarchiv)

Blick vom Höhenwanderweg über das Leinetal zum Südharz (Foto: Biosphärenreservatsverwaltung)

Herbstliche Farbenpracht (Foto: Biosphärenreservatsverwaltung)

Abwechslungsreiches Klima

Ebenso differiert das Klima. Im Westen ist es subatlantisch geprägt mit höheren Niederschlägen, dagegen im Osten subkontinental mit geringeren Niederschlägen. Auch ein Temperaturgradient ist deutlich ausgeprägt. Die Durchschnittstemperaturen nehmen von Nordwest nach Südost deutlich zu.

Reiche Naturausstattung

Die Vielfalt des Reliefs, der Geologie, des Klimas und die Jahrtausende lange Nutzung der Landschaft durch den Menschen haben Lebensräume hervorgebracht, die auf kleinstem Raum eine biologische Vielfalt entstehen ließen, die ihresgleichen sucht. Wildkatze, Siebenschläfer, Schwarzstorch und Feuersalamander können beobachtet werden, Adonisröschen, Enzianarten und viele Orchideen zieren die Halbtrockenrasen dieser Landschaft. Charakteristisch für das gesamte Gebiet sind jedoch die Buchenwälder. Hainsimsen-Buchenwälder prägen den Südharz. Auf den besseren Standorten gehen diese in die Waldmeister-Buchenwälder über und selbst die seltenen Orchideen-Buchenwälder sind hier zu finden. Damit besitzt das Gebiet eine europäische Bedeutung, was sich in der Ausweisung von über 10 600 Hektar NATURA 2000-Gebieten, einem Europäischen Schutzgebietssystem, widerspiegelt. Nicht nur die vielfältige Naturausstattung ist von Bedeutung. Überall trifft man auf Zeugen menschlicher Tätigkeit. Halden geben Auskunft über Bergbau, Halbtrockenrasen und Streuobstwiesen sind das Ergebnis extensiver Landwirtschaft der letzten 200 Jahre und auch die Wälder legen Zeugnis langer forstlicher Bewirtschaftung ab. Wüstungen und Burgruinen erinnern an eingegangene Siedlungen. Viele Kleindenkmale verleihen der Landschaft ihren eigenen Reiz. Kirchen und Fachwerkhäuser in den Dörfern, aber vor allem die Historische Europastadt Stolberg mit ihrem einzigartigen Bauensemble, geben dem Gebiet einen besonderen kulturhistorischen Wert.

Siebenschläfer (Foto: Biosphärenreservatsverwaltung)

Hirschkäfer (Foto: Steffi Rohland)

Herrliche Laubwälder soweit das Auge blickt (Foto: Biosphärenreservatsverwaltung)

Feuersalamander (Foto: Biosphärenreservatsverwaltung)

Frühlings-Adonisröschen (Foto: Biosphärenreservatsverwaltung)

Der Südharz ist einmalig

Die Aufgaben

Einmalige Modellregion

Wo besser als gerade hier sollte eine Modellregion geschaffen werden, in der das Zusammenleben von Mensch und Natur im Sinne einer nachhaltigen Regionalentwicklung praktiziert wird. Die Harmonisierung ökologischer Notwendigkeiten mit ökonomischen Interessen zum Nutzen der hier lebenden Menschen ist die Hauptaufgabe eines Biosphärenreservates. Nur durch Bewahrung der wunderschönen Natur bei gleichzeitiger Arbeitsplatzsicherung in Industrie, Gewerbe und Tourismus wird die Region lebenswert auch für nachfolgende Generationen erhalten. Das Programm »Man and Biosphere«, das die UNESCO bereits 1970 ins Leben gerufen hat, widmet sich dieser verantwortungsvollen Aufgabe. Im Ergebnis sind über 500 Biosphärenreservate in mehr als 110 Ländern entstanden, von denen sich 13 in Deutschland befinden. Diese Modellregionen haben im Wesentlichen drei Aufgabenkomplexe zu erfüllen. Das ist zum ersten die Schutzfunktion. Dabei geht es um die Erhaltung einer artenreichen Natur- und Kulturlandschaft, genetischer Ressourcen aber auch historischer Wirtschaftsformen und kultureller Traditionen.

Gegliedert in drei Zonen

Eine Kernzone, die nur rund drei Prozent der Gesamtfläche umfasst, soll der ungestörten Entwicklung natürlicher Lebensprozesse dienen. Hier ist die wirtschaftliche Nutzung ausgeschlossen, um vor allem den Tier- und Pflanzenarten wieder Lebensraum zu geben, die auf die alten Wälder mit all ihren Kleinstrukturen wie Höhlen, liegendes und stehendes Totholz, angewiesen sind. Strukturen, die es im Wirtschaftswald häufig nicht mehr gibt. NATURA 2000- und Naturschutzgebiete unterliegen einem erhöhten Schutzstatus, lassen jedoch eine pflegliche Nutzung zu, ja fordern diese unter Umständen sogar. Davon sind in diesem Gebiet mehr als dreißig Prozent der Fläche ausgewiesen, die dann die Pflegezone bilden sollen. Hier herrschen extensive Beweidung, Nutzung der Streuobstflächen und naturgemäße Waldwirtschaft vor. Den restlichen Teil der insgesamt 30 000 Hektar Fläche nimmt die Entwicklungszone ein.

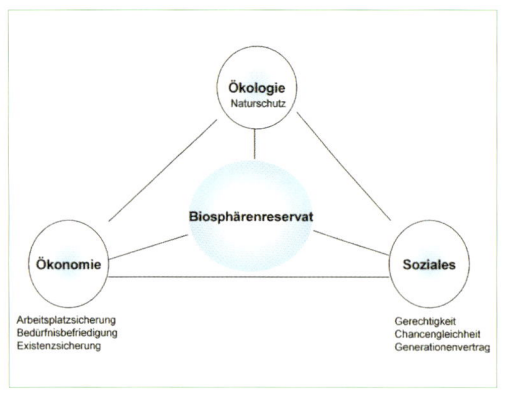

Nachhaltigkeitsdreieck
(Foto: Biosphärenreservatsverwaltung)

Rolandsäule und Queste
(Foto: Bernd Ohlendorf)

Kulturlandschaft bei Hainrode
(Foto: Biosphärenreservatsverwaltung)

Regionalmarkt in Sangerhausen (Foto: Steffi Rohland)

Nachhaltige Regionalentwicklung

Die zweite Funktion ist der nachhaltigen Regionalentwicklung gewidmet. Hier stehen vor allem die Schaffung und Sicherung von Arbeitsplätzen im Vordergrund. Dazu wird eine enge Zusammenarbeit mit den Kommunen und Verbänden angestrebt. Gemeinsam mit Primärproduzenten werden Möglichkeiten zur Direktvermarktung gesucht. »Aus der Region – für die Region« ist das Motto der Regionalmärkte, die sich in Sangerhausen, aber auch in Rottleberode und Kelbra etabliert haben. Hiervon profitieren vor allem Kleinproduzenten, wie Landwirte, Imker und Gewerbetreibende. Aktuell ist die Wertschöpfung aus den Streuobstflächen. Ein großer Teil der Flächen droht durch Nichtnutzung in Wald über zu gehen. Da die Streuobstflächen zum einen wertvolle und geschützte Biotope darstellen, zum anderen aber auch bewirtschaftet werden sollen, wird versucht, Nutzungsstrategien aufzuzeigen. Obsttage, gekoppelt mit Sortenbestimmungen, sollen die Attraktivität heimischen Obstes wieder aufwerten. Mit mobilen Obstpressen werden vor Ort Obstsäfte ohne jegliche Zusätze hergestellt.

Förderung von Brauchtum und Tourismus

Aber auch kulturelle Traditionen gilt es zu erhalten. Jedes Jahr zu Pfingsten begehen die Questenberger ihr einmaliges Questenfest. In Breitungen gibt es ein Räuberfest und in Hainrode lebt die Tradition des Besenbindens weiter. Einen hohen Stellenwert hat die touristische Infrastruktur. So soll der Karstwanderweg zu einem Qualitätswanderweg entwickelt werden. Mit geführten Wanderungen werden die Schönheiten der Natur und das reiche kulturelle Erbe erschlossen. Wanderführer werden geschult, die Beschilderung der Wanderwege erhalten und vervollständigt. Ein Wirtestammtisch aus Gasthäusern der Region hat sich gebildet. Die jährlich durchgeführten Sangerhäuser Wandertage erfreuen sich zunehmender Beliebtheit. Mit dieser wandersportlichen Veranstaltung werden auch überregional viele Menschen erreicht. In unmittelbarer Nähe befinden sich viele touristische Attraktionen. Dazu gehören das Europa-Rosarium in Sangerhausen, der Kyffhäuser, die Stadt Stolberg und das Josephskreuz auf dem Auerberg. Die Höhle Heimkehle bei Uftrungen ist die größte Gipskarstschauhöhle Deutschlands und damit ein besonderer Anziehungspunkt. Im Schaubergwerk Röhrigschacht können sich die Besucher über den Kupferschieferbergbau informieren und erhalten einen Eindruck vom Arbeitsleben der Bergleute.

Aus der Arbeit

Forschung und Umweltbildung

Von den Mitarbeitern, aber auch von vielen ehrenamtlichen Helfern, werden Lebensräume und Artenvielfalt erfasst. Das bildet die Grundlage für zukünftige naturgerechte Bewirtschaftungsstrategien. Bereits im Vorschulalter können die Kinder mit interessanten Angeboten erreicht werden. Dabei kommt dem Naturerleben zu allen Jahreszeiten eine ganz besondere Bedeutung zu. Für die Schulkinder werden altersabhängig Projekte vorbereitet und durchgeführt. Auch Lehrerweiterbildung findet regelmäßig statt. Mit Vorträgen zu den unterschiedlichsten Themen werden neben einem Fachpublikum vor allem Menschen aus der Region angesprochen und sensibilisiert.

Umweltbildung für Kinder und Jugendliche (Foto: Biosphärenreservatsverwaltung)

Karstbuchenwald (Foto: Biosphärenreservatsverwaltung)

Botanische Exkursion im Biosphärenreservat (Foto: Steffi Rohland)

Eine von 19 Fledermausarten im Südharz – das Braune Langohr (Foto: Bernd Ohlendorf)

Blutströpfchen auf Acker-Witwenblume (Foto: Biosphärenreservatsverwaltung)

Ausstellungen informieren

In einer Dauerausstellung in der Verwaltungsstelle in Roßla sind umfassend die Aufgaben des Biosphärenreservates Karstlandschaft Südharz dargestellt. Sie ist während der normalen Dienstzeiten ständig geöffnet. Weitere Informationsstellen befinden sich in Stolberg in der Touristinformation und in Wettelrode im Schaubergwerk Röhrigschacht. Hier geht es vor allem um die naturräumlichen und geologischen Besonderheiten der Landschaft.

Forschungsaufgaben für Studenten

Ein solches Großschutzgebiet eignet sich hervorragend für die Forschungstätigkeit. Insbesondere nutzen Studenten die Möglichkeit, hier Praktika durchzuführen oder ihre Graduierungsarbeiten anzufertigen. Dabei spielen nicht nur naturwissenschaftliche Themen eine Rolle, sondern auch Umweltbildung, Regionalentwicklung und Tourismus. Ein umfangreiches Forschungsprojekt befasste sich mit dem Leben der Wildkatze im Südharz. Hierbei sind Erkenntnisse über die Lebensweise, den Raumanspruch, die Ernährung und die Reproduktion dieser scheuen Tiere gesammelt worden. Vielfältige Beobachtungsprogramme für besonders geschützte Tierarten werden ständig bearbeitet. Dabei geht es vor allem um Fledermausarten, Greifvögel und Eulen. Die Referenzstelle für Fledermausschutz des Landes Sachsen-Anhalt ist im Südharz etabliert. Auch die 26 im Gebiet vorkommenden Orchideenarten werden regelmäßig kontrolliert. Künftige Themen können Anpassungs- und Vorbeugungsstrategien in Bezug auf den Klimawandel sowie sozioökonomische Problemstellungen sein.

Ein Biosphärenreservat in der Südharzregion und eine damit zusammenhängende Anerkennung durch die UNESCO wäre eine internationale Aufwertung für die Region, die vor allem für die Tourismusentwicklung werbewirksam ist. Es wäre ein Garant für eine stetige Regionalentwicklung.

Biosphärenreservat Karstlandschaft Südharz

Biosphärenreservat Karstlandschaft Südharz
Verwaltung · Hallesche Straße 68a · 06536 Roßla
Tel. (03 46 51) 2 98 90 · Fax (03 46 51) 2 98 89 99
bioressh@lvwa.sachsen-anhalt.de
www.bioreskarstsuedharz.de

Der Südharz ist einmalig

Wandergruppe im Karst (Foto: Steffi Rohland)

In der Dinsterbachschwinde (Foto: Steffi Rohland)

Der Karstwanderweg – einmalig in Deutschland (Foto: Biosphärenreservatsverwaltung)

Der Karstwanderweg – ein Markenzeichen im Südharz

Einer der schönsten Wanderwege in Deutschland

Abrissspalte am Bauerngraben (Foto: Biosphärenreservatsverwaltung)

Entlang des südlichen Harzrandes erstreckt sich eine einzigartige Landschaft, die Karstlandschaft Südharz. Diese wird vom Karstwanderweg mit einer Gesamtlänge von rund 200 Kilometern durchzogen und führt den Wanderer durch drei Landkreise in drei Bundesländern. Der Karstwanderweg ist einer der längsten und vielgestaltigsten thematischen Wanderwege in Deutschland und zieht von Jahr zu Jahr mehr Wanderfreunde aus nah und fern in seinen Bann.

Im Landkreis Mansfeld-Südharz führt er von Pölsfeld im Osten bis nach Uftrungen im Westen, vorbei an den vielfältigsten Karsterscheinungen. Er bietet den Wanderern eine abwechslungsreiche, anmutige Landschaft im Wechsel zwischen Wiesen und Feldern, Laub- und Mischwäldern bergauf und bergab, vorbei an herrlichen Ausblicken, schroffen Gipsfelsen, Quellen, Bächen und Schwinden, romantischen Tälern und verträumten Streuobstwiesen. Rund 50 Schau- und Informationstafeln entlang des Weges vermitteln viel Wissenswertes über die Landschaftsformen und deren Entstehung. Der Weg ist durchgängig mit einem roten Balken auf weißem Grund gekennzeichnet. In unmittelbarer Nähe zum Weg befinden sich zahlreiche Sehenswürdigkeiten. Ferienhäuser, Pensionen und Hotels laden zum Verweilen und Übernachten ein.

Die etwa 48 Kilometer lange Wegstrecke im Landkreis Mansfeld-Südharz ist je nach Kondition in zwei bis drei Tagen gut zu schaffen. Aber auch kleinere Routen sind sehr empfehlenswert. Als Einstieg wählt man am besten eine am Karstwanderweg liegende Gemeinde aus. In den Orten befinden sich entsprechende Hinweistafeln. Beim Wandern sollte man sich viel Zeit nehmen, um die am Weg liegenden touristischen Höhepunkte der Region hautnah zu erleben. Kleine Kirchen, Burgruinen oder einfach nur die schmucken Häuschen mit ihren Gärten rechtfertigen auch einen kleinen Umweg. Neben den kulturellen Höhepunkten zeichnet sich der Südharz auch durch eine reiche Tier- und Pflanzenwelt aus. Der Karstwanderweg führt in Sachsen-Anhalt durch drei Naturschutzgebiete, die wegen der besonderen Naturausstattung der Gipskarstlandschaft ausgewiesen wurden. Durch das kleinräumige Mosaik an unterschiedlichsten Lebensräumen, von nassfeucht bis extrem trocken – herrscht eine immense Artenfülle vor, die auch erlebbar ist.

Bei Wettelrode führt der Karstwanderweg direkt über einen Bergbaulehrpfad, unweit davon befindet sich der Röhrigschacht. Nahe Morungen erhascht man auch einen Blick auf das Schloss Morungen. Der Ort Großleinungen liegt genau auf dem Schnittpunkt zwischen dem Auslaugungs- und Durchbruchstal der Leine. Dieser Schnittpunkt ist hydrologisch besonders aktiv. Dies wiederum führt zu starken Verkarstungserscheinungen in der Ortslage. Viele Einwohner können Geschichten über Erdfälle erzählen. Die geologische Situation lässt vermuten, dass die Erdfalltätigkeit auch in Zukunft weiter erhalten bleiben wird.

Auf der Hälfte der Wegstrecke liegt das Feriendorf Hainrode. Der schöne Ort hat einiges zu bieten und lädt zum Verweilen ein. Unweit des Weges empfängt der Guts- und Reiterhof in Drebsdorf seine Gäste. Besuchern aus nah und fern bietet der Hof neben der Reit- und Sporttouristik auch Übernachtungsmöglichkeiten.

Kurz vor Questenberg erreicht man die Dinsterbachschwinde. Sie befindet sich unmittelbar am Weg am Waldrand. Eine Info-Tafel macht darauf aufmerksam. Der Bereich um die Dinsterbachschwinde verändert sich ständig – das Wasser löst den Gips und nagt an der Felswand. Wandabbrüche sind keine Seltenheit. Nach wenigen Kilometern weiter grüßt das Wahrzeichen von Questenberg, die Queste. Der Blick vom Questenberg auf den Ort ist besonders reizvoll. Die den Ort umgebenden steilen Felsen sind intensiv verkarstet. Der Gipsuntergrund und die schroffen Landschaftsformen mit ihren Spalten, Felswänden und Quellen waren der Grund, dort bereits 1927 ein Naturschutzgebiet einzurichten. Der nahe gelegene Bauerngraben, ein episodischer See mit tiefem Schwindenbecken, ist ebenfalls eine typische Karsterscheinung. In den Bauerngraben mündet der Glasebach. In Zeiten starken Wasserandrangs kommt es zum Rückstau, so dass sich das Becken mit Wasser füllt. Niemand kann genau vorhersagen, wie lange sich das Wasser im Becken hält. Die Vorgänge des Füllens und des Leerens haben mannigfaltige Geschichten entstehen lassen. Die Heimkehle, mit einer Länge von zwei Kilometern, ist Deutschlands größte Karsthöhle. In der Schauhöhle wird die Kraft des Wassers im Gipsgestein besonders eindrucksvoll vermittelt. Hier endet der Karstwanderweg durch den Landkreis Mansfeld-Südharz. Er setzt sich dann in westlicher Richtung durch die Landkreise Nordhausen und Osterode fort.

Questenberg – die Perle im Karst (Foto: Biosphärenreservatsverwaltung)

Im Karst (Foto: Steffi Rohland)

(Foto: Biosphärenreservatsverwaltung)

(Foto: Steffi Rohland)

Großleinungen – Ein Ort mitten im Karst (Foto: Steffi Rohland)

Karstspalten bei Questenberg (Foto: Steffi Rohland)

Am Erdfall auf dem Roten Kopf (Foto: Steffi Rohland)

Der Bauerngraben (Foto: Steffi Rohland)

Südharzer Karstlandschaft e.V.
Iris Brauner
Straße nach Kleinleinungen 96a
06536 Wickerode
Tel. (03 46 51) 28 88
www.karstwanderweg.de

Der Südharz ist einmalig

Breitungen – eine versteckte Perle im Südharz

Eindrucksvolle Naturlandschaften entdecken

Das alte Backhaus im Oberdorf
(Fotos: Jaqueline Hartnauer, Breitungen)

Die Villa im Oberdorf

Welcher schnelle Autofahrer, der mit seiner Familie für Stunden oder ein Wochenende der Großstadtluft entrinnen will und sich zunächst über die Tempo fördernde Bundesautobahn A 38 freut, ahnt schon, was er verpasst, wenn er an der Abfahrt Roßla vorbeifährt, irgend einem von Menschen überlaufenen Ziel entgegen. Dabei könnte er nach etwa sieben Kilometern in nördlicher Richtung Berge und Wald in teilweise noch urwüchsiger Natur erleben; er könnte in unverfälschter, frischer Luft Freude und Entspannung für Körper und Geist finden.

Breitungen, ein wahres Paradies für alle Natur- aber auch Geschichtsfreunde ist ein uralter Ort, der 961 erstmals in einer Schenkungsurkunde König Ottos des Großen erwähnt wurde. Grabungen und Funde lassen die Vermutung zu, dass der Ort in eine lange vor dem Jahr 961 liegende Geschichtsepoche eingebunden war. Angesichts dessen gibt das heutige Breitungen seinen etwa 500 Einwohnern, Gästen aber auch vielen Geschichts- und Heimatforschern so manches ungelöste Rätsel um seine Vergangenheit auf. Breitungen verdient allein durch seine einmalig schöne, ja malerische Lage eine besondere Beachtung in dem ohnehin geschichtsträchtigen und ländlichen Umfeld. In einem knapp 300 Meter über dem Meeresspiegel befindlichen Tal gelegen, wird es von Ost und

Der Bauerngraben

West durch steile, über 400 Meter hoch liegende Berge geschützt, deren Wälder das Tal im Norden begrenzen. Einen besonderen Reiz schafft dem Betrachter der nach Süden hin offene Blick zum nahe gelegenen Kyffhäusergebirge.

Ein kleiner Bach, gespeist von klarem Quellwasser, das von den umliegenden Bergen herabströmt, durchquert den Ort. Diese günstigen Naturbedingungen, denen noch die Früchte, das Holz und die Tiere der Wälder hinzuzufügen wären, erkannten und nutzten schon die Ureinwohner dieser Siedlung und ihre Herrscher. So gilt es als gesichert, dass das frühere Breitungen bereits in den ersten Jahrhunderten nach der Zeitenwende einen »Königshof« besessen haben muss. Seinen Standort vermutet man auf dem Gelände der ehemaligen Käserei Rumpf. Als gesicherte Erkenntnis gilt auch, dass sich auf dem in unmittelbarer Nähe des Ortes liegenden Bergsporn, Schanze genannt, eine starke Befestigungsanlage befand. Sie diente dem Schutz des alten Königshofes. Im Inneren der Burg befand sich eine Kapelle, dem Heiligen Arnold geweiht. Zwei weitere Kirchenbauten folgten, die derzeitige ist im Jahre 1735 fertig gestellt. Zu diesem Zeitpunkt wird ein Bevölkerungsanstieg auf rund 1000 Seelen angenommen. So unglaublich es heute erscheinen mag: dieser Anstieg ergab sich aus einem zu Beginn des 18. Jahrhunderts erblühenden Kupferschieferbergbau zwischen Uftrungen und Breitungen. Obwohl der aktive Bergbau aus wirtschaftlichen Erwägungen zum Ende des 19. Jahrhunderts eingestellt wurde, verloren die vermuteten weiteren Kupfervorkommen im Breitunger Revier unter Fachleuten nie an Gesprächsstoff. Erst 1934 wurden erneut in Tiefen von 85 bis zu 150 Meter erfolgreiche Bohrungen vorgenommen, die die Mansfeld AG jedoch einstellen musste. Im Einhergehen mit der politischen und wirtschaftlichen Wende verlor Breitungen seine Dominanz als Obstlieferant. Mit der Auflösung der LPGen wurden auch die Landwirtschaft und das dazugehörige Kleinhandwerk bedeutungslos. Die Schließung und Standortverlegung der einst traditionswürdigen »Käserei Rumpf« legte schließlich einen eigenständigen Arbeitsmarkt in Breitungen völlig lahm.

Aber der kleine Ort lebt vor allem durch seine weit über die Gemeindegrenzen hinaus wirksamen und bekannten Vereine. Dazu gehört das gut organisierte Jagdwesen mit der Jagdgenossenschaft und der Jagdpächtergemeinschaft. Nach dem Zweiten Weltkrieg gründete sich ein Sportverein. Er legte in Eigenleistung einen schönen Waldsportplatz mit Sportlerheim an. Aus einer freiwilligen Selbsthilfe heraus entstand 1888 die Freiwillige Feuerwehr. Sie kann heute auf einen gut ausgebildeten Mannschaftsbestand und hohe Einsatzbereitschaft mit moderner Technik blicken. Der erst im Jahre 2000 gegründete Heimatverein Breitungen hat durch seine vielfältigen Aktivitäten, wie das Räuberfest, auf sich aufmerksam gemacht. Zahlreiche Anerkennungen sprechen dafür. Das DDR-Ferienwesen führte in den 1960er bis 1980er Jahren bis zu 2500 Erholungssuchende pro Jahr in den idyllischen Ort. In den 1950er und 1970er Jahren entstanden über 350 Wochenend- und Ferienbungalows für Familien und Betriebe, die bis auf wenige noch in Nutzung stehen.

Wie damals sind auch heute die Anziehungspunkte vorhanden, die einen Besuch Breitungens empfehlenswert machen. Dazu gehört das quellwassergespeiste Waldbad unmittelbar neben dem Sportplatz. Am Ort vorbei führt der den Südharz entlang ziehende Karstwanderweg zu dem sagenumwobenen Bauerngraben. Dabei handelt es sich um eine eindrucksvolle Bachschwinde im Karstgebiet. Sie füllt und leert sich regellos. Westlich des Ortes liegt die Diebeshöhle, ein jahrtausende zurückliegendes Besiedlungsrelikt. Entdeckenswert sind auch die Ruinen der mittelalterlichen Tyrburg und Burg Arnswald. Private Übernachtungsmöglichkeiten können über die Gemeindeverwaltung erfragt werden. Für Gruppen mit geringen Komfortansprüchen steht die »Villa« bereit.

Gemeinde Breitungen
Dorfplatz 1a · 06536 Breitungen
Tel. (03 46 51) 23 77

Das ehemalige Gut

Das Breitunger Waldbad

Heimatstube und Bürgermeisteramt am Dorfplatz

Fachwerkhaus im Oberdorf

Die Sankt Arnolds-Kirche

Das Waldhaus im Siebengemeindewald

Der Siebengemeindewald

Eine uralte Markgenossenschaft im Südharz

Von Uftrungen und Schwenda aus führen gut ausgeschilderte Wanderwege in den Siebengemeindewald. Bei diesem rund 1000 Hektar großen Waldstück handelt es sich um eine uralte Markgenossenschaft, die sich bis in die Jetztzeit erhalten hat. Mitglieder sind die Besitzer von insgesamt 951 Hausgrundstücken in den umliegenden Orten Berga, Görsbach, Thürungen, Bösenrode, Rosperwenda, Uftrungen und Schwenda. Der jeweilige Hauseigentümer ist gleichzeitig ein Waldgenosse und somit ideeller Miteigentümer am Siebengemeindewald. Das Eigentumsrecht verbleibt für immer am Grundstück, es kann in keiner Form veräußert oder übertragen werden. Ein Rücktritt ist ebenfalls nicht möglich. Mit dieser Besitzform ist der Siebengemeindewald einmalig in Sachsen-Anhalt. Seine Namensgebung beruht auf der Anzahl der Mitgliedsorte. Ursprünglich verwalteten drei Waldvögte und ein angestellter Förster diesen Wald. Heute setzt sich der Waldvorstand aus zwei Waldvögten, sieben Ortsvorstandsvorsitzenden und den Bürgermeistern der sieben Kommunen zusammen. Ein Waldvogt kommt traditionell aus Berga, der zweite wird in Uftrungen gewählt. Die forstwirtschaftliche Betreuung liegt in den Händen eines angestellten Försters.

Der Wald wurde über Jahrhunderte ausschließlich als Niederwald und Viehweide genutzt. Das bedeutet, es wurde in gewissen Zeitabständen der oft nur armstarke Aufwuchs eingeschlagen. Das so genannte Wellholz wurde gebündelt und an die Waldholzberechtigten in den sieben Orten verteilt. Durchschnittlich bekam jedes Haus ein Schock Wellholz, also 60 Bündel. Die Lehrer, Gemeindevorsteher und Pfarrer erhielten eine höhere Zuteilung, mussten dafür aber die öffentlich genutzten Räume mit heizen. Der Förster bekam für die Zuweisung von jedem Waldgenossen ein Hau- und Abzählgeld. Zu einer festgelegten Zeit fuhren die Waldgenossen mit ihren Pferde- oder Kuhgespannen die Wellholzbündel nach Hause. Keine leichte Aufgabe, wenn man die alten, tief ausgefahrenen Wege und steilen Abhänge im Wald sieht. Einige der umliegenden Orte hatten auch das Weiderecht im Wald. Die Jagd übten die Stolberger Grafen aus.

Mitten im Wald kommt man an einem schönen zweigeschossigen Fachwerkhaus, dem Waldhaus, vorbei. Errichtet im Jahre 1734 als Jagdhaus für die Grafen zu Stolberg-Roßla, hat heute der Waldförster hier seinen Wohn- und Dienstsitz. In unmittelbarer Nähe steht eine alte Linde, die Hoffmanns-Linde. Eine Gedenktafel an ihr erinnert an den einstigen Waldvogt Karl Hoffmann aus Uftrungen. Weitere Bäume sind den früheren Waldvögten Karl und Louis Escher, Richard Gottschalk und Heinrich Möhle gewidmet. Es ist hier Tradition, dass für die verstorbenen Waldvögte ein Erinnerungsbaum gepflanzt wird. An die Förster erinnern die nach ihnen benannten Waldwege.
Ein großes Holzkreuz am Wegesrand erinnert an den im Ersten Weltkrieg gefallenen Waldwärter Hermann Kirchner aus Schwenda. Von diesem

Holzeinschlag

Der Südharz ist einmalig

Standort aus gelangt man in wenigen Minuten zur Gedenkstätte für den Förster Berthold Mauss. Eine große Eiche und ein eingezäunter Kreuzstein kennzeichnen die Stelle, wo dieser Mann im November des Jahres 1888 von Wilderern ermordet, tot aufgefunden wurde. Jedes Jahr findet am 18. November hier eine Kranzniederlegung statt. Seine Beisetzung erfolgte aber auf dem Friedhof in Uftrungen. Förster Mauss gehört zu den Legenden im Siebengemeindewald. Als junger, tatendurstiger Mann im Alter von 28 Jahren kam er im Jahre 1878 auf diese Stelle. Zusammen mit seiner Ehefrau und vier Kindern wohnte er im Waldhaus. Die Suche nach Wilderern an jenem Sonntagmorgen im November des Jahres 1888 wurde ihm zum Verhängnis. Man erschoss ihn hinterrücks aus nächster Nähe. Dieser heimtückische Mord an einem Forstbeamten sorgte damals in ganz Deutschland für Aufsehen. Der Mörder wurde nie ermittelt.

Der Siebengemeindewald hatte früher auch ein eigenes Gericht. Einmal jährlich, am Gallustag, fanden in der Gemeinschenke zu Berga die Gerichtsverhandlungen statt. Vorsitzender war der jeweilige adelige Waldvogt.

Die erste urkundliche Nennung des Siebengemeindewaldes erfolgte im Jahre 1341. Die ältesten Waldordnungen liegen von 1580 und 1590 vor. Darin sind die Nutzung des Waldes durch die Mitgliedsgemeinden sowie die Bußgelder bei Verstößen festgeschrieben. Über die historische Entwicklung der Markgenossenschaft informiert eine umfangreiche Chronik.

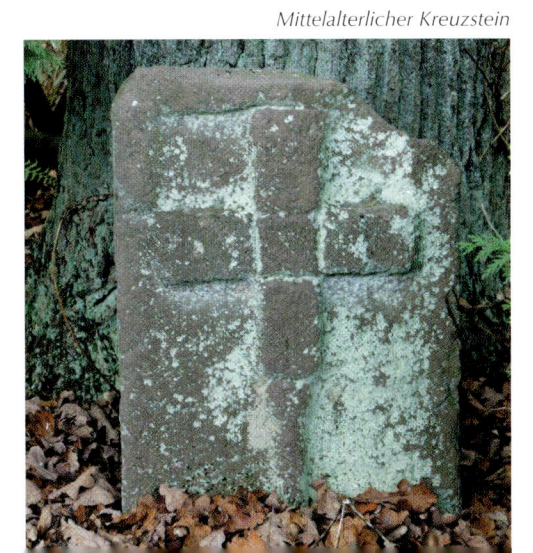

Heute gibt es kein Wellholz mehr für die Hausbesitzer. Der Wald, inzwischen zum Hochwald umgeformt, wird nach forstwirtschaftlichen Richtlinien bewirtschaftet. Einmal jährlich erfolgt mit dem Waldvorstand und Gästen eine Waldbegehung. Nachhaltige Forstwirtschaft und Naturverjüngung stehen in der Waldnutzung des Siebengemeindewaldes oben an.

So werden größere Kahlschläge vermieden und die Wiederaufforstung erfolgt überwiegend durch Naturverjüngung mit Laubholzarten.

Waldimpressionen

Waldimpressionen

Zur jährlichen Waldbegehung kommen viele Waldgenossen aus den sieben Mitgliedsorten.

Der Rote Fingerhut

Mittelalterlicher Kreuzstein

Gedenkstätte für den ermordeten Förster Berthold Mauss

Blick von der Steier aus auf den Ort

Hainrode im Südharz

Zu Gast bei den Besenbindern

Festumzug zum Mitteldeutschen Königinnentreffen

Hainrode ist eines der schönsten Dörfer im Südharzer Karstgebiet, umgeben von Laub- und Mischwäldern, Wiesen und Streuobstwiesen. Geographisch liegt der Ort zwischen Questenberg und Großleinungen. Erreichbar ist er nur über Großleinungen. Die unmittelbare Umgebung lädt zu naturnahen und abenteuerlichen Wanderungen ein. Viele, gut ausgeschilderte Wege führen rings um den Ort. Hinweistafeln und Rastplätze an ausgewählten Standorten runden das Angebot ab. Auf dem Wanderweg »Rund um Hainrode« kann man eine Fülle an Pflanzen und Tieren entdecken, die bereits auf der Roten Liste vom Aussterben bedrohter Arten stehen. Hier gibt es Erdfälle, Dolinen, Bachschwinden und steile Gipsfelsen zu sehen. Typisch für die Landschaft sind die Karstbuchenwälder. Im Frühjahr ist der Waldboden ein einziger Teppich blühender Buschwindröschen. Es gibt auch viele interessante Orchideenstandorte. Hainrode liegt mitten im Landschaftsschutzgebiet Harz. Auf drei Seiten reicht das Naturschutzgebiet »Gipskarstlandschaft Questenberg« bis dicht an die Ortslage heran.

Im Landeswettbewerb Sachsen-Anhalts »Unser Dorf soll schöner werden« wurde Hainrode 1998 und 2004 als Landessieger mit einer Goldmedaille ausgezeichnet. In den gleichen Jahren kam im Bundeswettbewerb noch eine Silbermedaille dazu. Im Jahre 2003 belegte der Ort im überregionalen Wettbewerb »Verein des Jahres« des Ostdeutschen Sparkassen- und Giroverbandes den ersten Platz und nahm den Siegerpreis entgegen. Die Gemeinde hat stetig steigende Einwohnerzahlen. Damit kommt Hainrode eine Ausnahmerolle in der Region zu. Der Erfolg liegt in der Entwicklung zu einem attraktiven Wohnstandort. Zwei Bebauungsgebiete wurden ausgewiesen. Im Ort

Der Südharz ist einmalig

werden die Baulücken geschlossen und viele bisher rein landwirtschaftlich genutzte Grundstücke in Wohnraum umgewandelt. In der wirtschaftlichen Entwicklung liegt das Hauptaugenmerk auf dem sanften Tourismus. Neben den Übernachtungsmöglichkeiten im Schullandheim stehen ganzjährig zehn private Ferienwohnungen bereit. Das Ortsbild ist geprägt von liebevoll restaurierten Fachwerkhäusern mit Bauerngärten, kleinen Gassen und lauschigen Winkeln. Am Schmiedeplatz hat der »Hainröder Riesenbesen«, ein Kunstwerk der Besenbinder, rund fünf Meter hoch, seinen Standort. An überlieferten Stellen stehen wieder Pumpen und Brunnen. Ruheplätze für den gemütlichen »Dorfplausch« gehören zum Straßenbild. Viele Grünanlagen und Blumenrabatten lockern die Bebauung auf. Freizeitanlagen, wie ein Grillplatz in freier Natur, Tennisplatz, Bolzplatz und Trimm-Dich-Pfad sind ebenfalls vorhanden. In der Gemeinschaftsanlage Förstergarten gibt es ein Freiluftschachspiel und -kegelbahn. Auf dem Reiterhof am Ortsrand ist Ponyreiten möglich. Zu einem Schmuckstück wurde auch das Schullandheim der AWO »Zur Dorfschule«. Untergebracht in Mehrbettzimmern können hier ganze Schulklassen ihre Projektwochen verbringen. Modern eingerichtet bieten sie viel Komfort. Dazu kommen ein geräumiger Aufenthaltsraum und großer Speiseraum.

Der historische Brauhausbrunnen

Erstmals im Jahre 1349 urkundlich genannt, gehört der kleine Ort zu den jüngsten in der Region. Bedeutung und einen gewissen Reichtum erlangte Hainrode außer durch die Landwirtschaft von dem bis in das 18. Jahrhundert hinein betriebenen Bergbau auf Kupferschiefer. Viele kleine Halden und Pingen in der Landschaft zeugen noch heute davon. Ein eindrucksvolles Bild vermittelt auch die Dorfkirche. Der Turm zwischen Schiff und Chor ist aus der späten Romanik. Der Chor mit dem seltenen Strahlengewölbe stammt aus der Gotik. Das Schiff wurde im spätbarocken Baustil erneuert. Der schöne Kanzelaltar stammt ebenfalls aus dieser Zeit. Im Turm hängen noch insgesamt vier Bronzeglocken. Die älteste trägt die Jahreszahl 1330, die anderen sind aus den Jahren 1447 und 1624. Nach Expertenmeinung handelt es sich dabei um ein einmaliges Geläut, das wie ein Wunder erhalten geblieben ist.

Das alte Forsthaus – heute Heimathaus und Bürgermeisteramt

Träger des kulturellen Lebens ist der Heimat- und Naturschutzverein Hainrode e.V. Ihm gehören fast alle der rund 360 Einwohner an. Der Verein pflegt die traditionellen Feste und Bräuche. Auch heute noch tragen die jungen Burschen in der Osternacht das Osterwasser und am Nachmittag werden Ostereier gekullert. Besonders das traditionelle Handwerk des Besenbindens ist wieder belebt worden. Für die Kinder werden Ferienfreizeiten und Tanzzirkel geboten, für die Jugendlichen steht ein Jugendklub bereit. Weit über Hainrode hinaus bekannt sind das Besenbinderfest, der Viehauftrieb, das Sommerfest und die Kirmes. Besonders beliebt sind die regelmäßig stattfindenden Wanderungen des Vereins. Im Heimathaus ist eine kleine Dauerausstellung mit Gegenständen aus dem dörflichen Alltag eingerichtet.

Eine feste Freundschaft besteht zu dem Heimatverein in Spelle aus dem Emsland. Ein Standbild, aufgestellt zum zehnjährigen Bestehen in beiden Orten, symbolisiert das sehr eindrucksvoll. Regelmäßig finden Treffen in beiden Orten statt. Auch persönliche Freundschaften sind im Laufe der Zeit daraus entstanden.

Das Landschulheim

Eine Ferienwohnung am Ortsrand

Die Dorfkirche und der »Hainröder Riesenbesen«

Die alte Dorschmiede – Treffpunkt der Besenbinder und jungen Leute

Gemeinde Hainrode
Hauptstraße 60 · 06528 Hainrode
Tel. (03 46 56) 3 08 23
www.hainrode.de · www.feriendorf-hainrode.de

Der Südharz ist einmalig

Besenbinderfest und Viehauftrieb

Hainrode bereichert den Festkalender im Südharz

Viehauftrieb hinauf zur Steier

Die Hainröder Besenbinder mit ihrer Kollektion

Jede Woche mittwochs haben die Besenbinder für Besucher ihre Schauwerkstatt in der alten Dorfschmiede eingerichtet. Unter den geschickten Händen der vier Handwerker entstehen aus trockenen Birkenzweigen wie in uralten Zeiten Reisigbesen verschiedener Größen. Vom Kinderspielzeug bis hin zum Straßenbesen ist dabei alles vertreten. Mit ihren roten Halstüchern und blauen Anzügen sind die Hainröder auf vielen regionalen Märkten zu Hause. Bei den Vorführungen gibt es immer wieder staunende Gesichter und viele Fragen der Zuschauer. Zum Besenbinderfest kommen so viele Besucher nach Hainrode, dass man glaubt, der Ort platzt aus allen Nähten. So mancher Besen findet dann einen neuen Besitzer. Entweder zur Zierde des heimischen Anwesens, aber auch zum Fegen in Hof und Garten.

Im jährlichen Wechsel mit dem Besenbinderfest findet im April zusammen mit der Agrargenossenschaft der Viehauftrieb statt. Von den Ställen aus ziehen die geschmückten Kühe an der Spitze des Festzuges zur Wiese auf die Steier. Während die Tiere ihre Weide in Besitz nehmen, versammeln sich die Gäste um den Pavillon am Grillplatz zur Andacht mit der Pfarrerin des Kirchspiels Gonna-Leinetal. Auch die Musik kommt dabei nicht zu kurz: Die Jagdhornbläser aus Rosperwenda und Breitungen sowie die Gonnataler Blaskapelle erfreuen die Wanderer unter blühenden Bäumen mit ihren Liedern. Dann geht es wieder zurück in den Ort auf den Festplatz am Förstergarten. Hier sorgen Schausteller und Handwerker für abwechslungsreiche Unterhaltung. Dazu gibt es viel Blasmusik sowie gutes Essen und Trinken. Passend zum Viehauftrieb hat die »Original Hainröder Milchbar« geöffnet, in der die Vereinsfrauen leckere Milch-Getränke für die großen und kleinen Gäste herstellen. Dass die Besenbinderfrauen auch leckeren Kuchen backen können, hat sich auch schon weit herumgesprochen.

Einen »majestätischen Glanz« erhalten die Veranstaltungen durch die Anwesenheit der einheimischen Karstkönigin Anja I.

Besenbinden hat eine lange Tradition in dem kleinen Ort Hainrode.

Garten- und Landschaftsbau Friedhelm Harnisch

Dienstleistungen im grünen Bereich und Wegebau

Das Unternehmen Garten- und Landschaftsbau Friedhelm Harnisch GmbH mit Sitz in Großleinungen besteht seit 1991. Angeboten werden umfassende Dienstleistungen im grünen Bereich und Wegebau für öffentliche, gewerbliche und private Auftraggeber. 15 qualifizierte Mitarbeiter stehen dafür bereit. Zu den Leistungen gehören sämtliche Pflasterarbeiten mit Natur- und Betonsteinen, das Anlegen von Gartenteichen, der Bau von Carports und Zäunen sowie vieles andere mehr. Auch die Rasenflächen sind hier in guten Händen. Kompetenz im Gartenbau lässt Gartenträume zu Traumgärten werden. Dazu zählt das Pflanzen von Stauden und Gehölzen. Auch werden alle Pflegearbeiten ausgeführt, damit es immer schön bleibt.

Geschmückte Kühe zum Viehauftrieb   *Festgottesdienst zum Viehauftrieb*

Garten- und Landschaftsbau Friedhelm Harnisch GmbH
Hüttenhof 1 · 06526 Sangerhausen/OT Großleinungen
Tel. (03 46 56) 2 00 18 · Fax (03 46 56) 3 14 92 · gala@galaha.de · www.galaha.de

Zum Anzünden sind die Freunde der Köhler eingeladen.

Die Arbeit auf dem Meiler erfordert viel Erfahrung.

Ein Meiler wird aufgebaut

Gut Brand für gute Kohlen

Hobbyköhler erhalten das traditionelle schwarze Handwerk

Die Stibbe reicht bereits aus eigener Produktion. Es ist die Meilererde, ein Gemisch aus Kohleklein und Erde, die dem Erdmeiler seine typische schwarze Farbe gibt. Die Hobbyköhler aus Dietersdorf haben in tagelanger Arbeit Holz gespällt und sorgfältig geschichtet, mit Rasenschicht und besagter Stibbe bedeckt. Es steckt schon viel Arbeit und Schweiß darin, ehe mit Eimern die Glut eines Lagerfeuers in den Schacht gekippt wird. Während ein solches Ereignis in anderen Orten bereits viele Zuschauer anlockt, bleiben die Südharz-Köhler mit wenigen Eingeweihten unter sich. Für sie ist das passende Köhlerwetter zum Anzünden wichtiger. In der traditionellen »Brandrede« wünscht man sich »Gut Brand und gute Kohlen«. 16 Fuß im Radius, rund 32 Meter im Umfang, misst der Erdmeiler. Die typische Halbkugel birgt rund 50 Meter Buchenholz. Etwa zwei Wochen dauert es, bis die begehrte blau-schwarze, hell klingende Holzkohle geerntet werden kann. Wie groß die Ernte sein wird, hängt von vielen Faktoren ab. Je nach Brandstufe gibt es genügend zu tun: mit einem Rammklotz muss die Decke festgeklopft werden, um eine Hohlraumbildung zu verhindern. Holzscheite müssen nachgestopft werden. Das Öffnen und Schließen der Decke muss schnell geschehen, damit der Meiler nicht zuviel Luft bekommt. Sonst verbrennen die Kohlen zu Asche. Das Nachstopfen verlangt viel Erfahrung und Geschicklichkeit, denn unter der Oberfläche herrschen Temperaturen bis zu 500 Grad Celsius, und schnell kann man einbrechen. Schließlich regulieren die Köhler mit systematisch über den Meiler verteilten Luftlöchern, Rumen genannt, den regelmäßigen Brand. Tag und Nacht müssen diese Arbeiten ausgeführt werden. Deshalb liegen die wenigen dazu benötigten Arbeitsgeräte wohl sortiert an der Köte. Diese steht in der Nähe des Meilers und dient den Köhlern als Unterkunft.

Ihre Vorgänger haben über Jahrhunderte im Harzgebiet mit dieser Holzveredelungstechnik zum einen für technischen Fortschritt gesorgt, allerdings auch mit zum großen Raubbau der Wälder beigetragen. Aber es war ja kein anderes Brennmaterial für die vielen Kupfer-, Eisen- und Silberhütten und die Schmiedefeuer da. Erst mit der Nutzung anderer Kohlearten wurde das Verköhlern des Holzes heruntergefahren. Bis um 1990 produzierte man in einer Köhlerei bei Roßla noch industriell Holzkohle. Die Tradition der Köhlerei kann nur anhand der praktischen Arbeit erhalten werden. Um die Technik der Holzkohlegewinnung an nachfolgende Generationen weitergeben zu können, nehmen sie die Arbeit mit weitgehend originalen Erdmeilergrößen auf sich. Allerdings haben die Beteiligten alle die 60 überschritten, da wird es Zeit, auf die Suche nach Köhlernachwuchs zu gehen. Bei der schweren und staubigen Arbeit keine leichte Aufgabe.

Brennender Meiler

Der Südharz ist einmalig

Questenberg – die Perle in der Karstlandschaft

Kleiner Ort bietet viel Sehenswertes

Der kleine Ort Questenberg liegt im Nassetal, mitten im Südharzer Karstgebiet, umgeben von einer traumhaft schönen Landschaft. Schon früh wurden deren Besonderheiten erkannt und im Jahre 1927 die ersten Gebiete unter Naturschutz gestellt. Rings um den Ort ist der gesamte Formenschatz an Karsterscheinungen, wie Dolinen, Erdfälle, Höhlen und Bachschwinden, vorhanden. Dazu kommen die steilen, rund 80 Meter hohen, Gipsfelsen mit ihren Klüften und Absturzwänden. Wälder und Offenländer wechseln einander ab, schattige Buchenbestände, Orchideenstandorte, Streuobstwiesen mit einer reichhaltigen Tier- und Pflanzenwelt liegen dicht beieinander. Dazu kommen viele Denkmale. Auf den Anhöhen rings um den Ort befinden sich fünf Burgen. Die Wallanlagen auf dem Questenberg und dem Arnsberg sind rund 3 000 beziehungsweise 2500 Jahre alt. Auf dem Questenberg steht die Queste, die alljährlich zu Pfingsten neu geschmückt wird. Dieser Brauch ist uralt und wohl einmalig in Europa. Auch das Gemeindesiegel trägt seit Jahrhunderten den Questenbaum. Auf dem Klauskopf stand im Mittelalter ein kleiner Wohnturm. Aus dem hohen Mittelalter stammen die Klause und die Questenburg. Am Festplatz mitten im Ort steht eine Hinweistafel, auf der alle Burganlagen eingezeichnet sind. Vom Parkplatz am Festplatz aus bietet sich ein Rundgang an. Schon nach wenigen Metern hat man zwei Steinkreuze erreicht. Eines davon steht an der Mauer zum ehemaligen Forsthaus, einem Fachwerkbau aus dem 18. Jahrhundert, das andere gegenüber in der Grünanlage. Im gleichen Jahrhundert wurden auch die beiden großen Fachwerkhäuser in der Brauhausgasse errichtet. Am Schulplatz, unter der großen Linde, steht eine hölzerne Rolandfigur mit einer Krone. Der Roland wurde im 18. Jahrhundert erstmals genannt. Über seine Bedeutung gibt es viele verschiedene Meinungen in der Fachwelt. Sie reichen vom Gerichts- bis zum Freiheitssymbol. In der Nähe ist ein eiserner Ring in die Kirchhofsmauer eingelassen. Dabei handelt es sich um die Nachbildung eines bereits im späten Mittelalter erwähnten Halseisens, einen so genannten Pranger. Im Hintergrund erhebt sich die kleine Kirche Sankt Mariä-Geburt. Der Turm mit dem Glockengeschoss aus Fachwerk stammt aus dem Mittelalter. Die Chordecke besteht aus einem Zellengewölbe. Das Schiff wurde 1781 erneuert. An der Kirche vorbei führt ein Wanderweg auf die Questenburg. Diese zählt mit den gut erhaltenen Kellern und den Ritzzeichnungen im Bergfried zu den schönsten Burgruinen am Südharz. Von der oberen Terrasse aus hat man einen Panoramablick auf den Ort und die umgebenden Felsen bis hin zum Kyffhäusergebirge. Wer die Natur liebt und gern wandert, wird Questenberg nach seinem ersten Besuch nicht wieder vergessen. Seit 1928 gehört das benachbarte Agnesdorf als Ortsteil zu Questenberg.

Der Roland ist ein Wahrzeichen von Questenberg.

Eingebettet zwischen hohen Bergen liegt der kleine Ort Questenberg im Südharz.

Die Dorfkirche Sankt Mariä-Geburt

Blick auf den Ortsteil Agnesdorf

Das Gasthaus »Zur Queste«

Für den hungrigen und durstigen Wanderer hält die Wirtin Liane Gast immer etwas zur Stärkung bereit. Das Angebot im Gasthaus »Zur Queste« umfasst überwiegend Gerichte aus einheimischen Produkten, die auch in der Region angebaut werden. Dazu gibt es dann schön klingende Namen wie Aschkuchen, Lotterwänster oder Arme Ritter. Liane Gast führt das fast 140 Jahre alte Familienunternehmen bereits in fünfter Generation fort. Hier kann man sowohl im großen Gastraum, als auch in einem gemütlichen Kaminzimmer oder in der warmen Jahreszeit im Biergarten Platz nehmen. Die Wirtin hat noch etwas ganz Besonderes im Angebot: Ein Video über die Naturschönheiten um Questenberg und das Questenfest. Zum Service gehört auch die Vermittlung von Übernachtungen.

Gasthaus »Zur Queste«
Liane Gast
Dorfstraße 9
06536 Questenberg
Tel. (03 46 51) 27 92

Im Gasthaus »Zur Queste« gibt es immer eine Stärkung.

Gemischter Chor Questenberg

Gern gesungen wurde in dem kleinen Ort Questenberg schon immer. Zumal es auch ein »Questenberger Lied«, gedichtet von Otto Maiwald, gibt. Seit 1994 besteht wieder ein Gemischter Chor. Rund 30 Männer und Frauen in allen Altersstufen haben sich darin zusammen gefunden. Die Vorsitzende ist Frau Ursula Mahlow aus Wallhausen, Chorleiterin die Musiklehrerin Christiane Hempel. Das Repertoire der Sänger umfasst Volkslieder, alte Schlager und moderne Chormusik. Die Questenberger treten oft zu Volksfesten in der Region auf. Aber auch ein Ständchen zu Geburtstagen und Familienfeiern bringen sie gern. Ein Höhepunkt im Jahresprogramm ist das Kirchenkonzert am ersten Advent in der Kirche Sankt Mariä-Geburt in Questenberg.

Bernd Jödecke – Gartenmöbel und Holzhandel

Der Familienbetrieb Bernd Jödecke besteht seit 1992. Hier entstehen in reiner Handarbeit rustikale Gartenmöbel aus massiver Eiche, gewachsen im Südharz. Zum Standardprogramm gehören Stühle, Bänke und Tische in vielen Varianten. Möglich sind aber auch Sonderanfertigungen nach Kundenwünschen. Entsprechend konserviert hat man viele Jahre Freude daran. Zu den Kunden gehören touristische und gastronomische Einrichtungen, private Interessenten und Unternehmen aus der Wirtschaft. Der Familienbetrieb betreibt auch einen Brennholzhandel mit Anlieferung und es werden deutschlandweit Langholztransporte mit dem eigenen Fuhrpark durchgeführt.

Bernd Jödecke Gartenmöbel, Holzhandel
Dorfstraße 18a · 06536 Questenberg
Tel. (03 46 51) 27 32 und 9 84 02
Fax (03 46 51) 3 22 35
info@joedecke-gartenmoebel.de
www.joedecke-gartenmoebel.de

Gartenmöbel von Bernd Jödecke

Der Südharz ist einmalig

Der Gemischte Chor Questenberg

Die Mitglieder vom Heimatverein Agnesdorf sind gern unterwegs. (Foto: Heimatverein Agnesdorf)

Heimatverein Agnesdorf

Einen vollen Veranstaltungskalender haben die Mitglieder des Heimatvereins Agnesdorf in jedem Jahr. Die Palette reicht vom Osterfeuer über das Blütenfest im Mai, dem Kinder- und Familienfest im Juni bis zum Martiniumzug am 10. November und zur Seniorenweihnachtsfeier. Diese Veranstaltungen ziehen auch viele Gäste aus den umliegenden Orten an. Für die über 30 Mitglieder stehen dabei Zusammenhalt in der Dorfgemeinschaft, Hilfsbereitschaft untereinander und Geselligkeit im Vordergrund. Das große Ziel sind die bauliche Fertigstellung des Bürgerzentrums Agnesdorf als kulturelle Begegnungsstätte und die Einrichtung eines kleinen Heimatmuseums.

Heimatverein Agnesdorf e.V.
Vorsitzender Peter Goralczyk
Gartenweg 4a
06536 Questenberg
OT Agnesdorf

Gemeinde Questenberg
Bürgermeisterin Liane Gast
Dorfstraße 47
06536 Questenberg
Tel. (03 46 51) 27 92
www.rossla.de
www.karstwanderweg.de

Der Südharz ist einmalig

Das Questenfest – einmalig in Deutschland

Altes Brauchtum in der Südharzgemeinde Questenberg

Die Queste

Ein wohl in ganz Deutschland einmaliger Brauch hat sich in der kleinen Südharzgemeinde Questenberg im Nassetal erhalten. Hier wird seit vielen Generationen in Friedenszeiten jährlich zu Pfingsten das Questenfest gefeiert. Bei der Queste handelt es sich um einen rund zehn Meter hohen aufgerichteten Eichenstamm. Diesen schmückt ein vertikal aufgehängter Kranz von etwa drei Metern Durchmesser, den ein Querbaum mit angehängten Laubbüscheln, den Quasten, mittig teilt. Das Stammende krönt ein großer aufgesteckter Laubbusch, der »Lebensbuschen«. Der Schmuck, bestehend aus dem Kranz, den Quasten und dem »Lebensbuschen« wird alljährlich von der Questenmannschaft, der nur Männer angehören, erneuert. Der Stamm wird je nach Verwitterungsgrad nach zehn bis fünfzehn Jahre ausgewechselt, letztmalig im Jahr 2000. Die Queste steht auf dem Questenberg, einer westlich des Ortes, etwa achtzig Meter über dem Tal liegenden Bergkuppe. Hier befindet sich eine rund fünf Hektar umfassende Wallburg aus der frühen Eisenzeit. Ursprung und Inhalt des Festes konnten bisher nicht eindeutig geklärt werden. Möglicherweise liegt ihm eine vorgeschichtliche Kulthandlung zu Grunde. Die historische Literatur erwähnt das Fest erstmals im 18. Jahrhundert.

Das Stebbelhauen zu Himmelfahrt

Mit dem Stebbelhauen am Himmelfahrtstag beginnt das Questenfest. An diesem Tag werden die vier »Stebbeln« mit Äxten gefällt. Das sind dünne Buchenstämme mit einer Astgabel am oberen Ende. Damit wurde früher der Kranz beim Hochziehen gestützt. Der Tradition nach wird die erste Stebbel von der Jugend, die zweite von den jüngeren verheirateten Männern, die dritte von den Männern über fünfzig Jahre und die vierte Stebbel von allen gemeinsam aus dem Rückfeld auf die Bergkuppe getragen. Dazu spielt eine Kapelle festgelegte Musikstücke, beginnend mit einem Marsch, dem ein Rheinländer und ein Walzer folgen. Auf der letzten Stebbel »reitend« werden unter Marschklängen die beiden Stebbelhauer mit ihren geschmückten Äxten getragen. Den Abschluss bilden ein Platzkonzert und die Versteigerung der Stebbeln. In den Ort zurückgekehrt, findet ein Umzug der Questenmannschaft mit Musik, wobei die Stebbelhauer vorangehen, statt. Viele Vatertagswanderer kommen an diesem Tag nach Questenberg.

Der Südharz ist einmalig

Auf der letzten Stebbel werden die Stebbelhauer getragen.

Empfang der Käsemänner

Setzmaie, Lauerhütte und die Käsemänner

Am Pfingstsonnabend Morgen ziehen die Jugendlichen der Questenmannschaft in den Wald. Dort wird die »Setzmaie«, eine etwa 15 Meter hohe Birke, gefällt und bis auf die Krone entastet. Außerdem schlagen sie dünne Birkenstämme zum Schmücken der Häuser und für den Bau der Lauerhütte. Nach der Rückkehr in den frühen Abendstunden richten alle gemeinsam auf dem Festplatz die Setzmaie auf und bauen die Lauerhütte. Den Abend füllt eine Tanzveranstaltung aus. Punkt 24 Uhr müssen die drei »Käsemänner« aus dem benachbarten Ort Rotha erscheinen. Sie entrichten mit den Worten »Wir sind die Männer von Rothe und bringen die Käse mit dem Brote« eine bereits seit Jahrhunderten überlieferte Abgabe von Brot und Sauermilchkäse. Diese wird vom Bürgermeister entgegengenommen. Früher bekam sie der Pfarrer. Brot und Käse werden aufgeteilt und gemeinsam mit den Gästen verzehrt. Die Käsemänner, in nachempfundene Harzer Fuhrmannstracht gekleidet, müssen bis zum Morgengrauen den Ort wieder verlassen haben. Versäumen die Rothaer es, diese Abgabe pünktlich zu überbringen, so haben die Questenberger das Recht, sich in Rotha ein Rind von der Weide zu holen und dieses zu schlachten. Es wird dann das so genannte Ochsenfest gefeiert. Es fand bereits

Aufteilen von Brot und Käse

Zapfenstreich

zweimal, 1933 und 2002, statt. Am Pfingstsonntagvormittag zieht die Questenmannschaft auf den Questenberg und schneidet dort das Birkengrün zum Schmücken des Kranzes. Am späten Nachmittag findet ein Umzug durch den Ort statt und die Kapelle bläst den Zapfenstreich. Zuvor erfolgen durch den Vorsitzenden die Aufnahme neuer Mitglieder in den Questenverein und die Ehrung verdienstvoller Questenmänner mit einer Medaille.

Aufrichten der Setzmaie

Der Südharz ist einmalig

Kreuzabnahme

Morgenansprache

Das Schmücken der Queste

Bereits früh um halb vier Uhr wecken am Pfingstmontag Trompetenklänge den Ort. Die Questenmänner ziehen gemeinsam mit den Gästen auf die Queste. Voran marschiert eine Blaskapelle, die ständig wiederholend die Weise »Freut Euch des Lebens« spielt. Drei Männer, die Stammbesatzung, nehmen in der Morgendämmerung den Lebensbuschen von der Spitze und lösen den Kranz mit dem Querbaum. Gemeinsam lässt man ihn mit einem Seil und Haltegabeln am Stamm hinunter. Die Mannschaft trägt den Kranz etwas abseits und nimmt darin Platz. Im Kranz stehend verliest der Vorsitzende die Morgenansprache, worin an die Sonne als Quelle des Lichtes und des Lebens erinnert wird. Anschließend gedenkt man der im letzten Jahr verstorbenen Mitglieder. Dazu stehen alle auf und die Kapelle spielt »Die Himmel rühmen des Ewigen Ehre«. Der Lebensbuschen und eine Lage trockenes Reisig vom Kranz werden verbrannt. Die Mannschaft verzehrt das Morgenmahl, bestehend aus Sauerkraut, Kuchenbrot und Branntwein. Auch die Gäste bekommen ein Stück vom »Stietzel« oder eine Portion des selbst eingelegten Sauerkrautes ab. Pünktlich zum Sonnenaufgang versammeln sich alle am Steilhang und begrüßen die aufgehende Sonne mit dem Lied »Dich seh ich wieder, Morgenlicht«. Dieses beeindruckende Naturschauspiel kann man oft genießen. Die Questenberger haben häufig das Glück auf ihrer Seite. Nach Sonnenaufgang geht es wieder hinunter in den Ort und die Questenmannschaft marschiert geschlossen zum Frühschoppen auf dem Festplatz.

Am späten Vormittag findet in der kleinen Dorfkirche Sankt Mariä Geburt ein Festgottesdienst statt. Er wird heute nur noch von wenigen Gästen besucht. Traditionell predigt der Pfarrer des Kirchspiels über das Zitat: »Ich bin das Licht der Welt«. Frisches Grün schmückt das Innere der Kirche. Pünktlich 13 Uhr tritt die Questenmannschaft unter dem Kommando ihres Hauptmanns auf dem Dorfplatz in der Nähe der Rolandsäule an. Die Fahnenabordnung übernimmt die zwei alten Questenfahnen und die Vereinsfahne. In einem langen Zug bewegt sich die Mannschaft mit der Kapelle und den Gästen durch den Ort. An der Spitze gehen der Vorsitzende des Questenvereins und der Bürgermeister. Dahinter marschiert die Kapelle, gefolgt von den Fahnenträgern und der Questenmannschaft. Die Gäste bilden den Schluss. Am Fuß des Questenberges angelangt, löst sich die Marschordnung auf und verschiedenen Wegen folgend geht es den Berg hinauf, zur Queste. Dort angekommen, werden die Fahnen aufgestellt. Die Questenmannschaft schmückt den Kranz sowie die beiden Quasten mit frischem Birkengrün und bindet einen neuen Lebensbuschen. Zum Befestigen werden nur die so genannten Weden verwendet. Das sind gedrehte dünne Buchenruten, die vorher einige Tage im Wasser gelegen haben. Ist der Kranz fertig, wird er am Stamm befestigt. Unter Musik zieht man zunächst den Lebensbuschen mit Seil und Rolle nach oben und ein Questenmann setzt ihn auf die Spitze des Stammes. Beim Kranz müssen alle zufassen. Mit viel Geschick dreht man ihn am Seil hängend auf die Talseite und hängt ihn, von den drei Männern auf dem Stamm dirigiert, in die entsprechende Astgabel ein. Danach wird alles sturmsicher mit den Weden festgezurrt.

Sind die Arbeiten in den späten Nachmittagsstunden abgeschlossen, ziehen alle noch einmal durch den Ort. An der Spitze des Zuges gehen jetzt die drei Männer, welche die Arbeit auf dem Stamm verrichtet haben. Ihren Hut schmückt ein Büschel frisches Grün. Nach einer Dorfrunde wird auf dem Festplatz ein letztes Mal angetreten und der Hauptmann lässt nach erfolgter Meldung des Feldwebels die Questenmannschaft bis zum nächsten Jahr wegtreten. Eine Woche später feiern die Questenberger unter sich das »Kleinpfingsten«. Bis auf kleine Änderungen im Ablauf und der Verteilung auf die Feiertage, hat sich das Questenfest nahezu unverändert erhalten. Die Weiterführung übernimmt heute der Questenverein e.V.

Festumzug durch den Ort

Anbringen des Kranzes

Schmücken des Kranzes

Begrüßung der Sonne

Die Queste ist geschmückt.

Der Südharz ist einmalig

Greifvögel – Herrscher der Lüfte

Wespenbussard Foto Karsten Kühne)

Uhu- und Bussard-Präparat (Foto Steffi Rohland)

Junger Roter Milan im Horst (Foto Karsten Kühne)

Junge Waldohreulen (Foto Karsten Kühne)

Mäusebussard und Turmfalke dominieren

Interessierte Naturfreunde bestaunen alljährlich im Frühjahr die faszinierenden Balzflüge von Rotmilan, Mäusebussard und Co. Im Kyffhäuser- und Südharzgebiet und der dazwischen liegenden Goldenen Aue wurden bisher 23 Arten nachgewiesen, davon zehn als Brutvögel. Das ist eine recht beachtliche Anzahl. Das Gebiet, mit seinen reich strukturierten Laubmischwäldern und Offenlandschaften, aber auch großflächigen Agrarstrukturen und Baum bestandenen Weg- und Grabenrändern, bietet gute Ansiedlungsmöglichkeiten und reichlich Nahrung. Der Helmestausee lockt darüber hinaus mitunter auch sehr seltene Arten an. Mit ein bisschen Glück kann der versierte Naturfreund hier sogar solche Highlights wie Gerfalke, Stein- und Schelladler beobachten. Bei den Brutvögeln dominieren Mäusebussard und Turmfalke. Die eifrigen Mäusejäger sind regelmäßig, über ihren Jagdgebieten rüttelnd, zu beobachten. Der Mäusebussard nistet meist in Laubmischwäldern, aber auch in der offenen Landschaft. Turmfalken nutzen alte Nester anderer Vögel und Nischen an Gebäuden zur Aufzucht ihrer Jungen. Der Rotmilan hat seinen Verbreitungsschwerpunkt in Mitteldeutschland. Hier kommen weltweit die meisten Exemplare vor. Er ist, wie auch andere Arten, durch die Europäische Vogelschutzrichtlinie besonders geschützt. Deutschland und besonders Sachsen-Anhalt tragen eine hohe Verantwortung beim Erhalt der Bestände.

Weitere, wenn auch nicht so häufige Brutvögel sind Schwarzmilan, Habicht, Sperber, Wespenbussard und Rohrweihe. Sehr selten sind Wander- und Baumfalke. Pestizideinsatz in der Landwirtschaft und Störungen der Bruten waren die Hauptgründe für das fast vollständige Verschwinden des Wanderfalken in Deutschland in den 50er Jahren des vergangenen Jahrhunderts. Seit etwa 25 Jahren erholen sich die Bestände. Auch Südharz und Kyffhäuser haben inzwischen ihre Wanderfalken wieder. Sie nisten in Felsnischen des Südharzer Gipskarstes und des Kyffhäusergebirges.

Durch den Stausee werden regelmäßig zu den Zugzeiten rastende See- und Fischadler angezogen. Korn- und Wiesenweihen jagen in der offenen Feldflur nach Mäusen und Kleinvögeln. Eher selten lassen sich auch mal einzelne Schreiadler und Rotfußfalken blicken. Nordische Wintergäste sind Raufußbussard und Merlin. In den letzten Jahren kommt es immer wieder zu Einflügen, teilweise sogar größerer Gruppen von Gänsegeiern aus Südeuropa, besonders aus Spanien und Südfrankreich. Durch die Schließung so genannter Schindäcker aus Seuchenschutzgründen, also Orten an denen tote Nutztiere entsorgt wurden, fehlt ihnen als Aasfresser in ihrer Heimat die Nahrungsgrundlage. Sie sind somit gezwungen umherzuziehen um Nahrung zu finden. Die Vielzahl beeindruckender Greifvogelarten in einer erlebnisreichen Umgebung südlich des Harzes macht die Region nicht nur für Naturfreunde so interessant.

Harald Bock
Biosphärenreservat Karstlandschaft Südharz

Blühenden Schönheiten auf der Spur

Purpur-Knabenkraut (Foto Armin Hoch, Biosphärenreservat)

Mücken-Händelwurz (Foto Armin Hoch, Biosphärenreservat)

Orchideen – mit diesem Begriff verbinden viele Menschen die Vorstellung von exotischen, zauberhaft schönen Pflanzen mit farbenprächtigen Blüten aus tropischen und subtropischen Gebieten der Erde. Aber auch am Südharzrand sind einige Vertreter dieser artenreichen Pflanzenfamilie verbreitet. Als konkurrenzschwache Arten sind sie eng an bestimmte Standorte gebunden. Der Südharz ist eine Landschaft mit vielen geologischen und klimatischen Besonderheiten. Durch eine enge Verzahnung von Elementen der Kultur- und Naturlandschaft hat sich ein kleinflächiges, mosaikartiges Nebeneinader verschiedener Lebensräume entwickelt. Laub- und Laubmischwälder, Quellwiesen und Halbtrockenrasen bieten den seltenen Orchideen ideale Wuchsbedingungen. 35 Arten wurden bereits nachgewiesen, von denen aber zehn als verschollen angesehen werden.

Orchideen im Südharz

Die Mehrzahl der Orchideenarten hat nur wenige Fundorte aufzuweisen und kommt witterungsbedingt in manchen Jahren überhaupt nicht zur Blüte. Die Waldorchideen Vogel-Nestwurz, Violette Stendelwurz, Rotes und Schwertblättriges Waldvögelein sind zerstreut im Orchideenbuchenwald anzutreffen. Das Weiße Waldvögelein gehört zu den häufigsten Arten und besiedelt auch Gebüsche und Pappelforste. Auf ungedüngten Quellwiesen blüht das Breitblättrige Knabenkraut. Hecken, Gebüsche und Waldsäume werden vom Großen Zweiblatt, der Breitblättrigen Stendelwurz und dem sehr seltenen Blassen Knabenkraut bevorzugt. Wenn im Mai und Juni das Stattliche Knabenkraut seine purpurnen Blüten öffnet, ist es eine Zierde der Halbtrockenrasen. An wenigen Stellen gesellen sich andere Arten wie Purpur-Knabenkraut, Mücken-Händelwurz, Weiße Waldhyazinthe oder Fliegen-Ragwurz hinzu. Die Rotbraune Stendelwurz besiedelt auch Sekundärstandorte der Bergbaufolgelandschaft.

Gelber Frauenschuh, Helm-Knabenkraut und Brand-Knabenkraut zählen zu den Raritäten der Pflanzenwelt des Südharzes. Eine besondere Verantwortung hat die Region für den Erhalt der Herbst-Drehwurz. Diese Art ist in ihrem Bestand stark zurückgegangen und nur noch an einem von ehemals zehn Fundorten existent. Wie andere Offenlandorchideen ist sie als Element der extensiv genutzten Kulturlandschaft auf eine nachhaltige Nutzung der Standorte durch Weide oder Mahd angewiesen.

Alle Orchideenarten genießen gesetzlichen Schutz und sind insbesondere durch Eingriffe in ihre Lebensräume gefährdet. Hierzu zählen Entwässerung, Melioration, Düngung aber auch die Aufgabe der wirtschaftlichen Nutzung. Viele Arten sind auf den Roten Listen zu finden und vom Aussterben bedroht. Durch Förderung nachhaltiger extensiver Landnutzungen in Verbindung mit naturschutzfachlichem Management können die Orchideen als wesentlicher Baustein der reichhaltigen Flora der Südharzregion auch in Zukunft erhalten bleiben.

Armin Hoch
Biosphärenreservat Karstlandschaft Südharz

Breitblättriges Knabenkraut (Foto Armin Hoch, Biosphärenreservat)

Der Südharz ist einmalig

Harzer Erlebnishof Grillenberg
Gastlichkeit genießen

(Fotos: Erlebnishof Grillenberg)

Blick in den schönen Wintergarten

Ein Doppelzimmer im Harzer Erlebnishof

In der »Pin-Grube« unter Tage: Hier kann auf vier Bahnen Bowling gespielt werden.

Mit einer schönen Aussicht auf Grillenberg und die umgebenden Wälder lädt der etwas außerhalb der Ortslage befindliche »Harzer Erlebnishof Grillenberg« ein. Ein modernes Haus, eingebettet in eine naturnahe, abwechslungsreiche Landschaft. Stilechte Blockhäuser bieten einen reizvollen Kontrast zu dem modernen Bau des Hotelgebäudes. Vielfältige Einrichtungen sorgen für das Wohl der Hotel- und Tagesgäste. Ein gemütliches Restaurant mit anschließendem Wintergarten und Terrasse bietet Platz für 135 Personen. Für die Unterbringung stehen im Haus neun Doppelzimmer und eine Suite bereit. Weitere 24 Doppelzimmer warten in den rustikalen Blockhäusern auf Gäste, davon sind zwei Doppelzimmer als Familienzimmer eingerichtet. Moderne Seminarräume bieten allen Komfort für Tagungen, Konferenzen und Seminare. Ein idealer Ort für solche Veranstaltungen, die Lage mitten in der Natur sorgt für den Ausgleich an frischer Luft. In der Kupferschmiede kann man an dem wohl größten runden Tisch von ganz Europa Platz nehmen und speisen. Ebenso originell ist das originale Sibirische Teehaus. Dazu gibt es die entsprechende Erlebnisgastronomie. Eine Harzschützenpfanne sollte man in keinem Fall versäumen. Der gut ausgestattete Wellnessbereich verfügt über eine Finnische Sauna, einen Außenpool und eine Infrarotkabine. In der »Pin-Grube« kann man unter Tage auf vier Bahnen Bowling spielen. In unmittelbarer Nähe lädt im Sommer ein großes Waldbad ein. Fällt Schnee im Winter, gibt es gespurte Loipen und einen Skilift. Eine Attraktion des Hauses ist der auf Voranmeldung stattfindende Harzer Bergknappenabend, ein kulinarisches Abenteuer mit Bergmönch, Kobold und Brockenhexe. Dazu gibt es ein Sechs-Gänge-Menü, eingebettet in ein vierstündiges Programm mit Arschledersprung, allerlei Gaukelei und Narretei. Es werden Spezialitäten wie Steinofenbrot, originelle Suppen, Arschklöße, Feuerfleisch, Hexenspieße und vieles andere serviert.

Die Umgebung von Grillenberg lädt zu vielen Wandertouren ein. Gut ausgeschilderte und gepflegte Wanderwege führen rings um den Ort und zu sehenswerten Zielen. Dazu gehören die Friesenburg und die Ruinen der hochgelegenen mittelalterlichen Grillenburg. Ebenso ist die von Archäologen ausgegrabene Wüstung Hohenrode einen Ausflug wert. Für bleibende Erinnerungen sorgen auch das Innere der kleinen Sankt Nikolai-Kirche und ein Naturlehrpfad. Zahlreiche Bänke und Sitzgruppen laden unterwegs zur Rast ein. Nur wenige Kilometer sind es von hier aus in das Schaubergwerk Röhrigschacht Wettelrode und den weltgrößten Rosengarten, das Europa-Rosarium, in Sangerhausen. Erreichbar ist der Kurort Grillenberg über die Bundesautobahn A 38, Abfahrt Sangerhausen, und von dort weiter in Richtung Wippra. Aus nördlicher Richtung führt die Bundesstraße B 242 über Wippra nach Grillenberg.

Harzer Erlebnishof Grillenberg
Hühnerberg 1
06528 Sangerhausen OT Grillenberg
Tel. (0 34 64) 58 00
Fax (0 34 64) 58 01 00
hotel@harzerlebnishof.de
www.harzererlebnishof.de

Rhonetal und Umgebung

Die Stadt Allstedt

Ein geschichtsträchtiger Ort

Das Burg- und Schlossareal aus der Luft: Hier wird die Pfalz Allstedt vermutet.

Blick über den Vorwerks-Teich zum Schloss Allstedt (Fotos: Steffi Rohland)

Umgeben von fruchtbaren Feldern und Wiesen der Helme-Unstrut-Niederung und durchflossen vom Bächlein Rohne liegt die kleine Stadt Allstedt in waldnaher, landschaftlich schöner Lage am Ostrand der »Goldenen Aue«. Zahlreiche archäologische Funde belegen eine frühe Besiedlung des Allstedter Raumes bereits seit dem Neolithikum, der Jungsteinzeit. Siedlung und Burg finden ihre erste schriftliche Erwähnung im Hersfelder Zehntverzeichnis aus Karolingischer Zeit und können auf eine mehr als 1000-jährige wechselvolle Geschichte zurückblicken.

Mit der Wahl des Sachsenherzogs Heinrich zum ersten deutschen König im Jahr 919 gewann der mitteldeutsche Raum weiter an Bedeutung und Allstedt wurde als Pfalz oftmaliger Regierungsort der Herrscher des hohen Mittelalters. Erst im 13. Jahrhundert verlor Allstedt seine reichsunmittelbare Stellung.
Die Siedlung und die anstelle der heutigen Burg- und Schlossanlage zu lokalisierende Pfalz wechselten in den Folgejahrhunderten häufig ihre Besitzer. In der ersten Hälfte des 14. Jahrhundert gründete Graf Burchart V. von Mansfeld die Neustadt als planmäßige Siedlung mit Markt und Neustadtkirche im Zentrum. Um 1500 verlieh Kurfürst Friedrich der Weise von Sachsen Allstedt das Stadtrecht und damit verbundene Privilegien. Eine Stadtbefestigung mit fünf Toren wurde errichtet und das Rathaus in Renaissanceformen ausgebaut. 1523/1524 rückte die Stadt durch das Wirken Thomas Müntzers (um 1489 bis 1525) an der Neustadtkirche Sankt Johannes für kurze Zeit ins Blickfeld der reformationsgeschichtlichen Auseinandersetzungen im Vorfeld des Deutschen Bauernkrieges. Im Dreißigjährigen Krieg wurde Allstedt oft geplündert und teilzerstört.

Rhonetal und Umgebung

Das historische Rathaus von Allstedt: Hier trugen sich 1524 die Anhänger von Thomas Müntzer in das »Christliche Bündnis« ein.

Der Sitzungssaal mit Renaissance-Ausstattung im Rathaus wird heute als Standesamt genutzt.

Außerhalb der nur noch teilweise erhaltenen Stadtmauer liegt im Norden der schöne parkähnliche Friedhof. Grabsteine in der Südmauer des Friedhofs zeugen von der letzten großen Pest in Allstedt im Jahr 1681, der mehr als zwei Drittel der Einwohner zum Opfer fielen. Die großen Stadtbrände von 1657 und 1662 zerstörten einen Großteil der älteren Allstedter Bausubstanz.

Unter den historischen Gebäuden Allstedts sind neben dem oberhalb der Stadt gelegenen Schloss das Rathaus, die Neustadtkirche Sankt Johannes, der Wigberti-Kirchturm und das Ensemble der historischen Stadtmühle sehenswert. Das Rathaus, im Ursprung spätgotisch, wurde in Renaissance und Barock baulich ergänzt. In seinen Kellergewölben, dem jetzigen Ratskeller, trugen sich 1524 die Anhänger Müntzers ins »Christliche Verbündnis« ein. Der schöne Sitzungssaal mit Renaissance-Ausstattung wird heute als Standesamt genutzt. Das Allstedter Stadtwappen an der Ostseite zeigt neben dem halbierten Adler das kursächsische Wappen. Die Neustadtkirche Sankt Johannes steht nur ein paar Schritte vom Rathaus entfernt. Sie wurde 1775 anstelle der Vorgängerkirche neu errichtet, an der 1523/1524 Thomas Müntzer gewirkt hatte. Ihre schlichte Rokoko-Ausstattung mit zwei Emporen und schönem Kanzelaufbau besticht durch Klarheit und Ausgewogenheit. Das steinerne Taufbecken stammt noch aus der Vorgängerkirche. Der um 1200 entstandene Wigberti-Turm ist der Rest der Altstadtkirche Sankt Wigbert. Namensgeber ist der heilige Wigbert, ein angelsächsischer Mönch, der in fränkischer Zeit den christlichen Glauben hier verbreitete. Bereits im 8. Jahrhundert als Kapelle des Klosters Hersfeld gegründet, kam die Kirche später an das Kloster Walkenried und steht seit der Zeit des Bauernkrieges wüst. Der gotische Kirchenchor ist heute Ruine, das Kirchenschiff nicht mehr vorhanden. Um Turm und Chor schmiegen sich die Reste der Altstadt mit engen Gassen und Häuserzeilen. In der Nähe des Wigberti-Turmes findet man das historische Gebäudeensemble der Stadtmühle aus dem 17. und 18. Jahrhundert. Die am einstigen Stadtrand idyllisch gelegene Mühle findet bereits 1621 urkundliche Erwähnung, damals zeitweilig als Münzstätte genutzt. Ihr Ursprung reicht jedoch noch weiter zurück, denn bereits in der Zeit Müntzers ist von der Mühle die Rede. Über der Mühlentür weist eine Inschrift darauf hin, dass das Gebäude nach einem Brand im Jahre 1718 neu errichtet wurde. Seit 1997 widmet sich der Mühlenverein der Restaurierung der Gebäude samt der historischen Mühlentechnik.

Von der unter Linden entlang führenden Promenade am Gondelteich bietet sich dem Besucher zu jeder Tageszeit ein herrlicher Blick auf die imposante allabendlich angestrahlte Burg- und Schlossanlage. Von der Teichpromenade aus führt der malerische Goethe-Weg zum Schloss und ins romantische Rohnetal. Man gelangt auch zum Festplatz »Unter den Linden«, wo alljährlich am ersten Juliwochenende der Allstedter Lindenmarkt, das größte Volksfest der Stadt, abgehalten wird. Neben dem reizvoll gelegenen Freibad am Fuße des Schlossberges bietet die waldreiche Landschaft mit ihrer vielfältigen Tier- und Pflanzenwelt Wanderern und Naturfreunden zu jeder Jahreszeit einen erholsamen Aufenthalt.

Die geschichtsträchtige kleine Stadt wird seit der Wiedervereinigung schrittweise immer weiter verschönert. Mittelständische Unternehmen und Geschäfte verschiedener Dienstleistungsbranchen bestimmen die gewerbliche Struktur Allstedts. Zahlreiche Vereine mit sportlicher und kulturhistorischer Ausrichtung bieten Einheimischen und Gästen Möglichkeiten sinnvoller Freizeitgestaltung.

Rainer Böge

Blick auf den Südgiebel des Westflügels und die südliche Wehrmauer der Kernburg.

Die Stadtmühle

Der Turm der Wigberti-Kirche ist rund 800 Jahre alt.

Die Stadtkirche Sankt Johannes

Stadt Allstedt
Markt 10
06542 Allstedt
Tel. (03 46 52) 2 22
Fax (03 46 52) 2 36
info@allstedt.info
www.allstedt-kaltenborn.de

Nördlich der Stadt Allstedt thront majestätisch die Burg- und Schlossanlage. (Fotos: Burg und Schloss Allstedt)

Burg und Schloss Allstedt

Kultureller Treffpunkt der Region

Etwa ein Kilometer nördlich der Stadt Allstedt thront auf einem Bergsporn majestätisch die geschichtsträchtige Allstedter Burg- und Schlossanlage über der Niederung der Goldenen Aue. Weithin ist ihre imposante Silhouette schon aus der Ferne erkennbar. Vermutlich bereits um die Mitte des 8. Jahrhunderts von den Franken im Zuge der Grenzsicherung im Osten des Reiches erbaut, wurde die Altstediburg im Hersfelder Zehntverzeichnis aus dem 9. Jahrhundert erstmals schriftlich erwähnt. Ihre Blütezeit erlebte die zur Reichspfalz als zeitweilige Residenz ausgebaute Burg vom 10. bis zum Beginn des 13. Jahrhunderts unter den Herrschern aus sächsischem Hause, den Ottonen. Nahezu alle frühen deutschen Könige und Kaiser weilten in dieser Zeit in der Reichsburg Allstedt. Nach dem Interregnum, der kaiserlosen Zeit, verlor sie seit Mitte des 13. Jahrhunderts ihre Bedeutung als Reichsgut und wechselte in der Folge häufig ihre Besitzer.

Die wehrhafte Anlage, die sich von der Romanik bis ins 19. Jahrhundert immer wieder baulich veränderte, birgt in der Kernburg ein Museum mit vielfältigen Ausstellungen und Interieur von der Spätgotik bis zum Barock. Einzigartig ist die schwarze Küche mit einem der größten Kaminschlote im europäischen Burgenbau. Im Rahmen von Burgabenden und Rittermahlen werden für Gäste hier deftige Gaumenfreuden angerichtet.

Im Jahre 1524 hielt Thomas Müntzer seine berühmte »Fürstenpredigt« im Allstedter Schloss. Sie gilt als eines der aufschlussreichsten Dokumente der Reformationszeit. Über das Wirken Müntzers mit Schwerpunkt auf seine Allstedter Zeit kann man sich im Schlossmuseum umfassend informieren. Auch Johann Wolfgang von Goethe weilte als Ratsmitglied des Weimarer Hofes in Wahrnehmung seiner zahlreichen Pflichten in den Jahren von 1776 bis 1782 mehrfach in Allstedt, das seinerzeit als Exklave zum Weimarer Herzogtum gehörte. Die Inspektionen verband er häufig mit dichterischer und künstlerischer Tätigkeit, wobei Zeichnungen von Schloss und Stadt Allstedt und die ersten drei Akte seiner »Iphigenie auf Tauris« im Schloss entstanden. Seinem Allstedter Wirken kann der Besucher in einer Ausstellung nachspüren. Eine sehenswerte Eisenkunstgusssammlung aus Mägdesprung/Harz und wechselnde Kunstausstellungen komplettieren das museale Angebot.

Neben seinem Ruf als kultureller Treffpunkt für die Region hält Burg & Schloss Allstedt ein vielfältiges Angebot für Reisgruppen, Brautpaare und Kinder bereit. Immer einen Besuch wert ist auch das gemütliche Schlosscafé. Weitere Informationen unter www.schloss-allstedt.de.

Die Schwarzküche mit dem großen Kaminschlot

Die Burg und Schlossanlage Allstedt bei Nacht

Kaminzimmer im Obergeschoss

In der Thomas Müntzer-Ausstellung

Romanische Dorfkirchen abseits der Straße der Romanik

Auch in den Dörfern gibt es viel zu entdecken

Sankt Urban in Beyernaumburg

Die Dorfkirchen in Beyernaumburg, Wolferstedt und Winkel gehören zu den ältesten Sakralbauten in der Landschaft östlich von Sangerhausen. Die drei Orte sind sehr alt und wurden schon vor über 1100 Jahren erstmals urkundlich erwähnt.

Sankt Urban in Beyernaumburg

Für eine Dorfkirche ungewöhnlich groß und prächtig ist die einschiffige Kreuzkirche Sankt Urban in Beyernaumburg. Sie beherrscht eindrucksvoll das Dorfbild. Errichtet wurde die Kirche im 13. Jahrhundert im spätromanischen Baustil. Trotz Umbauten ist viel von ihrer Ursprünglichkeit erhalten geblieben. Im ungeputzten Bruchsteinmauerwerk kann man noch alte Bauteile erkennen. Weithin sichtbar überragt der imposante Vierungsturm mit den schönen Klangarkaden das gesamte Bauwerk. Sehenswert ist auch das Kircheninnere. Die Sandsteintaufe stammt aus der Bauzeit der Kirche. Der prächtige spätgotische Flügelaltar ist rund 500 Jahre alt und wurde bereits in vorreformatorischer Zeit aufgestellt. Nach Voranmeldung unter Tel. (0 34 64) 58 97 94 kann die Kirche besichtigt werden.

Spätgotischer Altar

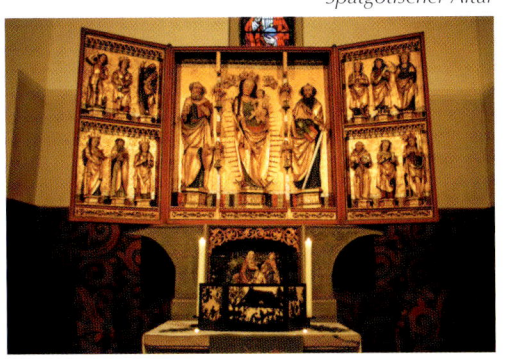

Sankt Veit in Wolferstedt

Eine weitere Kreuzkirche steht in dem kleinen Ort Wolferstedt. Sie ist dem heiligen Veit geweiht. Die Bauzeit der Veit-Kirche datieren Bauforscher bereits in das Ende des 12. Jahrhunderts. Im Laufe der Jahrhunderte wurde baulich vieles verändert, so 1924 auch ein neuer Turm errichtet. Am südlichen Querarm befindet sich ein sehenswertes Säulenportal aus der Zeit um 1180. Im Tympanon sind ein griechisches Kreuz und zwölf Halbkugeln zu sehen. Nach der historischen Literatur soll hier Christus, umgeben von den zwölf Aposteln, dargestellt sein. Eine Besichtigung der Kirche ist nach Voranmeldung unter Tel. (03 46 52) 6 75 34 möglich. In unmittelbarer Nachbarschaft von Wolferstedt bestand in Klosternaundorf ab 1252 ein Zisterzienserinnenkloster. Dessen Probst übte bis zur Reformation das Patronatsrecht über die Wolferstedter Kirche aus. Zu den Nonnen gehörte auch eine Ottilie von Gersen, die spätere Frau des Pfarrers und Bauernführers Thomas Müntzer. Von den baulichen Klosteranlagen ist nichts erhalten geblieben.

Sankt Andreas in Winkel

Nur eine vermauerte Pforte auf der Südseite der Sankt Andreas-Kirche in Winkel erinnert noch daran, dass hier bereits in der Romanik ein Sakralbau gestanden hat. Die heutige Kirche errichtete man im spätgotischen Stil im Jahre 1499. In den 1990er Jahren vorbildlich saniert, wurde sie zu einem Blickfang in der kleinen Gemeinde. Das Innere prägen zahlreiche Gemälde aus verschiedenen Epochen. Kunstgeschichtlich wertvoll sind auch die aufwändig gestaltete Sakramentsnische im Chor und die Sandsteintaufe aus dem Jahre 1585. Auf dem Kirch-

Sankt Veit in Wolferstedt

Romanisches Säulenportal

Grabmale an der Kirchhofsmauer

Sankt Andreas in Winkel

hof stehen an einer Mauer aufgereiht elf barocke Grabmale. Dieses Ensemble ist lokalgeschichtlich von großer Bedeutung. Eine Besichtigung der Kirche ist nach Anmeldung im Haus 111, direkt gegenüber der Kirche, möglich.

Rhonetal und Umgebung

Allstedter Vereine

Wahrung alter Traditionen und Heimatverbundenheit

Maifeier am Mallerbacher Pavillon

Der Heimatverein Allstedt e.V.

Sieben natur- und heimatverbundene Allstedter gründeten im Jahre 1990 den Heimatverein Allstedt e.V. Sein Anliegen ist, die Liebe zur Heimat und Landschaft zu wecken, zu erhalten und in Vergessenheit geratene Traditionen zu pflegen. Im Jahre 2008 zählt er 92 Mitglieder. Eine ihrer ersten Aufgaben sahen die Mitglieder darin, das Denkmal für die Gefallenen von 1870/1871 und 1914 bis 1918 am Schlossberg vor dem weiteren Verfall zu bewahren und das Gedenken auf alle Opfer von Kriegen und Gewaltherrschaft auszudehnen. Außerdem beteiligt der Heimatverein sich an der Verschönerung und Erhaltung ortsbildprägender Baulichkeiten in der Stadt Allstedt und ihrer näheren Umgebung. So wurden zum Beispiel die Pergola am Turm der Sankt Wigberti-Kirche im Zentrum der historischen Altstadt erneuert und Wandertafeln aufgestellt sowie Wanderwege beschildert. Ein weiteres wichtiges Anliegen war und ist die Wiederaufstellung historischer Grenz- und Wegesteine in der Flur, deren Farbgebung ebenfalls erneuert wurde. Großen Raum nimmt die Erforschung der Heimat- und Regionalgeschichte ein. Dazu gehört auch die Erhaltung der Mundart. Im Grundstück Schild 17a wurde ein Vereinshaus eingerichtet. Hier finden regelmäßige Zusammenkünfte und Versammlungen statt.

Für die Vereinsmitglieder, Allstedter Bürger und Besucher der Stadt wurde ein idyllisches Ausflugsziel in der Mallerbacher Flur, in den Kirschlöchern, geschaffen. Rund drei Kilometer außerhalb der Stadt entstanden so ein Grillplatz und überdachte Sitzgelegenheiten. Von hier aus bietet sich dem Naturfreund ein einzigartiger Panoramablick auf die Stadt Allstedt mit ihrer tausendjährigen Kaiserpfalz und die herrliche Landschaft der Goldenen Aue mit dem Kyffhäusergebirge im Hintergrund.

Beliebt sind insbesondere die alljährlich stattfindenden geführten Wanderungen, wie zum Beispiel zum Märzenbechertal oder im Mai in die Kirschlöcher. Gute Resonanz finden auch das Sommerfest mit kulturellen Darbietungen auf dem Gallwitz`schen Hof, das Sommersonnenwendfeuer am Schlossberg und die Vereinsabende im Heimathaus. Freundschaftliche Kontakte pflegt der Heimatverein mit anderen Heimat- und Geschichtsvereinen, zum Beispiel aus der Partnerstadt Trendelburg/Hessen sowie den Nachbarorten Mönchpfiffel, Nikolausrieth und Winkel. Seit 1994 erscheint einmal jährlich die Vereinsbroschüre »Lindenblatt für Allstedt und Umgebung«. Darin wird über Ereignisse, Geschehnisse und schnurrige Begebenheiten aus vergangenen Zeiten der Eltern, Großeltern und noch weiter zurück sowie von kleinen und großen Helden aus gegenwärtiger und vergangener Zeit aus Allstedt und der Region berichtet.

Frühjahrswanderung im Märzenbechertal (Foto: Steffi Rohland)

Gruppenbild des Heimatvereins

In der Heimatstube

Das Lindenblatt – die Vereinszeitschrift

Heimatverein Allstedt e.V.
Schild 17a · 06542 Allstedt
www.allstedt.com

Der Allstedter Gesellenverein 1850 e.V.

Auf eine lange Tradition blickt der Allstedter Gesellenverein zurück. Er wurde im Jahre 1850 von Allstedter Gesellen ins Leben gerufen. Ziel der Vereinigung war in erster Linie die Unterstützung in Not geratener Handwerksgesellen und deren Familien. Handwerksgesellen, die in der damaligen Zeit den Gesellenbrief bekamen, mussten sich drei Jahre auf Wanderschaft begeben. Die in der Stadt zurückgebliebenen Familien bekamen vom Verein eine Unterstützung gezahlt. Außerdem verpflichtete sich der Verein, kulturelle Veranstaltungen durchzuführen, welche auch von Einwohnern mit schmalem Geldbeutel besucht werden konnten. Im Jahre 2008 gehören 56 aktive Mitglieder und rund 40 Altgesellen dem Verein an. Mitglied kann laut Satzung jede unbescholtene männliche Person werden, die eine erfolgreich abgeschlossene Berufsausbildung beziehungsweise einen Gesellenbrief nachweist.

Für die Mitglieder des Vereins besteht eine Anzugsordnung. Nach dieser wird ein schwarzer Anzug mit Zylinder oder Melone getragen, dazu ein weißes Hemd, eine weiße Fliege und weiße Handschuhe. Aber auch berufstypische Kleidung wie Zimmermannskluft oder Bergmannsuniform werden akzeptiert. Die Vorstandsmitglieder tragen zusätzlich eine rot/weiße Schärpe.

Die Fahnen des Gesellenvereins

Der Vorstand des Gesellenvereins 1850 e.V.

Beim Umzug durch die Stadt Allstedt

Gruppenbild vor dem Vereinshaus (Fotos: Helmut Kuhnert Allstedt)

In der heutigen Zeit steht das kulturelle Leben an erster Stelle. So findet jedes Jahr am Fastnachtsdienstag ein Festumzug statt. Dabei erhalten Allstedter Geschäftsleute ein musikalisches Ständchen und werden vom Verein ausgerufen. Die Geschäftsleute erweisen sich dafür auf ihre Weise erkenntlich. Weiterhin werden an diesem Tag die Junggesellen von Zuhause abgeholt. Diese bekommen ebenfalls ein musikalisches Ständchen und werden vom Vorstand ausgerufen. Dabei wird der erlernte Beruf des Junggesellen genannt und man lässt ihn samt Familie »hochleben«. Mit diesem Akt sind die Junggesellen im Verein aufgenommen. Jene reichen dazu den Vereinsmitgliedern und der Kapelle eine kleine Stärkung. Junggeselle bedeutet hier nicht, dass der Geselle unverheiratet ist, sondern bezieht sich auf die erst kürzlich bestandene Gesellenprüfung. Am Nachmittag desselben Tages finden der Kinderfasching und am Abend der Gesellentanz statt, welchen die Junggesellen traditionell mit dem Schneewalzer eröffnen. Das beim Festumzug gesammelte Geld wird zur Unterstützung der beiden Kindertagesstätten in der Stadt und zur Durchführung des Karnevals verwendet.

Auch im Sommer ist der Verein aktiv. Jedes Jahr im August wird ein Sommerfest für die Kinder und Familien der Gesellen durchgeführt. Auch sind Geschäftsleute, die den Verein unterstützen, bei diesem Fest gern gesehene Gäste. Der örtliche Heimatverein bekommt bei der Durchführung kultureller Veranstaltungen und bei Baumaßnahmen am Heimathaus von den Gesellen Unterstützung.

Allstedter
Gesellenverein 1850 e.V.
Hagen Waßmann
Fabrikstraße 14F
06542 Allstedt

Liedersdorf – ein kleines Bauerndorf am Rande der Goldenen Aue

Liedersdorf von oben

Landwirtschaft dominiert im Ort

Die Kirche Sankt Cyriacus

Liedersdorf gehört mit seinen rund 300 Einwohnern zu den kleinen Gemeinden in der Verwaltungsgemeinschaft Allstedt-Kaltenborn. Es liegt am östlichen Ausläufer der Goldenen Aue zwischen Beyernaumburg und Holdenstedt an der Landesstraße L 223. Liedersdorf ist ein typisches Bauerndorf, umgeben von fruchtbaren Äckern und Obstanlagen. Nach der Wende tat sich hier vieles im Rahmen der Dorferneuerung. Der Ort hat sich herausgeputzt. Ein neues Wohngebiet wurde erschlossen, Straßen gebaut, Häuser und Fassaden saniert. Von 1991 bis 2008 kamen 24 neue Eigenheime dazu, 1999 war das moderne Feuerwehrgerätehaus fertig gestellt. Am Hechler-Brunnen entstand ein schöner Dorfplatz, ebenso am alten Feuerwehrgerätehaus neben dem ehemaligen Bäckerteich. Ein Dorf, in dem es sich gut wohnen lässt. Das zeigen auch die steigenden Einwohnerzahlen.

Liedersdorf ist ein sehr alter Ort. Er gehörte im 9. Jahrhundert zum so genannten Hochseegau und die erste urkundliche Nennung erfolgte in einem Zehntverzeichnis des Klosters Hersfeld, das in dieser Zeit aufgestellt wurde. Große Güter gab es hier nicht. Die Herrschaft lag in den Händen der Freiherren von Bülow aus dem benachbarten Beyernaumburg. Das Patronatsrecht über

Rhonetal und Umgebung

Kirche, Schule und Pfarre besaß das Prämonstratenserkloster Rode. Nach der Reformation und Auflösung des Klosters übten es die Inhaber des Rittergutes Klosterode aus.

Die guten Böden sorgten immer für einen gewissen Wohlstand seiner Besitzer. Davon profitierte auch das Kleinhandwerk. Zu einer kurzen wirtschaftlichen Blüte kam es in der zweiten Hälfte des 19. Jahrhunderts. Die hier lagernden Braunkohlefelder wurden in dieser Zeit abgebaut. Die Einwohnerzahl verdoppelte sich und es entstanden eine neue Schule und ein Feuerwehrgerätehaus. Über dreißig Wohnhäuser wurden neu gebaut.

Heute dominiert in Liedersdorf die landwirtschaftliche Nutzung. Aus der ehemaligen Landwirtschaftlichen Produktionsgenossenschaft gingen vier private Landwirtschaftsbetriebe hervor. Die AGRAR GBR Ulbrich bewirtschaftet 400 Hektar Fläche. Uta und Steffen Ulbrich bauen darauf Getreide, Raps und Zuckerrüben als Nahrungsmittel, zunehmend auch für die Erzeugung von Bio-Energie an. Der Familienbetrieb Obsthof Felix Höroldt begann im Jahre 1995 mit zehn Hektar Altanlagen. Heute werden neben den leckeren Süßen auch Sauerkirschen, Äpfel und Erdbeeren angebaut. Geerntet wird alles von Hand, so dass im Sommer bis zu 50 Mitarbeiter beschäftigt sind. Das Spektrum ergänzt eine Baumschule. Im Ort gibt es insgesamt acht Unternehmen. Das ist, bezogen auf die Einwohnerzahl, eine sehr hohe Rate in der Region. Die Firma Bürotechnik Birch-Hirschfeld & Hesse gründete sich 1992. Sie vertreibt, installiert und wartet Netzwerke, PC, Kopierer, Telefonanlagen. Weiterhin gibt es hier einen Service rund um das Büro, angefangen vom alltäglichen Bedarf bis zum Vertrieb von Büromöbeln. Seit 2004 betreibt der Architekt Andreas Schauder im Ort ein Architekturbüro. Zu seinen Arbeiten gehört die Betreuung von Wohn- und Gewerbebauten sowie Schul- und Sportbauten.

Die Freiwillige Feuerwehr Liedersdorf ist sehr aktiv und verfügt über ein modernes Löschfahrzeug. Wehrleiter ist Egon Ottilie. Seit 1990 besteht eine Ortsgruppe der Arbeiterwohlfahrt. Deren Mitglieder treffen sich monatlich zu gemeinsamen Veranstaltungen. In einer Frauensportgruppe kommen regelmäßig Frauen zusammen, um sich in der Freizeit sportlich zu betätigen. Für sie steht die Alltagsstressbewältigung im Vordergrund. Die jüngste Vereinigung ist der Dorfclub. Gegründet im Jahre 2002, haben sich die Mitglieder der Pflege des ländlichen Brauchtums angenommen. Die rund dreißig Mitglieder organisieren in jedem Jahr fünf große Veranstaltungen. Dazu gehören das Walpurgisfest mit einem Lampionumzug der Kinder, der Landsommerball und eine Theateraufführung. Darüber hinaus gibt es Familiennachmittage, historische Ausstellungen und Kinderweihnachtsfeiern. Ein Merkmal des guten Miteinander, in Liedersdorf ist die Nachbarschaftshilfe, die hier besonders ausgeprägt ist.

Das moderne Feuerwehrgerätehaus und Sitz der Gemeindeverwaltung

(Foto: Agrar GBR Ulbrich)

Den Mittelpunkt von Liedersdorf bildet die am Anger liegende kleine Kirche Sankt Cyriacus. Sie gehört zu den wenigen Denkmalen im Ort. Laut einer Inschrift stammt das jetzige Schiff aus dem Jahre 1678, ebenso das Glockengeschoss aus Fachwerk. Der Turmstumpf ist aber älter und stammt noch aus dem Mittelalter. Das erste Orgelspiel erhielt die Kirche im Jahre 1705, das zweite 1880. 1876 entdeckte man an der nördlichen Empore Bilder mit der Darstellung Salomos und den Propheten. Sie wurden aufwändig restauriert. Ähnliche Bilder sind nur im Naumburger Dom zu sehen.

Gemeinde Liedersdorf
Bürgermeister Egon Ottilie
Unterdorf 23 · 06528 Liedersdorf
Tel. (03 46 59) 6 10 11

Verträumte Winkel laden zum Ausruhen ein.

Kirschenernte im Obsthof Höroldt
(Foto: Obsthof Höroldt)

Der Hechler-Brunnen

Obstplantagen prägen die Umgebung von Liedersdorf.
(Foto: Obsthof Höroldt)

Rhonetal und Umgebung

Zu Gast in Mittelhausen und Einsdorf

Wechselhafte Geschichte prägte beide Orte

Am Mittelteich in Mittelhausen

Die Sankt Petri- und Pauli-Kirche in Einsdorf

Der wieder aufgestellte Bauernstein am Mittelteich

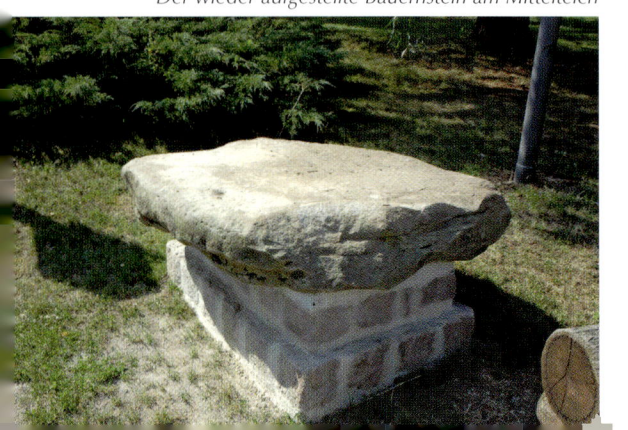

Idylle am Dorfteich in Einsdorf

Die Gemeinde Mittelhausen und der Ortsteil Einsdorf liegen beide im Rohnetal, im östlichen Ausläufer der Goldenen Aue.

Beide Orte sind sehr alt und wurden schon im 9. Jahrhundert erstmals urkundlich erwähnt.

Bei dieser Urkunde handelt es sich um das so genannte Hersfelder Zehntverzeichnis, eine Liste mit Einnahmen des Klosters Hersfeld im einstigen Hassegau.

Rhonetal und Umgebung

Viele geschichtliche Überlieferungen

Von 1369 bis 1496 gehörten Mittelhausen und Einsdorf zur Edelherrschaft Querfurt, unter deren Regierung die Kirche 1402 neu erbaut worden ist. Gleichzeitig damit verbunden war die Begründung einer eigenen Mittelhäuser Pfarrstelle. Bis 1575 blieb das Amt verschiedenen Herren als Pfand, bis es durch die hohen Schulden der Mansfelder Grafen an die Grafen von Stolberg kam. Von 1575 bis 1603 gehörte Mittelhausen zur Hälfte zu Sachsen-Altenburg, zur anderen Hälfte nach Coburg. 1603 kam es ganz zu Sachsen-Altenburg, deren Herzöge 1672 ausstarben. In der Zeit von 1672 bis 1691 gehörte Mittelhausen zu dem sehr kleinen Fürstentum Sachsen-Jena. Die Pestjahre 1680 und 1681 verschonten auch diese Region nicht, dazu kam noch eine schwache und wirtschaftlich völlig hilflose Regierung. Von 1691 bis 1741 kam Mittelhausen dann an Sachsen-Eisenach und 1741 an Weimar. Die Herrschaft Weimars dauerte bis 1918 zur Abdankung der Fürsten beziehungsweise 1920 mit der Bildung des Landes Thüringen. Bis 1952 gehörten die beiden Orte zum Landkreis Weimar. Nach der Gebietsreform von 1952 sind Mittelhausen und Einsdorf dem Bezirk Halle zugeordnet und letztlich seit der Wiedereinführung der Länderstrukturen im Jahre 1990 dem Land Sachsen-Anhalt. Derzeit gehören sie zur Verwaltungsgemeinschaft »Allstedt-Kaltenborn« mit Sitz in Allstedt.

Die Gemeinde zählt insgesamt 585 Einwohner, davon 159 im Ortsteil Einsdorf lebend. Zur Infrastruktur gehören eine Kindertagesstätte, ein Einkaufsshop und ein gepflegter Sportplatz mit Sportlerheim. Das neue Dorfgemeinschaftshaus verfügt über einen Saal mit 150 Sitzplätzen. Hier finden viele Kulturveranstaltungen statt. Zu Beginn der 1950er Jahre wurde die alte Ortslage von Mittelhausen um die Siedlerstraße erweitert. Hier entstanden Neubauernhäuser. Ende der 1970er Jahre ließ die LPG noch zwei Wohnblöcke für die in der Landwirtschaft tätigen Arbeitskräfte errichten. Eine Reihe neuer schmucker Eigenheime ergänzen das Dorfbild.

Die guten Böden im Rohnetal werden schon seit Jahrtausenden landwirtschaftlich genutzt. Dieses Bild prägt auch heute noch die ganze Region. Die einstmals großen Güter wurden im Rahmen der Bodenreform nach dem Zweiten Weltkrieg aufgelöst und aufgeteilt. Im Jahre 1952 gründeten 14 Einzelbauern mit 66 Hektar Landesbesitz die erste Landwirtschaftliche Produktionsgenossenschaft

Denkmal für den Liedermacher Carl Friedrich Zöllner

Die Sankt Cyriakus-Kirche in Mittelhausen

(LPG) »Einigkeit« in Mittelhausen. 1960 wurden dann auch die letzten Bauern, die bis dahin noch selbständig waren, hineingezwungen. Mit dem Zusammenbruch der DDR liquidierte man 1991 auch die LPG und damit verbunden die Arbeitsplätze der zum größten Teil weiblichen Beschäftigten.

Vereine übernehmen Kulturarbeit

Das kulturelle Leben in Mittelhausen und Einsdorf bestimmen überwiegend der Sportverein Mittelhausen, die Freiwillige Feuerwehr Mittelhausen und der Heimatverein Einsdorf. Ein Höhepunkt im Jahreslauf bildet das traditionelle Brunnenfest in Einsdorf. Sehr beliebt sind auch die Karnevalsveranstaltungen in Mittelhausen. Auf dem 2,5 Kilometer entferntem Schießplatz östlich der Ortslage Mittelhausen, welcher bis zum Jahre 1990 durch die sowjetischen Streitkräfte genutzt wurde und nun durch den GSV »Rohnetal« Osterhausen betrieben wird, ist ebenfalls reges Vereinsleben zu beobachten.

Denkmale und Sehenswürdigkeiten

An Baudenkmalen in der Gemeinde Mittelhausen ist besonders hervorzuheben der Uhrturm, im dörflichen Sprachgebrauch auch »Seigerturm« genannt. An seine Erbauung im Jahre 1569 und eine Erweiterung im Jahre 1733 erinnern zwei noch heute deutlich lesbare Inschrifttafeln. In unmittelbarer Nähe wurde der alte Bauernstein, der früher seinen Platz vor der Schenke hatte, wieder auf einen Sockel gestellt. Die Sankt Cyriakus-Kirche von Mittelhausen hat einen romanischen Westturm mit einem sehr wehrhaften Aussehen. Ringsherum ist er mit mächtigen Stützpfeilern versehen. Das Langhaus stammt aus dem Jahre 1815. In einem Fenster ist eine gotische Glasmalerei mit der Darstellung der Weihnachtsgeschichte erhalten geblieben. Erwähnenswert ist auch der Aufenthalt von Johannes Andreas Zöllner, der am 15. August 1790 das Schulamt in Mittelhausen erhielt und dort verstarb. Eine Gedenktafel im Ortszentrum erinnert heute noch an den Aufenthalt des berühmten Liedermachers. Die Kirche Sankt Petri et Pauli in Einsdorf ist ein Neubau aus dem Jahre 1906. Bis zur Einführung der Reformation im Jahre 1525 übte das Kloster Sittichenbach hier das Patronatsrecht aus. In der Kirchhofsmauer sind ein Stein und zwei Ringe eingelassen, an denen der Überlieferung nach die Mönche ihre Esel angebunden haben. Der Stein trägt Ornamente und die Jahreszahl 1516. Möglicherweise stammt er aus der alten Kirche.

Der Seiger-Turm am Kalten Tor in Mittelhausen

Inschriftstein im Seiger-Turm

Gemeinde Mittelhausen
Bürgermeister Bernd Matschulat
Siedlerstraße 117
Mobil (01 76) 63 85 50 40
gemeinde-mittelhausen@web.de
www.allstedt-kaltenborn.de

Einzingen aus der Luft

Unterwegs in Einzingen und Nienstedt

Dorfidylle pur

Nienstedt und die ehemalige Schachtanlage

Rhonetal und Umgebung

Einzingen – der Mittelpunkt der Welt

Einzingen ist ein kleines Dörfchen in der Nähe der Autobahnabfahrt Allstedt an der Bundesautobahn A 38. Verborgen in einem schönen Tal kann man es aus der Ferne kaum erkennen. Von der benachbarten Einzinger Heide aus hat man einen prächtigen Rundblick: Im Süden bis zum Kloster Donndorf, im Westen in die Goldene Aue mit dem Kyffhäusergebirge, im Norden zum Südharz und im Osten in Richtung Allstedt und Rohnetal. Nach einer alten Sage erklärt sich der Ortsname folgendermaßen: Als man mit dem Bau des Dorfes fertig war, sagte der Schulze: »Nun wollen wir uns hinsetzen und eins singen.« Auch der »Mittelpunkt der Welt« entstand auf eine solche Weise: Am Kapellenberg war einst ein Schäfer beim Hüten eingeschlafen. Beim Aufwachen sah er die Sonne genau senkrecht über sich stehen. Da rief er aus: »Einzingen liegt mitten in der Welt.« So kam auch die Gaststätte zu ihrem Namen »Zur Erdachse«. Diese muss natürlich auch geschmiert werden, damit sie nicht quietscht.

Die erste urkundliche Nennung von Einzingen erfolgte im so genannten Hersfelder Zehntregister aus dem 9. Jahrhundert. Dabei handelt es sich um eine Auflistung von Orten aus dem Friesenfeld, die dem Kloster in Hersfeld zehntpflichtig waren. In dem kleinen Ort gibt es aber noch mehr zu entdecken. Die Kirche ist im Kern spätgotisch. Im Westturm kann man noch die kielbogig geschlossenen Schallarkaden erkennen. Das Schiff wurde nach 1700 im barocken Baustil erneuert. Sehenswert ist der Kanzelaltar im Innern. An der Friedhofsmauer stehen noch einige alte Grabsteine. Mitten auf dem Dorfplatz befindet sich ein von Quellen gespeister Dorfteich. An seinem Ufer liegt ein so genannter Nagelstein. Die Bedeutung dieser sehr seltenen Denkmale ist noch weitgehend ungeklärt. Unter den Linden steht ein

Die Gaststätte »Zur Erdachse«

Dorfkirche in Einzingen

Idylle am Dorfteich

weiteres Unikat, ein alter Bauernstein. Hier wurde einstmals vom Schultheiß Recht gesprochen. Einzingen war früher ein reines Bauerndorf mit den dazugehörigen Handwerkern wie Schmied, Stellmacher, Bäcker, Fleischer, Kaufmann und Gastwirt. Das hat sich auch nicht geändert. Nach der Einzelbauernwirtschaft und der LPG-Zeit bewirtschaft heute ein großes Agrarunternehmen die Feldflur. Der Mittelpunkt des kulturellen Lebens ist die Gaststätte »Zur Erdachse«. Ein rühriger Heimatverein organisiert gemeinsam mit der Freiwilligen Feuerwehr Faschingsveranstaltungen mit dem traditionellen Erbsbärumzug, Burschentanz, die Pfingstfeier auf dem Kirschberg, Sportfeste, das Teichfest und Konzerte. Zusammen mit der Kirchengemeinde findet ein Weihnachtsmarkt statt. Für die Senioren gibt es monatliche Treffen, von der Diakonie organisiert. Ausflüge mit dem Landseniorenverein werden gern genutzt. Im Jahre 2008 leben hier 186 Einwohner. Seit über 30 Jahren ist Einzingen ein Ortsteil von Nienstedt.

Rudi Stöckel

In Nienstedt wurden Pelze gekocht

Der kleine Ort Nienstedt liegt unmittelbar an der Autobahnabfahrt Allstedt der Bundesautobahn A 38. Die Einwohner werden in den umliegenden Dörfern scherzhaft die »Pelzkocher« genannt. Das hat sogar einen Hintergrund. Eines Tages kam Till Eulenspiegel nach Nienstedt und bat um eine Herberge. Dort gab er an, dass er Pelze waschen kann. So trug man am nächsten Tag alle Pelze im Ort zusammen und Eulenspiegel kochte sie in Kesseln, die er vorher mit Milch gefüllt hatte. Als er noch frisches Lindenholz verlangte, gingen alle in den

Das Vereinsdenkmal der Pelzkocher

Die Sankt Laurentius-Kirche in Nienstedt

Der Nagelstein

Wald um es zu holen. Während dieser Zeit verließ Till Eulenspiegel aber Nienstedt auf Nimmerwiedersehen. Die Frauen kehrten zurück, nahmen die Pelze aus den Kesseln, die dabei zerfielen. Da ließen sie es sein und warteten auf die Rückkehr von Till Eulenspiegel, damit er ihre Pelze fertig wasche. Zur Erinnerung an diesen überlieferten Schelmenstreich stellte der Heimatverein »Die Pelzkocher« 1997 am Ortseingang von Allstedt kommend ein Denkmal auf. Ganz in der Nähe ist ein weiteres Denkmal zu sehen, ein so genannter Nagelstein. Er wurde erst vor wenigen Jahren beim Abriss eines Gebäudes entdeckt. Rund zehn Nägel sind in den Braunkohlenquarzit eingeschlagen. Sie zeugen von den Sitten und Bräuchen der Altvorderen.

Nienstedt ist auch ein sehr altes Dorf und wurde ebenfalls im Hersfelder Zehntregister erstmals urkundlich genannt. Es liegt sehr schön in einem Tal, das vom Westerbach durchflossen wird. Schon immer dominierte hier die landwirtschaftliche Nutzung.

Hoch oben, am Ortsrand, steht die Dorfkirche Sankt Laurentii. Das ist bereits der dritte Standort. Im Jahre 1603 war die Weihe des heutigen Gotteshauses. Den Westturm erneuerte man 1862. Im Schiff ist ein schöner Kanzelaltar zu sehen.

Eine gewaltige Spitzkegelhalde erinnert an den Kupferschieferbergbau. Von 1956 bis 1961 wurde südlich vom Ort der 870,5 Meter tiefe Schacht »Bernard Koenen II« geteuft. Im Jahre 1993 verfüllte man wegen der Einstellung der Kupferschieferförderung die Schachtröhre. Nur das unter Denkmalschutz stehende Doppelbockgerüst und einige Gebäude blieben stehen.

Werner Reich

Gemeinde Nienstedt · Dorfstraße 79c
06542 Nienstedt · Tel. (03 46 52) 5 90

Rhonetal und Umgebung

Katharinenrieth – von den Flamen gegründet

Ein Marschhufendorf an der Helme

Katharinenrieth aus der Vogelperspektive

Darstellung des Gemeindesiegels

Der Pflug – Symbol für die regionale Landwirtschaft

Abseits der Straße von Allstedt nach Sangerhausen, nahe der Bundesautobahn A 38, liegt hinter viel Grün verborgen, direkt an der Helme, der Ort Katharinenrieth. Einzig der die Bäume überragende Kirchturm ist von hier aus zu sehen. Vielen ist dieser Ort unbekannt und mancher schenkte ihm einen mitleidigen Gedanken, wenn das Land bei Hochwasser bis an die Hauptstraße überschwemmt wurde.

Die Geschichte des Ortes beginnt vor über 800 Jahren, zum Ende des 12. Jahrhunderts, als Flamen in das untere Ried zogen, »um es der häufigen und starken Überschwemmung zu entziehen und zum Wohle der Menschen zum Ackerbau tauglich zu machen«. Die erste urkundliche Erwähnung von Katharinenrieth ist durch die Schenkung des Kaisers Friedrich I., »Barbarossa«, im Jahre 1184 an den Mönch Jordan, vom Kloster der Zisterzienser aus Walkenried, als Dank für die Urbarmachung des unteren Rieds und der Helmeniederung bekannt. Die Bewohner nannten sich Freie Friesen oder Fläminger. Sie waren Eigentümer des Grund und Bodens und von Abgaben befreit. Diesen vererbten sie durch den »Kirchgang« vor ihrer Gemeinde; in der damaligen Zeit etwas Seltenes. Ende des 15. Jahrhunderts sahen sie sich veranlasst, sich unabhängig zu machen, um den Rechtsanspruch und dessen Durchsetzung bei der oberen Behörde und dem oberen Amte zu wahren. Von nun an mussten auch Tribut und Abgaben an das Amt gezahlt werden. Katharinenrieth führt seit mehreren Jahrhunderten in seinem Gemeindesiegel ein Herz mit Lebens-

Die 1866 erbaute Dorfkirche Sankt Katharinen

... wurde in den 1990er Jahren umfassend restauriert.

Traditioneller Ackerbau, vorgeführt anlässlich eines Dreschfestes

über drei Brücken, durch die ehemalige Mühle in den Ort. Diese Straße gehörte neben dem Helmebereich und Wiesenflächen der Gemeinde Niederröblingen, die Mühlinsel der Stadt Allstedt. Durch diese Eigentumsverhältnisse ist die Gemeinde nie im Besitz einer eigenen Zufahrtsstraße gewesen. Seit der Flussbegradigung in den 1960er Jahren bemühte man sich um eine eigene Zufahrt, sowie um den Neubau der durch Hochwasser beschädigten Brücken. Im Jahre 1994 wurde die alte Zufahrt durch eine Verlegung der Helme und den Bau einer modernen breiteren Brücke über den Fluss ersetzt. Entlang des neu gestalteten Ortseingangs sind Pflug und Brunnen aufgestellt. Diese Arbeitsmittel stehen als Zeichen für die regionale Landwirtschaft und zeugen von der Arbeit und Mühe der Riethbauern in den vergangenen Jahrhunderten. Martin Luther sagt einst: »Wenn Du nicht arm sein willst, nimm den Pflug und hol es Dir aus der Erde!« Die Riethbauern haben es versucht und sind fündig geworden. Auch ein mittelalterliches Malteser- oder Sühnekreuz ist hier zu finden. Die Bedeutung und der ursprüngliche Aufstellungsgrund dieses Zeitzeugen aus der örtlichen Geschichte konnten trotz intensiver Nachforschungen bis heute nicht eindeutig geklärt werden.

Die landwirtschaftliche Produktion bestimmte seit jeher das Leben im Ort und damit auch seinen Charakter. Heute ist Katharinenrieth mit rund 215 Einwohnern hauptsächlich Wohnungsstandort. Einige Einwohner arbeiten in der hiesigen Landwirtschaft oder im ortsansässigen Transportunternehmen, der Großteil jedoch außerhalb.

Im westlichen Teil der Gemarkung befinden sich mehrere Kiesgruben, die bis Ende der 1990er Jahre in Betrieb waren. In Zukunft soll dieses Gebiet unter anderem als Standort für Anlagen zur Gewinnung erneuerbarer Energien genutzt werden. Durch die gut ausgebauten Rad- und Wanderwege in der Gemarkung bieten sich Naturfreunden zahlreiche Möglichkeiten für Radtouren und Wanderungen entlang der Helme und in die nähere Umgebung bis ins benachbarte Thüringen, wobei immer wieder gern ein Zwischenstopp im Bauernhofcafé eingelegt wird.

Das kulturelle Leben im Ort bestimmen der »Heimatverein«, der »Verein zur Erhaltung der landwirtschaftlichen und bäuerlichen Traditionen«, die Freiwillige Feuerwehr und die örtliche Blaskapelle »Katharina«. Höhepunkte bilden die Karnevalsveranstaltung, welche traditionsgemäß immer erst nach Aschermittwoch stattfindet, das Sommerfest Ende Juni und das Dreschfest.

Gemeinde Katharinenrieth
Bürgermeister Andreas Loel
Dorstraße 7a · 06542 Katharinenrieth
Tel. (03 46 52) 7 75 · www.allstedt-kaltenborn.de

baum. Die älteste Darstellung geht auf ein Siegel der Kirchengemeinde aus dem Jahr 1676 zurück. Die historische Dorfform ist ein Marschhufendorf flämischen Ursprungs und bestand anfänglich aus zehn Einzelgehöften entlang der Helme. Die Anordnung in Hufen im spitzen Winkel zum Lauf der Helme bestimmt auch heute noch die Struktur des Ortes und ist im gesamten mitteldeutschen Raum so gut wie einmalig. Seit seiner Entstehung ist diese Dorfform noch erhalten, ebenso die in der »Hufe« liegenden Ländereien. Bei der Urbarmachung durch die flämischen Siedler wurde die gesamte Entwässerung nach deren gewohnter Bauart durchgeführt, dementsprechend teilten sie auch das Land hinter den Hufen, die Grundstücke mit den Wohnstellen, auf. Das gesamte Gebiet um Katharinenrieth ist von der Flussniederung geprägt und weist kaum Gefälle auf. Zur Entsorgung des Regenwassers sind Gräben und Abwasserkanäle gezogen, wie es im gesamten oberen Helmeried zu beobachten ist. Der Erhalt dieser Grundsubstanz liegt auch heute noch im Interesse aller Bürger der Gemeinde.

Die einzige öffentliche Zufahrt führte bis Anfang der 1990er Jahre durch die Niederröblinger Flur,

Das »Kapellendenkmal« – eingeweiht anlässlich des 40-jährigen Bestehens der Blaskapelle »Katharina« im Jahre 2000.

Mittelelterliches Malteserkreuz am Ortseingang

Erkundungsschacht in Hettstedt (Fotos: BST Mansfeld)

Seit 15 Jahren als Spezialunternehmen für den Bergbau am Markt

BST Mansfeld GmbH & Co. KG

Einbau von Sicherungsankern in der Heimkehle *Untersuchung eines Stubensandabbaues in Badeborn*  *Firmensitz der BST Mansfeld in Niederröblingen*

Rhonetal und Umgebung

Aufgewältigter Schacht für die Nutzung von Geothermie in Marienberg

Bergmännischer Stollenvortrieb für Versorgungsleitungen in der Innenstadt von Kassel

Zukunftsberuf Bergmann? Daran hat wohl niemand mehr nach der Wende geglaubt. Mit der Einstellung des Kupferschieferbergbaues in den drei letzten großen Schachtanlagen in Sangerhausen, Nienstedt und Niederröblingen schien auch das Ende der Bergbautradition in der Südharzregion für immer besiegelt zu sein.

Am 1. April 1993 wurde auf dem ehemaligen Schachtgelände in Niederröblingen durch die Firma Feldhaus das Unternehmen BST Mansfeld GmbH & Co. KG gegründet. Am 1. Januar 1994 erfolgte noch die Übernahme des Fluss- und Schwerspatbergwerks Rottleberode. Das BST im Firmennamen steht dabei für Bergbau, Stollenbau und Tunnelbau, inbegriffen sind aber auch Felssicherung, Bauwerksanierung und Grubenwasseraufbereitung.

Nach 15 Jahren am Markt zählt das Unternehmen heute über hundert Mitarbeiter, davon elf Auszubildende. Die Mitarbeiter betrachten sich selbst als »reisende Bergleute«. Die gestandenen erfahrenen Bergleute sind europaweit in aktiven Bergwerken, im Altbergbau, aber auch im Tunnelbau tätig. So haben Bergleute aus dem Südharz bei einem Zugangsstollen für das Schloss Neuschwanstein, einem Stollen für ein Pumpspeicherkraftwerk in Luxemburg oder auch bei der Sanierung eines Eisenbahntunnels in Litauen mitgewirkt. Das Unternehmen sieht sich als Dienstleister für den Bergbau. Von der Auffahrung neuer Strecken bis hin zu Sanierungsarbeiten in Schächten werden Lösungen für bergmännische Aufgaben angeboten.

Im Altbergbau sind die Sicherung von Tagesbrüchen, die Erstsicherung, die Erkundung und die Verwahrung von untertägigen Hohlräumen gefragt. Auf der langen Liste der Referenzobjekte stehen unter anderem zahlreiche Projekte in Hettstedt, die Kalksteintiefbaue in Schraplau oder auch Tagesbrüche bei Morungen. Dazu zählen auch die Sanierungsarbeiten an den Wasserlösestollen im Südharz und Mansfelder Revier.

Ob Lawinenverbau in Norwegen, eine Felssicherung im Rheintal oder bei der Hermannshöhle in Rübeland, die Leistungen der BST Mansfeld sind überall gefragt. In der Heimkehle bei Uftrungen, der größten Karstschauhöhle im Südharz und in der Barbarossahöhle am Kyffhäuser kommen die Mitarbeiter regelmäßig zum Einsatz.

Die Verwahrung der ehemaligen Flussspatgruben in Strassberg und Rottleberode erfolgte durch die BST Mansfeld. Auf dem Schachtgelände in Rottleberode wurde nach Abschluss der Sanierungsarbeiten eine Humusaufbereitungsanlage in Betrieb genommen. Mit dem Humus werden die Spülhalden der Grube abgedeckt. Im Straßberger Revier wurden zwei Entwässerungsstollen mit insgesamt 4,1 Kilometer Länge aufgefahren. Durch

Firstberaubung eines alten Kalksteintiefbaues in Hettstedt

Schachtscheibe des ehemaligen Bernard-Koenen-Schachtes auf dem Betriebsgelände der BST Mansfeld in Niederröblingen

Hangsicherung für die Bahn bei Myrdal in Norwegen

Hubschraubertransport für eine Felssicherung in Sundalsöra (Norwegen)

Auszubildende zum Bergmechaniker des Jahrgangs 2008

Sanierter Wasserlösestollen in Clausthal-Zellerfeld

diese Stollen wird Grubenwasser zu einer zentralen Grubenwasseraufbereitungsanlage geführt. Die Anlage wurde 2008 in Betrieb genommen und wird von der BST Mansfeld betrieben.

Für die vielseitigen Aufgaben braucht die BST Mansfeld Spezialisten, wie sie bisher nur der Bergbau ausgebildet hat. Um dies auch für die Zukunft zu sichern, beteiligt sich die BST Mansfeld maßgeblich an der Ausbildung zum Bergmechaniker in der Region Kyffhäuser und Mansfeld-Südharz.

BST Mansfeld GmbH & Co. KG
Einzinger Landstraße 147
06542 Niederröblingen
Tel. (03 46 52) 66 70
www.bst-mansfeld.de

Zu Gast im Unstruttal

Herzlich willkommen in Artern

Eine attraktive Kleinstadt

Artern ist eine sehr lebendige Kleinstadt im Nordthüringer Raum, reizvoll am Fuße des Kyffhäusergebirges gelegen, eingebettet zwischen Goldener Aue und Schmücke. In Artern und Umgebung findet der Besucher Ruhe und Entspannung. Gut ausgeschilderte Wander- und Radwege führen zu historischen und romantischen Ausflugszielen.

Die über 1200 Jahre alte Stadt hat ihre Vergangenheit bewahrt und geht mit Zuversicht in die Zukunft. Eine funktionierende Infrastruktur mit Kindereinrichtungen, Schulen, Sport-, Freizeit- und Erholungsanlagen, Wohnbereichen sowie die günstige Verkehrsanbindung über Schiene und Straße weisen die Stadt als attraktiven Wohnort und wirtschaftlichen Standort aus. Für die Ansiedlung und Erweiterung von mittelständischen Unternehmen, Handel und Handwerk wird zukunftsorientiert in zwei Gewerbegebieten Bauland preiswert angeboten. Die Stadt Artern ist im Landesentwicklungsplan des Freistaates Thüringen als Mittelzentrum ausgewiesen. Im Gewerbestandort »Kachstedter Straße« sind 35 Hektar Gewerbeflä-che voll erschlossen. Direkt an der Bundesstraße B 86 gelegen, bietet es einen günstigen Verkehrsanschluss, der nach Fertigstellung der Bundesautobahn A 71 noch an Attraktivität gewinnen wird. Bei dem Standort »Kyffhäuserhütte Artern« handelt es sich um die Weiternutzung von Industrie- und Gewerbeflächen.

Artern pflegt Partnerschaftsbeziehungen zu Einbeck in Niedersachsen, Topol`cany in der Slowakei und Mazingarbe in Frankreich. Gemeinsame kulturelle und sportliche Veranstaltungen in allen Partnerstädten, wechselseitige Besuche von Vereinen und besonders durch private Beziehungen der Menschen untereinander wird diese Partnerschaft gefördert.

Zu Artern gehört der Ortsteil Schönfeld. Idyllisch an der Unstrut gelegen, ist er ein idealer Ort für Ruhe und Beschaulichkeit, eine wunderbare Gegend für Spaziergänger, Radfahrer und ambitionierte Wasserwanderer. Der Schönfelder See ist ein beliebter Treffpunkt für Sportfischer.

Die Solequelle mit dem Brunnenhäuschen auf dem Friedhof

Die um 1250 gebaute Veitskirche ist eine Kultur- und Begegnungsstätte: die Außenansicht.

Blick auf Artern

Zu Gast im Unstruttal

Aus der Geschichte

Die erste urkundliche Nennung von »Aratora« erfolgte vor über 1200 Jahren im so genannten Breviarium Sancti Lulli, einem Besitzverzeichnis des Klosters Hersfeld im damaligen Nabelgau. Im Jahre 1324 wurde das Stadtrecht verliehen. Die Chronik berichtet von vielen Territorialherren, Überschwemmungen durch die Unstrut, verheerenden Stadtbränden und Kriegswirren. Ein wichtiger Eckpfeiler in der Geschichte ist die Salzgewinnung, erstmals erwähnt im Jahre 1477. Eine natürliche Quelle lieferte die begehrte Sole. Im 18. Jahrhundert wurde eine Saline errichtet, die sich zu den drei größten in Kursachsen entwickelte. Es gab auch Bemühungen zur Schaffung eines anerkannten Heilbades. Auf einer Fläche von 20 Morgen entstanden Park- und Badeanlagen mit Promenade, Badehaus, Kursaal und vieles mehr. Der Kurortstatus wurde aber nicht erreicht. Im Jahre 1964 stellte man den Salinebetrieb ein. Historische Bedeutung erlangte die Stadt auch mit der Errichtung einer Zuckerfabrik, der Kyffhäuserhütte und einer Brauerei. Nicht zuletzt verhalfen die Schiffbarmachung der Unstrut und der Bahnanschluss zu wirtschaftlichem Aufschwung.

Die Johann-Gottfried-Borlach-Schule

Viele Sehenswürdigkeiten

Unübersehbar ist das im neobarocken Stil erbaute Rathaus. Hier hat die Stadtverwaltung ihren Sitz. Um 1250 wurde die Sankt Veit-Kirche errichtet. Nach umfänglicher Sanierung dient sie heute als Kultur- und Begegnungsstätte und beherbergt ein weit über die Landesgrenzen hinaus beliebtes Standesamt. Der Obere Hof wurde als Fachwerkbau um 1700 errichtet und ist eines der ältesten Gebäude in der Stadt. Die Galerie ARATORA, 1990 gegründet, zeigt in vier Ausstellungsräumen Kunstwerke. Jährlich rund 600 Besucher zählt der Rundsichtturm »Jüngkens Aussicht«. Von der Kanzel aus bietet sich ein herrlicher Rundblick bis zum Kyffhäusergebirge und Südharz. Der Parkfriedhof ist mit seinem vielfältigen Baumbestand und historischen Grabstätten Arterner Persönlichkeiten eine der schönsten Anlagen in Deutschland. Hier sprudelt auch die Solequelle, der Artern einst Wohlstand verdankte. Sie speist über den Solegraben das Schwimmbad. Der Solegraben ist eines der kleinsten Naturschutzgebiete in Europa mit einer seltenen Flora und Fauna. Der Naturgarten führt den Besucher auf interessanten Pfaden zu vielfältigen Pflanzen aller Art. Mittelpunkt ist die Kräuterfrau Artemis. Sehenswert ist auch der rund 6,5 Hektar große Salinepark. Eine Freilichtbühne, das großzügige Sole-Erlebnisschwimmbad und weitere Sportanlagen bieten jedem Besucher etwas.

Jüngkens Aussicht

Das Rathaus der Stadt Artern

Die um 1250 gebaute Veitskirche ist eine Kultur- und Begegnungsstätte: die Innenansicht.

Blick auf die Dorfkirche im Ortsteil Schönfeld

Das moderne Solebad

Im Oktober findet der traditionelle Zwiebelmarkt statt. (Foto: Stadt Artern)

Volksfeste laden ein

Ein großes Volksfest findet Anfang August statt – das Brunnenfest. Dabei wird an die alte Tradition des Salzsiedens in Artern erinnert. Wer am ersten Wochenende im Oktober das Städtchen Artern besucht, kann ein Highlight erleben, den weit über die Region hinaus bekannten traditionellen Zwiebelmarkt. Eingeleitet durch den Festbieranstich eröffnet der Bürgermeister mit dem Aufziehen der Zwiebelkrone das zweitägige Volksfest. Rund 200 Stände bieten alles um und mit Zwiebeln an. Ergänzend werden auch handwerkliche Erzeugnisse sowie Kuchen, Wurst und Weine angeboten. Rund 15 000 Besucher kommen zum Markt.

Stadtverwaltung Artern
Markt 14 · 06556 Artern
Tel. (0 34 66) 3 25 50
Fax (0 34 66) 32 55 50
stadt-artern@t-online.de
www.artern.de

Winterzauber auf dem Schloss derer von Werthern-Wiehe (Fotos: Heinz Kubatz, Wiehe)

Wiehe – Ranke- und Modellbahnstadt

Reizvolle Altstadt lädt zum Besuch ein

Uraltes Siedlungsgebiet

Durch archäologische Funde ist die Besiedlung des Gebietes, in dem die Stadt liegt, seit der Jungsteinzeit bezeugt. Mit Sicherheit waren auch Vertreter germanischer Stämme zu Beginn der Zeitrechnung und danach Bewohner des Thüringer Königreiches hier ansässig. Nach der Zerschlagung des Thüringer Königreiches im Jahre 531 entwickelte sich Wiehe zu einer fränkischen Burgsiedlung im Gau »Uuigsezi«, dem Wiehegau. Die erste urkundliche Erwähnung von »Wihe« erfolgte um 786.

Blick auf das Schlossportal und den Stadtturm

Altstadtweg zur Sankt Bartholomäus-Kirche

Zu Gast im Unstruttal

Im politischen Zentrum der europäischen Macht

Im Jahre 933 tritt König Heinrich I. in die Geschichte der Stadt ein. Er erwarb die Herrschaft Wiehe, die Burg wurde dadurch Reichsburg. Nach seinem Tod ging die Herrschaft an seinen Sohn, Otto den Großen, den ersten deutschen Kaiser des Heiligen Römischen Reiches Deutscher Nation, über. 998 schenkte dessen Enkel, Otto III., die Herrschaft Wiehe dem nahe gelegenen Kloster Memleben. Die Schenkungsurkunde enthält zugleich die erste schriftliche Erwähnung des Weinanbaus im Unstruttal. Die Bedeutung der Herrschaft Wiehe ging verloren, als sie um 1045 als Lehen an die Thüringer Grafen von Kevernburg überging. Von 1453 bis 1945 gehörte das Schloss Wiehe der Familie von Werthern.

Das Mittelalter und die historische Art des Lebenserwerbs sind auch heute noch zu erkennen

Der sich im Mittelalter zur Stadt entwickelnde Ort mit engen Gassen war durch eine Mauer mit drei Toren, Wehrtürmen und Wall geschützt und besaß bereits im Jahre 1320 Elemente des Stadt- und Marktrechts. Nach dem großen Stadtbrand 1659 wurden Stadt, Kirche und Schloss neu aufgebaut. Das Schloss grüßt heute die Gäste, die von Süden über den Wald der Hohe Schrecke kommend die Stadt erreichen. Ein Lebenserwerb als Ackerbürger und Handwerker lässt eine Ladenstraße mit charakteristischen Hofeinfahrten entstehen. Auch heute noch ist der Altstadtteil nahezu komplett und umfasst etwa ein Drittel der Stadtfläche. Hier gibt es auch ein liebevoll eingerichtetes Heimatmuseum, in dem sich ein historischer Schulraum mit Klappbänken, Schiefertafeln, Harmonium, Schulbüchern, Fotos und Chroniken befindet. In weiteren Räumen sind Gegenstände hiesiger Handwerker, Bauern, Ärzte und der Post ausgestellt.

Der historische Schulraum im Heimatmuseum (Foto: Heinz Kubatz)

Die Einwohner der Stadt Wiehe lieben die Geselligkeit

Ausgehend von einer Anzahl von etwa 2100 Einwohnern der Stadt und ihrer Ortsteile Langenroda sowie Garnbach (Hechendorf ist ein Siedlungsteil der Stadt) bieten über dreißig Vereine beziehungsweise Interessengemeinschaften ein buntes Programm für die Freizeitgestaltung. Sie übernehmen freiwillige soziale Aufgaben oder unterstützen die Entwicklung der Stadt. Von Heimatgeschichte, Tanz, Karneval, Musik, Theater, Förderung historischer Bausubstanz, Sport vielerlei Art, Haustierhaltung, Jugend- sowie Seniorenarbeit, Schützentätigkeit bis Jagd, um nur einige zu nennen, reicht die Angebotspalette. Die Wieheschen sind ein traditionsbewusstes Völkchen: seit mehreren Jahrhunderten feiern sie jedes Jahr ihren Bartholomäusmarkt. Aber damit nicht genug, der Weihnachtsmarkt, weitere regelmäßige Feste und Veranstaltungen wie der Opernball, das Kinderfest, die Konzerte des Loh-Orchesters, seit neuestem auch ein Seifenkistenrennen und anderes werden rege in Anspruch genommen.

Ein Platz zum Verweilen – der Ranke-Obelisk (Foto: Steffi Rohland)

Leopold von Ranke, der Mann, der Wiehe in der Welt einen Namen gab

Leopold von Ranke, der große Historiker des 19. Jahrhunderts, wurde am 21. Dezember 1795 in Wiehe geboren. Mit 29 Jahren veröffentlicht er sein Buch »Geschichten der romanischen und germanischen Völker« mit einem Anhang »Zur Kritik neuerer Geschichtsschreibung« und wird daraufhin Professor an der Berliner Universität. Zahlreiche Werke seiner historischen Forschung folgen. Mit seiner Forderung, Quellen kritisch zu erforschen, wird er zum »Vater der modernen Geschichtsschreibung«. Sein Gesamtwerk umfasst 54 Bände, darunter grundlegende Werke zur europäischen Geschichte. 1875 beginnt er mit seiner »Weltgeschichte«, die jedoch unvollendet bleibt. In Würdigung seines Lebenswerkes wurde er im Jahre 1865 geadelt. Am 23. Mai 1886 stirbt er in Berlin. Das Ranke-Museum besitzt umfangreiche Ranke-Literatur und auch Autografen Leopolds, seiner Familie und Nachfahren.

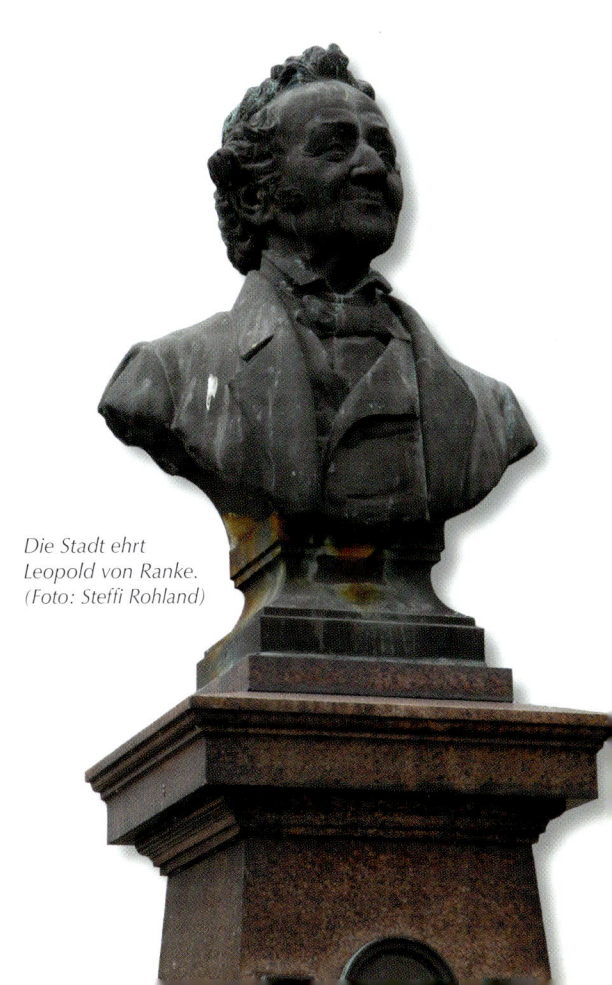

Die Sankt Bartholomäus-Kirche – Herzstück der Altstadt (Foto: Frank Bigeschke)

Feste und geselliges Beisammensein im Stadtpark (Foto: Stadt Wiehe)

Die Stadt ehrt Leopold von Ranke. (Foto: Steffi Rohland)

Zu Gast im Unstruttal

Langenroda umringt von Streuobstweisen (Foto: Heinz Kubatz)

In Langenroda lohnt sich ein Besuch zur Kirschblüte

Im Jahre 1312 wurde unter dem Namen »Langinrode« der aus einer Rodung hervorgegangene und heutige etwa 270 Einwohner-Ort erstmalig urkundlich erwähnt. Das eingeschnittene Tal, in dessen Sohle Langenroda liegt, ist von Wiesen, Streuobstwiesen und Hecken nahezu umgeben und geht an seinem südlichen Ende in den Wald der Hohen Schrecke über. Die bäuerlichen Anwesen sind mit den Giebeln zur Straße ausgerichtet. Die Straße endet im Ort. Zu den historischen Zwei- und Dreiseithöfen gehören Scheunen, Ställe und häufig auch Backhäuschen aus Lehm und Sandstein.

Garnbach ist als Kleinod bei Wanderern und Naturfreunden bekannt

Auch Garnbach mit rund 140 Einwohnern ist ein Straßendorf mit Zwei- und Dreiseithöfen, welches sich harmonisch in das reizvolle Tal zu Füßen der Burgruine Rabenswald einfügt. Die Straße endet wiederum im Ort.

Das Dörfchen liegt durch Höhenrücken vom Unstruttal getrennt und gut versteckt inmitten einer kleinteiligen Landschaft aus Wiesen, Streuobstbeständen, Hecken und bewaldeten Hanglagen der Hohen Schrecke

Garnbach im sommergrünen Tal (Foto: Steffi Rohland)

Hechendorf bietet Plätze zum Träumen für Romantiker

Hechendorf findet der Wanderer idyllisch an die Hohe Schrecke gelehnt zwischen Wiehe und Donndorf. Ab dem 12. Jahrhundert gingen die Hofflächen und Ländereien des ehemaligen Dorfes nach und nach in den Besitz des Klosters Pforta über. Heute besteht die Ansiedlung aus wenigen Wohnhäusern, aber einem imposanten Gut mit Stall und Nebengelass in ortstypischer Sandsteinarchitektur. Der Hechendorfer Teich, von Quellwasser gespeist und alten Bäumen beschattet, lässt Romantikerherzen höher schlagen.

Ländlich romantisches Hechendorf (Foto: Steffi Rohland)

Unter Mühlenflügeln ist ein Tisch gedeckt

Ein Ausflug zur Bockwindmühle lohnt sich nicht nur wegen des leckeren Kuchens im benachbarten Mühlencafe. Diese wohl älteste Bockwindmühle Nordthüringens aus dem Jahre 1732 ist als technisches Denkmal wieder aufgebaut und veranschaulicht heute dem Interessierten drei Jahrhunderte Mühlentechnik.
Was gibt es nicht alles zu entdecken: Steinboden, Jungfernbalken, Mehlleisten, Rutenwelle, Sturmsäule, Kreuzschwellen, Windtür und vieles mehr. Ja, die Mühle funktioniert noch, sie kann Mehl mahlen und sich auch heute noch über dem feststehenden Bock in die günstigste Windrichtung drehen lassen.

Die Bockwindmühle vor Sommergewitterhimmel (Foto: Steffi Rohland)

Zu Gast im Unstruttal

Die »Thüringer Region« in der Modellbahnanlage (Foto: Steffi Rohland)

Die Modellbahn lockt zahlreiche Liebhaber nach Wiehe

Seit 1997 ist in einer liebevoll gestalteten Modellbahnanlage die faszinierende Welt der großen und kleinen Eisenbahn auf rund 12 000 Quadratmetern zu sehen. In ihrer Größe und Einmaligkeit überrascht sie mit grandiosen Landschaftsbildern, originalgetreuen Bahnhofsgroßmodellen, bekannten Städten und imposanten Wahrzeichen verschiedener Länder. Zu sehen sind die Fahrstrecke des berühmten Orientexpresses (London-Istanbul), die Thüringer Region mit ihren Bahnsystemen zwischen den Linien Eisenach-Erfurt-Weimar im Süden und Leinefelde-Nordhausen-Blankenheim im Norden, der Schienenweg der ICE-Strecke »Hamburg-Würzburg«, die Romantik der Selketal-, der Harzquer- und der Brockenbahn und der Schienenweg, der die USA von Ost nach West quert.

Wer in Wiehe wandern will, findet immer ein Ziel

Ländliches Umfeld, liebliche Obsthaine, Grasländer, alter Wald und historische Bausubstanz, viele Wanderwege umkreisen Wiehe, Langenroda und Garnbach. Ob die Wanderung zur Burgruine Rabenswald, zum ehemaligen Park Kuckuckswald, zur vielhundertjährigen Eiche, zum quellwassergespeisten Wassertretbecken am Hainborn, zur Bockwindmühle, zum Ranke-Obelisk und vielen anderen lauschigen Orten führt, immer liegen gemütliche Gasthäuser an nahen Wegen.

Das Gasthaus »Zum Fröhlichen Wanderer«, die Gaststätte »Zum Wolfstal«, »Horns Heuherberge« und das »Mühlencafe« laden ein. Wer die Weite mag, kann die Flussaue der Unstrut mit Flutkanal, wasserführenden Gräben und Grünland erkunden. Beliebt sind Radtouren über die Gemarkungen der Stadt hinaus bis zur Burg Wendelstein oder zum Fundort der Himmelsscheibe von Nebra, aber auch flussaufwärts lohnt sich ein Ausflug. Auch Wander- beziehungsweise Radwege von überregionaler Bedeutung führen durch die Unstrutaue und die Hohe Schrecke.

Vielhundertjähriger Baumriese (Foto: Heinz Kubatz)

Wege zum Wandern (Foto: Frank Bigeschke)

Urige Wälder grüßen von der Anhöhe der Hohen Schrecke

Die bodensauren Buchenmischwälder sind wegen ihrer Naturnähe, ihrer Großflächigkeit und Unzerschnittenheit eine Besonderheit sogar für Mitteleuropa. Heute stellt diese bedeutsame Fläche das größte Naturschutzgebiet Thüringens dar und steht außerdem noch unter europäischem Naturschutzrecht.

Neben der scheuen Wildkatze, dem Baumhöhlen schaffenden Schwarzspecht und der überaus zahlreichen Vogelwelt behaupten seltene Pilzarten, holzbewohnende Insekten und 15 bedrohte Fledermausarten hier ihren Lebensraum.

Im Schwimmbad (Foto: Frank Bigeschke)

Ein kühles Bad erfrischt die Lebensgeister

Wenn die Hitze des Sommers drückt, Lust auf sportliche Aktivitäten besteht, die Kinder ihren Bewegungsdrang austoben und die Eltern dies mit Entspannung verbinden wollen, dann ist das Freibad von Wiehe ein guter Tipp.

In dem kleinen und gemütlichen Bad findet sich für jedes Alter etwas: ein Matschplatz und Planschbecken für die Kleinen, ein Nichtschwimmer- und ein Schwimmerbecken sowie Möglichkeiten für Ballspiele und ein Kinderspielplatz.

Stadtverwaltung Wiehe
Leopold-von-Ranke-Straße 33 · 06571 Wiehe
Tel. (03 46 72) 8 90
info@stadt-wiehe.de · www.stadt-wiehe.de

Touristinformation Unstruttal
Tel. (03 46 72) 6 98 07 · Fax (03 46 72) 6 98 57
wiehe@kyffhaeuser-tourismus.de
www.kyffhaeuser-tourismus.de

Zu Gast im Unstruttal

Donndorf – eine »europäische« Gemeinde

Ländliche Idylle am Rand der Hohen Schrecke

Blick auf die Ortslage Donndorf

Das Donndorfer Heimathaus

Der Lindenplatz in Donndorf

Naturidylle Borntalteich

Donndorf ist ein altes thüringisches Bauerndorf mit rund 850 Einwohnern am Rand der Hohen Schrecke im Kyffhäuserkreis. Zur Gemeinde gehören die beiden Ortsteile Kleinroda und Kloster Donndorf. Die reizvolle Landschaft wird geprägt durch das Unstruttal und das Buchenwaldgebiet der Hohen Schrecke.

Der nachhaltige Umgang mit natürlichen Ressourcen und die Ausgewogenheit auf ökologischem und sozialem Gebiet spielten bei der Entwicklungsplanung der Gemeinde nach der Wende eine große Rolle. Die Dorfbäche wurden innerhalb und außerhalb der Ortslage saniert, die Dorfstraßen, der Lindenplatz und die alten Sandstein- und Fachwerkhäuser im Rahmen der Dorferneuerungsplanung nach historischem Vorbild wieder hergestellt. Für dieses Engagement erhielten die Donndorfer Bürger mehrfach Auszeichnungen. So gab es im Jahre 1994 beim Wettbewerb »Unser Dorf soll schöner werden« den ersten Platz im Landkreis und den Titel »erster Landessieger der Hauptklas-

Zu Gast im Unstruttal

Ländliche Heimvolkshochschule Thüringen e.V. Kloster Donndorf – Kräutergarten mit Blick auf das Klausurgebäude

Eingangsbereich Wohnstift Kloster Donndorf

Der spätgotische Altarschrein aus der 1. Hälfte des 15. Jahrhunderts in der Alten Peter- und Paul-Kirche (Foto: Pfarrarchiv Donndorf)

se« im Freistaat Thüringen. Beim 18. Bundeswettbewerb errang der Ort eine Goldmedaille. Im Jahre 1998 verlieh die Jury der Europäischen ARGE Landentwicklung und Dorferneuerung den Donndorfern einen »Europäischen Dorferneuerungspreis für eine mottogerechte, umfassende Dorfentwicklung von herausragender Qualität«. Dem folgten als Preisträger im bundesweiten, sozialen und ökologischen TAT-Orte – Wettbewerb in den Jahren 1999 und 2000 weitere Auszeichnungen durch die Deutsche Bundesstiftung Umwelt Osnabrück. Dazu ist es der Gemeinde gelungen, zahlreiche Unternehmen in Donndorf anzusiedeln.

Donndorf blickt auf eine reiche geschichtliche Vergangenheit zurück. Die erste urkundliche Erwähnung im Jahre 786 als »Dundorf« erfolgte im so genannten Breviarium des Lullus.

Zu den Sehenswürdigkeiten im Ort gehört die Alte Sankt Peter- und Paul-Kirche, deren Turm aus dem 13. und deren Chorjoch aus dem 14. Jahrhundert stammen. Erstmalig wurde an dieser Stelle eine Kirche um 1008 erwähnt. Aus der ersten Hälfte des 15. Jahrhunderts stammt ein spätgotischer Altarschrein. Die Kirche wurde in zwei großen Bauabschnitten von 1994 bis 1995 und 2008 saniert.

Im Ortskern wurde 1864 eine Kirche im neuromanischen Stil erbaut, die ebenfalls den Namen Sankt Peter und Paul trägt. 1978 stürzte das Kirchendach durch Nässeschäden ein. Zwischen 1995 und 1997 konnte die Sicherung am Objekt abgeschlossen werden.

Unmittelbar vor der Neuen Kirche wurde ein im Ort aufgefundenes mittelalterliches Steinkreuz aufgestellt. Kreuze dieser Arte dienten als Sühnekreuze. Es hat eine gewaltige Höhe von 2,36 Meter. In einem alten Dreiseitenhof ist ein kleines Heimatmuseum eingerichtet, das zu Entdeckungen in die Vergangenheit einlädt.

Auf dem Hanisberg stifteten um das Jahr 1250 die Herren von Tundorf das Kloster Donndorf. Es beherbergte bis zu seiner Auflösung im Jahre 1541 Nonnen des Zisterzienserordens. In den Gebäuden wurde 1561 eine Lateinschule für begabte Knaben eingerichtet. Dem folgten weitere vielfältige Nutzungen, vom Landschulheim bis hin zu Wohnungen. Von 1992 bis 1996 erfolgte die umfassende Sanierung des gesamten Klosterkomplexes. Seitdem hat die Ländliche Heimvolkshochschule Thüringen e.V. hier ihr Zuhause gefunden. Unter dem Motto »Leben und Lernen unter einem Dach« veranstaltet diese Erwachsenenbildungsstätte Seminare, Tagungen und Bildungsfreizeiten mit gesellschaftspolitischen, religiösen, kreativen und kulturellen Themen. Sie ist europaweit tätig. Die Klosterkirche aus dem Jahr 1754 wurde 1998 umfangreich saniert und dient wieder als Gotteshaus. Weiterhin wird die Kirche zu vielen Konzerten genutzt. In einem Neubau hat auf dem Klostergelände das Diakonische Zentrum »Sophienhaus Weimar« das »Wohnstift Kloster Donndorf« eingerichtet. Hier können Senioren und unter 60-jährige hilfebedürftige Menschen ein neues Zuhause finden.

Ein weiterer Ortsteil von Donndorf ist Kleinroda, das seinen Namen vermutlich einer »kleinen Rodung« verdankt und aus dem 14. Jahrhundert stammt. Kleinroda liegt in einem Landschaftsschutzgebiet. Zwischen den Ortsteilen besteht ein umfangreiches Wanderwegenetz mit vielen Verweilorten und einem Naturlehrpfad.

An kommunalen Einrichten gibt es in Donndorf umfangreiche sportliche Anlagen, darunter eine neue Turnhalle, einen Tennisplatz, einen Sportplatz sowie eine Kegelbahn. Dazu kommen noch Kinderspielplätze, Parkanlagen, eine Kindertagesstätte und ein Freizeitzentrum. Rund 15 Vereine, unter anderem Sportverein, Landfrauenverein, Oldtimerfreunde, Ortschronisten, Donndorfer Carnevalsverein Blau-Weiß e.V., Senioren, Seniorentanzgruppe, Wasser-Wander-Verein, gestalten aktiv das gesellschaftliche Dorfleben.

Blick auf die sanierte Alte Sankt Peter- und Paul-Kirche

Gemeinde Donndorf
Kölledaer Straße 2 · 06571 Donndorf (Thüringen)
Tel. (03 46 72) 8 11 94 · Fax (03 46 72) 8 16 94
gemeinde-donndorf@t-online.de

Blick flussabwärts auf den Unstrutlauf zwischen Schönewerda und Bottendorf, begleitet vom Radwanderweg auf der rechten Deichkrone (Foto: Stadt Roßleben)

Unstrut-Stadt Roßleben

Zukunft mit 1110 Jahren Geschichte

Südansicht der Sankt Johannes-Kirche in Schönewerda (Foto: Stadt Roßleben)

Restaurierter Chor der Sankt Johannes-Kirche in Schönewerda

Beim Landstädtchen Roßleben tritt die Unstrut in ihren wohl reizvollsten Flussabschnitt ein, mit Burgen, Klöstern und Weinbergen in einer geschichtsträchtigen Tallandschaft. Die Stadt Roßleben bilden die Unstrut-Orte Schönewerda, Bottendorf und Roßleben. Sie liegen in dieser Reihung am linken Ufer flussabwärts in der Auenlandschaft. Der Fluss wendet sich hier im weiten Bogen ostwärts, nachdem er sein Engtal »Thüringer Pforte« zwischen Heldrungen und den Sachsenburgen durchflossen hat. Das weite Tal wird überragt vom Kyffhäusergebirge mit dem Kaiser-Wilhelm-Denkmal, dem Wahrzeichen der Region. Durch ihre lange, gemeinsame Geschichte sind Roßleben, Bottendorf und Schönewerda verbunden. Die Orte, bis 1815 königlich sächsisch, anschließend preußisch, nach 1945 Teil Sachsen-Anhalts, dann des Bezirkes Halle, seit 1990 Thüringen zugehörig, sind noch heute von Zeugen wechselvoller Geschichte geprägt. Die urkundliche Ersterwähnung findet sich im ersten Teil des so genannten Hersfelder Zehntverzeichnisses, welches dem Jahr 899 zugeordnet wird. Nach Gemeindezusammenschluss und mit Stadtrechtsverleihung im Jahr 1999 ist Roßleben eine der jüngsten Städte Deutschlands. 2009 will man das 1110-jährige Ortsjubiläum begehen.

Das Wahrzeichen Roßlebens ist die über 450 Jahre alte Klosterschule, die zu den traditionsreichsten Bildungseinrichtungen Deutschlands gehört. Ihre Geschichte wurzelt in dem 1140 gestifteten Augustiner-Mönchskloster. Die Bestätigungsurkunde des Papstes Innozenz II. von 1142 und der Schutzbrief des Kaisers Friedrich I. (Barbarossa) von 1147 werden im Schularchiv aufbewahrt. Im Kloster wurde 1554, auf Initiative Heinrichs von Witzlebens, eine Knabenschule eingerichtet. Heute lernen und leben in der Klosterschule, einem modernen staatlichen Gymnasium mit Internatsteil, viele hundert Jungen und Mädchen aus allen Teilen Deutschlands. Die humanistische Schultradition schließt auch die aufrechte Haltung ehemaliger Klosterschüler ein, die beim Widerstand gegen Hitlerdiktatur und durch Besatzerwillkür ihr Leben verloren.

Roßleben kann ferner auf seine 150-jährige Geschichte von ländlicher Industrie zurückblicken. Davon zeugen der bestehende Anschluss an die Unstrut-Eisenbahn, doch vor allem der von 1905 bis 1991 betriebene Kalibergbau. Dessen Rück-

Zu Gast im Unstruttal

standshalde prägt das Stadtbild. Weltweite Verknappung und Verteuerung von Rohstoffen haben mehrere Unternehmen veranlasst, die Machbarkeit erneuter Kaliproduktion zu untersuchen. Beim Um- und Neubau lokaler Strukturen hat die Bürgerschaft seit der Wende ein gutes Stück Weges zurückgelegt. Davon zeugen ausgebaute Straßen und Gebäude, Neubauten im Industrie- und Gewerbegebiet, Hotel, Sportanlagen, Mehrgenerationenhaus, Seniorenheim und Kirchen beider Konfessionen, all das verbunden mit regem Vereinsleben. Auch im Fremdenverkehr lernt eine wachsende Gästezahl mit Boot die Unstrut, mit Rad den Unstrutradweg und als Wanderer die Region kennen. Im Buslinienverkehr ist Roßleben mit den wichtigsten Orten und Bahnhöfen des Umlandes verbunden. Roßleben, Bottendorf und Schönewerda sind nicht nur über Landstraße und Unstrutradweg zu erreichen. Auch vom Autobahnnetz, Anschlussstellen Allstedt (A 38) und (künftig) Artern (A 71), trennen die Stadt Roßleben wenige Kilometer.

Den südlichen Ortsrand Bottendorfs bildet, verbunden durch die Straßenbrücke, das geschichtsträchtige Areal der Mühle und »Kupferhütte«. Im lauschigen Mühlenpark, mit Campingplatz, Boots- und Radverleih, Touristenherberge und Museum, sind Gäste willkommen.

Südportal der im Barockstil des 18. Jahrhunderts erbauten Klosterschule

Von dort dem Weg entlang der Unstrut stromaufwärts folgend, taucht nach einer Flussbiegung das malerische Dörfchen Schönewerda auf. Im Ort kreuzen sich wichtige Straßenverbindungen. Seit der Begradigung des Unstrutlaufes in den 70er Jahren des vorigen Jahrhunderts haben Unstrutschleuse und stattliche Mühle ihre Bedeutung verloren. Im Rahmen der Dorferneuerung hat der Ort, seine Straßen und Häuser, an Ansehen gewonnen.

Dorfmittelpunkt ist die barocke, von engagierten Bürgern liebevoll gepflegte Sankt Johannes-Kirche. Sie bildet mit dem benachbarten, schlicht in klassizistischem Stil restaurierten Gutshaus und dem Park ein bauliches Ensemble. In diesem Park befindet sich ein Ginko-Baum. Unweit entfernt, dort wo der Unstrutradweg die Straße kreuzt, befinden sich Verkaufsstelle und Gaststätte »Zur Sonne«. Einen innerörtlichen Verbindungsweg in östliche Richtung folgend, gelangt man zum idyllisch gelegenen »Karpfenteich«, welcher von Wanderwegen gesäumt ist. Er scheidet Unterdorf mit Kirche und Gutshaus vom Oberdorf, gebildet von der ehemals selbständigen Gemeinde Eßmannsdorf. Auch in Schönewerda erhebt sich auf dem geschichtsträchtigem Boden eine in alter Zeit konfliktreiche Grenze, auf der verschiedene Machtbereiche angesiedelt waren.

So war im 10. Jahrhundert der westlich des Dorfes gelegene »Derflinger Hügel« Schauplatz einer Schlacht zwischen Heeren der Sachsen und Ungarn, die die Niederlage der ungarischen Eindringlinge nach sich zog.

Gebäude der historischen Kupferhütte und Mühle an der Unstrut, heute Mühlenmuseum, Bottendorf

Stadtverwaltung Roßleben
Bürgermeister Rainer Heuchel
Am Weinberg 24 · 06571 Roßleben
Tel. (03 46 72) 86 30 · Fax (03 46 72) 8 12 83
info-@stadt-rossleben.de · www.stadt-rossleben.de

Restauriertes klassizistisches Gutsverwalterhaus der ehemaligen fürstlichen Schwarzburg-Sondershäuser Domäne, Schönewerda

Luftbild der Klosterschule Roßleben (Foto: Stadt Roßleben)

Sport- und Mehrzweckhalle der Stadt in Bottendorf

Zu Gast im Unstruttal

»In Buttendorf esses nur eimol scheene!«

Zu Gast in Bottendorf an der Unstrut

Die Bottendorfer Höhen (Foto Förderverein Bottendorf)

Bottendorfer Puppen Doppelraute und Meier-Lob (Fotos: Förderverein Bottendorf)

Moderner Ort mit Tradition Der Titel des alten Heimatgedichtes stimmt heute mehr denn je. Den Charme des kleines Ortes Bottendorf machen im Wesentlichen drei Dinge aus, seine idyllische Lage im wunderschönen Unstruttal, historische und landschaftliche Besonderheiten und natürlich die offenen, freundlichen Menschen. Bottendorf ist uralt! Der älteste Siedler ist immerhin über 7000 Jahre alt. Ein Foto von ihm kann man dort bestaunen. Politische Bedeutung hatte Bottendorf im hohen Mittelalter als Pfalzgrafensitz. Über hundert Jahre spielten Kupferbergbau und Verhüttung, bis zu ihrer Einstellung im Jahre 1871, eine wichtige Rolle. Aber auch heute hat Bottendorf viel zu bieten. Die Leute sind stolz auf ihr Geschaffenes. Schmucke Häuser, saubere Straßen und liebevoll gestaltete Details. Neues und Altes wurde sinnvoll verknüpft. Das dörfliche Leben ist von kleinen gewerblichen Unternehmen und landwirtschaftlichen Betrieben geprägt. Eine Schule, ein Ärztehaus, eine Mehrzweckhalle, mehrere Gaststätten, Spiel- und Sportplatz bilden eine gute Infrastruktur. In den Vereinen finden die Bürger vielfältige Betätigungsmöglichkeiten und beste Voraussetzungen, ihrem Hobby zu frönen. Das gesellschaftliche Leben hat seinen Höhepunkt in der Karnevalszeit. Der Bottendorfer Großkaliberschützenverein ist auch weit bekannt. Alle Vereine zusammen gestalten ihren »Tag der Vereine«. Im Wettkampf untereinander wird um den Vereinspokal gestritten. Bei Spiel, Musik und Tanz kommt kein Besucher zu kurz. Der Zusam-

Zu Gast im Unstruttal

menhalt wird hier noch groß geschrieben. Ein besonderes Kleinod sind die Bottendorfer Höhen, eine kleine Schwester des Kyffhäusergebirges. Der kupferhaltige Boden und die Trockenrasenflora bilden die Grundlage zum Wachsen vieler seltener Pflanzen. Deshalb wurde das Gelände auch zum Naturschutzgebiet erklärt. Besonders stolz sind die Bottendorfer auf eine nur hier gedeihende Grasnelkenart, mit wissenschaftlichem Namen Armeria bottendorfensis. Auch andere Besonderheiten kann man hier finden: Kupferblume, Frühlingsadonis, Kleines Knabenkraut, Sommeradonis, Frühlingsmiere und etwa 200 weitere Arten. Für die Fauna ist das Naturschutzgebiet ebenfalls von hoher Bedeutung. Über einen neu angelegten Geopfad erreicht der Spaziergänger eine kleine Aussichtsplattform, von der ihm ein herrlicher Rundblick ins Unstruttal garantiert ist. Es ist einfach nur schön.

Zum Mühlentag

Die Bootsanlegestelle

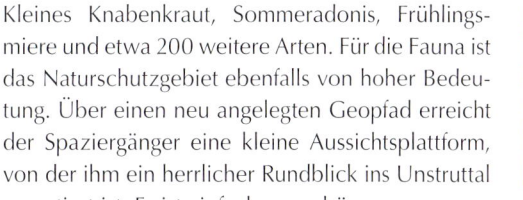

Zeltplatz an der Mühle

Die Bottendorfer Grasnelke

Von Doppelrauten und Mühlengeistern

»Doppelrauten« werden die Bottendorfer noch heute oft genannt. Der Name stammt aus der Zeit des 30-jährigen Krieges. Die Menschen mussten sich Bettelstromern und Plünderern erwehren. So schützten sie ihre Häuser durch stachlige Hecken aus »Rauen Ranken«, im Volksmund Rauten genannt. Als zweite Waffe kamen die Fäuste zum Einsatz, mit denen konnten sie schon immer doppelt gut umgehen. Die Stunde der Mühlengeister dagegen schlug erst im Jahre 1996. Damals wurde der Förderverein Kupferhütte Bottendorf gegründet. In der alten Kupferhütte wurden bis 1781 noch in der Umgebung abgebauter Kupferschiefer geschmolzen. Zu Napeleons Zeit errichtete Kursachsen hier die erste Zuckerfabrik. Das Unternehmen war aber nicht von Erfolg gekrönt. Es wurde still um die Hütte und der einstige Glanz verblasste. 1842 begann dann die Ära der Getreidemühlen. Sie hielt an bis zur Schließung im Jahre 1990. Heute beherbergt das Mühlengebäude ein kleines Heimat-Museum. Hier hat auch der Verein seinen Sitz. Für den Verein war klar: So etwas Schönes kann man nicht so einfach dem Verfall preisgeben. Also machten die Vereinsmitglieder sich dran und entwickelten Pläne. Ideen wurden geboren und wieder verworfen. Altes traditionelles sollte erhalten bleiben und sich harmonisch mit dem Heute zusammenfügen. Ein »Strauß« bunt durcheinander gewürfelter Gedanken begann Formen anzunehmen. Der sanfte ländliche Tourismus, gepaart mit Tradition und Natur, wurde in den Mittelpunkt gestellt. Das waren sehr anspruchsvolle Ziele. Zehn Jahre später war ein touristisches Kleinod geschaffen. Die Unstrut fließt direkt an der Mühle vorbei und Paddler machen hier gern Station. Der idyllische Zeltplatz mit modernen Sanitäranlagen ist ideal. Damit aber nicht genug. In einer schönen Ferienwohnung im alten Mühlengebäude erholen sich Gäste von nah und fern. »Fit durch den Urlaub« ist das Motto vieler Gäste. Durch den Ausbau des Unstrutradweges kehren viele Radler ein, auch auf der Suche nach einfachen Übernachtungsmöglichkeiten. So entstand das bisher jüngste Kind: zwei schöne Gruppenunterkünfte für jeweils zehn Personen. Auch Boote und Fahrräder stehen zur Erkundung der Gegend bereit. Der traditionelle Höhepunkt des Jahres ist die Teilnahme am Deutschen Mühlentag am Pfingstmontag. Da wachen sogar die alten Mühlengeister wieder auf. Führungen und sachkundige Auskunft über die Mühle gehören genau so zum Bild wie Brot aus dem vereinseigenen Lehmbackofen, Mühlenspezialitäten, ein vielseitiges Kuchenbuffet und natürlich die vielen fleißigen Vereinsmitglieder mit ihrem fundierten Wissen über fast alles, was die Gäste interessiert.

Förderverein Kupferhütte e.V.
06571 Bottendorf
Mobil (01 60) 92 13 70 64
bomue@gmx.de · www.bottendorfer-muehle.kyff.de

Blick zur Kirche

Mühlenansich

Bildquellennachweis

Die von den jeweiligen Protagonisten und Autoren zur Verfügung gestellten Bilder sind in der Bildlegende gekennzeichnet. Alle anderen Bilder stammen von Heinz Noack.

Die Bilder auf dem Cover sind von Sophie Rohland (2), Steffi Rohland (3), F. Dietzsch Ebeleben (1) und Heinz Noack (14).

Blick vom Kyffhäuser in die Goldene Aue.

Ein herzliches Dankeschön

Wir möchten allen Stadt- und Gemeindeverwaltungen, Verwaltungsgemeinschaften, Touristinformationen, Unternehmen und Vereinen, aber auch den vielen Einzelpersonen danken, die bei der Entstehung dieses Buches mitgeholfen haben. Besonders danken wir den Mitarbeitern des Naturparks Kyffhäuser und der Verwaltung des Biosphärenreservates Karstlandschaft Südharz in Roßla für ihre zur Verfügung gestellten redaktionellen Beiträge. Ein herzliches Dankeschön an Frau Christiane Funkel aus Stolberg für die hilfreiche Durchsicht des Manuskriptes. Vielen Dank auch den Landräten Peter Hengstermann, Joachim Claus und Dirk Schatz für ihre Grußworte.